독학사 2단계 심리학과

6과목 벼락치기

이상심리학 | 감각 및 지각심리학 | 사회심리학 | 발달심리학 | 성격심리학 | 동기와 정서

SD에듀
(주)시대고시기획

머리말

학위를 얻는 데 시간과 장소는 더 이상 제약이 되지 않습니다. 대입 전형을 거치지 않아도 '학점은행제'를 통해 학사학위를 취득할 수 있기 때문입니다. 그중 독학학위제도는 고등학교 졸업자이거나 이와 동등 이상의 학력을 가지고 있는 사람들에게 효율적인 학점 인정 및 학사학위 취득의 기회를 줍니다.

본 도서는 독학사 전공 중 심리학과 학위를 목표로 하는 분들을 위하여 집필된 것으로 전공기초과정의 심리학과 2단계 과정을 다루고 있습니다. 심리학과 2단계 중 이상심리학 · 감각 및 지각심리학 · 사회심리학 · 발달심리학 · 성격심리학 · 동기와 정서의 최종 마무리 점검용으로 본 도서를 활용해 보시길 추천드립니다.

독학사 시험에 응시하는 수험생들이 단기간에 효과적인 학습을 할 수 있도록 과목별로 다음과 같이 구성하였습니다.

01 기출복원문제
'기출복원문제'를 수록하여 최근 시험 경향을 파악하고 이에 맞춰 공부할 수 있도록 하였습니다.
→ 기출복원문제 해설 무료 동영상 강의 제공

02 빨리보는 간단한 키워드
핵심적인 이론만을 꼼꼼하게 정리하여 수록한 '빨리보는 간단한 키워드'로 전반적인 내용을 한눈에 파악할 수 있습니다.
→ '빨리보는 간단한 키워드' 무료 동영상 강의 제공

03 최종모의고사
최신 출제 유형을 반영한 '최종모의고사'로 자신의 실력을 점검해 볼 수 있습니다. 실제 시험에 임하듯이 시간을 재고 풀어 본다면 시험장에서의 실수를 줄일 수 있을 것입니다.

시간 대비 학습의 효율성을 높이기 위해 이론 부분을 최대한 압축하려고 노력하였습니다. 문제들이 실제 기출 유형에 맞지 않아 시험 대비에 만족하지 못하는 수험생들이 많은데, 본 도서는 그러한 문제점을 보완하여 수험생들에게 시험에 대한 확신을 주고, 단기간에 고득점을 획득할 수 있도록 노력하였습니다. 끝으로 본 도서로 독학학위 취득의 꿈을 이루고자 하는 수험생들이 반드시 합격하기를 바랍니다.

편저자 드림

BDES

독학학위제 소개

독학학위제란?

「독학에 의한 학위취득에 관한 법률」에 의거하여 국가에서 시행하는 시험에 합격한 사람에게 학사학위를 수여하는 제도

- ⊘ 고등학교 졸업 이상의 학력을 가진 사람이면 누구나 응시 가능
- ⊘ 대학교를 다니지 않아도 스스로 공부해서 학위취득 가능
- ⊘ 일과 학습의 병행이 가능하여 시간과 비용 최소화
- ⊘ 언제, 어디서나 학습이 가능한 평생학습시대의 자아실현을 위한 제도
- ⊘ 학위취득시험은 4개의 과정(교양, 전공기초, 전공심화, 학위취득 종합시험)으로 이루어져 있으며 각 과정별 시험을 모두 거쳐 학위취득 종합시험에 합격하면 학사학위 취득

독학학위제 전공 분야 (11개 전공)

※ 유아교육학 및 정보통신학 전공: 3, 4과정만 개설
  (정보통신학의 경우 3과정은 2025년까지, 4과정은 2026년까지만 응시 가능하며, 이후 폐지)
※ 간호학 전공: 4과정만 개설
※ 중어중문학, 수학, 농학 전공: 폐지 전공으로 기존에 해당 전공 학적 보유자에 한하여 2025년까지 응시 가능

※ SD에듀는 현재 4개 학과(심리학과, 경영학과, 컴퓨터공학과, 간호학과) 개설 완료
※ 2개 학과(국어국문학과, 영어영문학과) 개설 진행 중

독학학위제 시험안내

과정별 응시자격

단계	과정	응시자격	과정(과목) 시험 면제 요건
1	교양	고등학교 졸업 이상 학력 소지자	• 대학(교)에서 각 학년 수료 및 일정 학점 취득 • 학점은행제 일정 학점 인정 • 국가기술자격법에 따른 자격 취득 • 교육부령에 따른 각종 시험 합격 • 면제지정기관 이수 등
2	전공기초		
3	전공심화		

4	학위취득	• 1~3과정 합격 및 면제
		• 대학에서 동일 전공으로 3년 이상 수료
		  (3년제의 경우 졸업) 또는 105학점 이상 취득
		• 학점은행제 동일 전공 105학점 이상 인정
		  (전공 28학점 포함) ➡ 22.1.1. 시행
		• 외국에서 15년 이상의 학교교육과정 수료
			없음(반드시 응시)

응시방법 및 응시료

• 접수 방법: 온라인으로만 가능
• 제출 서류: 응시자격 증빙서류 등 자세한 내용은 홈페이지 참조
• 응시료: 20,700원

독학학위제 시험 범위

• 시험 과목별 평가영역 범위에서 대학 전공자에게 요구되는 수준으로 출제
• 시험 범위 및 예시문항은 독학학위제 홈페이지(bdes.nile.or.kr) ➡ 학습정보 ➡ 과목별 평가영역에서 확인

문항 수 및 배점

과정	일반 과목			예외 과목		
	객관식	주관식	합계	객관식	주관식	합계
교양, 전공기초 (1~2과정)	40문항×2.5점 =100점	—	40문항 100점	25문항×4점 =100점	—	25문항 100점
전공심화, 학위취득 (3~4과정)	24문항×2.5점 =60점	4문항×10점 =40점	28문항 100점	15문항×4점 =60점	5문항×8점 =40점	20문항 100점

※ 2017년도부터 교양과정 인정시험 및 전공기초과정 인정시험은 객관식 문항으로만 출제

합격 기준

■ 1~3과정(교양, 전공기초, 전공심화) 시험

단계	과정	합격 기준	유의 사항
1	교양	매 과목 60점 이상 득점을 합격으로 하고, 과목 합격 인정(합격 여부만 결정)	5과목 합격
2	전공기초		6과목 이상 합격
3	전공심화		

■ 4과정(학위취득) 시험: 총점 합격제 또는 과목별 합격제 선택

구분	합격 기준	유의 사항
총점 합격제	• 총점(600점)의 60% 이상 득점(360점) • 과목 낙제 없음	• 6과목 모두 신규 응시 • 기존 합격 과목 불인정
과목별 합격제	• 매 과목 100점 만점으로 하여 전 과목 (교양 2, 전공 4) 60점 이상 득점	• 기존 합격 과목 재응시 불가 • 1과목이라도 60점 미만 득점하면 불합격

시험 일정

■ 심리학과 2단계 시험 과목 및 시간표

구분(교시별)	시간	시험 과목명
1교시	09:00~10:40(100분)	이상심리학, 감각 및 지각심리학
2교시	11:10~12:50(100분)	사회심리학, 생물심리학
중식 12:50~13:40(50분)		
3교시	14:00~15:40(100분)	발달심리학, 성격심리학
4교시	16:10~17:50(100분)	동기와 정서, 심리통계

※ 시험 일정 및 세부사항은 반드시 독학학위제 홈페이지(bdes.nile.or.kr)를 통해 확인하시기 바랍니다.

※ SD에듀에서 개설된 과목은 빨간색으로 표시하였습니다.

독학학위제 과정

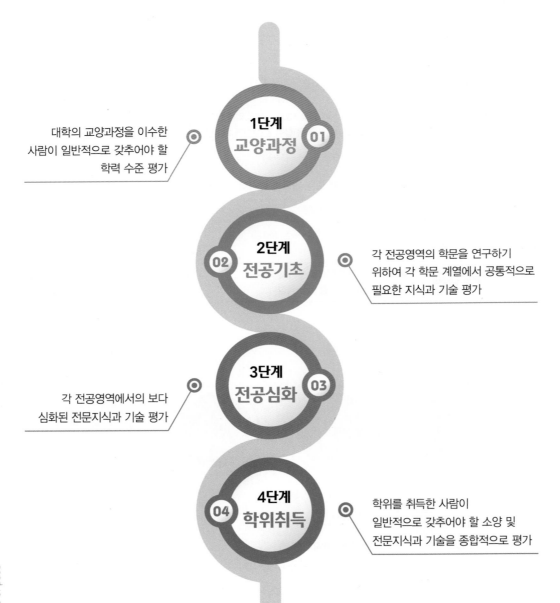

대학의 교양과정을 이수한
사람이 일반적으로 갖추어야 할
학력 수준 평가

**1단계
교양과정** 01

02 **2단계
전공기초**

각 전공영역의 학문을 연구하기
위하여 각 학문 계열에서 공통적으로
필요한 지식과 기술 평가

**3단계
전공심화** 03

각 전공영역에서의 보다
심화된 전문지식과 기술 평가

04 **4단계
학위취득**

학위를 취득한 사람이
일반적으로 갖추어야 할 소양 및
전문지식과 기술을 종합적으로 평가

DIRECTION
독학학위제 출제방향

국가평생교육진흥원에서 고시한 과목별 평가영역에 준거하여 출제하되, 특정한 영역이나 분야가 지나치게 중시되거나 경시되지 않도록 한다.

교양과정 인정시험 및 전공기초과정 인정시험의 시험방법은 객관식(4지택1형)으로 한다.

단편적 지식의 암기로 풀 수 있는 문항의 출제는 지양하고, 이해력 · 적용력 · 분석력 등 폭넓고 고차원적인 능력을 측정하는 문항을 위주로 한다.

독학자들의 취업 비율이 높은 점을 감안하여, 과목의 특성상 가능한 경우에는 학문적이고 이론적인 문항 뿐만 아니라 실무적인 문항도 출제한다.

교양과정 인정시험(1과정)은 대학 교양교재에서 공통적으로 다루고 있는 기본적이고 핵심적인 내용을 출제 하되, 교양과정 범위를 넘는 전문적이거나 지엽적인 내용의 출제는 지양한다.

이설(異說)이 많은 내용의 출제는 지양하고 보편적이고 정설화된 내용에 근거하여 출제하며, 그럴 수 없는 경우에는 해당 학자의 성명이나 학파를 명시한다.

전공기초과정 인정시험(2과정)은 각 전공영역의 학문을 연구하기 위하여 각 학문 계열에서 공통적으로 필요한 지식과 기술을 평가한다.

전공심화과정 인정시험(3과정)은 각 전공영역에 관하여 보다 심화된 전문적인 지식과 기술을 평가한다.

학위취득 종합시험(4과정)은 시험의 최종 과정으로서 학위를 취득한 자가 일반적으로 갖추어야 할 소양 및 전문지식과 기술을 종합적으로 평가한다.

전공심화과정 인정시험 및 학위취득 종합시험의 시험 방법은 객관식(4지택1형)과 주관식(80자 내외의 서술형)으로 하되, 과목의 특성에 따라 다소 융통성 있게 출제한다.

독학학위제 단계별 학습법

1단계 핵심이론 파악!

시행처(국가평생교육진흥원)에서 공개한 평가영역에 기반을 두어 효율적으로 구성된 기본서의 '핵심이론'을 학습합니다. 단원별로 정리된 '핵심이론'을 통해 주요 개념을 파악하는 데 집중합니다. 처음부터 모든 내용을 다 암기하려고 하기보다는 우선 전반적인 내용을 파악하며 이해하는 것이 중요합니다.

2단계 시험 경향 및 문제 유형 파악!

독학사 시험 문제는 지금까지 출제된 유형에서 크게 벗어나지 않는 범위에서 비슷한 유형으로 줄곧 출제되고 있습니다. '기출복원문제'를 풀어 보며 문제의 유형과 출제의도를 파악하는 데 집중하도록 합니다.

3단계 최종모의고사로 실전 연습!

최신 출제 유형을 반영한 '최종모의고사'를 실제 시험에 임하듯이 시간을 재고 풀어 보며, 미리 실전 연습을 합니다. 평가영역 전범위에서 출제된 모의고사 문제를 풀어 본 후, 부족하게 알고 있는 내용들 위주로 보완학습을 진행합니다.

4단계 복습을 통한 마무리!

기본서의 '핵심이론'을 압축하여 정리한 '빨리보는 간단한 키워드'를 통해 주요 내용을 다시 한번 체크합니다. 이론을 학습하면서, 혹은 문제를 풀어 보면서 헷갈리고 이해하기 어려운 부분은 미리 체크해 두고, 시험 전에 반복학습을 통해 확실하게 익히는 것이 중요합니다.

COMMENT
합격수기

SD 에듀

> 저는 학사편입 제도를 이용하기 위해 2~4단계를 순차로 응시했고 한 번에 합격했습니다.
> 아슬아슬한 점수라서 부끄럽지만 독학사는 자료가 부족해서 부족하나마 후기를 쓰는 것이 도움이 될까 하여
> 제 합격전략을 정리하여 알려드립니다.

#1. 교재와 전공서적을 가까이에!

학사학위 취득은 본래 4년을 기본으로 합니다. 독학사는 이를 1년으로 단축하는 것을 목표로 하는 시험이라 실제 시험도 변별력을 높이는 몇 문제를 제외한다면 기본이 되는 중요한 이론 위주로 출제됩니다. SD에듀의 독학사 시리즈 역시 이에 맞추어 중요한 내용이 일목요연하게 압축·정리되어 있습니다. 빠르게 훑어보기 좋지만 내가 목표로 한 전공에 대해 자세히 알고 싶다면 전공서적과 함께 공부하는 것이 좋습니다. 교재와 전공서적을 함께 보면서 교재에 전공서적 내용을 정리하여 단권화하면 시험이 임박했을 때 교재 한 권으로도 자신 있게 시험을 치를 수 있습니다.

#2. 시간확인은 필수!

쉬운 문제는 금방 넘어가지만 지문이 길거나 어렵고 헷갈리는 문제도 있고, OMR 카드에 마킹까지 해야 하니 실제로 주어진 시간은 더 짧습니다. 1번에 어려운 문제가 있다고 해서 시간을 많이 허비하면 쉽게 풀 수 있는 마지막 문제들을 놓칠 수 있습니다. 문제 푸는 속도도 느려지니 집중력도 떨어집니다. 그래서 어차피 배점은 같으니 아는 문제를 최대한 많이 맞히는 것을 목표로 했습니다.
① 어려운 문제는 빠르게 넘기면서 문제를 끝까지 다 풀고 ② 확실한 답부터 우선 마킹한 후 ③ 다시 시험지로 돌아가 건너뛴 문제들을 다시 풀었습니다. 확실히 시간을 재고 문제를 많이 풀어 봐야 실전에 도움이 되는 것 같습니다.

#3. 문제풀이의 반복!

여느 시험과 마찬가지로 문제는 많이 풀어 볼수록 좋습니다. 이론을 공부한 후 실전예상문제를 풀다 보니 부족한 부분이 어딘지 확인할 수 있었고, 공부한 이론이 시험에 어떤 식으로 출제될지 예상할 수 있었습니다. 그렇게 부족한 부분을 보충해가며 문제 유형을 파악하면 이론을 복습할 때도 어떤 부분을 중점적으로 암기해야 할지 알 수 있습니다. 이론 공부가 어느 정도 마무리되었을 때 시계를 준비하고 최종모의고사를 풀었습니다. 실제 시험 시간을 생각하면서 예행연습을 하니 시험 당일에는 덜 긴장할 수 있었습니다.

학위취득을 위해 오늘도 열심히 학습하시는 동지 여러분에게도 합격의 영광이 있으시길 기원하면서 이만 줄입니다.

PREVIEW

이 책의 구성과 특징

기출복원문제

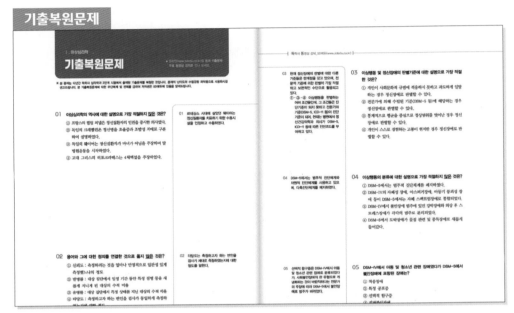

'기출복원문제'를 풀어 보면서 독학사 심리학과 2단계 시험의 기출 유형과 경향을 파악해 보세요.

핵심요약집

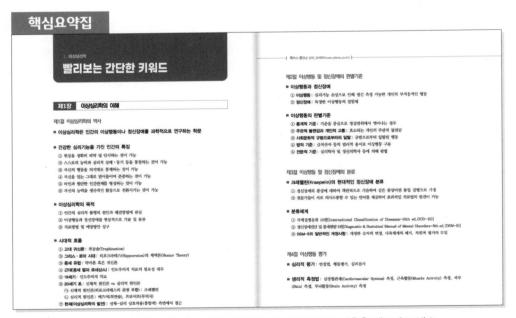

'빨리보는 간단한 키워드'로 시험 직전에 해당 과목의 중요 내용을 체크해 보세요.

최종모의고사

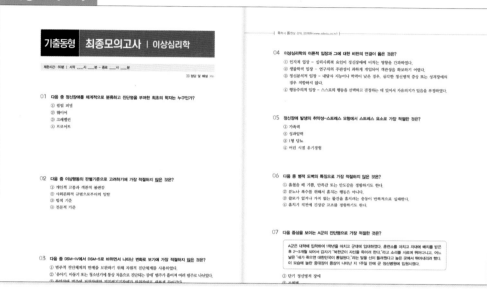

'최종모의고사'를 실제 시험처럼 시간을 정해 놓고 풀어 보세요.

정답 및 해설

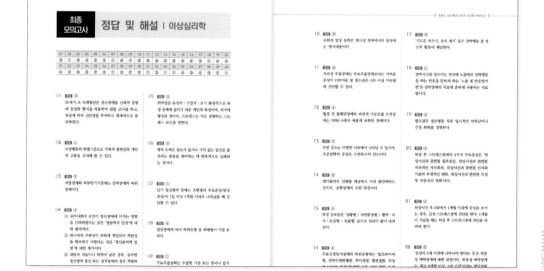

'정답 및 해설'을 확인하고 자신의 약점을 점검해 보세요.

목차

과목별

기출복원문제

출/ 제/ 유/ 형/ 완/ 벽/ 파/ 악/

홀륭한 가정만한 학교가 없고, 덕이 있는 부모만한 스승은 없다.

– 마하트마 간디 –

기출복원문제

▶ 온라인(www.sdedu.co.kr)을 통해 기출문제 무료 동영상 강의를 만나 보세요.

※ 본 문제는 다년간 독학사 심리학과 2단계 시험에서 출제된 기출문제를 복원한 것입니다. 문제의 난이도와 수험경향 파악용으로 사용하시길 권고드립니다. 본 기출복원문제에 대한 무단복제 및 전제를 금하며 저작권은 SD에듀에 있음을 알려드립니다.

01 이상심리학의 역사에 대한 설명으로 가장 적절하지 <u>않은</u> 것은?

① 프랑스의 필립 피넬은 정신질환자의 인권을 중시한 의사였다.

② 독일의 크레펠린은 정신병을 조울증과 조발성 치매로 구분하여 설명하였다.

③ 독일의 웨이어는 정신질환자가 마녀가 아님을 주장하며 탈병원운동을 시작하였다.

④ 고대 그리스의 히포크라테스는 4체액설을 주장하였다.

01 르네상스 시대에 살았던 웨이어는 정신질환자를 치료하기 위한 수용시설을 인정하고 수용하였다.

02 용어와 그에 대한 정의를 연결한 것으로 옳지 <u>않은</u> 것은?

① 신뢰도 : 측정하려는 것을 얼마나 안정적으로 일관성 있게 측정했느냐의 정도

② 발병률 : 대상 집단에서 일정 기간 동안 특정 질병 등을 새롭게 지니게 된 대상의 수적 비율

③ 유병률 : 대상 집단에서 특정 상태를 지닌 대상의 수적 비율

④ 타당도 : 측정하고자 하는 변인을 검사가 동일하게 측정하였는지에 대한 정도

02 타당도는 측정하고자 하는 변인을 검사가 제대로 측정하였는지에 대한 정도를 말한다.

정답 01 ③ 02 ④

03 현재 정신장애의 판별에 대한 다른 기준들은 한계점을 갖고 있으며, 전문적 기준에 의한 판별이 가장 적절하고 보편적인 수단으로 활용되고 있다.
①·③·④ 이상행동을 판별하는 여러 조건들인데, 그 조건들은 진단기준이 되지 못하고 전문가의 기준(DSM-5, ICD-11 등)이 진단기준이 되어, 현재는 병원에서 정신건강의학과 의사가 DSM-5, ICD-11 등에 따른 진단코드를 부여하고 있다.

03 이상행동 및 정신장애의 판별기준에 대한 설명으로 가장 적절한 것은?

① 개인이 사회문화적 규범에 적응하지 못하고 과도하게 일탈하는 경우 정신장애로 판별할 수 있다.

② 전문가에 의해 수립된 기준(DSM-5 등)에 해당하는 경우 정신장애로 판별할 수 있다.

③ 통계적으로 평균을 중심으로 정상범위를 벗어난 경우 정신장애로 판별할 수 있다.

④ 개인이 스스로 경험하는 고통이 현저한 경우 정신장애로 판별할 수 있다.

04 DSM-5에서는 범주적 진단체계와 차원적 진단체계를 사용하고 있으며, 다축진단체계를 폐지하였다.

04 이상행동의 분류에 대한 설명으로 가장 적절하지 <u>않은</u> 것은?

① DSM-5에서는 범주적 진단체계를 폐지하였다.

② DSM-IV의 자폐성 장애, 아스퍼거장애, 아동기 붕괴성 장애 등이 DSM-5에서는 자폐 스펙트럼장애로 통합되었다.

③ DSM-IV에서 불안장애 범주에 있던 강박장애와 외상 후 스트레스장애가 각각의 범주로 분리되었다.

④ DSM-5에서 도박장애가 물질 관련 및 중독장애로 새롭게 들어갔다.

05 선택적 함구증은 DSM-IV에서 아동 및 청소년 관련 장애로 분류되었다가, 사회불안장애의 한 유형으로 개념화하는 것이 바람직하다는 전문가의 주장에 따라 DSM-5에서 불안장애로 범주가 바뀌었다.

05 DSM-IV에서 아동 및 청소년 관련 장애였다가 DSM-5에서 불안장애에 포함된 장애는?

① 적응장애

② 특정 공포증

③ 선택적 함구증

④ 질병불안장애

정답 (03 ② 04 ① 05 ③)

06 이상행동의 평가에 대한 설명으로 가장 적절하지 <u>않은</u> 것은?

① 자기관찰법은 결과의 왜곡 가능성이 가장 적다고 할 수 있다.

② 생리적 측정법은 객관적인 자료를 얻는 데 용이하다.

③ 구조화된 면접은 신뢰도가 상대적으로 높다.

④ 유사관찰법은 자주 관찰되기 어려운 행동을 관찰하는 데 용이하다.

07 다음 중 정신상태검사에서 측정되지 <u>않는</u> 범주는?

① 외모 및 면담행동

② 가족력

③ 감정과 정서

④ 감각과 지각

08 이상행동의 행동주의 관점에 대한 설명으로 가장 적절하지 <u>않은</u> 것은?

① 이상행동은 학습된 것이라는 전제를 갖는다.

② 자신의 행동을 스스로 선택하고 결정하여 학습한다고 본다.

③ 공포증과 불안장애를 비교적 잘 설명하고 있다.

④ 우울증을 학습된 무기력의 결과로 본다.

06 자기관찰법은 자신의 모습을 왜곡해서 보고할 가능성이 높아 왜곡 가능성이 적다고 할 수 없다.

07 정신상태검사에서는 '외모 및 면담행동, 태도, 정신운동 활동, 감정과 정서, 언어와 사고, 감각과 지각, 기억력' 등 현재 나타나는 환자의 심리적 기능을 관찰한다.

08 행동이 스스로의 선택이 아닌 환경에 의해 결정된다고 보는 것이 행동주의의 전제이다.

정답 06 ① 07 ② 08 ②

Ⅰ. 이상심리학 **5**

09 자극은 기능적이든 역기능적이든 인지모델에서는 중요한 원인이 되지 못한다. 자극에 대한 해석에 문제가 있다고 보는 것이 인지모델의 특징이다.

09 인지모델에 의한 이상행동의 원인으로 옳은 것을 모두 묶은 것은?

> ㄱ. 비합리적 신념
> ㄴ. 당위적 사고
> ㄷ. 역기능적 자극
> ㄹ. 인지적 오류

① ㄱ, ㄷ
② ㄴ, ㄷ, ㄹ
③ ㄱ, ㄴ, ㄹ
④ ㄱ, ㄴ, ㄷ, ㄹ

10 스키너는 강화와 처벌을 사용한 조작적 조건형성 이론을 주장하였다. 얄롬은 실존주의 심리학자, 아들러는 개인 심리학자, 로저스는 인간중심 심리학자이다.

10 이론가와 그가 사용한 개념이 옳게 짝지어진 것은?

① 스키너 – 강화와 처벌
② 얄롬 – 사회적 관심
③ 아들러 – 내적 준거체계
④ 로저스 – 해결할 수 없는 실존적 문제

11 생물학적 모델에서는 이상행동을 연구하기 위해 '유전적 요인(가계연구, 쌍생아연구 등), 뇌손상, 뇌의 생화학적 이상' 등을 연구하고 있다.
① 생물학적 모델은 이상행동의 심리사회적 요인보다 유전적 요인의 중요성을 강조한다.
② 생물학적 모델은 뇌의 신경조직 이상으로 이상행동이 발생하는 경우도 이상행동에 포함한다.
③ 생물학적 모델은 이상행동이 뇌의 생화학적 이상, 유전, 신경조직 이상 등의 원인으로 발생한다고 본다.

11 이상행동의 생물학적 모델에 대한 설명으로 가장 적절한 것은?

① 이상행동의 유전적 요인보다는 심리사회적 요인의 중요성을 강조한다.
② 이상행동이 뇌의 신경조직 이상으로 발생하는 경우를 부정한다.
③ 이상행동의 발생은 뇌의 생화학적 이상으로만 발생한다고 본다.
④ 이상행동을 연구하기 위해 쌍생아연구 및 가계연구 등을 활용하고 있다.

정답 09 ③ 10 ① 11 ④

12 조현병의 음성증상으로 옳게 묶인 것은?

> ㄱ. 무욕증
> ㄴ. 와해된 언어
> ㄷ. 정서적 둔마
> ㄹ. 환각

① ㄱ, ㄷ
② ㄴ, ㄷ
③ ㄷ, ㄹ
④ ㄴ, ㄹ

13 조현병의 치료에 대한 설명으로 가장 적절한 것은?

① 증상이 심각하므로 집단치료는 적절하지 않다.
② 문제 증상의 원인을 자각할 수 있도록 분석하는 접근이 효과적이다.
③ 음성증상이 많은 경우 약물치료가 효과적이지 않은 경우가 많다.
④ 가족은 부정적 영향을 미치기 때문에 무조건 치료에 참여하지 않는 것이 좋다.

14 DSM-5에서 파괴적 기분조절곤란장애에 대한 설명으로 옳지 <u>않은</u> 것은?

① 주로 초기 성인기에 발병하는 경향이 있다.
② 발달수준에 맞지 않는 분노발작이 반복해서 나타난다.
③ 분노발작은 평균적으로 일주일에 3회 이상 발생한다.
④ DSM-5에서 처음 생긴 진단명이다.

---

12 망상, 환각, 와해된 언어 등은 조현병의 대표적인 양성증상이다.

13 조현병의 음성증상의 경우 약물치료가 효과적이지 못하고, 양성증상의 경우 약물치료가 효과적이다.
정신병원에서는 집단치료로 조현병의 치료를 진행하는 경우가 흔하다. 또한 조현병은 가족치료에서 보다 연구가 많이 이루어진 정신질환으로, 가족이 변해야 조현병의 근본적인 치료가 된다고 보는 이론들이 많다.

14 파괴적 기분조절곤란장애는 청소년 우울증이라고 부를 정도로 청소년기에 주로 발생하는 경향이 있다.

정답 12 ① 13 ③ 14 ①

15 행동의 활성화는 인지행동치료 기법 중 내담자에게 긍정적인 활동을 격려하고 희망을 불어넣는 절차를 말한다.

15 다음 중 '우울증을 치료할 때 환자가 좋아하는 활동을 격려하고 환자에게 희망을 갖도록 하는 것'을 의미하는 용어는 무엇인가?

① 인지삼제

② 대안 만들기

③ 행동 활성화

④ 소크라테스식 질문법

16 우울장애에 대한 생물학적 입장은 우울장애가 카테콜라민(도파민, 에피네프린, 노르에피네프린 등)이 부족해서 생기는 문제라고 본다.

16 우울장애의 원인론에 대한 설명으로 가장 적절하지 <u>않은</u> 것은?

① 분노가 내향화하여 자신을 공격해서 생기는 문제이다.

② 귀인이 부적절하여 생기는 문제이다.

③ 부정적 생활사건이나 지지의 부족 때문에 생기는 문제이다.

④ 신경전달물질 중 카테콜라민이 과다해서 생기는 문제이다.

17 조증삽화가 나타나면 목표지향적 활동이 증가한다.

17 조증삽화의 특징으로 가장 적절하지 <u>않은</u> 것은?

① 목표지향적 활동이 감소한다.

② 증상의 지속기간을 제외하고는 경조증삽화와 거의 동일하다.

③ 수면에 대한 욕구가 감소한다.

④ 과대감 또는 자존감 증가가 나타난다.

정답 15 ③ 16 ④ 17 ①

18 제2형 양극성 장애의 특징으로 가장 적절한 것은?

① 비정상적으로 들뜨거나, 의기양양하거나, 과민한 기분이 나타나거나, 활동과 에너지가 증가하는 증상이 적어도 일 주일간 거의 매일 하루 중 대부분 지속되는 기간이 있다.

② 심각도를 경도, 중등도, 고도, 최고도로 명시해야 한다.

③ 남성보다는 여성의 유병률이 높다.

④ 1회 이상 경조증삽화와 1회 이상 주요우울삽화가 반복된다.

19 공황장애의 임상적 특징으로 가장 적절한 것은?

① 특정한 장소에서 반복적으로 공황발작 증상을 경험한다.

② 남성보다는 여성의 유병률이 높다.

③ 공황발작은 급작스러운 두려움과 공포감이 주기적으로 나타나 강렬한 불안을 동반한다.

④ 공황발작을 관찰한 후 공황발작에 대한 예기불안이 상시적 으로 존재한다.

20 사회불안장애에 대한 설명으로 옳지 <u>않은</u> 것은?

① 증상이 1개월 이상 지속되면 진단을 내린다.

② 인지적 입장에서는 자기초점적 주의가 주된 문제라고 본다.

③ 자신이 관찰될 수 있는 사회적 상황에서 극도의 공포나 불안을 느낀다.

④ 무대공포, 적면공포 등으로도 부른다.

---

18 제2형 양극성 장애는 1회 이상의 경조증삽화, 1회 이상의 주요우울삽화가 있어야 하고, 조증삽화를 경험해서는 안 된다.

① 비정상적으로 들뜨거나, 의기양양하거나, 과민한 기분이 나타나거나, 활동과 에너지가 증가하는 증상이 적어도 4일 이상 거의 매일 하루 중 대부분 지속되는 기간이 있다.

② 심각도를 경도, 중등도, 고도로 명시해야 한다.

③ 주요우울장애와 달리 양극성 장애의 유병률은 남녀가 비슷하다.

19 남성보다는 여성에게서 2~3배 정도 많이 나타난다.

① 특정 장소에서 반복적으로 공황발작 증상을 경험하면 상황형 특정공포증 또는 광장공포증으로 진단된다.

③ 공황발작은 급작스러운 두려움과 공포감이 예기치 않고 급작스럽게 발생한다.

④ 공황장애는 공황발작을 관찰해서 발생하는 것이 아니라 자신이 공황장애를 경험한 후 공황발작에 대한 예기불안이 상시적으로 존재할 때 진단된다.

20 증상이 6개월 이상 지속되면 진단을 내린다.

정답 18 ④ 19 ② 20 ①

21 DSM-5의 개정과정에 신경생물학적 연구의 결과가 많이 반영되었다.
① 정신장애는 유전, 체질, 나이, 성별 등의 영향을 받는다.
② 정신장애는 사회문화적 원인, 심리적 원인 등의 영향을 모두 받는다.
④ 정신장애의 진단은 원인보다는 증상에 초점을 두고 있다.

21 정신장애에 대한 설명으로 가장 적절한 것은?

① 정신장애는 유전, 체질 등의 영향을 받지만 나이나 성별의 영향은 제한적이다.
② 정신장애는 사회문화적 원인보다는 심리적 원인의 영향이 훨씬 더 크다.
③ 최근 정신장애 진단에 신경생물학적 연구가 많은 영향을 주고 있다.
④ 정신장애는 증상 자체보다는 원인에 초점을 더 두고 있다.

22 범불안장애는 생활하는 거의 모든 것에 대해 걱정하고 염려하는 것이 주요 증상이며, 이러한 과도한 걱정과 염려로 피로감, 우유부단, 근육경직 등을 경험하는 장애이다.

22 다음 사례 속 A에 대한 적절한 진단은?

> 40대 주부인 A씨는 평소 피로감을 많이 호소하고 정신이 없다는 소리를 많이 한다. A씨는 아침이면 아이들이 등굣길에 무슨 일이 생기지 않을까 걱정을 하고, 저녁에 남편이 연락이 안 되면 교통사고가 났는지 염려하느라 아무것도 못하고 남편이 오기만을 기다린다. A씨 자신도 남들보다 정도가 심하다는 것을 알지만 큰 문제가 될 것이라고는 생각하지 않고 있다.

① 범불안장애
② 신체이형장애
③ 신체증상장애
④ 허위성장애

정답 21 ③ 22 ①

23 DSM–5의 외상 후 스트레스장애의 진단기준에서 말하는 외상 사건에 해당하지 <u>않는</u> 것은?

① 수철이는 응급대원으로서 여러 차례 응급상황에 달려가서 잔인하게 살해된 장면을 목격하였다.

② 혜민이는 하굣길에 집으로 돌아오다가 공사현장에서 떨어져 피를 흘리는 사람을 보았다.

③ 우식이는 최근 전쟁에서 잔인하게 사망한 사람들에 대한 동영상을 반복해서 시청하였다.

④ 철민이는 수학여행 중 버스가 낭떠러지로 떨어져서 함께 탔던 친구들이 죽거나 다친 경험을 했다.

23 사건에 대한 노출이 전자미디어, 텔레비전, 영화, 사진 등을 통해 이루어진 경우에는 외상사건으로 간주하지 않는다.

24 외상 후 스트레스장애에 대한 설명으로 가장 적절하지 <u>않은</u> 것은?

① 7세 이상 아동이 놀이를 통해 반복해서 표현하는 것도 증상으로 간주할 수 있다.

② 증상은 3일 이상 지속되어야 진단할 수 있다.

③ 외상사건과 관련 있는 침투증상을 경험한다.

④ 외상사건과 관련 있는 인지 및 감정의 부정적 변화를 경험한다.

24 외상 후 스트레스장애는 증상은 1개월 이상 지속되어야 진단할 수 있다.

25 반응성 애착장애에 대한 설명으로 가장 적절하지 않은 것은?

① 주 양육자가 자주 교체되어 안정된 애착을 형성할 기회가 제한되었을 때 주로 발생한다.

② 타인에 대해 최소한의 사회적·감정적 반응을 보인다.

③ 발달연령의 경우 최소 9개월 이상, 5세 이전에 시작된다.

④ 낯선 성인에게 접근하고 소통하는 데 주의가 약하거나 없다.

25 낯선 성인에게 접근하고 소통하는 데 주의가 약하거나 없는 것은 탈억제성 사회적 유대감장애이다.

정답 23 ③   24 ②   25 ④

26 강박성 성격장애는 완벽주의를 키워드로 하는 C군 성격장애이다.
① A군 – 조현성 성격장애 – 항상 혼자서 하는 행위를 한다.
② B군 – 연극성 성격장애 – 감정이 빠른 속도로 변화하고, 감정을 피상적으로 표현한다.
③ B군 – 경계성 성격장애 – 만성적인 공허감을 경험한다.

26 '성격장애군 – 장애명 – 주요 증상'의 연결이 옳은 것은?

① A군 – 조현형 성격장애 – 항상 혼자서 하는 행위를 한다.
② B군 – 경계성 성격장애 – 감정이 빠른 속도로 변화하고, 감정을 피상적으로 표현한다.
③ B군 – 자기애성 성격장애 – 만성적인 공허감을 경험한다.
④ C군 – 강박성 성격장애 – 완벽함을 보이기는 하지만 이것이 일의 완수를 방해한다.

27 청소년기 인지오류인 개인화오류에 해당한다.

27 자기애성 성격장애에서 나타나는 신념과 가장 관련이 적은 것은?

① 내가 경험하는 이 경험은 아무도 이해할 수 없어.
② 나는 존경받을 만하고 위대해.
③ 나는 매우 특별하며 특권을 가진 사람이야.
④ 나는 어떤 규율이나 관습, 윤리도 초월할 수 있어.

28 15세 이전에 품행장애 진단 경력이 있을 경우, 18세 이후에 진단할 수 있다.

28 반사회성 성격장애에 대한 설명으로 가장 적절하지 <u>않은</u> 것은?

① 좌절에 대한 인내심이 낮다.
② 행동화 방어기제를 주로 사용한다.
③ 15세 이후에 진단할 수 있다.
④ 도구적 공격성을 특징으로 한다.

정답 26 ④ 27 ① 28 ③

29 DSM-5의 C군 성격장애에 대한 설명으로 가장 적절한 것은?

① 분열성 성격장애, 의존성 성격장애, 강박성 성격장애로 구성되어 있다.

② 불안과 우울이라는 공통된 정서적 특징을 보인다.

③ 의존성 성격장애의 경우 보통 여성환자의 비율이 더 높다.

④ 강박성 성격장애는 근면하고 유능한 면이 있으나, 치밀성과 자발성이 부족하다.

30 정신장애에 대한 설명으로 가장 적절하지 <u>않은</u> 것은?

① 취약성-스트레스 모형에서는 개인이 정신장애에 걸리기 쉬운 취약성과 스트레스 경험이 상호작용하여 정신장애가 발생한다고 본다.

② 생물심리사회적 모형에서는 생물학적·심리학적·사회적 요인의 다차원적 상호작용으로 인해 정신장애가 발생한다고 본다.

③ 취약성-스트레스 모형은 체계이론에 근거한다.

④ 생물심리사회적 모형은 건강심리학의 태동에 중요한 근거를 제공하였다.

31 다음 사례 속 B에 대한 가장 적절한 진단은?

> 직장인인 B씨는 일과 관련된 극심한 스트레스를 경험한 후 어느 날부터 마치 자신이 거품 속에 있는 듯이 느껴지고, 사방에 안개가 끼어 있는 것 같아서 불편함을 느끼고 있다. 실제 그렇지 않다는 것을 알지만 자신이 현실로부터 동떨어져 있는 듯 느껴지는 기분이 너무 불편하여 어려움을 경험하고 있다.

① 해리성 기억상실증

② 해리성 정체감장애

③ 이인증

④ 비현실감장애

---

29 의존성 성격장애는 보통 남성보다는 여성에게서 더 많이 볼 수 있다.
① C군 성격장애는 회피성 성격장애, 의존성 성격장애, 강박성 성격장애로 구성되어 있다.
② C군 성격장애는 불안이라는 공통된 정서적 특징을 보인다.
④ 강박성 성격장애는 근면하고 유능한 면이 있으나, 융통성과 자발성이 부족하다.

30 생물심리사회적 모형이 기본적으로 체계이론에 근거한다.

31 비현실감장애는 비현실적인 경험을 하는 장애로, 마치 꿈속에 있거나 안개가 낀 것처럼 느껴지는 장애이다.

정답 29 ③ 30 ③ 31 ④

32 자신이 유명한 어떤 사람과 사랑에 빠졌다고 생각하는 경우는 망상장애 중 색정형에 해당한다.

32 **개념과 그에 대한 설명의 연결로 옳지 <u>않은</u> 것은?**

① 관계망상 – 자신이 유명한 어떤 사람과 사랑에 빠졌다고 생각하는 경우
② 기면증 – 충분한 수면을 취했음에도 주간에 갑자기 참을 수 없는 졸음에 빠지는 경우
③ 내성 – 동일한 양을 섭취했을 때 예전과 같은 효과를 볼 수 없거나, 동일한 효과를 보기 위해서 양을 늘려야 하는 경우
④ 금단 – 중독적 행동 및 물질섭취를 중단하거나 양을 줄인 후 경험하는 불쾌하고 조절하기 어려운 증상

33 특정한 시간 동안 객관적으로 과도히 많은 양을 통제력 상실감을 경험한 상태에서 먹는 폭식삽화를 경험한다.

33 **DSM–5에서 신경성 폭식증의 진단기준으로 옳지 <u>않은</u> 것은?**

① 체중증가를 막기 위한 보상행동을 한다.
② 체중과 체형이 자기평가에 과도하게 영향을 준다.
③ 특정한 시간 동안 주관적으로 과도히 많은 양을 통제력 상실감을 경험한 상태에서 먹는 폭식삽화를 경험한다.
④ 심각도는 '경도, 중등도, 고도, 최고도'의 4단계로 명시할 수 있다.

34 진전섬망은 알코올 금단 증상 중 가장 심각한 형태로, 알코올 금단 증상을 보이는 환자 중 약 5% 정도에서 발생한다.

34 **알코올 관련 장애의 임상적 특징으로 옳지 <u>않은</u> 것은?**

① 알코올 섭취 중 또는 직후에 불안정한 보행, 혼미나 혼수 등의 증상이 나타나면 알코올 중독으로 볼 수 있다.
② 알코올 문제가 있는 사람은 진전섬망을 흔히 경험하게 된다.
③ 알코올의 영향으로부터 정상상태로 회복하는 데 많은 시간을 허비하는 것은 알코올 사용장애의 진단기준 중 하나로 볼 수 있다.
④ 알코올 섭취 중단 후 불면, 오심 및 구토, 불안, 대발작 등의 증상이 나타나면 알코올 금단으로 볼 수 있다.

정답 32 ① 33 ③ 34 ②

35 품행장애의 핵심증상과 내용의 연결로 틀린 것은?

① 사람과 동물에 대한 공격성 – 다른 사람에게 성적 행위를 강요한다.

② 재산파괴 – 심각한 손해를 입히려는 의도로 고의적으로 불을 지른다.

③ 사기 또는 절도 – 피해자가 보는 앞에서 도둑질을 한다.

④ 중대한 규칙위반 – 종종 무단결석을 하는 행위가 13세 이전부터 시작되었다.

36 변태성욕장애의 하위장애가 아닌 것은?

① 복장도착장애

② 성애물장애

③ 노출장애

④ 성정체성장애

37 정신장애에 대한 설명으로 옳은 것은?

① 정신분석에서는 아동이 성장과정에서 잘못된 학습을 한 결과로 정신장애가 생긴다고 본다.

② 행동주의에서는 개인이 가진 역기능적 생각과 비합리적 신념체계 때문에 정신장애가 생긴다고 본다.

③ 인지주의에서는 초기 아동기의 무의식적 갈등의 결과로 정신장애가 생긴다고 본다.

④ 현실요법에서는 개인이 자신의 기본적인 욕구를 충족하기 위해 비건설적인 방향의 선택을 해서 정신장애가 생긴다고 본다.

---

35 '피해자가 보는 앞에서 도둑질을 하는 것'은 사람과 동물에 대한 공격성에 해당한다.

36 성정체성장애는 DSM-IV에서 진단하던 장애로, DSM-5에서는 성별불쾌감으로 변경되었다.

37 윌리엄 글래서의 현실요법(현실치료)에서는 개인이 자신의 기본적인 욕구를 충족하기 위해 비건설적인 방향의 선택을 해서 정신장애가 생긴다고 본다.
① 정신분석에서는 초기 아동기의 무의식적 갈등의 결과로 정신장애가 생긴다고 본다.
② 행동주의에서는 아동이 성장과정에서 잘못된 학습을 한 결과로 정신장애가 생긴다고 본다.
③ 인지주의에서는 개인이 가진 역기능적 생각과 비합리적 신념체계 때문에 정신장애가 생긴다고 본다.

정답 35 ③ 36 ④ 37 ④

38 아스퍼거장애는 DSM-IV에서 진단하던 장애로, DSM-5에서는 자폐 스펙트럼장애로 통합되었다.

38 의사소통장애에 해당하지 않는 것은?

① 말소리장애
② 아동기발병 유창성장애
③ 언어장애
④ 아스퍼거장애

39 DSM-IV의 자폐성 장애, 아동기 붕괴성 장애, 아스퍼거장애가 DSM-5에서는 자폐 스펙트럼장애로 통합되었다.

39 자폐 스펙트럼장애에 대한 설명으로 가장 적절하지 않은 것은?

① DSM-IV의 자폐성 장애, 아동기 붕괴성 장애, 레트장애가 DSM-5에서는 자폐 스펙트럼장애로 통합되었다.
② 사회적 의사소통 및 상호작용에 지속적인 결함이 있다.
③ 행동, 흥미, 활동이 제한적이고 반복적인 패턴을 보인다.
④ 증상은 초기 발달기에 나타난다.

40 섬망은 주의장애, 자각장애를 핵심증상으로 한다.

40 섬망에 대한 설명으로 가장 적절하지 않은 것은?

① 증상이 급격히 나타났다가 원인이 제거되는 경우 갑자기 사라진다.
② 증상은 하루 중 심각도가 변동하는 경향이 있다.
③ 증상은 보통 단기간에 걸쳐 나타난다.
④ 기억장애를 핵심증상으로 한다.

정답 (38 ④ 39 ① 40 ④)

기출복원문제

▶ 온라인(www.sdedu.co.kr)을 통해 기출문제 무료 동영상 강의를 만나 보세요.

01 다음 내용과 가장 관련 깊은 것은?

> 오디오에서 노래가 나오면서 잡음이 섞여 있었지만, 이미 알고 있는 노래라서 가사나 음을 이해하는 데 전혀 문제가 없다.

① 수용기처리
② 상향처리
③ 신경처리
④ 하향처리

01 하향처리(개념주도적 처리)는 지식에 기반하는 처리를 의미한다. 따라서 아는 노래를 듣는다면 잡음이 섞여 있어도 노래를 이해하는 데 문제가 없다.

02 다음 내용에서 괄호 안에 들어갈 수치로 적절한 것은?

> 어떤 물체가 1,200g일 때 차이역이 60g이라면, 베버(Weber)의 법칙에 따를 경우 차이역이 100g일 때 어떤 물체는 (   )g이다.

① 1,500
② 1,800
③ 2,000
④ 2,200

02 Weber의 차이역은 두 자극이 다르다는 것을 구분하기 위해 필요한 최소한의 강도 차이를 뜻하며, 자극의 강도가 아닌 자극의 비율로 설명한다. (1200 : 60 = X : 100)

정답 (01 ④   02 ③)

03 적중은 자극이 제시되었을 때 '네'라
고 정확반응하는 것을 말한다.
① 누락은 자극이 제시되었을 때 '아니
오'라고 오반응하는 것을 말한다.
② 반응기준은 얼마나 신중하게 반
응하는지를 의미한다.
③ 오경보는 자극이 없는데 '네'라고
오반응하는 것을 말한다.

03 다음 내용에 해당하는 반응은 무엇인가?

> 아이에게 불빛을 보면 버튼을 누르라고 요구했는데, 아이
> 가 불빛을 보고 버튼을 눌렀다.

① 누락
② 반응기준
③ 오경보
④ 적중

04 민감도는 표적 자극과 비표적 자극
을 구별하는 관찰자의 능력을 의미
하는 반면, 반응기준은 얼마나 신중
하게 반응하는지를 의미한다.

04 다음 내용에서 괄호 안에 들어갈 적절한 용어를 순서대로
고른 것은?

> 신호탐지이론에서 소음이 있더라도 신호를 지각하는 경
> 우, (㉠)이(가) (㉡)고 할 수 있다.

	㉠	㉡
①	민감도	높다
②	반응기준	높다
③	민감도	낮다
④	반응기준	낮다

정답 (03 ④ 04 ①)

05 다음 중 신생아의 시력에 대한 설명으로 옳지 <u>않은</u> 것은?

① 신생아의 뇌에서 시각 영역의 발달은 미흡하다.

② 신생아의 빛을 흡수하는 능력은 성인의 빛을 흡수하는 능력에 비해 높다.

③ 신생아는 이후 6~9개월 사이 시력이 갑작스럽게 향상된다.

④ 신생아의 중심와에 들어오는 빛의 대부분은 원뿔세포를 자극하지 못한다.

06 시각신경세포의 수렴과정에 대한 설명으로 옳지 <u>않은</u> 것은?

① 수용기에서 생성된 신호는 양극세포로 흘러가고, 거기서 다시 신경절세포로 전달된다.

② 신경절세포에 도달한 신호는 시각신경을 따라 망막을 빠져나가게 된다.

③ 아마크린세포는 한 수용기에서 생성된 신호를 다른 수용기로 전달한다.

④ 신경수렴은 여러 개의 신경세포가 하나의 신경세포와의 연접으로 연결될 때 일어난다.

07 Hubel과 Wiesel이 위치기둥과 그 속의 방위기둥을 모두 합쳐 부른 것의 명칭은?

① 초기둥

② 수직기둥

③ 조직기둥

④ 눈 우세 기둥

---

05 신생아의 원뿔세포가 빛을 흡수하는 능력은 성인의 원뿔세포가 빛을 흡수하는 능력에 비해 훨씬 뒤처진다.
① 신생아의 시각겉질에 있는 신경세포는 성인의 시각겉질에 비해 개수도 적고, 연접 또한 풍성하지 못하다.
③ 신생아는 이후 6~9개월 사이 신경세포와 연접이 급격히 증가하고, 중심와에서는 원뿔세포 간 간격이 촘촘해지며, 시력이 갑작스럽게 향상된다.
④ 성인의 원뿔세포 수용기는 중심와의 68%를 덮고 있는데, 신생아의 원뿔세포 수용기가 덮고 있는 부분은 중심와 전체의 2%밖에 되지 않는다.

06 아마크린세포는 양극세포 간 신호전달 및 신경절세포 간 신호전달을 한다. 한 수용기에서 생성된 신호를 다른 수용기로 전달하는 역할을 하는 것은 수평세포이다.

07 Hubel과 Wiesel은 위치기둥과 그 속의 모든 방위기둥을 합쳐 '초기둥'이라 하였다. 초기둥은 망막의 작은 영역 내에 떨어지는 모든 가능한 방위에 관한 정보를 받으며, 따라서 시야의 작은 영역으로부터 들어오는 정보를 처리하기에 매우 적합하다.

정답 05 ② 06 ③ 07 ①

08 Ungerleider와 Mishkin(1982)의 연구에서 마루엽이 절제된 원숭이가 위치 변별 문제의 수행에 어려움을 나타냄으로써, 줄무늬겉질에서 마루엽에 이르는 어디에 경로(where pathway)를 확인하였다.

08 **다음 내용에서 괄호 안에 들어갈 가장 적절한 용어는?**

> Ungerleider와 Mishkin(1982)의 연구에서는 원숭이의 대뇌 겉질에서 (   )을 제거하면 '어디에'에 대한 정보를 인식하지 못하게 된다는 것을 발견하였다.

① 뒤통수엽
② 관자엽
③ 마루엽
④ 이마엽

09 사람은 보는 각도에 따라 계속 변하는 물체를 같은 물체로 지각하지만, 컴퓨터는 불분명하다. 여러 시점에서 본 한 물체를 재인하는 능력을 '시점 불변성'이라 한다.
① 망막상을 낸 물체를 지정하는 일을 '역투사 문제'라고 한다.
③ '집단화'란 시각적 사건이 함께 묶여 단위나 물체가 되는 과정이다.
④ '지각적 조직화'란 환경의 요소들이 지각적으로 묶여 우리로 하여금 물체를 지각하게 하는 과정이다.

09 **의자는 사람이 관찰하는 위치에 따라 다르게 보이지만, 결국 같은 모양으로 인식하게 되는데, 이를 의미하는 용어는?**

① 역투사 문제
② 시점 불변성
③ 집단화
④ 지각적 조직화

10 '균일 연결성 원리'는 밝기, 색, 표면 결 또는 운동과 같은 시간 속성들로 연결된 영역이면 한 단위로 지각한다는 원리이다.
① '근접성 원리'는 가까운 사물들은 함께 집단화되어 보인다는 원리이다.
② '공통 운명 원리'는 같은 방향으로 움직이는 사람들은 함께 집단화된다는 원리이다.
③ '공통 영역 원리'는 같은 공간 영역 내의 요소들은 함께 집단화된다는 원리이다.

10 **다음 내용에 해당하는 원리는?**

> 다음과 같이 두 개의 사각형이 겹쳐 있을 때, 한 쪽에 구멍이 난 것처럼 인식하지 않고 가능성이 높은 겹쳐져 있는 것으로 인식하는 것을 의미

① 근접성 원리
② 공통 운명 원리
③ 공통 영역 원리
④ 균일 연결성 원리

정답 (08 ③ 09 ② 10 ④)

11 다음 중 착시 전체는 그 부분의 합과 다르다는 것을 의미하는 용어는?

① 구조주의 접근

② 게슈탈트 접근

③ 지각적 조직화

④ 지각적 분리

11 게슈탈트 심리학자들은 감각을 '더해서' 지각이 이루어진다는 생각을 거부하고, 과거 경험이 지각에 중요한 역할을 한다는 생각도 받아들이지 않았다. 그 예로 '가현운동'과 '착시적 윤곽' 등이 있다.

① '구조주의 접근'은 게슈탈트 접근이 나오기 전 제안된 이론으로, 감각기관의 자극 때문에 생긴 기초 과정인 '감각'과, 물체의 자각과 같은 복잡하고 의식적인 경험인 '지각'을 구분하고자 하였다.

③ '지각적 조직화'는 환경의 요소들이 지각적으로 묶여 우리로 하여금 물체를 지각하게 하는 과정이다.

④ '지각적 분리'는 형-배경 문제로 불리며, 별개의 한 물체를 볼 때는 배경에서 튀어나온 형으로 물체를 인식하게 된다는 내용이다.

12 다음 내용에서 괄호 안에 들어갈 말로 가장 적절한 것은?

> 다음에 나오는 고속도로 나들목 사진처럼 도로가 복잡하지만 이어서 인지하는 것을, 게슈탈트 이론에서는 (   ) 원리라고 한다.
>
>

① 좋은 연속성

② 프래그난츠

③ 유사성

④ 근접성

12 직선이나 완만한 곡선으로 연결되는 점들은 함께 속한 것으로 지각되고, 선들은 가장 완만한 경로를 따르는 것으로 지각되는 경향을 '좋은 연속성 원리'라 한다.

② '프래그난츠 원리'는 모든 자극 패턴은 가능한 한 가장 간단한 구조를 내는 방향으로 보인다는 원리이다.

③ '유사성 원리'란 비슷한 사물은 함께 집단을 이룬다는 원리이다.

④ '근접성 원리'란 가까운 사물들은 함께 집단화되어 보인다는 원리이다.

정답 11 ② 12 ①

13 어떤 것을 직접적으로 바라보고 있
지라도 주의를 주지 않으면 놓칠 수
있는 현상을 '무주의 맹시'라고 한다.
① · ② '변화 맹시'는 장면에서 변화
를 탐지하는 것이 어려운 현상을
말한다. 그 예로는 영화에서 장면
이 변할 때 물건이 없어지거나 행
동이 바뀌어도 주의를 주목하지
않아 알아차리기 어려운 경우인
'연속성의 오류'가 있다.
④ '이중–과제 절차'란 주의를 요구
하는 '중심과제'와 장면의 내용에
대해 판단하는 '주변과제'를 동시
에 수행해야 하는 절차이다.

13 다음 내용에 해당하는 현상은 무엇인가?

> 농구 게임처럼 세 명의 경기자로 구성된 두 팀 중, 한 팀은
> 흰 옷을 입고 볼을 패스하며 다른 팀은 그들을 계속 따라다
> 니면서 팔을 올려 방어하는 것을 보여주는 75초 분량의 비
> 디오 자극을 관찰자들이 보도록 하였다. 관찰자들은 흰 옷
> 을 입은 팀의 볼 패스 개수를 세도록 요구받았기 때문에
> 흰 옷을 입은 팀에 주의를 기울였다. 비디오 자극에서는 56
> 초가 경과한 뒤 우산을 들고 가는 여인이나 고릴라 복장을
> 한 사람이 농구 게임 장소 가운데를 지나가는 장면이 5초
> 동안 제시되었고, 비디오를 본 관찰자에게 6명의 경기자
> 외에 다른 사람을 보았는지 물어보았으나 관찰자의 절반
> 가량인 46%가 여인이나 고릴라를 보지 못하였다.

① 변화 맹시
② 연속성의 오류
③ 무주의 맹시
④ 이중–과제 절차

14 Womelsdorf 등(2006)의 실험에서
수용장이 특정 위치에 고정되지 않
고 원숭이가 주의를 기울이는 곳에
반응하여 움직임으로써, 주의가 시
각 시스템의 조직을 부분적으로 변
화시키고 있다는 것을 확인하였다.

14 다음 중 주의를 집중할 때 나타나는 현상이 <u>아닌</u> 것은?

① 주의는 자극의 위치에 대한 반응을 빠르게 한다.
② 주의는 자극 그 자체에 대한 반응을 빠르게 한다.
③ 주의는 신경세포의 수용장 위치를 이동시킬 수 없다.
④ 주의는 뇌 특정 영역의 반응을 증가시킨다.

정답 13 ③ 14 ③

15 다음 중 착각 접합에 대한 설명으로 <u>틀린</u> 것은?

① 목표한 자극에 주의를 둘 때 이전 다른 자극이 가졌던 세부특징이 목표 자극의 세부특징과 조합되는 것이다.

② Treisman의 세부특징 통합론에서 초점주의 단계를 설명하는 내용이다.

③ 세부특징이 결합되면 대상을 지각하게 된다는 내용의 증거이다.

④ 개별적 대상에 주의를 집중하지 못하여 세부특징의 결합이 어려운 증상을 말한다.

15 개별적 대상에 주의를 집중하지 못하여 세부특징의 결합이 어려운 증상이란 발린트 증후군을 의미한다.

16 다음 중 30m 이상의 깊이 단서 인지와 관련이 <u>없는</u> 것은?

① 입체시

② 크기 항등성

③ 대기 조망

④ 조망 수렴

16 크기 항등성은 각기 다른 거리에서 물체를 바라보더라도 물체의 크기에 대한 지각이 비교적 항상적이라는 것을 의미한다.

① 입체시는 양안부등에 의해 제공된 정보에서 만들어진 깊이감을 의미한다.

③ 대상이 멀리 떨어져 있을수록 공기와 입자들을 통해서 봐야 하므로, 먼 대상이 가까운 대상보다 덜 선명하고 더 푸른빛을 띠게 된다.

④ 멀어질수록 수렴하는 것처럼 보인다.

17 달 착시 현상에 대한 설명으로 <u>틀린</u> 것은?

① 각기 다른 거리에서 달을 바라보더라도 달의 크기에 대한 지각이 비교적 항상적이다.

② 달이 지평선에 있으면 머리 위 하늘보다 더 멀어 보이는 지평선을 배경으로 보기 때문에 더 크게 보인다.

③ 달이 지평선에 있으면 더 적은 하늘이 둘러싸고, 따라서 더 크게 보이게 된다.

④ 지평선에 걸린 달이 중천에 뜬 달에 비해 확대되어 보이는 현상이다.

17 크기 지각 중 크기 항등성에 대한 설명이다.

② 가현 거리 이론에 대한 설명이다.

③ 각 크기-대비 이론에 대한 설명이다.

④ 달 착시 현상에 대한 정의이다.

정답 15 ④ 16 ② 17 ①

18 양안부등에 의해 제공된 정보에서
   만들어진 깊이감을 입체시라 한다.

18 단안 단서에 대한 설명으로 <u>틀린</u> 것은?

① 단안 단서에는 조절, 회화 단서, 움직임-기반 단서가 포함
   된다.

② 회화 단서 중에서 멀어질수록 수렴하는 것처럼 보이는 것을
   조망 수렴이라 한다.

③ 우리가 움직일 때 일어나며, 가까이 있는 대상은 빠르게 지
   나가는 것처럼, 멀리 있는 대상은 느리게 움직이는 것처럼
   보이게 하는 것을 운동시차라 한다.

④ 단안부등에 의해 제공된 정보에서 만들어진 깊이감을 입체
   시라 한다.

19 빛의 흐름이라고 하는 움직임은 보
   행자가 나아가는 방향과 속도에 관
   한 정보를 제공한다.

19 지각과 움직임의 기능에 대한 설명으로 옳지 <u>않은</u> 것은?

① 움직임은 주변 환경 속 사건에 대한 이해를 돕는다.

② 움직임은 주의를 끈다.

③ 빛의 흐름이라고 하는 움직임은 보행자가 나아가는 방향에
   관한 정보를 제공하지만, 속도에 관한 정보는 제공하지 않
   는다.

④ 주의 포획이란 주의를 끄는 움직임을 의미한다.

정답 (18 ④ 19 ③)

20 (a)~(c)와 같이 로켓 그림이 주어졌을 때 움직임이라고 인지하는 것과 관련이 <u>없는</u> 설명은?

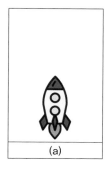  

| (a) | (b) | (c) |

① 사람들은 로켓이 위로 올라가고 있다고 지각한다.

② 이 장면을 움직이는 물체로 지각하는 현상을 유도 움직임이라 한다.

③ 실제로 로켓이 올라가는 영상을 봤을 때와 비슷한 시각겉질 내 영역이 활성화된다.

④ 실제 움직임과는 다른 착각성 움직임이라 표현한다.

20 실제로 움직이지 않는 물체를 움직이는 물체로 지각하는 현상을 '착각성 움직임'이라 한다. '유도 움직임'은 한 물체의 움직임 때문에 이웃에서 움직이지 않고 있는 다른 물체가 움직이는 것으로 지각될 때 일어난다.

21 구름에서 달의 움직임을 인식하는 것과 관련이 <u>없는</u> 설명은?

① 한 물체의 움직임 때문에 이웃에서 움직이지 않고 있는 다른 물체가 움직이는 것으로 지각될 때 일어나는 현상의 예시이다.

② 움직이는 자극을 주시한 후 고정된 자극을 바라볼 때 일어나는 현상이다.

③ 대개의 경우 큰 물체의 움직임에 의해 움직이지 않고 있는 작은 물체가 움직이는 것으로 지각될 때 일어난다.

④ 유도 움직임의 예시이다.

21 ②는 움직임 잔효에 대한 설명이다. 움직이는 자극을 주시한 후 고정된 자극을 바라보면, 고정된 자극이 앞서 주시했던 움직이는 자극의 방향과 반대 방향으로 움직이는 것처럼 보인다.

정답 20 ② 21 ②

22 문제에 제시된 현상은 액체의 움직임을 지각하지 못해 잔이 차오르는 것을 지각하지 못해 일어나는 것이다.
①·② 주의 포획에 대한 설명이다.
③ 지각의 문제에 의해 발생하는 현상이다.

22 커피에 액체를 따를 때 액체를 마치 얼음처럼 인지하여 제대로 따르지 못하는 현상에 대한 설명으로 옳은 것은?

① 다른 일에 주의를 쏟고 있을 때 일어나는 현상이다.

② 의식적으로 무언가를 찾고 있을 때만 나타나는 현상이 아니며, 무의식적 상황에서도 나타난다.

③ 주의의 문제에 의해 발생하는 현상이다.

④ 뇌졸중으로 대뇌겉질의 움직임 지각 영역이 손상된 환자에게 일어날 수 있는 현상이다.

23 색채 시각은 각기 다른 스펙트럼 민감도를 갖는 세 개의 수용기 기제에 달려 있다.

23 다음 중 삼원색 이론에 대한 설명으로 틀린 것은?

① 색채 시각 이론이라고도 불린다.

② 색채 시각은 모두 같은 스펙트럼 민감도를 갖는 세 개의 수용기 기제에 달려 있다.

③ 삼원색 이론에 따르면 빛의 파장은 세 가지 수용기의 활동 양상에 의해 신호된다.

④ 어떤 파장의 빛이라도 색 대응을 하려면 적어도 세 개의 파장이 필요하다는 결과에 기초해 제안되었다.

24 물감을 혼합하면 더 적은 파장이 반사되고, 빛을 혼합하면 더 많은 파장이 반사된다.

24 다음 중 색채 혼합에 대한 설명으로 틀린 것은?

① 물감을 혼합하면 더 많은 파장이 반사되고, 빛을 혼합하면 더 적은 파장이 반사된다.

② 빛 혼합을 가산 색혼합이라 한다.

③ 각 물감 덩어리는 특정 파장을 흡수하는데, 물감을 혼합할 때에도 이 파장들을 흡수한다.

④ 색을 섞었을 때 나오는 혼합된 색도 눈에 반사되어 들어가는 파장과 연합되어 있다.

정답 22 ④ 23 ② 24 ①

25 다음에 제시된 내용과 관련이 <u>없는</u> 것은?

> 조명이 달라져도 빨강이나 초록과 같은 유채색을 비교적 일정하게 지각하듯, 무채색(흰색, 회색, 검은색 등)도 조명의 밝기와 무관하게 항등적으로 지각한다. 이를 규명하기 위해 얼마나 많은 빛이 물체에 비춰지는가와 물체의 반사율에 연구자들의 관심이 집중되어 있다.

① 강도 관계 : 비율 원리
② 크기 항등성
③ 반음영과 밝기 지각
④ 표면의 방향

26 잘 익은 토마토를 빨간색으로 인지하는 것에 대한 원인으로 옳은 것은?

① 빨간색 음식은 사람에게 식욕을 불러일으키기 때문에
② 빨간색은 장파장의 파장이 반사된 색이기 때문에
③ 빨간색과 같은 유채색은 조명이 달라져도 비교적 일정하게 지각되기 때문에
④ 빨간색의 토마토가 잘 익은 토마토였다는 기억이 있기 때문에

27 그네 방 실험에 대한 설명으로 <u>틀린</u> 것은?

① 시각은 균형 상태를 위한 참조틀일 뿐 근육이 균형을 유지하도록 조정하지는 않는다.
② 눈을 감으면 균형 상태를 유지하기 힘들다는 것을 보여주는 실험이다.
③ 그네 방 실험은 시각이 내이와 근육, 관절 수용기들이 제공하는 습관적인 균형 정보원을 압도함을 보여준다.
④ 그네 방 실험은 시각이 균형의 강력한 결정인자인 것을 보여준다.

---

25 제시문은 밝기 항등성에 관한 내용이다. 크기 항등성은 각기 다른 거리에서 물체를 바라보더라도 물체의 크기에 대한 지각이 비교적 항상적이라는 것을 의미한다.

26 색채 항등성에서 물체의 전형적인 색에 대한 사전 지식이 지각에 미치는 영향을 기억색이라 한다.

27 시각은 균형 상태를 위해 참조틀을 주며, 이것이 근육으로 하여금 균형을 계속 유지하도록 조정한다.

정답 25 ② 26 ④ 27 ①

28 거울신경세포는 다른 개체의 행동을 관찰할 때 마치 자신이 그 행동을 하는 것처럼 활성화하는 신경세포이다.

28 다음 내용에서 괄호 안에 들어갈 용어로 가장 적절한 것은?

> 다른 사람이 물건을 쥐는 것을 보면 본인이 움직이지 않아도 전운동피질의 ( )이(가) 활성화된다.

① 거울신경세포
② 후두엽
③ 측두엽
④ 내상측두영역

29 뇌염으로 해마가 손상된 T.T. 사례를 보면, 그는 집 주변처럼 자주 돌아다닌 길임에도 길을 잃었다. 이에 관하여 Eleanor Maguire 등(2006)은 오래 전 학습한 길의 자세한 내용을 처리하려면 해마가 중요하다고 결론지었다.

29 다음 중 환경에서 길 찾기와 관련된 뇌영역은 무엇인가?

① 거울신경
② 관자엽
③ 해마
④ 내상측두영역

30 제시문은 관찰자 주체가 움직일 때 변화하는 환경에 대한 지각과 관련된 내용이다. ④는 움직이는 관찰자가 환경에서 만드는 정보에 대한 내용으로, 광학 흐름에 대한 설명이다.
① 조망 수렴에 대한 설명이다.
② 밝기 항등성의 비율 원리에 대한 설명이다.
③ 달 착시에서 가현 거리 이론에 대한 설명이다.

30 다음 내용과 가장 관련 깊은 것은?

> 예전에는 환경 그 자체를 지각하는 방법에 대해 연구하였는데, 요즘에는 환경과 관련하여 사람이 움직일 때 환경은 어떻게 지각되는가에 대한 연구를 추구한다.

① 물체가 멀어질수록 수렴하는 것처럼 보인다.
② 어떤 물체와 주위에 있는 물체의 반사율의 비율이 같게 유지되면, 지각된 밝기는 일정하게 유지된다.
③ 지평선에 걸린 달이 중천에 뜬 달에 비해 확대되어 보인다.
④ 운전을 하고 있을 때 바깥의 모든 사물들은 정지 상태이지만, 내가 움직임으로써 사물들이 반대쪽으로 지나간다.

정답 28 ① 29 ③ 30 ④

31 청각체계에서 공기 진동을 전기신호로 바꾸는 세포는 무엇인가?

① 공명세포

② 융모세포

③ 음고신경세포

④ 음파세포

32 다음 내용에서 괄호 안에 들어갈 용어를 순서대로 고른 것은?

> 귓구멍의 구조는 관 끝의 (㉠)을 보호하고, 귓구멍에서 소리는 (㉡)된다.

	㉠	㉡
①	귀청	증폭
②	이소골	증폭
③	중이근	감소
④	달팽이관	감소

31 융모세포는 압력 변화에 반응해 휘어진다. 청각의 압력파(공기 진동)가 전기신호로 변환되기 위해서는 이온 흐름이 필요하며, 이온 흐름은 융모세포의 융모가 휘어짐에 따라 발생한다.

32 귓구멍의 구조는 관 끝의 귀청(고막)을 보호한다. 귓구멍의 폐쇄된 끝에서 반사된 음파가 귓구멍으로 들어오는 음파와 상호작용할 때 공명이 일어나는데, 이는 소리의 강도를 증가시키는 역할을 한다. 공명을 통해 소리의 주파수 중 1,000~5,000Hz의 주파수의 소리 압력이 약간 증폭된다.
② 이소골은 중이의 구조 중 하나로 추골, 침골, 등골로 구성된다.
③ 중이근은 중이에 있는 신체에서 가장 작은 골격근으로, 이소골에 붙어 있다.
④ 달팽이관은 내이의 주요 구조로, 액이 채워져 있다. 이 액은 난원창에 기대어 있는 등골의 운동에 의해 진동된다.

정답 31 ② 32 ①

33 소리 주파수가 달팽이관을 따라 있는 신경 흥분이 최대인 장소에 의해 표시된다.

33 청각 장소이론에 대한 설명으로 틀린 것은?

① 기저막의 진동은 주파수에 따라 더 많이 진동하는 위치가 달라진다.

② 기저부는 고주파수에 조율되어 있으며, 정점은 저주파수에 조율되어 있다.

③ 최상의 주파수는 이 두 극단들 사이에서 기저막을 따라 계속 변동한다.

④ 소리 주파수가 달팽이관을 따라 있는 신경 흥분이 최소인 장소에 의해 표시된다.

34 방위각, 고도, 거리라는 위치 단서의 세 차원에서 사람들의 청각적 위치 파악 능력에 대한 연구가 이루어진다.

34 소리 위치 단서에 대한 설명으로 틀린 것은?

① 소리 위치 단서는 청각계가 소리의 위치를 파악하기 위해 사용하는 경로를 말한다.

② 청자의 머리와 귀가 소리와 상호작용하는 방식에 의해 만들어진다.

③ 두 귀 단서와 한 귀 단서의 두 종류가 있다.

④ 방위각, 고도, 크기라는 위치 단서의 세 차원에서 사람들의 청각적 위치 파악 능력에 대한 연구가 이루어진다.

35 시각에서의 노안과 달리 노인성 난청은 나이 외에도 소음 노출 시간, 융모 손상을 유발하는 약물 등 다양한 원인에 의해 유발된다.

35 노인성 난청에 대한 설명으로 옳지 않은 것은?

① 노화에 의한 퇴화 등에 걸쳐 축적된 영향에 의해 발생하는 융모세포 손상이다.

② 시각에서의 노안과 같이 나이에 의해서만 유발된다.

③ 노인성 난청 관련 민감도 손상은 고주파수에서 가장 크게 나타난다.

④ 융모 손상을 유발하는 약물에 의해서도 발생할 수 있다.

정답 (33 ④ 34 ④ 35 ②)

36 다음 내용에 해당하는 현상은 무엇인가?

> 컴퓨터를 이용한 연구에서 /da/와 /ta/ 중간에 다른 소리를 넣어도 피험자들은 /da/와 /ta/만 들었다고 보고했다.

① 말소리 분절
② 지각적 항등성
③ 음소복구 효과
④ 맥거크 효과

37 다음 내용과 가장 관련 깊은 것은?

> 코끼리의 코는 다른 동물들이 후각에만 사용하는 것과 달리 물건을 집을 때 자주 사용되기 때문에 다른 부위에 비해 더 민감한 촉감능력을 가진다.

① 피부 수용장
② 피부 표면 역학 수용기
③ 피부 심부 역학 수용기
④ 경험-의존 가소성

36 음소 경계가 같은 편에 있는 모든 자극이 동일한 범주로 지각되는 것은 청각에서의 지각적 항등성의 예시이다.
① 연속적인 말소리 신호에서 개별 단어를 분절하여 지각하는 것을 '말소리 분절'이라 한다.
③ 음소가 제시되지 않는데도 실제로는 맥락에 따라 들은 것으로 지각하는 효과를 '음소복구 효과'라 한다.
④ '맥거크 효과'는 청시각적 말소리 지각의 대표적인 예로, /ba-ba/ 소리를 듣고 있음에도 화면에 /ga-ga/ 소리를 낼 때의 입술 움직임을 보이는 사람이 나온 경우, 청자는 /da-da/ 소리를 듣게 된다.

37 경험-의존 가소성은 겉질 조직화의 기본 원리 중 하나로, 특정 기능에 대한 겉질 표상은 그 기능이 자주 쓰인다면 더 커질 수 있다는 것이다. 촉감 정밀도(피부의 세부를 탐지할 수 있는 능력)가 더 정확해질 수 있다는 뜻이다.
① 피부 수용장은 자극을 받았을 때, 신경세포의 흥분에 영향을 미치는 피부의 영역이다.
② 피부 표면 역학 수용기는 피부 표면, 즉 표피 가까이에 있는 역학 수용기이다.
③ 피부 심부 역학 수용기는 피부 깊숙이 위치하며, 더 넓은 수용장을 가지고 있다.

정답 36 ② 37 ④

38 통증은 기대, 주의 전환, 정서적 산만의 내용, 최면 암시 등의 영향을 받는다.
  ① 염증 통증은 조직의 손상과 관절의 염증 혹은 종양 세포에 의해 유발된다.
  ② 신경병 통증은 신경계의 절제나 다른 손상에 의해 유발된다.
  ③ 위해 통증은 피부에 막 주어지는 손상을 경고하기 위해 피부에 있는 위해수용기의 활동에 의해 발생한다.

38 **통증을 뇌에서 느낀다고 지지하는 증거로 옳은 것은?**
  ① 염증 통증
  ② 신경병 통증
  ③ 위해 통증
  ④ 인지능력과의 연관성

39 향미를 느끼는 데 후각이 결정적인 역할을 한다. 일반적으로 코를 막았을 때 맛의 정체를 파악하기가 어렵다.

39 **다음 중 후각과 미각에 대한 특징으로 옳지 않은 것은?**
  ① 기본 맛은 짠맛, 신맛, 단맛, 쓴맛, 우마미로 분류한다.
  ② 미각은 맛의 질과 그 물질의 효과를 관련시킴으로써 문지기 기능을 수행한다.
  ③ 향미 또는 맛은 혓바닥에 있는 수용기를 자극하여 생기는 미각과 후각 점막에 있는 수용기를 자극하여 생기는 후각이 조합된 결과이다.
  ④ 일반적으로 코를 막았을 때 맛의 정체를 파악하기는 어렵지 않다.

40 프루스트(Proust) 효과는 오랫동안 생각도 해 보지 못했던 기억이 미각과 후각 때문에 생생하게 되살아나는 현상을 의미한다.
  ① 팔이나 다리를 절단 당한 사람이 그 부위가 존재한다고 지속적으로 경험하는 것을 환상지 효과라 한다.
  ② 맥거크 효과는 청시각적 말소리 지각의 대표적인 예이다.
  ③ 위약 효과는 어떠한 약물적 효과도 없는 물질로부터 통증이 감소하는 현상을 말한다.

40 **오랜 기억이 후각과 미각을 통해 다시 인지되는 현상을 무엇이라 하는가?**
  ① 환상지 효과
  ② 맥거크 효과
  ③ 위약 효과
  ④ 프루스트 효과

정답 38 ④ 39 ④ 40 ④

기출복원문제

▶ 온라인(www.sdedu.co.kr)을 통해 기출문제 무료 동영상 강의를 만나 보세요.

※ 본 문제는 다년간 독학사 심리학과 2단계 시험에서 출제된 기출문제를 복원한 것입니다. 문제의 난이도와 수험경향 파악용으로 사용하시길 권고드립니다. 본 기출복원문제에 대한 무단복제 및 전제를 금하며 저작권은 SD에듀에 있음을 알려드립니다.

01 다음 설명에 해당하는 학문 영역은?

> 인간의 실제 행동을 심리학・사회학・생리학적 견지에서 바라보고 그로 인한 결과를 규명하려는 분야로, '합리적인 인간'을 부정하는 것에서 시작하였다. 이에 해당하는 주요 용어들로는 '전망이론, 보유효과, 손실회피성, 닻내림효과, 프레이밍효과' 등을 들 수 있다.

① 행동경제학
② 자동사회과학
③ 사회신경과학
④ 정신분석적 사회심리학

»»Ϙ

행동경제학의 주요 용어	의미
전망이론	일반적으로 경제학에서 가정하던 것처럼 소득 및 수입에서만 효용을 얻는 것이 아니라 현재 자신이 가진 수준도 고려하여 효용이 결정된다는 것이다.
보유효과	어떤 대상을 소유하거나 소유할 수 있다고 생각하는 순간 그 대상에 대한 애착이 생겨 객관적인 가치 이상을 부여하는 심리현상으로, 소유효과라고도 한다.
손실회피성	같은 금액이라면 이익보다 손실을 훨씬 더 크게 느끼는 현상이다.
닻내림효과	처음에 인상적이었던 숫자나 사물이 기준점이 되어 그 후의 판단에 왜곡 또는 편파적인 영향을 미치는 현상이다.
프레이밍효과	질문이나 문제 제시 방법(틀)에 따라 사람들의 선택이나 판단이 달라지는 것으로, 특정 사안을 어떤 시각으로 바라보는가에 따라 해석이 달라지는 현상이다.

01 행동경제학자 중 대니얼 카너먼(Daniel Kahneman)을 비롯한 여러 학자가 노벨경제학상을 받은 바 있다. 이외에도 행동경제학자로는 아모스 트버스키, 댄 애리얼리, 리처드 세일러 등을 들 수 있다.
[문제 하단의 표 참고]

정답 01 ①

02 사회인지이론은 반두라(Bandura)에 의해 제안된 이론으로, 사회학습이론과 인지심리학에 근거를 두고 있다.

① 진화론적 관점에서의 심리학은 다윈의 자연선택의 원리를 사용하여 인간의 행동과 마음의 진화를 연구하는 분야이다.

③ 생태학적 관점은 인간의 발달과정을 개인과 환경 간의 상호작용 속에서 이해하고자 하는 접근 방식으로, 개인과 환경 모두 인간 발달에 영향을 미친다는 관점이다. 대표적 이론가인 브론펜브레너(U. Bronfenbrenner)는 '생태학적 체계 이론'(ecological system theory)에서 아동의 발달을 위해 다수준체계의 환경적 조화를 강조하였다.

④ 사회문화적 관점은 사람의 행동과 원인에 대한 문화적 차이를 비교·연구한다. 한 국가 내의 다른 두 집단 비교, 문화가 발달에 미치는 영향, 문화가 정서에 미치는 영향, 문화적 경험에 따른 심리구성의 차이 등을 연구한다.

02 다음 설명에서 괄호 안에 들어갈 관점으로 가장 적절한 것은?

> 사회적 상황에서의 학습은 환경, 개인 변인과 행동 간의 삼원적 상호작용에 의해 이루어진다. (   )에서 중요한 것은 사회적 상황에서 발생하는 모델링과 조금만 노력하면 성공할 수 있다는 학습자의 신념, 즉 지각된 자기효능감이다.

① 진화론적 관점
② 사회인지적 관점
③ 생태학적 관점
④ 사회문화적 관점

03 실험연구방법은 연구자가 비교적 소수의 실험자를 대상으로 특정변수(독립변수)를 의도적으로 조작하고, 이 조작이 다른 변수(종속변수)에 미치는 영향을 관찰하고 측정하는 방법이다. 이러한 방법은 원인과 결과의 관계를 명확하게 파악하는 데 유용하며, 과학적 연구에서 널리 사용된다.

03 실험연구방법에 대한 설명으로 가장 적절한 것은?

① 실험연구방법은 주로 문헌 조사를 통해 데이터를 수집하는 방법이다.
② 실험연구방법에서는 변수 간의 상관관계를 관찰하는 데 초점을 맞춘다.
③ 실험연구방법은 변수를 조작하고 통제하여 원인과 결과의 관계를 검증하는 방법이다.
④ 실험연구방법은 대규모 인구 집단에서 일어나는 자연스러운 변화를 주로 연구한다.

정답 02 ② 03 ③

04 다음 설명에서 괄호 안에 들어갈 적절한 용어는?

> 실험연구에서 강조되며 독립변인 또는 처치변인의 종속변인에 대한 효과 또는 영향에 따른 다른 변인의 개입 가능성을 적절히 통제하였는가가 중요하다. 실험의 결과가 실험처치로 인해 나타나야 한다. (　)를 확보하기 위해서는 독립변인 이외의 다른 조건이나 요인이 종속변인에 영향을 미치지 못하게 철저하게 통제해야 한다.

① 신뢰도
② 질적 타당도
③ 내적 타당도
④ 외적 타당도

05 다음 설명과 가장 관련 깊은 개념은?

> 로젠탈 효과라고도 하며, 긍정적인 기대나 관심이 사람에게 좋은 영향을 미치는 경우를 말한다. 일이 잘 풀릴 것으로 기대하면 잘 풀리고, 안 풀릴 것으로 생각하면 안 풀리는 경우를 모두 포괄하는 자기충족적 예언이라고도 할 수 있다.

① 상향비교
② 피그말리온 효과
③ 하향비교
④ 거울 속에 비친 자기

04 ① 신뢰도는 측정하고자 하는 것을 얼마나 오차 없이 정확하게 측정하고 있는가의 정도를 의미하며, 시간이 지나 다시 측정하여도 같은 결과가 나타난다면 신뢰도가 높은 것이다.
④ 외적 타당도는 실험의 결과를 다른 대상, 다른 시기, 다른 상황에 일반화할 수 있는 정도를 의미한다.

05 ①·③ 상향비교는 사람들이 타인과 자신을 비교할 때, 자신보다 더 우위에 있는 사람들과 스스로를 비교하는 것이며, 상향비교가 이루어질 경우 이 자체만으로도 스스로를 향상시키려는 동기가 발생할 수 있다. 하향비교는 이와 반대의 경우이다. 하향비교를 하는 사람들은 자신의 긍정적인 자아상에 손상이 갈 수 있는 경우 자기보다 더 열위에 있는 사람들과 비교함으로써 주관적 안녕감을 증진시켜 자기 고양을 성취하고, 손상된 자아상을 회복하려는 노력을 한다.

정답 04 ③　05 ②

06 ④ 자기 불구화는 실패의 상황을 대비해 자존감을 해치지 않게 하려는 바람에서 노력을 하지 않는 인지적 전략이다. 실패 시 "내가 노력을 하지 않았기 때문에 실패한 것이다."라고 변명을 할 수 있도록 구실 만들기 전략을 사용하는 것이다.

06 **다음 설명과 가장 관련 깊은 개념은?**

> 타인과의 상호작용 상황에서 자신의 사고, 감정, 행동을 표출하는 데 자신을 주의 깊게 관찰하면서 조정하고 통제해 나가는 것이다. 이것은 개인의 내적 성장과 자기개발에 중요한 역할을 할 수 있도록 하며, 자아인식과 자기조절 측면에서도 중요하다.

① 위험 회피
② 거짓 겸손
③ 자기 감찰
④ 자기 불구화

07 히긴스의 자기불일치이론(자기차이이론)에 따르면 실제 자기가 이상적 자기와 얼마나 가깝게 살아가고 있는지에 따라 서로 다른 정서가 초래된다고 하였다. 자기의 모습을 '현실적 자기, 이상적 자기, 의무적(당위적) 자기'로 구분하였다. 현실적 자기는 현재 자신이 가지고 있는 모습을 의미한다.
① 사적 자기는 개인의 주관적인 정서, 감정, 사고, 동기, 가치 등과 같은 자신의 내적 측면에 주목하는 경향이고, 공적 자기는 다른 사람에게 인식되는 사회적 객체로서의 자기, 즉 신체적 외모, 외현적인 행동, 정서 표현 등과 같이 자기표현과 관련된 측면에 주의를 기울이는 경향을 의미한다.

07 **다음 설명에서 괄호 안에 들어갈 용어가 적절하게 짝지어진 것은?**

> 자기는 외부상황이나 감정에 영향을 받지 않으면서 일관되고 지속적으로 자신의 행동에 영향을 미치는 나를 의미한다. (㉠)는 개인이 이상적으로 신뢰하는 자신의 상태를 유지하는 개념이다. 사람은 꿈, 목표, 희망하고 있는 모습에 대한 상상을 추구하는데 이러한 것이 반영된 자신이 되고 싶어 하는 모습을 의미한다. (㉡)는 책임과 당위성에 초점을 맞춘 개념으로, 다른 사람들이 자신에게 바란다고 느끼는 모습을 나타낸다. 이러한 (㉡)는 (㉠)와 동일할 수도 있고 그렇지 않을 수도 있다.

	㉠	㉡
①	사적 자기	공적 자기
②	성향 자기	상황 자기
③	이상적 자기	의무적 자기
④	독립적 자기	상호의존적 자기

정답 06 ③ 07 ③

08 다음 설명과 가장 관련 깊은 이론은?

> 사람은 자신에 대해 일관된 생각과 느낌, 태도를 가지기를 원한다. 개인이 가지고 있는 신념, 생각, 태도와 행동이 불일치하는 경우 사람은 심리적 불편감이 발생하며 이를 해소하기 위해 태도나 행동의 변화를 일으켜 일치시킨다는 이론이다.

① 균형이론
② 사회비교이론
③ 사회학습이론
④ 인지부조화이론

09 정교화 가능성 모형(ELM)에 대한 설명으로 가장 적절한 것은?

① ELM은 모든 설득 메시지가 수신자에게 동일한 영향을 미친다고 가정한다.
② ELM은 사람들이 설득 메시지를 처리할 때 항상 높은 수준의 주의를 기울인다고 주장한다.
③ ELM은 설득의 과정을 중앙경로와 주변경로의 두 가지 경로로 구분한다.
④ ELM에 따르면, 메시지의 내용보다 발신자의 신뢰성이 설득 과정에서 더 중요하다.

08
① 프리츠 하이더(Fritz Heider)가 주장한 균형이론(Balance theory)은 인간은 대체로 사고와 느낌, 행동 간 일관성을 유지하는 균형 상태를 추구하며, 이러한 상태가 이뤄졌을 때 편안함을 느낀다는 것이다.
② 사회비교이론은 레온 페스팅거(Leon Festinger)가 1954년에 최초로 제시한 이론으로, 사람은 객관적인 기준이 부재한 상황에서 의사결정을 해야 할 때, 자신의 능력이나 의견을 정확하게 평가하기 위해서 유사한 능력이나 의견을 가지고 있는 사람들과 스스로를 비교한다는 것이다. 사회비교이론은 상향비교와 하향비교로 나뉜다.

09 정교화 가능성 모형(ELM)은 설득 과정을 이해하기 위한 심리학 이론으로, 설득의 과정을 중앙경로(중심경로)와 주변경로의 두 가지 경로로 구분한다. 사람들이 설득 메시지를 어떻게 처리하고, 어떤 요소들이 그 과정에 영향을 미치는지 설명한다. 중앙경로는 논리적 사고와 깊은 처리를 포함하는데 제시된 설득 메시지가 수용자에게 중요한 문제인 경우, 중앙경로를 이용한 메시지 처리가 발생하게 된다. 반면, 주변경로는 표면적 처리와 관련이 있다. 메시지가 수용자에게 중요하지 않은 문제일 경우, 주변경로를 통해 메시지가 처리된다.

정답 08 ④ 09 ③

10 태도는 개인이 특정 대상이나 상황에 대해 가지는 긍정적이거나 부정적인 평가반응으로, '생각, 감정, 행동 경향' 등에 영향을 미칠 수 있다. 이러한 태도는 경험, 사회적 영향, 문화적 배경, 일부 타고난 성향에 의해서 형성될 수 있다. 태도는 시간에 따라 변할 수 있으며, 새로운 정보나 경험을 통해 재평가되고 수정될 수 있다.

10 **태도에 대한 설명으로 옳지 않은 것은?**

① 태도는 개인이 특정 대상이나 상황에 대해 가지는 긍정적이거나 부정적인 평가반응이다.

② 태도는 오로지 경험적 학습을 통해서만 형성되며, 타고난 요소는 영향을 미치지 않는다.

③ 태도는 개인의 생각, 감정, 행동 경향에 영향을 미칠 수 있다.

④ 태도는 시간이 지나면서 변화할 수 있으며, 다양한 경험을 통해 재평가될 수 있다.

11 공변모형에서 귀인의 판단을 내리기 위해서 '합의성(일치성), 특이성, 일관성'이라는 세 가지 정보가 필요하다. 먼저, 합의성(consensus)은 행위자의 행동이 여러 사람들의 행동과 일치하는지 여부이다. 많은 사람들이 동일한 행동을 할 경우 합의성이 높다고 볼 수 있다. 다음으로, 특이성(distinctiveness)은 행위자가 다른 자극에 대해서도 동일한 행동을 하는지 여부이다. 행위자가 다른 상황에서도(즉, 다른 자극에 대해서도) 동일한 행동을 한다면 특이성이 낮다고 볼 수 있다. 마지막으로, 일관성(consistency)은 행위자가 비슷한 상황에서도 동일한 행동을 하는지 여부이다. 행위자가 항상 동일한 행동을 한다면 일관성이 높다고 볼 수 있다. 공변모형에서 내부귀인을 하는 경우는 '낮은 합의성, 낮은 특이성, 높은 일관성'일 경우이다. 공변모형에서 외부귀인을 하는 경우는 '높은 합의성, 높은 특이성, 높은 일관성'일 경우이다.

11 **다음 중 켈리의 공변모형에 따라 내부귀인을 하는 경우는?**

① 낮은 합의성, 낮은 특이성, 높은 일관성

② 낮은 합의성, 낮은 특이성, 낮은 일관성

③ 높은 합의성, 높은 특이성, 높은 일관성

④ 높은 합의성, 높은 특이성, 낮은 일관성

정답 10 ② 11 ①

12 다음 설명과 가장 관련 깊은 개념은?

> 자신의 신념과 일치하는 정보는 받아들이고 신념과 일치하지 않는 정보는 무시하는 경향이다. 신념과 객관적 사실이나 상황이 배치되어 내적인 갈등이 일어나는 경우, 기존의 관념을 유지한 채 정보를 취사선택하는 태도를 보인다.

① 확증편향
② 대상자 효과
③ 지각자 효과
④ 동원최소화 가설

13 다음 사례와 가장 관련 깊은 개념은?

> 해병대는 혹독한 훈련으로 유명하다. 지호는 해병대에 지원해 힘든 훈련을 받고 전역하였다. 지호는 자신은 다른 군인들과 달리 진정한 엘리트 군인이었다고 자부하며, 전역 후에도 해병대 모임에 열심히 참석한다.

① 맞불 효과
② 노력 정당화
③ 프레이밍
④ 불충분한 정당화

12 ②·③ Kenny(1984)의 사회적 관계 모형(Social Relations Model)에 따르면 A라는 사람이 B라는 사람에 대해 인식할 때, 대상자 효과는 다른 사람들과 비교해서 B가 가진 특성에 기반한 효과이며, 지각자 효과는 A가 사람들을 지각하는 전반적 특성에 기반한 효과이다. 또한 관계 효과는 A와 B 두 사람 간의 독특한 관계에 따른 효과를 말한다.
④ 동원최소화 가설은 대인지각에 있어서 부정적 사건은 강하고 빠른 생리적·인지적·정서적 반응 및 행동을 유발한다는 이론이다.

13 노력 정당화는 많은 노력이나 시간, 자원을 투자한 일에 대해 더 높은 가치를 부여하는 심리적 현상을 말한다. 이 현상은 특히 결과가 기대에 못 미치거나 실망스러울 때 눈에 띄게 커지는 현상이다. 사람들은 자신이 고생을 했거나 엄청난 노력을 쏟아부은 일을 더 가치 있는 것으로 평가하기 위해 그 활동이나 결과를 더 긍정적으로 평가하는 경향이 있다.
① 맞불 효과는 긍정적 태도와 반대되는 부정적 행동을 했을 때 행동을 바꾸지 못한다면 태도를 부정적으로 변화시키는 현상을 말한다. 예컨대, 부정행위를 하고 난 후 "사실 그렇게 큰일도 아니잖아. 나만 하는 것도 아니고."라는 식으로 태도를 바꾸는 것이다.
④ 불충분한 정당화는 인지부조화를 통한 태도 변화가 일어나기 위한 조건 중 한 가지에 해당하는데, 인지 요소들이 불일치하는 것에 대해 정당화할 수 있는 수단이 불충분할 경우, 태도를 바꿔서 인지부조화를 해소한다.

정답 12 ① 13 ②

14 가용성 휴리스틱은 어떤 사건이 발생한 빈도를 판단할 때 그 사건에 대한 객관적인 정보를 활용하기보다는 사건에 관한 구체적인 예를 얼마나 떠올리기 쉬우냐에 따라 그 발생의 빈도를 판단하는 것이다. 변인들(대개 사람들, 사건들, 행동들) 간에 실제로 관계가 존재하지 않음에도 관계가 있는 것처럼 지각하는 현상을 의미한다.
③ 어떤 사건에서 이기고 지는 확률은 늘 50:50이다. 앞 사건의 결과와 뒤 사건의 결과가 서로 독립적이기 때문에 앞 사건이 뒤 사건에 영향을 주지 않는데, 당첨 확률이 극히 낮은 복권을 계속 사는 것, 내리 딸을 낳았으니 이번엔 아들을 낳을 것이라고 생각하는 것 등이 도박사의 오류가 작용한 예이다.
④ 평균으로의 회귀는 많은 자료를 토대로 결과를 예측할 때 그 결과 값이 평균에 가까워지려는 경향성으로, 첫 해에 뛰어난 성적을 거둔 운동선수나 연예인 등이 그 다음 해에는 기대에 미치지 못하는 저조한 성적이나 성과를 보이는 현상이 이에 해당한다.

14 다음 사례와 가장 관련 깊은 개념은?

> 영희는 얼마 전 TV에서 비행기 사고 소식을 들었다. 그 이후로 비행기를 타는 것은 위험하다고 생각하며, 자동차를 타고 가는 것이 더 안전하다고 생각하여 여행을 갈 때 비행기 타는 것을 꺼린다.

① 착각적 상관
② 가용성 휴리스틱
③ 도박사의 오류
④ 평균으로의 회귀

15 휴리스틱은 시간이나 정보가 불충분하여 합리적인 판단을 할 수 없을 때 사람들이 신속하게 사용하는 어림짐작 방법을 말한다. 대표성 휴리스틱과 가용성 휴리스틱이 있다. 이 중 대표성 휴리스틱은 어떤 대상이나 사람이 특정 범주의 전형적인 특성을 얼마나 많이 나타내는지, 즉 대표성이 있는지에 근거하여 특정 범주에 속할 확률을 판단하는 인지적 책략이다.

15 특정 사건을 전형적 사례와 비슷한 정도에 따라 빈도와 발생 확률을 추론하는 것은?

① 대표성 휴리스틱
② 닻내림 휴리스틱
③ 가용성 휴리스틱
④ 시뮬레이션 휴리스틱

정답 (14 ② 15 ①)

16 다음 사례와 가장 관련 깊은 개념은?

> 2022년 월드컵 결승은 아르헨티나와 프랑스의 경기였다. 두 팀 중 누가 이길지 예상하기 힘든 박빙의 경기였다. 우승은 메시가 속한 아르헨티나에게로 돌아갔다. 이 경기를 본 민기가 "프랑스에 아무리 음바페가 있어도 메시를 꺾을 수 없지."라며 자신은 아르헨티나가 이길 것을 이미 예상했었다고 말한다.

① 착각적 상관
② 자기충족적 예언
③ 사후확증편향
④ 행위자-관찰자 효과

17 친밀한 대인관계 형성 과정에 대한 설명으로 가장 적절한 것은?

① 친밀한 관계는 대개 상대방에 대한 초기 평가가 부정적일 때 더 빠르게 발전한다.
② 친밀한 관계 형성은 개인의 개성보다는 상황적 요인에 훨씬 더 크게 의존한다.
③ 친밀한 관계는 자주 소통하고 개인적인 정보를 공유할 때 점진적으로 발전한다.
④ 친밀한 관계 형성은 주로 대인관계에서의 물리적인 매력도에 의해 결정된다.

---

16 사후확증편향은 어떤 사건이나 일에 대해 결과를 먼저 확인하고, 마치 사전에 결과를 예측할 수 있었던 것처럼 생각하고 말하는 것을 뜻한다.
④ 행위자-관찰자 효과는 행위자가 자신의 행동을 귀인할 때는 환경에 원인을 두는 상황귀인(외적 귀인)을 하고, 행동을 관찰한 사람(관찰자)이 귀인할 때는 행위자의 성향에 귀인하는 성향귀인(내적 귀인)을 한다는 것이다. 행위자-관찰자 편향이라고도 한다.

17 친밀한 대인관계는 자주 소통하고 개인적인 정보를 공유함으로써 점진적으로 발전한다. 이러한 과정에서 신뢰와 이해가 증가하며, 상호작용하는 개인들 사이에 강한 정서적 연결이 형성된다.
①·②·④ 초기 평가의 부정성, 상황적 요인의 중요성, 물리적 매력도 등은 관계 형성의 초기 단계에서 일부 영향을 미칠 수 있지만, 친밀한 관계 형성의 핵심 요소는 아니다.

정답 16 ③ 17 ③

18 자기가치확인이론은 사람들이 자신
의 가치들을 되돌아보는 것으로, 자
신들이 가장 중요시하는 삶의 부분
들을 생각해 본 후 사람들은 비판, 거
절 등 개인적인 위협 뒤에 불안하거
나 방어적인 반응을 덜 보이게 된다
는 이론이다.
③ 매슬로우는 인간의 욕구를 설명
한 5단계의 욕구위계이론을 주장
하였는데, 크게 '생리적 욕구, 안
전욕구, 소속감 및 애정욕구, 존
중욕구, 자아실현욕구'로 구분하
였다.

18 다음 사례와 가장 관련 깊은 이론은?

> 건강이 안 좋아져 금연을 결심한 성균이는 점심 식사 후
> 담배를 피우는 동료들과 관계가 깨질까봐 금연에 성공할
> 자신이 없었다. 그러나 성균이는 상담을 통해 자신이 자율
> 성과 독립성에 큰 가치를 두고 있는 사람이라는 것을 깨닫
> 고 난 후 금연을 잘 실행하고 있다.

① 돌봄 · 친화이론
② 사회적 친화모형
③ 욕구위계이론
④ 자기가치확인이론

19 ② 단순노출 효과는 사람들이 설득
대상물에 단순히 반복적으로 노
출되는 것만으로도 긍정적인 태
도가 형성될 수 있다는 것으로,
이를 친숙성 원리라고도 한다.
③ 신념보존 효과는 일단 무언가를
믿게 되면 그 생각을 바꾸기 위해
서는 훨씬 더 많은 증거를 필요로
하게 된다는 것으로, 신념보존 편
향이라고도 한다.
④ 스포트라이트 효과는 자신을 무
대 위에서 스포트라이트를 받는
배우나 연예인처럼 불특정 다수
에 의해 평가받고 있다고 여기는
경향으로, 이러한 생각은 자신의
뇌가 만들어 낸 과장된 것이다.

19 다음 사례에 해당하는 것은?

> 정민이 반에 아라가 전학을 왔다. 아라는 예쁜 외모를 가지
> 고 있어서 학생들에게 호감을 주었다. 정민이는 옆 반 친구
> 에게 전학생 아라에 대해 이야기해 주었다. 옆 반 친구는
> 아라가 예쁘게 생겨서 성격도 좋을 것 같아 친하게 지내고
> 싶다고 하였다.

① 후광 효과
② 단순노출 효과
③ 신념보존 효과
④ 스포트라이트 효과

정답 (18 ④ 19 ①)

20 다음 내용과 가장 관련 깊은 사랑 유형은?

> 정수와 수경이는 오래된 연인 사이이다. 두 사람은 취미가 비슷하고 좋아하는 음식도 비슷해서 서로 잘 맞는다고 생각하며 즐겁게 지낸다. 그러나 두 사람은 똑같은 문제로 자주 다툼이 있다. 배려를 해야 하는 상황에서는 서로 배려가 없다고 생각하며 항상 상대방이 양보를 해야 한다고 주장한다.

① 공허한 사랑
② 성숙한 사랑
③ 얼빠진 사랑
④ 낭만적 사랑

21 다음 사례와 가장 관련 깊은 공격적 행동의 유형은?

> 유진이는 학교에서 인기가 많은 학생이다. 그런데 예쁘고, 성격도 좋고 공부도 잘하는 성희가 전학 온 이후로 유진이에 대한 관심이 성희에게 가고 있었다. 유진이는 성희에 대한 아이들의 관심을 없애고 싶어서 성희에 대한 나쁜 소문을 만들어서 퍼뜨리기 시작했다.

① 감정적이고 직접적인 공격
② 도구적이고 직접적인 공격
③ 감정적이고 간접적인 공격
④ 도구적이고 간접적인 공격

---

20 미국의 심리학자 로버트 스턴버그(Robert Sternberg)가 사랑의 3가지 요소로 친밀감·열정·헌신을 제시한 이론에 관한 문제이다.
- 낭만적 사랑 : 친밀감과 열정은 있는데, 헌신이 없는 사랑이다.
- 공허한 사랑 : 헌신만 있고, 친밀감과 열정이 없는 사랑이다.
- 성숙한 사랑 : 가장 이상적인 형태의 사랑으로, 친밀감·열정·헌신을 모두 갖춘 사랑이다.
- 얼빠진(허구적) 사랑 : 열정과 헌신은 있고, 친밀감이 없는 사랑이다.
- 우애적 사랑 : 상대에 대한 열정은 식었으나, 친밀감과 헌신이 있는 사랑이다.
- 도취성 사랑 : 열정만 있는 사랑이다.
- 좋아함 : 친밀감만 있는 사랑이다.
→ 세 가지가 모두 부재하면 사랑이 아니다.

21 도구적 공격성은 자신의 목적을 달성하기 위해 다른 사람에게 해를 가하는 것이고, 간접적 공격성은 직접적인 대면을 하지 않고 상대에게 공격을 하는 것이다.

정답 20 ④ 21 ④

22 흥분전이이론은 어떤 사건으로 인해
각성수준이 높아지면 높아진 각성상
태는 바로 줄어들지 않기 때문에 다
음 사건에 영향을 미친다는 것이다.
① 정화가설(정화이론)에 따르면 대
리적 공격(스포츠, 전쟁영화 감
상) 등을 통해 공격욕구의 출구를
확보해 주는 것이 공격성을 줄일
수 있다고 한다.
④ 상대적 박탈감은 비교가 되는 다
른 사람(또는 집단)과 자신의 조
건을 비교함으로써 개인이 실제
로 잃은 것은 없지만 다른 사람과
비교하여 상대적으로 자신이 부
족하다고 느끼거나 무엇을 빼앗
긴 듯한 기분을 느끼는 것이다.

22 다음 사례와 가장 관련 깊은 이론은?

> 종국이는 악당을 물리치는 영웅이 나오는 영화를 보고 있
> 다. 처음에 영웅은 악당이 놓은 덫에 걸리고 오히려 나쁜
> 놈으로 몰린다. 종국이는 이것을 보고 화가 난다. 그러나
> 영화가 진행되면서 영웅은 점점 악당을 물리치게 된다. 마
> 지막에 악당이 결국 벌을 받는 장면을 보면서 종국이는 더
> 큰 쾌감을 느끼게 된다.

① 정화이론
② 흥분전이이론
③ 사회학습이론
④ 상대적 박탈감

23 ② 사회비교이론은 자신의 신념이
나 능력, 태도 등을 타인과 비교
하여 이를 토대로 자신을 평가한
다는 것이다.
③ 자아고갈이론은 자기조절력은
한정되어 있다는 것이다. 마치 근
육과 같아서 근육 운동을 과도하
게 해 에너지를 모두 소모해 버리
면 다른 운동 능력에 지장을 초래
하게 되는 것처럼, 어떤 쪽으로
자기조절력을 과다 사용해 버리
면 다른 곳에 사용할 자기조절력
이 줄어든다는 것이다.

23 다음 설명에 해당하는 것은?

> 대뇌학자들에 따르면 뇌세포의 98%는 언어의 지배를 받는
> 다. 어떤 말을 하면 대뇌가 그 말을 수용하여 척추에 전달하
> 고 척추에 전달된 말은 행동을 지배한다. 따라서 불안한 상
> 황에서 '천천히 심호흡을 하면서 긴장을 풀고 침착하자.'와
> 같은 연습으로 불안을 극복할 수 있다는 것이다.

① 자의식이론
② 사회비교이론
③ 자아고갈이론
④ 자기지시훈련

정답 22 ② 23 ④

24 다음 중 밀그램의 복종실험에서 복종이 가장 쉽게 일어나는 조건은?

① 실험 참가자가 명령을 내리는 권위자와 물리적으로 멀리 떨어져 있을 때

② 실험 참가자가 피험자의 고통을 직접 보거나 들을 수 있을 때

③ 실험 참가자와 명령을 내리는 권위자가 직접 곁에 있고, 이 권위자가 책임을 지겠다고 할 때

④ 실험 참가자에게 복종하지 않을 경우 벌금이 부과된다고 할 때

25 다음 설명과 가장 관련 깊은 요인은?

> 불확실하거나 모호한 상황에서 판단이 필요할 때 자신이 가진 지식이 없을 경우 다른 사람들의 행동을 올바른 반응이나 적절한 행동으로 인식해 동조가 일어난다.

① 정보적 영향

② 규범적 영향

③ 통제의 욕구

④ 개인의 독특성

24 밀그램의 복종실험은 사람들이 권위 있는 지시에 어떻게 반응하는지를 탐구하기 위해 실시되었다. 실험 결과, 참가자들은 권위 있는 인물이 곁에 있고, 그 인물이 실험에 대한 책임을 지겠다고 할 때 가장 쉽게 복종하는 경향이 있었다. 실험 참가자가 피험자의 고통을 직접 목격하거나, 권위자와 물리적으로 멀어질수록 복종률은 감소했다. 실험에서는 벌금과 같은 물리적 처벌이 복종률에 영향을 미치는 요소로 사용되지 않았다.

25 ② 규범적 영향에 따른 동조는 자신이 속한 사회집단의 기준과 기대에 따르기 위해 집단의 행동, 태도, 편견에 의해 동조되는 것이다. 이러한 동조는 주로 사회적으로 힘을 얻기 위해 노력하려는 목적 측면에서 발생한다.

정답 24 ③ 25 ①

26 문간에 발 들여놓기 기법은 상대에게 처음엔 부담감이 적은 부탁을 해 허락을 받으면 그 다음에는 점차 큰 부탁도 들어주기 쉽게 된다는 것이다.

① 낮은 공 기법은 매력적이지만 불완전한 정보를 제시하여 동의를 얻은 후 완전한 정보를 알려주는 기법으로, 상대의 동의를 유도하는 데 효과적이지만 일종의 속임수에 해당한다.

② 면전에서 문 닫기 기법은 상대에게 수락하기 어려운 부탁을 먼저 요청하고 상대가 그 요청을 거절하면 처음에 요청한 부탁보다 더 작은 요청을 하여 상대방이 수락하도록 하는 설득 기법이다.

④ 그것이 전부가 아닙니다 기법은 제품을 비싼 가격으로 제시하여 고객이 가격에 대해서 생각하도록 한 후, 다른 제품을 덤으로 제공하거나 가격을 낮추어 호의적인 조건을 제시하는 방법이다.

26 다음 사례와 가장 관련 깊은 기법은?

> 엄마는 딸 수지를 목욕탕에 데리고 갔다. 뜨거운 탕 속에 수지를 데리고 들어가기는 매우 어려운 일이다. 엄마는 수지에게 발만 담그고 있으라고 한다. 수지는 엄마 말대로 발만 담근다. 그러다 점점 탕 속에 온몸을 넣게 된다.

① 낮은 공 기법
② 면전에서 문 닫기 기법
③ 문간에 발 들여놓기 기법
④ 그것이 전부가 아닙니다 기법

27 자기고양 편향은 성공했을 때는 자신의 성향 탓으로, 실패했을 때는 외부 요인의 탓으로 돌리는 현상이다.

① 평가우려 가설은 단순히 타인의 존재만으로는 수행을 촉진하는 충분조건이 되지 못하며, 타인이 자신의 수행을 관찰하고 평가한다는 것에 대해 개인이 가지는 우려가 각성의 직접적인 선행요인이 된다는 것이다.

② 주의분산 효과(distraction effect)는 행동경제학자 댄 애리얼리(Dan Ariely)의 이론으로, 일에 대한 순수한 동기인 즐거움이나 의미를 가지고 있던 사람이 돈이 개입되는 순간 순수한 동기를 잃게 된다는 것이다.

④ 상황적합이론은 리더십의 결정 요인이 리더의 특성에 있는 것이 아니라 리더가 처해 있는 조직적 상황에 있다는 것으로, 상황에 따라 성과가 다르게 나타난다는 피들러(F. E. Fiedler)의 리더십이론이다.

27 다음 설명과 가장 관련 깊은 개념은?

> '안 되면 조상 탓, 잘 되면 내 탓'이라는 우리나라 속담이 있다. 이것은 자신에게 유리하게 사고하는 방식인데, 이러한 사고방식의 가장 큰 이점은 자신의 자존감을 높일 수 있다는 것이다.

① 평가우려
② 주의분산
③ 자기고양
④ 상황적합이론

정답 26 ③ 27 ③

28 사회적 태만에 대한 설명으로 옳은 것은?

① 사회적 태만은 개인이 그룹 내에서 더 많은 책임을 느낄수록 강화된다.

② 사회적 태만은 개인이 독립적으로 작업할 때보다 그룹 환경에서 더 열심히 작업하는 현상이다.

③ 사회적 태만은 그룹 구성원이 자신의 기여가 다른 사람에게 인식되지 않을 때 발생하는 경향이다.

④ 사회적 태만은 그룹 내에서 개인의 역할이 명확하고 구별될 때 주로 발생한다.

29 집단사고가 발생할 수 있는 선행조건에 대한 설명으로 옳지 않은 것은?

① 집단이 고립되어 외부 의견이나 정보에 접근하지 못할 때 집단사고가 발생할 가능성이 높다.

② 집단 내에 강력한 지도자가 존재하고, 그 지도자의 의견에 도전하기 어려울 때 집단사고가 발생할 가능성이 높다.

③ 집단 구성원들 사이에 갈등이 빈번하게 발생하고 의견 불일치가 장려될 때 집단사고가 자주 발생한다.

④ 집단이 위기 상황에 처해 있거나 결정의 압박을 받을 때 집단사고가 발생할 수 있다.

30 다음 사례에 해당하는 개념은?

> 인터넷은 많은 사람들이 참여할 수 있기 때문에 생각이 비슷한 사람이 모여 집단이 형성되기 쉽다. 따라서 소수의 의견도 많은 사람이 모이게 되면 강한 의견이 된다. 이러한 소수의 의견이 점점 과격한 의견으로 바뀌어, 결국 누군가를 공격하는 일이 일어나게 되기도 한다.

① 몰개성화
② 집단극화
③ 악마효과
④ 사회적 태만

28 사회적 태만은 그룹 활동 중 개인의 기여가 눈에 띄지 않거나 개인적인 성과가 그룹 성과에 합쳐지는 경우, 개인의 노력이 감소하는 현상을 말한다. 이는 개인이 그룹 환경에서 책임을 분산시키는 경향이 있을 때 발생하며, 자신의 노력이 구별되지 않을 것이라고 느낄 때 더욱 강해질 수 있다. 반면, 개인의 역할이 명확하고 구별될 때, 또는 개인이 그룹 내에서 더 많은 책임을 느끼는 경우에는 사회적 태만이 감소할 수 있다.

29 집단사고는 주로 의사결정 과정에서 집단 구성원들이 일치된 의견에 도달하기 위해 비판적 사고를 억제하고 대안을 제시하지 않는 현상이다. 집단이 고립되거나 강력한 지도자의 의견에 도전하기 어려울 때, 그리고 집단이 위기 상황에 처해 있을 때 집단사고가 발생할 가능성이 높아진다. 반면, 갈등이 빈번하게 발생하고 의견 불일치가 장려될 때는 집단사고의 가능성이 줄어들며, 이는 오히려 다양한 의견과 비판적 사고를 촉진할 수 있다.

30 구성원들이 개인적으로 결정할 때보다 집단 내의 토론 과정에서 더 극단적 주장을 지지하게 되는 사회심리학 현상을 집단극화라고 한다.
① 몰개성화는 집단으로 행동하는 상황에서 구성원 개개인의 정체성과 책임감이 약화되어 집단행위에 민감해지는 현상이다.
③ 악마효과는 외모가 호감적이지 못하면 다른 모든 부분에서도 나쁘게 평가하는 것이다.

정답 28 ③ 29 ③ 30 ②

31 경기자들이 공동으로 추구할 전략과 관련해 피차의 행동을 규제할 (공식적) 계약에 대해 협상하는 게임이다. 행위자들이 사전에 협상함으로써 전략들이 구속력 있는 합의에 따라 결정된다.

① 게임 참가자 한쪽이 이익을 얻은 만큼 다른 쪽 참가자는 손해를 얻으며, 그 이익과 손해의 합이 제로(0)가 되는 게임이다.

③ 두 죄수가 각자의 이익을 위해 결국 서로를 배반하게 된다는 죄수의 딜레마를 예로 들 수 있으며, 이는 서로에게 더 좋은 결과가 있음에도 불구하고, 불신의 결과는 모두에게 나쁜 결과를 양산한다는 것이다.

④ 참여자 A와 B는 주어진 돈을 둘로 나누어 가진다. 이때 A가 돈을 어떻게 나눌지 제안하면, B는 A의 제안을 수락하거나 거절한다. B가 수락하면 A와 B는 A의 제안대로 돈을 받고, B가 거절하면 A와 B는 둘 다 아무런 돈을 받을 수 없다. A가 어떤 비율로 제안하든 위 규칙은 무조건 적용된다. 제안은 한 번만 할 수 있으며 철회하거나 번복할 수 없다. → 사람이 공정하지 못한 상황에 처하면 최악의 조건 속에서도 한 올의 합리적인 이익조차 놓치게 되어 버린다는 것이다.

31 **2인 3각 경기가 해당하는 게임은?**

① 제로섬 게임
② 협조적 게임
③ 딜레마 게임
④ 최후통첩 게임

32 친사회적 행동은 타인을 돕거나 사회적 복지에 기여하는 행동을 말한다. 이러한 행동은 개인이 사회적 책임감을 느끼고, 공동체 의식을 가질 때, 그리고 도덕적 기준이 강조될 때 촉진된다. 반면, 환경적으로 스트레스가 많고 경쟁적이며 타인에 대한 배려가 부족한 상황은 친사회적 행동을 억제하는 요소로 작용할 수 있다. 이러한 상황에서는 개인이 자기중심적이 되거나 타인에 대한 관심을 감소시킬 수 있기 때문에 이런 환경은 친사회적 행동과는 거리가 멀다고 볼 수 있다.

32 **친사회적 행동 촉진 상황과 거리가 먼 것은?**

① 개인이 사회적 책임을 느끼고 타인의 복지에 관심을 가질 때
② 사람들이 상호 연결되어 있다고 느끼고 공동체 의식을 가질 때
③ 환경적으로 스트레스가 많고 경쟁적이며 타인에 대한 배려가 부족할 때
④ 도덕적 기준과 가치관이 강조되고 타인을 도울 기회가 주어질 때

정답 31 ② 32 ③

33 외집단과 비교하여 내집단의 구성원, 특성, 생산성을 더 좋게 평가하는 경향성은?

① 탈개인화
② 대집단 행위
③ 내집단 편애
④ 외집단 동질성

34 다음 설명에서 괄호 안에 공통으로 들어갈 용어는?

> 사회적 집단에 소속되었다는 지각에 기반한 자기개념의 일부인 (   )에 따르면 사회적 행동은 개인 간 행동과 집단 간 행동 사이의 연속체상에서 변화한다. 모든 사람은 소속감으로 대표되는 (   )을 가지며, 그것을 유지하기 위해 노력하는 행동은 사회적 공동체의 영향을 받는다는 이론이다.

① 도덕 규범
② 권위적 가치관
③ 사회적 정체성
④ 사회적 연대감

---

33 내집단 편애(편향)는 자기와 같은 집단에 속한 사람의 긍정적인 행동은 그 사람이 긍정적인 자질을 갖고 있다는 것을 암시하는 방식으로 생각하려는 경향이 있고, 반면에 다른 집단에 속한 사람이 똑같은 행동을 할 경우에는 그것을 수행한 사람과 무관하게 단지 그 행동만을 언급하는 경향으로, 자신의 집단을 우호적으로 판단하려는 것이다.

② 사회적 행위는 대인 행위와 대집단 행위로 구분할 수 있다. 대인 행위는 개인이 자신의 이름, 성격, 태도 등을 바탕으로 상대와 교류하는 행위이고, 대집단 행위는 자기가 속한 집단의 인종, 대학, 출신지, 직업 등을 바탕으로 상대와 교류하는 행위이다.

34 모든 사람은 소속감으로 대표되는 사회적 정체성을 가지며, 그것을 유지하기 위해 노력하는 행동은 사회적 공동체의 영향을 받는다는 것이 사회적 정체성 이론의 내용이다. 이 이론은 집단 간 행동을 논하기 위해 도입되었으며, 행동 예측의 지표로 사용되기도 한다. 대인관계로 인해 누군가가 강요하지 않았음에도 불구하고 스스로 행동에 제한을 두거나 타인이나 공동체가 원하는 방향으로 행동이 바뀌게 된다고 이 이론은 주장한다.

정답 33 ③   34 ③

35 공정한 세상 믿음은 세상은 공정하고 사람들은 그들이 노력한 만큼 대가를 얻는다는 가정이다. 사람들은 자신이 살고 있는 사회체제가 정의롭고, 정당하며, 신뢰할 만하다고 생각하고 싶어 하는 동기를 갖고 있다는 이론으로, 행동은 반드시 행위자에게 도덕적으로 공정하고 적절한 결과를 가져올 것이라고 가정하는 인지 편향이다.

③ 인지적 종결 욕구는 어떤 정보를 접할 때 반증될 여지없는 확고 불변의 최종 결론을 얻고자 하는 욕구를 의미한다. 대량의 정보 속에서 일종의 인지적 과부하가 생기게 되고, 과부하를 해소하기 위해 방향과 맥락을 잡아 주는 길잡이를 기대하게 된다는 것이다.

35 **다음 발언과 가장 관련 깊은 것은?**

> • 세상은 권선징악의 원리로 돌아간다.
> • 도둑을 맞은 사람은 집안 단속을 안 했기 때문이다.
> • 나는 착하게 살고 있어서 나쁜 일이 생기지 않을 것이다.

① 자기애적 성향
② 공정한 세상 믿음
③ 인지적 종결 욕구
④ 사회적 지배 지향성

36 최소집단 패러다임은 헨리 타지펠(Henri Tajfel)이 제시한 이론으로, 작은 정보나 기준만으로도 집단을 구성하게 되면 자신의 집단에 충성을 다한다는 것이다.

36 **다음 설명과 가장 관련 깊은 패러다임은?**

> 이해관계, 적대감, 구성원들 간의 상호작용이 전혀 없는 일시적인 집단을 만들어 단순히 '우리'와 '그들'로 구분하는 것만으로 경쟁과 차별이 발생한다. 사람들은 자신이 속한 집단의 이익을 극대화시키려 하고, 경쟁적이 되며, 사회적 경쟁에 돌입한다.

① 최소집단 패러다임
② 자기정체성 패러다임
③ 체제정당화 패러다임
④ 자기가치확인 패러다임

정답 35 ② 36 ①

37 다음 사례와 가장 관련 깊은 개념은?

> 조별과제를 할 때 대부분의 경우 조원들이 각자 맡은 역할을 제대로 수행하지 않고, 조장이나 의욕 있는 조원이 대부분의 작업을 수행한다. 이는 집단 속에서 '나 한 명 안 한다 해도 다른 사람이 하니까 별 문제 없겠지.'라는 생각 때문에 발생한다.

① 탈개인화
② 체제 정당화
③ 링겔만 효과
④ 고정관념 위협

37 링겔만 효과는 집단 속에 참여하는 개인의 수가 늘어날수록 성과에 대한 1인당 공헌도가 오히려 떨어지는 현상이다.
① 탈개인화는 개인이 혼자 있을 때보다 집단 속에 있을 때 자신의 행동에 대한 통제가 약화되는 현상이다.

38 검은 양 효과에 대한 설명으로 옳은 것은?

① 그룹 내에서 가장 성공적이고 인기 있는 구성원을 검은 양으로 지칭한다.
② 검은 양 효과는 그룹 내 구성원들이 그룹 외부인들보다 더 호의적으로 평가되는 현상이다.
③ 검은 양 효과는 그룹 내 비행이나 부정적인 행동을 한 구성원을 그룹 외부인보다 더 엄격하게 평가하는 경향이다.
④ 검은 양 효과는 그룹 내 구성원들이 항상 그룹의 결정에 동의하는 현상을 의미한다.

38 검은 양 효과는 심리학에서 그룹 내 규범을 위반하거나 부적절한 행동을 한 구성원을 그룹 외부인보다 더 엄격하게 비판하는 현상을 말한다. 이 효과는 그룹의 이미지와 동일성을 유지하기 위한 방어적인 반응으로 볼 수 있으며, 그룹 내부의 비행이나 부정적인 행동을 더욱 비난하는 경향이 있다. 이는 그룹 구성원들이 자신들의 그룹을 긍정적으로 보기를 원하고, 그룹의 가치와 규범을 보호하려는 욕구에서 비롯된다.

정답 37 ③ 38 ③

39 외집단에 대한 편견과 차별은 경쟁적이고 적대적인 환경일 때, 자원의 부족과 경쟁 상태에 놓여 있을 때, 그리고 집단 간의 갈등과 긴장이 고조될 때 증가하는 경향이 있다. 이러한 상황들은 그룹 간의 차이점을 강조하고 갈등을 촉진시켜 편견과 차별을 더욱 심화시킬 수 있다.

반면, 집단 간의 상호 의존성이 높고 함께 협력하여 공동의 목표를 달성해야 하는 상황은 서로 다른 집단 간의 긍정적인 관계를 촉진하고, 편견과 차별을 감소시킬 수 있다. 이러한 상황에서는 집단 간의 협력이 필수적이기 때문에 서로에 대한 이해와 존중이 증가하게 된다.

40 범주화는 기존에 존재하는 범주에 자신이나 타인, 혹은 객관적 사물을 분류하고 소속시키는 인지적 과정을 말한다. 이 중 재범주화는 내집단과 외집단을 묶어 하나의 큰 집단으로 보게 하는 전략으로서 외집단에 대한 호감을 증가시킨다.

① 개인화는 집단적 정체감을 없애고 개인적 정체감을 가지게 하는 전략으로, 개인의 특성에 주목하게 하거나 개인과 집단 간의 차이를 강조하는 방법이 있다.

③ 탈범주화는 외집단 성원들을 전형적인 집단 성원이 아닌 개인으로 보게 하여 집단 간 갈등을 줄이는 방법으로, 이를 통해 두 집단이 함께 문제를 해결하게 함으로써 과제에 주목하게 되고 서로 친숙하게 만들 수도 있다.

④ 교차범주화는 갈등 관계에 있는 내·외집단의 구분을 집단의 정체성과 관련 없는 다른 범주로 관점을 변화시키는 전략이다. 예컨대 성희롱을 남성의 여성에 대한 또는 여성의 남성에 대한 범죄가 아니고, 힘이 강한 사람의 약한 사람에 대한 횡포로 보도록 관점을 변화시킴으로써 남성과 여성 간의 갈등이 부각되지 않도록 할 수 있다.

정답 39 ② 40 ②

39 다음 중 외집단에 대한 편견과 차별이 심해지는 상황과 거리가 먼 것은?

① 경쟁적이고 적대적인 환경에서 다양한 집단이 서로 경쟁할 때
② 집단 간의 상호 의존성이 높고 협력을 통해 공동의 목표를 달성해야 할 때
③ 경제적·사회적 자원이 부족하고 집단 간에 이러한 자원을 두고 경쟁이 발생할 때
④ 집단 간에 갈등이 존재하고 이질적인 집단 간에 긴장이 고조될 때

40 다음 설명에 해당하는 것은?

갈등 관계에 있는 집단들을 하나의 집단으로 다시 묶는 방법이다. 여성과 남성의 차별을 없애기 위하여 우리나라 남성과 여성이 같은 대한민국의 국민이라는 점, 하나의 인류라는 점을 강조하는 방법이다.

① 개인화
② 재범주화
③ 탈범주화
④ 교차범주화

기출복원문제

▶ 온라인(www.sdedu.co.kr)을 통해 기출문제 무료 동영상 강의를 만나 보세요.

※ 본 문제는 다년간 독학사 심리학과 2단계 시험에서 출제된 기출문제를 복원한 것입니다. 문제의 난이도와 수험경향 파악용으로 사용하시길 권고드립니다. 본 기출복원문제에 대한 무단복제 및 전제를 금하며 저작권은 SD에듀에 있음을 알려드립니다.

01 발달의 연구방법 중 구조화된 면접법에 대한 설명으로 옳지 않은 것은?

① 비숙련 직무분석가도 활용할 수 있다.
② 일관성과 신뢰성이 있다.
③ 심층적인 정보를 얻을 수 있다.
④ 면접 결과에 대한 비교가 쉽다.

01 구조화된 면접법이란 면접을 위한 질문, 내용, 순서 등이 사전에 구체적으로 계획된 대로 진행되는 방법이다. 구조화된 면접법에서는 구조화된 질문지 내용으로만 질문하기 때문에 심층적인 정보를 얻기는 어렵다.

02 다음과 같은 연구설계방법의 장점으로 옳은 것은?

> 청소년기의 가족 간 유대관계를 조사하기 위해 중학교 입학부터 졸업까지 3년 동안 매년 동일 대상을 상대로 추적조사를 하였다.

① 횡단적 연구설계는 연령에 따른 개인의 변화를 알 수 있다.
② 횡단적 연구설계는 한 개인 혹은 집단의 시간에 따른 발달 변화를 알 수 있다.
③ 종단적 연구설계는 비교적 쉽고 빠르게 조사할 수 있어서 시간과 비용에서 경제적이다.
④ 종단적 연구설계는 개인을 반복 측정함으로써 연령에 따른 변화과정을 알 수 있다.

02 횡단적 연구설계는 개인의 차이가 불분명하여 연령에 따른 개인의 변화를 알기 어려우나, 비교적 쉽고 빠르게 조사할 수 있어 시간과 비용 면에서 경제적이다. 종단적 연구설계는 한 개인 혹은 집단의 시간에 따른 발달 변화를 살펴보므로 변화양식을 추적할 수 있다.

정답 (01 ③   02 ④)

03 애착이론은 존 보울비(J. Bowlby)가 그 토대를 마련하였으며, 메리 에인 스워드(M. Ainsworth)는 애착이론의 기본 개념을 강화하며 '안전기지' 라는 개념을 소개하였다.

03 다음 사례와 관련된 내용으로 옳지 <u>않은</u> 것은?

> 엄마와 놀이를 지속적으로 한 아동은 긍정적인 정서가 높다(정적 상관)고 한다.

① 영아의 정상적인 감정과 사회성 발달을 위해서는 주 양육자와의 관계가 중요하다.
② 영아들은 6~24개월 사이에 애착관계를 형성한다.
③ 애착패턴으로는 안정애착, 불안정-회피애착, 불안정-저항애착, 불안정-혼돈애착이 있다.
④ 프로이트는 애착이론의 기본 개념을 강화하며 '안전기지'라는 개념을 소개했다.

04 ① · ② 상관설계는 두 개 이상의 변인 간 관계를 살펴보기 위해 자료를 수집하며, 환경을 인위적으로 조작하지 않는다.
③ 상관설계는 인과관계를 밝히는데는 한계가 있는 연구설계이다.
④ 특정 경험이 있는 소수의 사례를 기술하고 분석하는 것은 질적 연구이다.

04 다음 중 상관설계에 대한 설명으로 옳은 것은?

① 상관설계는 두 개 이상의 변인 간 관계를 살펴보기 위해 자료를 수집한다.
② 상관설계는 환경을 인위적으로 조작하여 실험한다.
③ 상관설계는 인과관계를 밝히는 데 탁월하다.
④ 상관설계는 특정 경험이 있는 소수의 사례를 상세하게 기술하고 분석한다.

정답 (03 ④   04 ①)

05 다음 내용에서 괄호 안에 공통으로 들어갈 용어로 적절한 것은?

> 발달의 (   )은(는) 특정 그 어느 때보다 활발하고 수월하게 최적의 발달이 이루어지는 특별한 시기를 말한다. (   )은(는) 대부분 생의 초기에 집중되어 있으며, 이 시기의 발달에 문제가 생길 경우 향후 발달에 부정적인 영향을 미칠 수도 있다. 아동 발달에 있어 '감정조절, 청각, 시각' 등은 3세를 기준으로 (   )에 급격히 감소하나, '수에 관한 감각, 사회적 기술' 등은 취학 후에도 유지된다.

① 가소성
② 민감기
③ 감정기
④ 발달기

05 아동 발달의 민감기는 최적의 발달이 이루어지는 특별한 시기를 말하며, '감정조절, 청각, 시각' 등은 3세를 기준으로 급격히 감소하나 '수에 관한 감각, 사회적 기술' 등은 취학 후에도 유지된다.

06 다음 사례는 브론펜브레너(Bronfenbrenner)의 생태학적 체계 이론에서 무엇과 관련이 있는가?

> 철수는 최근 유행하는 챌린지를 꾸준히 연습하여 지난달에 열린 지역축제에 참여하여 선보였다. 이후 촬영된 챌린지를 SNS에 올렸는데, 그 결과 무려 3천 명에게서 좋다는 반응을 받았다. 자신이 사는 지역사회에 일원으로 기여한 것 같아서 기분이 좋았다.

① 미시체계
② 시간체계
③ 외체계
④ 거시체계

06 브론펜브레너의 생태체계 이론은 다섯 가지 환경 체계로, 개인의 가장 가까이에 존재하는 미시체계는 가족, 학교, 또래 등으로 구성된다. 중간체계는 미시체계 간의 상호작용이 일어나는 영역이다. 외체계는 사회체제나 대중매체, 지역사회 등 개인에게 간접적인 영향을 미치는 환경을 뜻한다. 거시체계는 개인이 속한 문화의 이데올로기 등을 포함한다. 마지막으로 시간체계는 이러한 생태환경이 개인의 시간 흐름에 따라 발생한다는 것을 보여 준다.

정답 05 ② 06 ③

07 ① 에릭슨은 내적 본능과 사회문화적 요구가 상호작용함에 따라 성격이 발달한다고 보았으며, 특히 자아를 강조하였다.
② 에릭슨의 자율성 대 수치심의 단계는 프로이트의 항문기에 해당하는 시기이다.
④ 프로이트는 총 5단계의 발달단계를 제시하였다.

07 에릭슨의 심리사회이론에 대한 설명으로 옳은 것은?

① 발달은 내적 본능과 사회문화적 요구가 상호작용한 것이라고 보며, 초자아의 기능을 중시하였다.
② 에릭슨의 자율성 대 수치심의 단계는 프로이트의 구강기에 해당하는 시기이다.
③ 인간의 발달을 8단계로 나누고, 각 단계별 심리사회적 위기와 발달과업을 제시하였다.
④ 프로이트도 에릭슨과 함께 8단계의 발달단계를 제시하였다.

08 프로이트는 발달단계를 '구강기, 항문기, 남근기, 잠복기, 생식기'의 5단계로 나누었으며, 프로이트의 '잠복기'는 에릭슨의 인간발달단계에서 '학령기'에 해당한다.

08 프로이트의 인간발달단계 중 '잠복기'에 해당하는 에릭슨의 인간발달단계는 무엇인가?

① 유아기
② 학령전기
③ 학령기
④ 청소년기

09 제시된 내용은 피아제의 발달단계 중 구체적 조작기와 관련이 있다. 구체적 조작기는 정신적 조작을 통해 체계적인 사고를 할 수 있으며, 논리적 사고가 가능해지는 시기이다. 이 시기에는 '보존, 분류, 서열' 개념을 확립한다.

09 다음 내용에 해당하는 피아제의 발달단계는?

- 모양이 바뀌어도 질량이 같다는 것을 안다.
- 정신적 조작을 할 수 있다.
- 색이나 모양과 같은 지각적 특성에 의존하여 분류할 수 있다.
- 눈에 보이는 특성을 넘어 대상 간의 관계성을 고려하여 분류할 수 있게 된다.

① 형식적 조작기
② 전조작기
③ 구체적 조작기
④ 감각운동기

정답 (07 ③   08 ③   09 ③)

10 다음 내용에 해당하는 증후군은 무엇인가?

> • 성염색체 이상으로, 1개가 없다.
> • 여성에게만 영향이 있다.
> • 불임 가능성이 높다.

① 페닐케톤뇨증(Phenylketonuria)
② 에드워드증후군(Edward syndrome)
③ 터너증후군(Turner syndrome)
④ 클라인펠터증후군(Klinefelter syndrome)

11 신생아의 반사행동에 대한 설명으로 옳은 것은?

① 반사행동이란 태어나면서부터 외부의 자극에 의식적으로 반응하는 행동이다.
② 모로반사는 갑자기 큰 소리가 나면 팔을 폈다가 안쪽으로 움츠리는 행동을 말한다.
③ 바빈스키반사는 발바닥을 만지면 발가락을 가지런히 모으는 행동을 말한다.
④ 빨기반사는 자기 발가락을 계속 빠는 행동을 말한다.

12 정상발달 영아의 지각능력에 대한 설명으로 옳은 것은?

① 깊이지각은 물체의 깊이를 지각할 수 있는 능력으로, 영아기에 형성된다.
② 패턴지각에는 사물의 크기를 안정적으로 인식하는 안정지각과 대조민감성이 있다.
③ 감각 간 지각은 서로 다른 자극을 변별하여 감각의 지각적 특성을 확인하는 능력이다.
④ 유아들은 기어 다닐 수 있을 때 시각절벽을 피할 수 없다.

---

10 제시된 내용은 터너증후군과 관련이 있다. 터너증후군은 23번, 즉 성염색체에 결실 등의 문제가 생겨 발생하는 유전질환으로, 여성에게서 나타난다. 외견상 여성이지만 2차적 성적 발달이 없고, 목이 매우 두껍다.

11 ① 반사행동이란 태어나면서부터 외부의 자극에 무의식적으로 반응하는 행동이다.
③ 바빈스키반사는 신생아의 발바닥을 간질이면 발가락들을 부채모양으로 펼치는 것을 말한다.
④ 빨기반사는 집게손가락을 입 근처에 가져가면 빠는 행동을 말한다.

12 ② 영아기에는 깊이지각과 패턴지각이 발달한다. 깊이지각에는 '운동 깊이지각, 쌍안의 깊이지각, 회화적 깊이지각'이 있고, 패턴지각에는 대조민감성과 안면지각이 있다.
③ 감각 간 지각은 한 감각을 통해 친숙해진 자극을 다른 감각으로 알아낼 수 있는 능력이다.
④ 유아들은 기어 다닐 수 있을 때 시각절벽을 피할 수 있다. 깊이를 지각하고 이에 따른 공포를 경험하기 때문이다.

정답 10 ③ 11 ② 12 ①

13 수초화는 태내 약 4개월경부터 시작되어, 2세경에 정점에 이른다.

13 다음 중 수초화에 대한 설명으로 옳지 <u>않은</u> 것은?

① 신경섬유가 수초라는 덮개에 의해 둘러싸이는 과정이다.

② 뇌와 신체의 다른 부분 사이에 신경충동이 더 효율적으로 빠르게 흐를 수 있도록 돕는 역할을 한다.

③ 어떤 뇌의 영역은 사춘기까지도 완전한 수초화가 이루어지지 않는다.

④ 수초화는 출생과 동시에 시작되어 만 2세에 최고조에 달한다.

14 대뇌는 임신 5주부터 생성되고, 7주부터 이동 및 피질을 형성하며, 축색과 수상돌기를 통해 연결된다.

14 대뇌발달에 대한 설명으로 옳지 <u>않은</u> 것은?

① 시냅스 생성은 생득적 결정으로, 영역마다 형성 시기가 다르다.

② 대뇌피질은 기억, 집중, 사고, 언어, 각성 및 의식 등의 기능을 수행한다.

③ 대뇌는 임신 10주부터 생성되고, 7주부터 이동 및 피질을 형성한다.

④ 대뇌국소화는 대뇌의 오른쪽과 왼쪽 양반구가 서로 구분되어 다른 기능을 하는 것을 말한다.

15 임신 30주 정도가 지나야 신경계 조절능력이 갖춰져서, 조산아의 생존이 가능하다.

15 태내기 발달에 대한 설명으로 옳지 <u>않은</u> 것은?

① 임신 16주경이 되면 산모는 태아의 움직임을 알 수 있다.

② 터너증후군, 클라인펠터증후군은 염색체 이상으로 나타난다.

③ 일반적으로 임신 5개월 혹은 20주가 되면 조산아의 생존이 가능하다.

④ 배아기는 수정 후 2~8주 사이를 말한다.

정답 13 ④ 14 ③ 15 ③

16 다음 사례와 관련 있는 피아제의 이론은 무엇인가?

> 영희는 가족과 함께 동물원에 갔는데, 사슴을 처음 본 영희는 집에 있는 강아지를 떠올리며 "뿔 달린 강아지"라고 말했다.

① 도식
② 조절
③ 동화
④ 평형

16 동화는 새롭게 들어오는 정보를 기존에 가지고 있는 도식에 따라 해석하는 것이다.
　① 도식은 이해의 틀을 말한다.
　② 조절은 새로운 자극이 도식에 맞지 않을 때 기존의 구조를 변형시키는 것이다.
　④ 평형은 새로운 자극을 충분히 받아들이고 기존의 것과 안정성을 이루려는 시도이다.

17 피아제의 발달단계에 따를 경우, 5세 아동의 인지특성으로 옳지 <u>않은</u> 것은?

① 물활론적 사고
② 추상적 사고
③ 상징적 사고
④ 직관적 사고

17 피아제의 발달단계에 따르면 2~7세는 전조작기에 해당한다. 전조작기는 '상징적 사고, 비가역적 사고, 물활론적 사고, 직관적 사고'가 특징이다.

18 다음 사례에 해당하는 것은 무엇인가?

> 생후 5개월 된 희수는 여러 모양의 도형 중 동그라미를 골라 쌓아 올리기 시작하였다. 지켜보던 엄마가 희수에게 세모를 건네주자 한번 힐끗 보고는 세모를 던져버리고 다시 동그라미를 집어 들었다.

① 단일성
② 추상화
③ 지각적 범주화
④ 범주위계

18 지각적 범주화(perceptual categorization)는 형태와 색깔에 따라 대상을 분류하는 것으로, 생후 3~4개월 된 영아도 지각적 범주화가 가능하다. 월령이 증가함에 따라 형태 개념이 발달하는데, 영아의 형태 개념은 '동그라미, 네모, 세모'의 순으로 형성된다.
　④ 범주위계(category hierarchy)는 대상을 상·하위의 관계로 범주화하는 것으로, '상위 수준, 기초 수준, 그리고 하위 수준'으로 구분된다.

정답　16 ③　17 ②　18 ③

19 반두라의 관찰학습은 환경적 자극에
대한 반응을 통해 학습하는 것이 아
니라 타인의 행동을 관찰함으로써
학습하는 것이다. 관찰학습의 과정
은 '주의집중 → 보존(기억) → 운동
재생 → 동기화(자기강화)' 순으로
진행된다.
  ① 주의집중과정 : 모델에 주의를 집
    중하는 과정
  ② 보존(기억)과정 : 반응패턴을 상
    징적 형태로 기억 속에 표상하는
    과정
  ④ 동기화과정 : 강화를 통해 학습한
    행동을 수행할 가능성을 높이는
    과정

19 반두라의 사회학습이론과 관련하여 관찰학습의 과정에 대한
설명으로 옳은 것은?

① 주의집중과정은 관찰학습의 마지막 단계로 모방할 행동의
  특징을 지각하는 과정이다.
② 보존과정은 기억한 것을 망각하여 인지하지 못하는 것이다.
③ 운동재생과정은 모델의 행동에 주의하고 파지한 후 학습자
  가 모델처럼 행동하기 위해 여러 번의 시도를 통해 모방하
  며 운동재생에 노력하는 것이다.
④ 동기화과정에서는 학습자가 보상 없이도 기억한 것을 행동
  하려 한다는 것이다.

20 ① 결정성 지능은 성인기 동안 서서
    히 상승하여 60~70세까지도 비
    교적 조금씩 증가하며, 감퇴율이
    적고 경험의 축적에 의해 결정될
    가능성이 크다.
  ② 유동성 지능은 유전적·신경생
    리적 요인으로, 학습이나 연습으
    로 발달하거나 증가하지 않는다.
  ③ 선천적으로 타고난 지능으로 사
    회문화의 영향을 적게 받는 것은
    유동성 지능이다.

20 카텔의 유동성·결정성 지능에 대한 설명으로 옳은 것은?

① 결정성 지능은 성인기 동안 서서히 감소하며, 뇌손상이나
  노령화의 영향을 잘 받는다.
② 유동성 지능은 유전적·신경생리적 요인으로, 학습이나 연
  습으로 발달한다.
③ 결정성 지능은 선천적으로 타고난 지능으로, 사회문화의
  영향을 적게 받는다.
④ 유동성 지능은 자동적으로 수행할 수 없는 새로운 과제를
  만날 때 복합적인 정보를 사용하는 능력이다.

정답 (19 ③ 20 ④)

21 다음 내용에서 밑줄 친 '3가지 지능'에 해당하지 <u>않는</u> 것은?

> 스턴버그는 사회적 상황이나 일상생활에서 필요한 능력으로, 타인과의 원활한 소통 및 협력 및 적절한 대응에 필요한 능력을 성공지능이라 하였다. 성공지능을 위해 필요한 3가지 지능은 미래 진로 및 학습전략에도 중요한 역할을 한다.

① 분석적 지능
② 창의적 지능
③ 통합적 지능
④ 실제적 지능

21 스턴버그(Sternberg)의 삼원지능이론은 성공지능이론이라고도 하며, '분석적, 창의적, 실제적 지능'의 상호작용을 통해 다양한 환경에서의 성공적 적응과 문제해결능력을 높인다고 보았다.

22 다음 사례에 해당하는 것은 무엇인가?

> 엄마는 아이가 늦잠을 자서 학교에 안 가는 일이 많아지자, 아침에 일어날 때까지 잔소리를 했다. 아이는 엄마의 잔소리가 듣기 싫어서 일찍 일어나게 되었다.

① 정적 강화
② 부적 강화
③ 정적 처벌
④ 부적 처벌

22 행동 경향성을 줄이기 위해 어머니가 사용한 것은 '잔소리'이다. 잔소리는 '처벌'의 성격이고, 잔소리하는 것은 '정적'이다. 따라서 처벌 성격의 잔소리를 하는 것은 정적 처벌이다.

> ※ 이런 유형의 문제를 해결하기 위해서는, 주어진 지문을 분석하여 구조화하는 것이 필요하다.
> • 엄마는 아이가 늦잠자고 학교에 안 가는 행동(a)을 없애기 위해, 잔소리(b)를 했다.
> • 아이는 잔소리가 듣기 싫어서 (b), 아침에 일찍 일어난다(c).
> • (a)를 (c)로 변화시키기 위해 (b)의 작용을 주는 것이다.
> • (b)는 정적 작용을 하고, 처벌의 성격이다.

정답 21 ③ 22 ③

23 정교화는 서로 관계가 없는 정보, 즉 같은 범주에 속하지 않는 기억재료 사이에 관계를 설정해 주는 전략이다.
① '인출'은 저장된 정보들 중 필요한 정보를 인출하기 위한 기억전략이다.
② '시연'은 기억해야 할 정보를 여러 번 반복해서 암송하는 전략이다.
③ '조직화'는 기억하려는 정보를 서로 관련 있는 것끼리 묶어서(범주나 집단으로 분류하여) 기억의 효율성을 높이려는 전략이다.

23 다음 사례에 해당하는 기억전략은 무엇인가?

> '보라색', '책상', '연필'이라는 단어를 기억하기 쉽게 하려고, 철수는 "책상 위에 보라색 연필이 있다."라는 문장을 만들어 기억했다.

① 인출
② 시연
③ 조직화
④ 정교화

24 '사회적 참조'란 다른 사람의 표정을 보고 상황에 대한 정보를 얻는 것을 의미한다. 사회적 참조에 관한 대표적인 예인 '시각절벽' 실험에서 아이는 엄마의 표정에 따라 행동을 달리한다. 하버드 대학(Harvard University)의 에드워드 트로닉(Edward Tronick) 박사는 엄마의 무표정이 아이에게 어떤 영향을 주는지 알아보는 '무표정의 경험(Still Face Experiment)'이라는 실험을 하기도 했다.

24 다음 실험의 내용과 관련 있는 것은?

> 아이가 유리판으로 덮은 다리를 건너려고 할 때, 무표정한 엄마의 얼굴을 보고서 건너지 않고 되돌아갔다.

① 시각통합
② 시각 간 지각
③ 형태항상성
④ 사회적 참조

정답 23 ④　24 ④

25 다음 중 애착에 대한 설명으로 옳은 것은?

① 낯선 사람과 자신을 주로 돌봐주는 친숙한 양육자에게 다르게 반응하는 시기를 전애착 단계라고 한다.

② 애착장애의 유형은 억제형과 탈억제형으로 나뉘며, 탈억제형은 사회관여 장애로 부적절한 친밀감을 나타낸다.

③ 양육자가 사라졌다 다시 돌아와도 달려가지 않고 시선을 돌리거나 피하는 반응을 보이는 것을 저항애착이라고 한다.

④ 애착이론은 1950년대 널리 퍼진 행동주의 및 정신분석이론에 대응하여 심리학자인 피아제(Piaget)에 의해 제시된 이론이다.

26 정서표현발달에 대한 설명으로 옳지 <u>않은</u> 것은?

① 1차 정서는 출생 후부터 7개월까지 보편적으로 나타나는 선천적 정서로, '기쁨, 슬픔, 놀람, 분노, 공포'와 같은 것이다.

② 공포는 생후 2년 후반부터 나타나기 시작한다.

③ '분노'는 4개월경에 노여움으로 나타나며, 2세경에 최고조에 이른다.

④ 18개월 이후에 나타나는 2차 정서는 자기의식적, 평가적 정서라고 불린다.

27 토마스와 체스의 기질의 하위차원에 해당하지 <u>않는</u> 것은?

① 활동성

② 규칙성

③ 적극성

④ 기분

---

25 ① 전애착 단계는 출생부터 6~8주 가량의 시기로, 친숙한 사람을 선호하지만 주 양육자가 떨어져 있어도 괴로움을 나타내지 않는 단계이다.
③ 양육자가 한 공간에 함께 있어도 멀리 떨어져 있거나 낯선 환경에 놓여도 별 반응을 보이지 않는 것을 회피애착이라고 한다.
④ 애착이론은 보울비(Bowlby)에 의해 제시된 이론이다.

26 공포는 생후 6개월경에 나타나며, 불안과 밀접한 관련이 있다.

27 토마스와 체스(Thomas & Chess)는 기질 특성을 9가지 차원으로 설명하였고, 9개의 기질 차원에 대한 평가에 기초하여 영아의 기질을 순한 기질, 까다로운 기질, 느린 기질로 분류하였다. 9개의 기질 차원은 '활동성, 규칙성, 접근/회피, 적응성, 반응강도, 반응역치, 기분, 주의산만성, 주의력/지속성'이다.

정답 25 ② 26 ② 27 ③

28 불안정 저항애착은 자기부정-타인긍
  정적이며, 타인에게 의존하려는 성향
  이 강하다.
  ② 안정애착은 자기긍정-타인긍정
   적이며, 관계적이다.
  ③ 불안정 회피애착은 자신에게는
   긍정적이나 타인에게는 부정적이
   고, 관계는 회피적으로 나타난다.
  ④ 불안정 혼돈애착은 자기부정-타
   인부정적이며, 대인관계에서 회
   피와 집착을 모두 보인다.

28 다음 내용에서 괄호 안에 들어갈 적절한 용어를 순서대로
  고른 것은?

> 1세 영아의 10% 정도가 불안정애착 중 하나인 저항애착을
> 보인다. 저항애착은 엄마와 떨어지지 못하고 항상 가까이
> 있으려고 하며, 엄마와 격리되면 심하게 고통스러워한다.
> 엄마가 돌아오면 자기를 혼자 남겨 둔 것에 대해 화를 내며
> 엄마 곁에 있으려고 하지만, 엄마가 만지려고 하면 뿌리치
> 며 양가 반응을 보인다. 저항애착은 자기에게는 (㉠),
> 타인에게는 (㉡), 성인기에는 (㉢) 성향을 보인다.

	㉠	㉡	㉢
①	부정적	긍정적	의존적
②	긍정적	긍정적	안정적
③	긍정적	부정적	회피적
④	부정적	부정적	양가적

29 ① 학습된 무력감은 위축감과 무능
   감이 발달한다.
  ② 비정상적인 발달로, 영아의 사회
   적 신호에 반응하는 사람이 없을
   때 발생한다.
  ③ 양육자의 관심을 끌어내려는 과
   정에서 소용이 없으면 발생한다.

29 학습된 무력감이 있는 아동에 대한 설명으로 옳은 것은?

  ① 지속적인 경험으로 위축감과 유능감이 발달한다.
  ② 정상적 발달의 과정으로, 사회적 신호로 인해 발생한다.
  ③ 양육자의 관심과는 무관하게 발달한다.
  ④ 절망감과 수치심에 휩싸이고 아무도 자신에게 도움을 줄 수
   없다고 생각하여 도움을 구하지도 않는다.

정답 28 ① 29 ④

30 다음 중 마음이론에 대한 설명으로 옳은 것은?

① 마음은 마음이라는 실체를 통해 행동에 제약을 준다.

② 마음은 이론으로 정립한 뒤에 감정 과정을 거친다.

③ 마음은 행동의 원인으로 기능하고, 행동을 예측하는 데 사용할 수 있다.

④ 마음과 내용은 직접 관찰될 수 없기에 그 무엇으로도 추론할 수 없다.

31 다음 사례는 마샤의 자아정체감 이론에서 어느 상태에 해당하는가?

> 29세의 김군은 부모님이 하시는 식당을 운영하라고 하자, 요리에 소질이나 관심도 없고 식당 운영에도 별다른 관심이 없으면서도 고민하지 않고 그냥 하겠다고 했다.

① 정체감 혼미

② 정체감 유실

③ 정체감 유예

④ 정체감 성취

32 다음 중 청소년기 사고의 특징으로 옳은 것은?

① 몸이 커지면서 스스로 어른이라고 생각하는 시기이다.

② 자신은 다른 사람과 다르다고 생각한다.

③ 삶에서 마주치는 많은 문제 상황을 극복해 가며 포용하는 시기이다.

④ 문제 발견의 사고단계가 창의적, 확산적, 새로운 문제해결 방법의 발견으로 특징된다.

---

30 ① 마음은 실체가 없으며 행동에 영향을 준다.
② 마음은 감정 과정을 거친 뒤에 이론으로 정립한 것이다.
④ 마음과 내용은 직접 관찰될 수 없기에 마음의 존재 양상과 본성은 추론될 수밖에 없다.

31 정체감 유실은 위기를 경험하지 않은 채 잘못된 정체감을 가지고 있어, 부모의 성향이나 태도를 그대로 받아들이는 상태이다.
① 정체감 혼미는 아직 특별한 정체감을 가지지 않은 상태로 위기와 관여를 경험하지 않은 상태로, 정체감을 위해 아무런 노력도 하지 않는 상태이다.
③ 정체감 유예는 현재 정체감 위기나 변화를 경험하면서 정체감 확립을 위해 노력하는 상태를 말한다.
④ 정체감 성취는 삶의 목표와 가치, 진로와 직업, 인간관계 등 위기를 경험하고 대안을 탐색하며 자아정체감을 확립한 상태이다.

32 청소년기에는 자신이 다른 사람과 다르다고 사고한다.
① 청소년기는 '몸은 커서 어른 같은데, 아직 아이인가'라는 혼란에 빠지는 시기이다.
③·④ 성인기의 특징이다.

정답 30 ③ 31 ② 32 ②

33 ① 콜버그의 도덕성 발달단계 이론
은 성인기까지 확장했다.
③ 개인의 욕구를 충족하면 그것으
로 옳다는 사고는 도덕적 상대주
의 지향의 전인습적 수준이다.
④ 인습적 수준의 법과 질서 지향에
있어서 사고의 법률적 예외를 인
정하지 않는다.

33 콜버그의 도덕성 발달단계 이론에 대한 설명으로 옳은 것은?

① 콜버그의 도덕성 발달단계 이론은 청소년기까지를 말한다.

② 콜버그는 도덕성 발달이 인지능력의 발달과 무관하지 않다
고 강조한다.

③ 개인의 욕구를 충족하면 그것으로 옳다는 사고는 대인관계
의 조화를 지향한 인습적 수준이다.

④ 인습적 수준의 법과 질서 지향에 있어서 사고의 법률적 예
외를 인정한다.

34 제시된 내용은 권위주의 양육과 관련
있다. 권위주의 양육(authoritarian
parenting)은 애정은 낮지만, 통제
가 높을 때 생기는 양육 유형이다. 이
유형의 부모는 아주 엄격하고, 아이
에게 작은 어른이 될 것을 강요한다.
또한, 체벌을 사용하는 경우가 많으
며, 아이의 감정을 존중하지 않고 통
제를 우선시한다.

34 다음 내용과 관련 있는 부모의 양육태도는?

- 자녀의 요구에 대해 비교적 덜 수용적이며 참여 정도가 낮다.
- 자녀에게 많은 것을 요구하고 자녀의 행동을 통제한다.
- 자녀의 자율성을 인정하지 않는다.
- 자유가 없고 한계만 주어지는 양육방법으로, 독재자처럼
자녀를 통제한다.

① 무관심한 양육

② 권위주의 양육

③ 권위 있는 양육

④ 허용적 양육

35 노년기에 통합성을 이루면 큰 동요
없이 남은 인생을 평온하게 보내고,
죽음에 대해서도 유연하게 대처할
수 있다.

35 노년기 정서에 대한 설명으로 옳지 <u>않은</u> 것은?

① 자신의 삶에 의미와 만족과 보람을 느끼고 높은 수준의 인
생철학을 발전시켜 통합성을 이룬다.

② 인생을 낭비하고 헛살았다는 느낌을 받아 절망과 우울감을
경험하고 죽음에 대한 불안을 느낀다.

③ 아무런 동요 없이 남은 인생을 평온하게 보내도 죽음에 대
한 불안과 공포에서 벗어날 수 없다.

④ 노년기 신체적 기능의 감퇴에 대한 걱정과 몰두로 절망감에
빠진다.

정답 33 ② 34 ② 35 ③

36 아동의 품행장애에 지속해서 영향을 끼치는 요인으로 볼 수 있는 것은?

① 긍정적인 자아상
② 학교 부적응
③ 반사회적 성격장애
④ 부모의 폭력적인 태도

37 다음 내용과 관련 있는 노화이론은?

> • 불안정한 산소 분자가 불안정하고 파괴적인 방식으로 DNA 및 다른 분자들과 반응
> • 활성산소가 몸에 지나치게 축적되면서 세포막 구조를 공격하여 대사성 쓰레기 물질을 생성

① 세포시계(Cellular Clock)이론
② 진화(Evolutionary)이론
③ 자유기(Free-Radical)이론
④ 호르몬 스트레스(Hormonal Stress)이론

36 품행장애란 아동기나 청소년기에 나타나는 행동 및 정서장애로, 타인의 권리나 사회적 규범을 침해하는 지속적·반복적 행동의 패턴을 특징으로 한다. 아동기의 품행장애는 주로 정서결핍과 충동적 특징 등으로 나타나는데, 정서결핍을 보이는 아동은 낮은 친사회적 정서, 후회나 죄책감의 부재, 무신경함, 피상적이고 결핍된 정서 등의 특징을 갖는다. 특히 아동기 품행장애는 청소년기에 발병한 품행장애보다 더 높은 수준의 정서결핍과 상관이 있으며, 이후 품행장애에서 더 심각하고 폭력적인 행동을 예측할 수 있다. 아동의 품행장애에 지속적인 영향을 주는 것은 부모요인으로 볼 수 있는데, 이는 가정환경 및 양육행동, 즉 부모의 이혼이나 재혼 등 가족구조 변화, 부모의 실업 등의 가족 스트레스, 부모의 정신질환이나 아동학대 또는 방임, 신체적·언어적 폭력 등의 요인과 연관이 깊다.
② 학교 부적응은 청소년기의 품행장애요인이다.
③ 반사회적 성격장애는 18세 이상에서 진단이 내려진다.

37 자유기이론은 세포가 에너지를 대사할 때 부산물로 '자유기'라고 하는 불안정한 산소 분자를 포함하는데, 나이가 들면서 항산화제 생산이 떨어지게 되므로, 이 때문에 노화가 일어난다고 본다.

정답 36 ④ 37 ③

38 기억장애에만 해당하는 것은 건망증
이다. 알츠하이머는 뇌의 구조적·
화학적 퇴화로 인해 기억을 포함하
여 행동 및 인지능력이 점진적으로
상실된다.

38 알츠하이머에 대한 설명으로 옳지 <u>않은</u> 것은?

① 치매의 원인 중 가장 흔한 것으로 50~60%를 차지하며, 뇌
질환의 일종이다.

② 뇌의 구조적·화학적 퇴화로 인한 기억장애에만 해당한다.

③ 원인에는 뇌세포 손상, 유전적 요인, 환경적 요인 등이 있다.

④ 진행을 늦추는 약물치료, 적절한 영양, 운동, 기억훈련 등
이 도움이 된다.

39 ① 나이가 들면서 단기기억력과 장
기기억력이 모두 약화된다.
③ 노년기에 유동성 지능은 감소하
지만, 결정성 지능은 생의 말까지
계속 증가한다.
④ 실재적 지능은 문화적 요인이 영
향을 미치므로, 결정성 지능과 마
찬가지로 연령이 증가해도 감소
하지 않는다.

39 노화의 영향을 받는 기억에 대한 설명으로 옳은 것은?

① 나이가 들어감에 따라 장기기억은 떨어지나 단기기억은 그
대로 유지된다.

② 노화성 인지감퇴는 기억력과 주의·집중력 저하로 나타난다.

③ 유동성 지능과 결정성 지능은 노화에 영향을 받으며 감퇴한다.

④ 실재적 지능은 나이가 들수록 감소한다.

40 ① 죽음을 받아들이는 타협단계 다
음에는 우울단계를 거치게 된다.
② 자기 죽음의 이유를 알지 못하면
주변 사람들에게 질투와 분노를
표출하게 된다.
③ 노인학대 경험 여부와 관계없이
죽음을 받아들이는 과정은 일정
한 단계를 거치게 된다.

40 다음 중 죽음에 대한 설명으로 옳은 것은?

① 죽음을 받아들이는 단계의 과제를 수행하면 바로 죽음을 수
용할 수 있게 된다.

② 자기 죽음의 이유를 모르면 주위 사람들로부터 이유를 찾기
위해 자문하게 된다.

③ 노인학대 경험이 있으면 부정의 단계에서 바로 수용의 단계
로 들어갈 수 있다.

④ 퀴블러로스는 죽음의 수용을 '부정 – 분노 – 타협 – 우울 –
수용'의 5단계로 설명하였다.

정답 (38 ② 39 ② 40 ④)

※ 본 문제는 다년간 독학사 심리학과 2단계 시험에서 출제된 기출문제를 복원한 것입니다. 문제의 난이도와 수험경향 파악용으로 사용하시길 권고드립니다. 본 기출복원문제에 대한 무단복제 및 전제를 금하며 저작권은 SD에듀에 있음을 알려드립니다.

01 다음 중 유형론과 특질론에 대한 설명으로 옳은 것은?

① 유형론은 인간의 성격을 몇 가지 유형으로 단순 분류하여 설명한다.

② 특질론은 인간의 성격이 어떻게 형성되고 그 성격이 어떤 의미를 갖는지 설명한다.

③ 유형론은 개인의 사고, 감정, 행동 등 특질을 바탕으로 성격을 설명한다.

④ 유형론은 인간의 성격이 발달 과정을 통해 형성된다고 여긴다.

02 다음 내용에서 괄호 안에 들어갈 성격심리학의 관점으로 옳은 것은?

> (   )은 한 개인의 행동을 분석할 때 개인의 특질이나 생물학적 특성에 기초하여 성격을 설명한다. (   )은 모든 인간이 각자 독특하고 안정적인 특질들을 가지고 있으며, 그 특질들이 성격을 이루는 기본요소가 된다고 주장한다.

① 성향적 관점

② 인본주의 관점

③ 인지주의적 관점

④ 정신역동적 관점

01 유형론(Typology)은 성격 이론 중 역사가 가장 오래된 이론으로, 인간의 성격을 몇 가지 공통된 유형으로 분류하고 각 유형의 성격이 어떤지 설명하는 이론이다.

② 유형론과 특질론은 인간의 성격을 개인의 특질에 기초하여 설명하므로 성격이 어떻게 형성되는지, 그 성격이 어떤 의미를 갖는지 설명하지 못한다는 한계를 지닌다.

③ 개인의 사고, 감정, 행동 등 특질을 바탕으로 성격을 설명하는 것은 특질론이다.

④ 유형론은 인간을 몇 가지 유형으로 나누고 그에 따른 성격을 설명하는 이론이다. 성격이 어떻게 형성되고 발달하는지를 연구하는 이론은 과정이론이다.

02 성향적 관점(특질이론적 관점)은 한 개인의 행동을 분석할 때 그가 처한 상황보다 개인 자체에 더 많은 기초를 두는 것으로, 특히 개인의 특질이나 생물학적 특성에 기초하여 성격을 설명하는 입장이다.

② 인본주의 관점은 모든 인간을 존엄하고 무한한 가능성이 있으며 스스로 삶을 창조하는 긍정적인 존재로 여기고, 특히 현상학적 관점에서 개인의 주관적 경험의 고유성과 가치를 인정한다.

③ 인지주의적 관점은 개인의 성격과 행동을 이해하는 데 있어 인지적 요인의 중요성을 강조하며, 개개인이 갖는 인지에 따라 정서와 행동이 영향을 받는다고 주장한다.

④ 정신역동적 관점은 인간의 내적인 정신구조 및 발달 과정에 관심을 기울이며, 인간의 행동을 유발하는 근원적인 에너지가 무엇인지에 초점을 둔다.

정답 01 ① 02 ①

03 성격이론의 평가준거에는 포괄성(Comprehensiveness), 검증성(Testability), 경제성(Parsimony), 경험적 타당성(Empirical Validity), 탐구성(Heuristic Value), 적용성(Applied Value) 등이 있다.

03 다음 중 과학적인 성격이론이 갖춰야 할 평가준거를 모두 고른 것은?

> ㄱ. 포괄성
> ㄴ. 검증성
> ㄷ. 경제성

① ㄱ, ㄴ
② ㄴ, ㄷ
③ ㄱ, ㄷ
④ ㄱ, ㄴ, ㄷ

04 요인분석이란 상관관계를 이용하여 서로 유사한 변수들끼리 묶어주는 통계분석기법으로, 상관관계가 높은 변수들끼리 같은 그룹으로 묶어주는 방법이다. 구인타당도를 검증하는 데 사용되며, 많은 변수로 회귀분석 또는 판별분석을 수행하려면 어렵기 때문에 요인분석을 통해 얻은 요인점수로 이들 분석을 수행할 수 있다.
① 교차분석은 명목척도 및 서열척도의 성격을 가진 두 변수의 관계도를 분석하는 것이다.
③ 분산분석은 여러 집단의 평균의 동일성에 대한 검정을 하기 위한 기법이다. 집단 간 변량과 집단 내 변량의 개념을 사용하는데, 집단 간 변량은 집단 간 차이를 제곱하여 합한 것이며, 집단 내 변량은 어느 집단 내에서 개인 간의 차이를 제곱하여 합한 것이다.
④ 회귀분석은 연속형 변수들에 대해 독립변수와 종속변수 사이의 인과관계에 따른 수학적 모델인 선형적 관계식을 구하여 어떤 독립변수가 주어졌을 때 이에 따른 종속변수를 예측하는 것이다.

04 다음 내용과 연관된 통계기법은 무엇인가?

> 특질이론가들이 인간 성격의 주요한 특질을 발견하기 위해 사용한 연구 방법으로, 상관관계가 높은 변수끼리 같은 그룹으로 묶어 자료를 요약하거나 변수들 내에 존재하는 상호 독립적인 특성을 파악할 수 있다.

① 교차분석
② 요인분석
③ 분산분석
④ 회귀분석

정답 (03 ④   04 ②)

05 다음 중 인간성의 주요 준거를 자유의지로 보지 <u>않은</u> 학자는?

① 매슬로우
② 프랭클
③ 스키너
④ 로저스

06 다음 중 투사적 검사에 대한 설명으로 옳지 <u>않은</u> 것은?

① 로샤 검사(Rorschach Test)가 이에 해당한다.
② 객관적 검사보다 검사자 변인이나 검사상황 변인에 따른 영향을 적게 받는다.
③ 신뢰도와 타당도의 검증이 어렵다.
④ 모호한 검사자극에 대한 수검자의 비의도적·자기노출적 반응으로 나타난다.

07 다음 중 실험연구의 한계로 옳지 <u>않은</u> 것은?

① 연구자의 주관적 해석이 개입될 가능성이 높다.
② 실험실에서 연구될 수 없는 현상은 배제한다.
③ 결과의 일반화를 제약하는 인위적인 틀이 있다.
④ 실험자의 기대효과를 야기한다.

---

05 스키너(Skinner)는 개인은 과거 경험이나 생물학적 요인, 외부의 힘 등에 의해 결정되고 지배된다는 결정론을 주장한 학자로, 스키너 외에도 프로이트(Freud), 카텔(Cattell) 등의 학자들이 이에 해당한다.
인간성의 주요 준거를 자유의지로 보아 개인은 유전이나 환경의 영향을 초월하여 자신의 운명을 통제한다고 주장한 학자로는 로저스(Rogers), 매슬로우(Maslow), 프랭클(Frankl), 켈리(Kelly) 등이 있다.

06 투사적 검사(Projective Test)는 비구조적인 검사 과제를 통해 개인의 다양한 반응을 무제한적으로 허용하고, 개인의 독특한 심리 특성을 측정하는 데 주목적을 둔 검사이다. 객관적 검사보다 검사자 변인이나 검사상황 변인에 따른 영향을 많이 받는다.

07 연구자의 주관성이 개입될 가능성이 높은 것은 사례연구이다.

실험연구
• 관심 있는 변인을 통제하여 다른 변인에 미치는 영향을 밝힘으로써 변인 간의 인과관계를 규명한다.
• 인위적으로 통제된 조건에서, 연구하려는 변인을 체계적으로 변화시킬 때 그 효과가 어떻게 나타나는지 측정한다.
• 종속변인의 변화가 독립변인의 처치효과에 의해 나타난 결과임을 증명하기 위해 다른 변인들을 일정하게 통제한다.
• 실험실에서 연구할 수 없는 현상은 배제되고, 결과의 일반화를 제약하는 틀이 있으며, 실험자의 기대효과를 야기한다는 한계가 있다.

정답 05 ③ 06 ② 07 ①

08 법칙정립적 접근(Nomothetic Approach)은 많은 사람을 통해 얻는 자료를 바탕으로 일반화할 수 있는 보편적인 원리나 일반적인 변인을 발견하는 것을 목표로 연구한다.
  ① 개별사례적 접근은 개인을 고유하게 만드는 특이성과 특징을 알아내는 것을 목표로, 특정한 개인에 초점을 맞추고 그 개인을 나타내는 특질을 연구한다.
  ② 정신역동적 접근은 인간의 내적인 정신구조 및 발달 과정에 관심을 기울이며 인간의 행동을 유발하는 근원적인 에너지가 무엇인지에 초점을 두고 연구한다.
  ④ 사회인지적 접근은 개인이 환경과 상호작용을 하면서 마음속으로 정보를 처리하고 문제를 해결하는 인지적 요인을 밝히는 것을 중요 과제로 삼고 연구한다.

08 다음 내용에 해당하는 성격 연구방법은?

> 일반적인 변인이나 보편적 원리를 추론하기 위하여 다수의 연구대상들 간 차이를 비교하고 분석한다.

① 개별사례적 접근
② 정신역동적 접근
③ 법칙정립적 접근
④ 사회인지적 접근

09 상관연구는 다수의 일반인을 대상으로 하여 성격에 관한 수량화된 자료를 수집하고, 자료 간의 상관관계를 통계적 방법으로 분석하여 성격특성의 관계나 성격에 영향을 미치는 요인을 규명하는 연구방법이다. 질문지 등의 방법을 사용하여 여러 수검자로부터 한꺼번에 많은 양의 정보를 얻을 수 있고, 이를 토대로 하여 다른 많은 사람의 다양한 성격특성을 연구할 수 있도록 한다.
  ① 사례연구에 대한 설명이다.
  ②·③ 실험연구에 대한 설명이다.

09 다음 중 성격의 상관연구에 대한 설명으로 옳은 것은?

① 임상적 방법으로 개인에 대해 심층적인 연구를 한다.
② 어느 한 변인을 통제하여 다른 변인에 미치는 영향을 밝혀 변인들 간의 인과관계를 규명한다.
③ 연구자는 통제된 조건에서 관심 있는 변인을 조작할 수 있다.
④ 한 번에 여러 수검자로부터 많은 양의 정보를 얻을 수 있다.

정답 (08 ③ 09 ④)

10 다음 내용에 해당하는 것으로 옳은 것은?

> 과학적 연구의 목적은 연구 대상을 구성하는 세부적인 구조를 분석하고 변화와 인과관계를 밝히는 데에 있다.

① 기술
② 설명
③ 예측
④ 통제

11 다음 내용에 해당하는 측정방식은 무엇인가?

> • 평가 대상자에게 성격특성이 기재된 카드를 제시하여 대상자가 자신이 속하는 특성을 분류하게끔 하는 방식이다.
> • 로저스는 자기개념을 측정하기 위하여 이 방법을 많이 사용하였다.

① 리커트 척도
② 의미분별 척도
③ Q-분류방법
④ 개인 지향성 검사

---

10 과학적 탐구의 목적에는 기술(Description), 설명(Explanation), 예측(Prediction), 통제(Control) 등이 있는데, 이 중 설명은 대상의 세부적 구조를 분석하고, 변화와 인과관계를 규명하는 것을 말한다.
① 기술은 대상을 있는 그대로 파악하고 이해하는 것을 말한다.
③ 예측은 대상이 앞으로 어떻게 변화할지 예견하는 것을 말한다.
④ 통제는 대상에 인위적인 조작을 가해 원하는 방향으로 변화가 일어나도록 하는 것을 말한다.

11 Q-분류방법(Q-sort)은 평가 대상자에게 어떠한 진술, 특성, 그림 등이 기재된 카드를 준 다음 그가 속하는 특성을 나타내는 차원에서 그가 생각하는 현재 위치에 따라 카드를 분류하도록 하는 방법이다. 이를 잘 활용한 사람은 상담심리학자 로저스(C. Rogers)인데, 그는 내담자에게 현재 자신을 나타내는 카드와 미래에 되고 싶은 모습을 나타내는 카드를 분류하게 하여, 이상적으로 생각하는 자신의 모습과 현재의 모습 사이의 괴리를 찾는 데 이 방법을 사용하였다.
① 리커트 척도는 측정하려고 하는 특성에 관해 5단계(전혀 그렇지 않다/그렇지 않다/잘 모르겠다/그렇다/매우 그렇다)로 나누어 수검자가 동의하는 어느 하나에 표시하도록 하는 것이다.
② 의미분별 척도는 양극적인 형용사 단어들 사이에 거리를 두고 어느 쪽에 가까운지를 답변하도록 하는 척도이다.
④ 개인 지향성 검사는 쇼스트롬(Shostrom)이 만든 인성검사로, 매슬로우(Maslow)의 자아실현론을 과학화·일반화하여 만든 것이다. 자아를 실현한 사람의 발달에서 중요한 것으로 간주되는 가치와 행동을 측정하는 데 사용된다.

정답 10 ② 11 ③

12 자아(Ego)는 성격의 심리적 구성요소로, 환경에 대한 현실적 적응을 담당하는 심리적 구조와 기능을 의미한다. 자아는 '현실의 원리'에 따라 현실적 여건을 고려하여 판단하고 욕구 충족을 지연시키며 행동을 통제한다. 자아는 즉각적인 만족을 추구하려는 원초아와 현실을 중재하는 역할을 하는 동시에 초자아가 주도하는 도덕적인 측면을 고려하여 합리적이고 규범적인 행동을 위한 조정 역할을 수행한다.
②·④ 원초아(Id)에 대한 설명이다.
③ 초자아(Superego)에 대한 설명이다.

12 프로이트가 주장한 성격 구성요소 중 자아에 대한 설명으로 옳은 것은?

① 자아는 현실적 여건을 고려하여 판단하고 욕구 충족을 지연시키며 사회 윤리에 맞게 행동을 조정한다.
② 자아는 성격의 원초적·본능적 요소이며, 행동의 힘을 부여하는 근원적인 생물학적 충동을 저장하고 있다.
③ 자아는 도덕적 완성을 추구하며 사회적 요구에 부합하는 측면에서 만족을 추구한다.
④ 자아는 모든 추동 에너지의 원천으로서 쾌락을 추구하며 충동적으로 작동한다.

13 구강기(Oral Stage)는 리비도(Libido)가 입, 혀, 입술 등 구강 부위에 집중되어 있는 0~1세 시기이다. 이 시기에 욕구가 과도하게 충족되어 고착되면 지나치게 낙관적이거나 의존적이 되고, 욕구가 좌절되어 고착되면 공격적이고 비판적인 성격이 된다. 항문기(Anal Stage)에 과도한 욕구 좌절을 겪으면 청결과 질서에 집착하며, 시간을 철저히 지키는 등 완벽주의적 성향을 보인다.

13 프로이트의 심리성적 발달단계 중 구강기에 발생하는 고착증상으로 나타나는 성격이 아닌 것은?

① 지나치게 낙관적이다.
② 지나치게 의존적이다.
③ 지나치게 비판적이다.
④ 지나치게 완벽주의적이다.

정답 12 ① 13 ④

14 다음 내용에 해당하는 방어기제는 무엇인가?

> 받아들이기 어려운 상황을 그럴듯한 이유를 붙여 수용될 만한 설명으로 바꾸어 자존심이 상하거나 죄책감을 느끼는 데에서 벗어나게 하는 것을 말한다. 포도를 발견했으나 먹을 수 없는 상황에서 "저 포도는 신 포도라서 안 먹는다."라고 하거나 사기꾼이나 거짓말쟁이가 "다 그렇게 해.", "선의의 거짓말이었어."와 같이 이야기하는 것 등이 이에 해당한다.

① 투사
② 합리화
③ 취소
④ 반동형성

14 합리화(Rationalization)는 더 이상 현실에 실망을 느끼지 않기 위해서, 또는 정당하지 못한 자신의 행동에 그럴듯한 이유를 더하기 위해 자신의 말이나 행동을 정당화하는 것이다.
① 투사(Projection)는 사회적으로 인정받을 수 없는 자신의 행동과 생각을 마치 다른 사람의 것인 양 생각하고 남을 탓하는 것이다.
③ 취소(Undoing)는 자신의 공격적 욕구나 충동으로 벌인 일을 무효화함으로써 죄의식이나 불안한 감정에서 벗어나고자 하는 것이다.
④ 반동형성(Reaction Formation)은 자신이 가지고 있는 무의식적 소망이나 충동을 본래의 의도와 반대되는 방향으로 바꾸는 것이다.

15 다음 내용에 해당하는 불안의 유형은?

> 자아가 본능적 충동인 원초아를 통제하지 못하여 발생할 수 있는 불상사에 대해 위협을 느낌으로써 나타난다. 본능이 지배하는 부분이 커져 자아가 이를 통제할 수 없을 것이라는 긴장과 두려움을 일컫는다.

① 현실 불안
② 신경증적 불안
③ 도덕적 불안
④ 정신증 불안

15 프로이트는 불안의 유형을 '현실 불안, 신경증적 불안, 도덕적 불안'으로 나누었는데, 이 중 신경증적 불안(Neurotic Anxiety)은 현실을 고려하여 작동하는 자아와 본능에 의해 작동하는 원초아 간의 갈등에서 비롯된다. 이는 무의식적 충동이 의식을 뚫고 올라오려 할 때 느끼는 불안으로 볼 수 있다.
① 현실 불안(Reality Anxiety)은 외부세계에서의 실제적인 위협을 지각함으로써 발생하는 불안이다.
③ 도덕적 불안(Moral Anxiety)은 원초아와 초자아 간의 갈등에 의해 야기되는 불안으로, 본질적 자기 양심에 대한 두려움과 연관된다.

정답 14 ② 15 ②

16 '생의 편협한 제한 욕구'는 고립형 혹은 회피형 성격의 신경증 욕구로, 가능한 한 타인의 주목을 끌지 않고 살아가려는 욕구이다.

공격형 성격의 신경증 욕구
- 힘 : 타인을 자신의 마음대로 통제하려는 욕구
- 착취 : 타인을 이용하여 이득을 취하려는 욕구
- 특권 : 특권적 지위와 명예를 얻고자 하는 욕구
- 존경 : 타인으로부터 가치 있는 존재로 추앙받고자 하는 욕구
- 성취 혹은 야망 : 수단과 방법에 구애됨 없이 성공에 이르려는 욕구

16 호나이의 '공격형 성격의 신경증 욕구'에 해당하지 <u>않는</u> 것은?

① 힘 욕구
② 착취 욕구
③ 존경에 대한 욕구
④ 생의 편협한 제한 욕구

17 정신을 크게 의식(Consciousness)과 무의식(Unconscious)의 두 측면으로 구분하고, 무의식을 다시 개인무의식(Personal Unconscious)과 집단무의식(Collective Unconscious)으로 구분한 학자는 융(Jung)이다.

17 다음 중 아들러에 대한 설명으로 옳지 <u>않은</u> 것은?

① 후기 프로이트 학파 이론가이다.
② 집단 무의식 개념을 추가했다.
③ 사회적 욕구 및 의식적 사고를 강조했다.
④ 프로이트의 본능적 성 욕구 강조를 비판했다.

정답 16 ④ 17 ②

18 **다음 내용에 해당하는 것으로 옳은 것은?**

> 말러가 제안한 이론으로, 그는 유아가 '분리'와 '개별화'의 상호 보완적 발달 경로를 거치며, 어머니와의 융합 시기가 지나면 자신을 별개의 존재로 인식하고 독립된 존재로 성장해 나간다고 하였다.

① 공생기
② 자기표상
③ 분리불안
④ 분리-개별화

18 말러(Mahler)는 분리-개별화 이론에서 유아가 독립적·자율적인 존재가 되려는 욕구와 어머니와의 공생적 융합(Symbiotic Fusion) 상태로 되돌아가려는 욕구 사이에서 분투한다고 보았다. 그는 유아가 '분리(Separation)'와 '개별화(Individuation)'의 상호보완적 발달 경로를 거치며, 자신과 세상이 분리되어 있다는 감각을 성취하면서 점차 '자기(Self)'라는 명확한 심리내적 표상으로 발달해 나간다고 여겼다.
① 공생기는 유아가 자신과 어머니를 별개의 존재로 인식하지 못한 채 어머니를 자신의 일부로 지각함으로써 하나의 공생체인 것처럼 느끼고 행동하는, 생후 2~6개월 시기를 의미한다.
② 자기표상(Self Representation)은 대상관계이론의 주요 개념 중 하나이다. 발달하는 자기 자신에 대한 정신적 표현으로, 유아가 환경 속에서, 대상이나 주요 타자와의 관계 속에서 경험한다.
③ 분리불안(Separation Anxiety)은 애착 대상과 분리되는 상황에 대하여 두려워하고 거부하는 상태를 의미한다.

정답 18 ④

19 불안-몰입 애착(Anxious-preoccupied Attachment)은 자신은 부정적으로 여기고 타인은 긍정적으로 여겨 타인에게 버림받는 것에 두려움이 크고 관계에 집착하는 성향이 강하다. 상대에게 과도한 친밀감, 인정, 반응을 요구하며 지나치게 의존적이고 높은 수준의 감정 표현, 근심, 충동성을 보이기도 한다.
① 안정 애착(Securely Attachment)은 자신과 타인에 대해 긍정적으로 여겨 자신이 사랑받을 만한 가치가 있고, 타인을 신뢰할 수 있다고 생각한다. 따라서 다른 사람과 친밀한 관계를 형성하는 데 문제가 없고 혼자 있어도 두려워하지 않는다.
② 거부-회피 애착(Dismissive-avoidant Attachment)은 자신은 긍정적으로 여기지만 타인은 부정적으로 여겨 타인을 신뢰하지 못하고 타인과 지나치게 가까워지면 불편함을 느낀다. 자신의 감정을 잘 드러내지 않으며 친밀한 관계를 부담스럽게 여긴다.
④ 공포-회피 애착(Fearful-avoidant Attachment)은 자신과 타인을 모두 부정적으로 여겨 타인과 정서적으로 친해지길 원하면서도 불편해하기도 한다.

19 다음 내용에 해당하는 성인 애착 유형으로 옳은 것은?

> 다른 사람에게 과하게 의존하며 다른 사람과 금방 사랑에 빠지나 오래 가지는 못한다. 연인 사이에서는 애정을 강박적으로 확인하며, 확인받지 못할 경우 과하게 실망하기도 한다.

① 안정 애착
② 거부-회피 애착
③ 불안-몰입 애착
④ 공포-회피 애착

20 ④는 프로이트(Freud)에 대한 설명이다.
에릭슨(Erikson)은 인간의 행동은 개인의 심리적 요인과 사회문화적 영향의 상호작용에 의해 형성되며, 성격발달은 유아기에서 노년기에 이르기까지 8단계에 걸쳐 이루어진다고 보았다.

20 다음 중 에릭슨의 성격 발달 이론에 대한 설명으로 옳지 <u>않은</u> 것은?

① 인간을 합리적인 존재이자 창조적인 존재로 보면서, 창조성과 자아정체감의 확립을 강조한다.
② 성격은 자아통제력과 사회적 지지에 의해 형성되며, 전 생애에 걸쳐 발달한다.
③ 인간의 행동은 개인의 심리적 요인과 사회문화적 영향의 상호작용에 의해 형성된다.
④ 영·유아기 초기 경험이 인간의 성격을 결정하므로 부모의 영향이 특히 중요하다.

정답 19 ③ 20 ④

21 다음 중 올포트의 특질이론에 대한 설명으로 옳지 <u>않은</u> 것은?

① 개인특질은 개인으로 하여금 독특한 행동을 하도록 만드는 내면적 성향을 의미한다.

② 공통특질은 동일 문화권에 속한 구성원들이 공통적으로 지니는 일반적인 성향을 의미한다.

③ 이차성향은 특정한 대상이나 상황에 따라 달라지는 행동특성을 의미한다.

④ 중심성향은 개인 생활 전반에 광범위하게 영향을 끼치는 가장 일반적인 성향이다.

22 다음 중 카텔의 주요 평가 기법에 해당하지 <u>않는</u> 것은?

① 검사법
② 질문지법
③ 관찰법
④ 생활기록법

23 다음 내용과 관련이 있는 학자는?

> • 특질을 행동으로부터 추론된 정신구조이자, 행동의 규칙성 혹은 일관성을 설명하는 구성개념으로 간주하였다.
> • 요인분석을 통해 인간 성격의 기본적 요인으로서 16가지의 원천특질을 확인하였다.

① 미셸
② 올포트
③ 카텔
④ 아이젱크

---

21 올포트는 공통특질을 '특질(Trait)'로 지칭하는 한편, 개인특질을 '개인적 성향(Personal Disposition)'으로 다시 명명하였다. 그리고 개인적 성향을 위계적으로 세분화하여 '주성향 또는 기본성향(Cardinal Disposition)', '중심성향(Central Disposition)', '이차성향(Secondary Disposition)'의 3가지 범주로 분류하였다. 이 중 개인의 생활 전반에 광범위하게 퍼져 있는, 가장 일반적이고 일관성이 있는 기본 성향은 주성향(Cardinal Disposition)이다.

22 카텔(Cattell)은 성격을 객관적으로 측정하기 위하여 자료를 수집하고 통계분석을 실시하였다. 그가 성격평가를 위한 자료수집과 관련하여 활용한 주요 방법으로는 생활기록법(L-data 기법), 질문지법(Q-data 기법), 검사법(T-data 기법) 등이 있다.

23 카텔(Cattell)은 특질을 성격의 정신적 구성요소이자, 인간행동의 규칙성 혹은 일관성을 설명하는 근본적인 구성개념으로 간주하고 성격특질의 일반적 양상을 밝히고자 하였다. 그는 사전, 정신과 및 심리학 문헌자료 등에서 성격 특성을 묘사하는 용어들을 모아 분류하고 개념을 선정하여 16가지 성격특성을 측정하기 위한 16PF 검사를 고안하였다.

정답 21 ④ 22 ③ 23 ③

24 카텔(Cattell)은 안정성과 영속성을 기준으로 특질을 원천특질(Source Trait)과 표면특질(Surface Trait)로 구분하였다. 원천특질은 비교적 안정적이고 영속적인 특질로서, 개인의 성격을 구성하는 핵심이 되며 각각의 원천특질은 단일요인으로 행동을 야기한다. 표면특질은 대부분의 사람들이 겉으로 보이는 행동을 통해 알 수 있는 특질로, 여러 가지 요인으로 구성되기 때문에 안정적이거나 영속적이지 못하다. 또한 단일원천에 의해 결정되지 않으므로 성격요인을 구성하지 못한다.

24 카텔이 구분한 다음 특질 중 안정성과 영속성을 기준으로 구분되는 것은?

① 원천특질
② 기질특질
③ 능력특질
④ 역동적 특질

25 아이젱크(Eysenck)는 모든 사람에게 적용이 가능한 보편적인 특질을 찾기 위해 요인분석 방법을 사용하여 외향성(E ; Extraversion), 신경증적 경향성(N ; Neuroticism), 정신병적 경향성(P ; Psychoticism)이라는, 성격의 최상위에 자리 잡은 3개의 기본적인 성격특질을 제시하였다. 이 중 제시된 질문과 관련이 있는 것은 신경증적 경향성이다. 신경증적 경향성은 정서적인 안정성/불안정성의 차원을 반영하는데, 신경증적 경향을 가진 사람은 정서적으로 과민하고 불안이나 우울, 분노 등의 부정적인 정서를 자주 경험하며 성미가 까다롭고 변덕스러우며, 침착성이 부족하다.

25 다음 내용에 해당하는 질문과 관련이 있는 아이젱크의 성격유형은?

> • 종종 기분이 올라갔다가 내려갔다가 하나요?
> • 종종 짜증이 날 때가 있나요?
> • 대개 초조한 기분이 드나요?

① 외향성
② 내향성
③ 신경증
④ 정신증

정답 24 ① 25 ③

26 다음 중 성격 5요인의 외향성에 대한 설명으로 옳지 <u>않은</u> 것은?

① 외향성이 높은 사람은 활동성이 높은 활동에 행복을 느끼고, 외향성이 낮은 사람은 정적인 활동에 행복을 느낀다.

② 외향성이 높은 사람들은 사회적 영향력이나 사회적 관계를 갖는 기법을 많이 알고 있다.

③ 타인과의 상호작용을 통하여 인간관계적 자극을 추구하는 성향을 의미한다.

④ 사회 적응성과 타인에 대한 공동체적 속성을 의미하며 대인 관계 지향성 수준을 평가한다.

26 성격 5요인 중 사회 적응성과 다른 사람에 대한 우호적·수용적·협동적인 성향을 의미하며 대인관계 지향성 수준을 평가하는 것은 '우호성(Agreeableness)'이다.

외향성(Extroversion)
다른 사람과의 교류를 통하여 인간관계적 자극을 추구하는 성향을 의미하며, 대인관계의 상호작용 강도, 활동성 및 자극 추구 수준, 즐거움에 이르는 능력 등을 평가한다. 외향적 수준이 높은 사람은 사교적이고 활동적이며 사회적 교류의 기회가 많은 곳을 찾아 사람들과 어울리는 것을 즐기고, 외향적 수준이 낮은 사람은 말수가 적고 생기가 없으며 사람들 앞에 나서기를 꺼리는 경향이 있다.

27 다음 중 성격 5요인 성실성의 하위특질에 해당하지 <u>않는</u> 것은?

① 자제심
② 의무감
③ 순응성
④ 유능감

27 성격 5요인 중 성실성(Conscientiousness)은 자기조절을 잘하고 책임감이 강한 성취 지향적 성향을 의미하며, 목표 지향적 행동의 조직화와 지속적인 유지, 목표 지향적 행동에 동기를 부여하는 정도 등을 평가한다. 성실성의 하위특질에는 유능감, 질서, 의무감, 성취노력, 자제심, 신중함 등이 있다.

28 다음 중 인본주의적 관점에 대한 설명으로 옳지 <u>않은</u> 것은?

① 인간 존엄과 자유의지를 부정하는 기존의 정신분석과 행동주의를 비판하였다.

② 개인의 사고, 감정, 행동에서의 일관된 특질이 성격을 이룬다고 보았다.

③ 인간을 자기실현의 욕구를 가지며 잠재력을 실현하는 창조적 존재로 보았다.

④ 인간을 자신의 문제를 스스로 해결할 수 있는 자유로운 존재로 보았다.

28 개인의 사고, 감정, 행동에서의 일관된 양식을 특질로 정의하고 이를 통하여 인간의 성격을 설명한 관점은 성향적 관점(특질이론적 관점)이다.

정답 26 ④ 27 ③ 28 ②

29 매슬로우(Maslow)는 인간의 독특성과 무한한 성장 가능성을 강조하는 인본주의 심리학의 발달에 초석을 제공한 학자이다. 그는 개인의 행동을 유발하는 동기요인으로서 인간 생활에 가장 기본적이고 필수적인 생리적 욕구에서부터 최상위 단계인 자기실현의 욕구에 이르기까지 다양한 욕구와 발달단계를 제시하였다. 또한 인격적 성숙과 창조적 업적을 이룬 세계적인 위인들의 삶을 분석하여 인간은 자기실현을 위해 계속 노력하는 성장 지향적인 존재임을 강조하였다.

30 자기실현(Self-actualization)은 인간이 자신의 재능과 잠재력을 충분히 발휘하여 자신의 이상을 실현하고 진정한 '자기(Self)'가 되는 것을 말한다. 인본주의 이론은 인간은 자기실현의 욕구를 가진 존재로서, 환경 조건만 적당하면 자신이 가지고 있는 잠재력을 실현해 나갈 수 있는 창조적인 존재라고 여겼다.
① 자기이해(Self-understanding)는 인간이 자신의 있는 그대로를 이해하는 것을 말한다. 로저스는 인간중심 상담의 중요한 목표는 '진정한 자기'를 발견하는 것인데, 이러한 자기이해는 오로지 그 개인에 달려 있지 않고 성장하는 과정에서 사회적 환경의 영향을 받으며 이루어진다고 하였다.
③ 자기효능감(Self-efficacy)은 행동주의 학자 반두라(Bandura)에 의해 소개된 개념으로, 자신이 어떤 일을 성공적으로 수행할 수 있는 능력이 있다고 믿는 기대와 신념을 말한다.
④ 무조건적인 긍정적 존중(Unconditional Positive Regard)은 로저스의 인간중심 치료의 주요 요소 중 하나로, 내담자의 생각이나 느낌에 대하여 그 어떤 판단도, 평가도 내리지 않고 내담자를 존중하고 수용하는 것이다.

정답 29 ① 30 ②

29 다음 내용에 해당하는 학자는 누구인가?

• 인본주의 심리학의 창시자로, 인간의 욕구는 낮은 단계의 욕구부터 시작하여 차츰 상위 단계로 올라간다는 '욕구의 위계론'을 주장하였다.
• 건강하고 창조적인 삶을 사는 사람들을 관찰하여 자기실현적 인간의 특성을 제시하였다.

① 매슬로우
② 아들러
③ 로저스
④ 프랭클

30 다음 내용에 해당하는 개념은 무엇인가?

인간이 자신의 잠재력과 가능성을 충분히 인식하고 발휘하여 자기가 목적한 이상을 실현하는 것을 의미한다.

① 자기이해
② 자기실현
③ 자기효능감
④ 무조건적인 긍정적 존중

31 다음 중 로저스의 인간중심 치료의 주요 요소에 해당하는 것은?

① 공감적 이해

② 역기능적 인지 수정

③ 성격역동에 대한 이해

④ 상황과 해석 간 관련성 이해

31 로저스는 인간은 내면적 동기와 잠재력이 있는 존재이기 때문에 치료자가 내담자를 조정하여 변화시키기보다 내담자 스스로 변화를 모색하며 문제를 해결해야 한다고 주장하며 인간중심 치료의 기반을 마련하였다. 이러한 인간중심 치료의 주요 요소에는 일치성과 진실성, 공감적 이해와 경청, 무조건적인 긍정적 관심 또는 존중 등이 있다.

32 다음 중 실존주의적 접근에 대한 설명에 해당하지 <u>않는</u> 것은?

① 인간을 고유성을 지닌 개체로 인정하였다.

② 인간 존재에게 주어진 궁극의 속성으로 실존을 탐구하고 죽음, 자유, 소외, 무의미 등의 문제들을 다룬다.

③ 인간 성격의 보편적 특질을 찾고 정리하고자 하였다.

④ 구체적인 상황 속에서의 인간을 연구 대상으로 하였다.

32 실존주의적 접근은 인간의 본질규정에 관한 문제보다는 인간의 존재양식을 규명하는 데 관심을 두었다. 실존주의적 접근은 인간 존재에게 주어진 궁극적인 속성으로서 실존에 대해 탐구하고 죽음, 자유, 고립(소외), 무의미 등 존재의 궁극적인 문제들을 다룸으로써 삶을 적극적으로 선택하고 인간 스스로 의미를 발견하도록 유도하였다. 인간 성격의 보편적인 특질을 찾고 정리하고자 한 학자는 특질이론을 연구한 카텔이다.

33 다음 내용에 해당하는 욕구로 옳은 것은?

> 자기결정이론의 구성 이론 중 내재적 동기를 증진시키는 기본적 욕구의 하나로, 과제를 효율적으로 통제하며 성공적으로 수행하는 능력에 대한 욕구이다. 이에 따라 인간은 과제가 어려워 제대로 수행하지 못하면 좌절하고, 과제가 쉬우면 지루함을 느끼며, 최적의 도전에 성공했을 때 가장 큰 기쁨을 느낀다.

① 관계성 욕구

② 유능성 욕구

③ 자율성 욕구

④ 인과성 욕구

33 내재적 동기를 증진시키는 기본적 욕구

• 관계성 욕구 : 타인과 친밀한 정서적 유대 및 애착을 형성하고, 그로 인해 사랑과 존중을 얻으려는 욕구이다.

• 유능성 욕구 : 과제를 효율적으로 통제하며 성공적으로 수행하는 능력에 대한 욕구이다.

• 자율성 욕구 : 외부 통제나 간섭 없이 스스로의 행동을 자율적으로 선택하고 결정하려는 욕구이다.

정답 31 ① 32 ③ 33 ②

34 인지적 접근의 대표적인 학자인 엘리스(Ellis)와 벡(Beck)은 인간의 인지, 정서, 행동 가운데 인지의 역할을 특히 강조하면서 인지가 인간의 성격 및 정신병리에 어떻게 작용하는지 체계적으로 설명하였다.
① 관찰과 대리학습의 중요성을 강조한 학자는 사회학습이론을 연구한 반두라이다.
② 인간의 내적인 정신구조 및 무의식을 강조한 이론은 정신분석이론이다.
③ 특정한 행동을 이끌어 내고, 유지하고, 제거하는 환경적 반응이나 사건 사이의 관계를 강조한 이론은 행동주의이론이다.

34 **다음 중 엘리스와 벡의 공통점으로 옳은 것은?**

① 관찰과 대리학습의 중요성을 강조한다.
② 인간의 내적인 정신구조 및 무의식을 강조한다.
③ 특정한 행동을 이끄는 환경적 반응의 관계를 강조한다.
④ 인간의 인지, 정서, 행동 중 인지의 역할을 강조한다.

35 엘리스(Ellis)는 인간은 비합리적으로 생각하거나 스스로 해를 끼치려는 경향성을 가지고 있긴 하지만, 사용되지 않은 잠재력과 성장자원이 있으며 자신과 사회의 운명을 변화시킬 수 있는 능력이 있어 비합리적 사고가 합리적 사고로 대치된다고 여겼다.

35 **다음 중 엘리스의 합리적 · 정서적 행동이론에 대한 설명으로 옳지 않은 것은?**

① 엘리스의 상담 및 치료방법은 곧 인지 · 정서 · 행동적 상담(치료)을 의미한다.
② 비합리적 신념의 특징 중 당위적 사고는 인간문제의 근본요인에 해당하는 매우 경직된 사고이다.
③ 정신병리는 아동기에 의미 있는 사람으로부터 학습된 비합리적 신념 등에 의하여 일어난다.
④ 인간은 비합리적 존재이므로 신념체계를 합리적으로 바꾸기는 불가능하다.

정답 (34 ④   35 ④)

36 다음 내용에서 괄호 안에 공통으로 들어갈 용어로 옳은 것은?

> (   )은(는) 벡(Beck)이 인지적 관점을 토대로 제시한 인지치료에 사용되는 개념 중 하나이다. (   )은(는) 과거 경험을 추상화한 기억체계로, 생활 속에서 경험하는 다양한 사건에 관한 정보를 선택하고 그 의미를 해석함으로써 미래의 결과를 예상하도록 하는 인지구조이다.

① 중간신념
② 구성개념
③ 인지도식
④ 자동적 사고

37 다음 내용에 해당하는 벡의 인지적 왜곡은?

> • 중요한 요소들은 무시하고 사소한 부분에 초점을 맞추고 그에 따라 전체 경험을 이해하는 것을 말한다.
> • 다수의 사람에게 칭찬을 들었음에도 불구하고 소수의 비난에 집중하여 '내가 잘못했구나'라고 생각하는 경우가 이에 해당한다.

① 개인화
② 정신적 여과
③ 잘못된 명명
④ 독심술적 오류

36 인지도식(Schemas)은 사물이나 사건에 대한 전체적인 윤곽 또는 지각의 틀을 말한다. 자기 자신, 타인, 세계, 미래를 보는 개인의 특유하고 습관적인 사고방식으로, 벡(Beck)은 이와 같은 인지도식이 부적절하게 형성될 경우 인지적 왜곡이 일어나며, 이는 개인의 정서 및 행동에 부정적인 영향을 미친다고 보았다.
① 중간신념 또는 중재적 신념(Intermediate Beliefs)은 핵심신념이 자동적 사고를 유발하는 데 중간 역할을 하며, 주어진 상황을 보는 관점에 영향을 준다. 자동적 사고를 형성하는 극단적·절대적 규칙 및 태도를 반영한다.
② 인지적 관점에서, 켈리(Kelly)는 모든 인간은 자신의 구성개념에 근거하여 사건을 해석·예언·통제한다고 보았다. 따라서 개인의 성격을 파악하기 위해서는 개인이 세상을 이해하고 분석하는 고유의 개인적 구성개념을 이해할 필요가 있다고 보았다.
④ 자동적 사고(Automatic Thoughts)는 개인의 마음속에 끊임없이 지나가는 인지의 연속적인 흐름을 말하는데, 주로 상황과 정서를 매개한다.

37 정신적 여과(Mental Filtering)는 다른 중요한 요소들은 무시한 채 사소한 부분에 초점을 맞추고, 그 부분적인 것에 근거하여 전체 경험을 이해하는 것을 말한다. 보통 상황의 긍정적인 양상을 여과하는 데 초점이 맞추어져 있으며, 극단적으로 부정적인 세부사항에 머문다.
① 개인화(Personalization)는 자신과 관련시킬 근거가 없는 외부사건을 자신과 연관 짓는 경향이다.
③ 잘못된 명명(Mislabelling)은 어떠한 하나의 행동이나 부분적 특성을 토대로 사람이나 사건에 대하여 완전히 부정적이고 단정적으로 명명하는 것을 말한다.
④ 독심술적 오류(Mind Reading)는 다른 사람의 마음을 마음대로 추측하고 단정하는 것을 말한다.

정답 36 ③ 37 ②

38 켈리(Kelly)의 구성개념적 대안주의(Constructive Alternativism)란 세상을 구성하는 방식에는 다양한 대안들이 존재하며, 개인은 자신의 구성 방식을 다른 대안으로 언제든지 변화시킬 수 있다는 철학적 입장이다. 이에 의하면 개인은 다양한 상황에서 다양한 사람들과 접촉하면서 그에 부합하는 구성개념을 발달시켜 나간다. 특히, 새로운 상황에서 낯선 사람과 직면하는 경험은 개인으로 하여금 구성개념의 목록을 확장하거나 수정할 것을 요구한다.

38 다음 중 켈리의 구성개념 이론에 대한 설명으로 옳지 않은 것은?

① 모든 인간은 자신의 구성개념에 근거하여 사건을 해석하고 통제한다.

② 인간은 주변 사건을 관찰하고 탐색하며 미래를 통제하려는 시도를 반복하며 삶을 영위한다.

③ 익숙한 상황에서 친숙한 사람과 직면하는 경험은 개인의 구성개념 목록을 확장하거나 수정할 것을 요구한다.

④ 개인은 언제든지 자신의 생각의 틀인 구성개념을 바꿀 수 있으며, 자신의 경험을 자유롭게 재해석할 수 있다.

39 반두라(Bandura)는 자기효능감(Self-efficacy)에 영향을 미치는 네 가지 근원요소를 설정하였는데, 그중 완숙경험은 직접적 경험으로, 목표를 달성하기 위한 시도에서 비롯된 성공 혹은 실패 경험은 자기효능감의 가장 중요한 결정 요인이 된다. 성공 경험은 효능감을 높이고 실패 경험은 효능감을 낮춘다.
② 각성수준은 주어진 수행 상황에서 개인이 느끼는 정서적 각성의 정도와 질을 의미한다. 개인이 수행 과제를 어떻게 해석하느냐에 따라 자기효능감에 영향을 준다.
③ 대리경험은 타인의 성공이나 실패를 목격하는 것을 의미한다. 만일 개인이 모델 대상을 더 가까이 동일시하는 경우 자기효능감에 미치는 효과는 더 커진다.
④ 사회적 설득은 격려의 말이나 수행에 대한 구체적 피드백을 의미한다. 이것만으로 효능감이 지속적으로 증가하지는 않지만, 개인의 노력을 유도하고 새로운 전략을 시도하게 할 수 있다.

39 다음 내용에서 괄호 안에 공통으로 들어갈 용어로 옳은 것은?

> (　　)은 반두라가 제안한 자기효능감의 토대에 해당하는 근원 요소이다. (　　)은 직접적 경험으로서 효능감 정보에 대한 가장 강력한 근원이 된다. 성공은 효능감을 높이는 반면, 실패는 효능감을 낮춘다.

① 완숙경험

② 각성수준

③ 대리경험

④ 사회적 설득

정답 38 ③ 39 ①

40 다음 중 통제소재에 대한 설명으로 옳지 않은 것은?

① 내적 통제자는 자신의 삶이 스스로의 통제 아래에 있다고 여긴다.

② 개인이 어떤 일의 결과를 통제하는 정도에 대한 일반화된 기대를 말한다.

③ 외적 통제자는 부정적인 결과를 자신의 능력 부족으로 귀인하며 개선 의지를 보인다.

④ 로터는 기대(Expectancy)라는 인지 기능을 중요한 변인으로 하여 통제소재에 관한 이론을 제시하였다.

---

40 로터(Rotter)가 제시한 통제소재(Locus of Control)는 개인이 자신에게 영향을 미치는 사건을 통제할 수 있다고 믿는 정도를 의미한다. 이러한 일반화된 기대의 통제소재는 어떤 일의 결과가 내적 특성(자신의 능력, 노력 등)에 의한 것이라는 신념, 외적 특성(운, 우연한 기회, 타인, 제도 등)에 의한 것이라는 신념으로 구분된다. 외적 통제소재를 가진 사람(외적 통제자)은 다른 사람이나 외부요인들이 자신의 삶을 통제하고 있다고 생각하는 경향이 있다. 따라서 부정적인 결과가 일어날 경우 자신의 노력이나 능력이 그가 받는 강화에 영향을 미치지 못한다고 믿기 때문에 상황을 개선하려는 의지를 보이지 않는다.

정답 40 ③

기출복원문제

▶ 온라인(www.sdedu.co.kr)을 통해 기출문제 무료 동영상 강의를 만나 보세요.

※ 본 문제는 다년간 독학사 심리학과 2단계 시험에서 출제된 기출문제를 복원한 것입니다. 문제의 난이도와 수험경향 파악용으로 사용하시길 권고드립니다. 본 기출복원문제에 대한 무단복제 및 전제를 금하며 저작권은 SD에듀에 있음을 알려드립니다.

---

01 정서는 주로 광범위한 종류의 자극에 의해 유발되며, 동기는 특정 욕구에 의해 유발된다.

01 다음 중 동기와 정서에 대한 설명으로 옳지 않은 것은?

① 추동감소의 생리적 목표는 항상성이다.

② 동기와 정서는 행동을 활성화하거나 행동의 방향을 결정한다.

③ 일반적으로 동기는 내부요인에 의해 유발되며, 정서는 외부요인에 의해 유발된다.

④ 동기는 주로 광범위한 종류의 자극에 의해 유발되며, 정서는 특정 욕구에 의해 유발된다.

---

02 여성의 성적 욕구는 생리적 욕구나 각성으로 예측할 수 없고, 정서적 친밀감과 같은 관계적 요인에 반응한다.

① 테스토스테론은 안드로겐에 속하는 호르몬이다. 안드로겐은 주로 남성 생식기의 성장, 발달, 기능에 영향을 미치는 모든 남성 호르몬을 말한다. 남성은 여성보다 10배 정도 더 많은 테스토스테론을 가지고 있다. 안드로겐은 에스트로겐의 전구체로 여성의 생리작용에도 중요한 역할을 한다.

④ 옥시토신은 사회적 관계성과 유대감을 증진시키는데 분만, 모유수유 중에도 분비되어 자녀에 대한 유대감의 근본이 된다.

02 다음 중 남자와 여자의 성에 대한 설명으로 옳지 않은 것은?

① 테스토스테론은 남성과 여성 모두에게 존재하는 성호르몬으로, 성적 동기에 중요한 역할을 한다.

② 에스트로겐은 여성의 성적 동기에 핵심적인 역할을 한다.

③ 여성의 성적 욕구는 성호르몬이나 각성(질 충혈 등)으로 예측하고 설명할 수 있다.

④ 성적 행동들은 옥시토신을 분비하여 쾌감을 불러일으킨다.

정답 01 ④ 02 ③

03 다음 중 평소보다 더 많이 먹을 수 있게 하는 요인으로 옳지 <u>않은</u> 것은?

① 더 빠르게 재생되는 음악
② 평소보다 더 큰 그릇의 크기
③ 더 커진 한 입의 양
④ 그렐린 호르몬의 증가

03 음악이 식사량과 관련이 있다는 연구들이 있다. 록 음악과 같은 빠르고 시끄러운 음악은 음주 섭취를 증가시키며, 느린 음악을 틀었을 때 고객의 식사량이 많아졌다. 보통 빠르게 재생되는 음악은 음식을 빨리 먹게 하는 효과가 있어 패스트푸드점과 같은 곳에서 주로 활용하는 배경음악이다.

④ 그렐린 호르몬은 식욕을 증가시키는 호르몬으로 배고픔 호르몬이라고 불린다. 그렐린의 혈중 농도는 배가 고픈 식사 전에 가장 높으며, 식사 후에는 낮은 수치로 내려간다. 그렐린은 위 운동성과 위산 분비를 증가시켜 음식 섭취를 준비하는 데 도움을 줄 수 있다. 그렐린과 반대의 역할을 하는 렙틴 호르몬은 식욕 억제와 관련된 호르몬으로 지방 세포에서 분비된다.

04 다음 표의 괄호 안에 들어갈 말로 옳은 것은?

BAS	BIS
행동접근(활성화)체계	행동회피(억제)체계
원하는 유인물에 다가가는 행동	혐오하는 유인물을 피할 수 있게 하는 행동
이 체계의 민감성은 보상 자극에 접근 가능성 높음	이 체계의 민감성은 즉각적인 (　　) 결과에 혐오적 조건형성이 쉽게 일어남

① 긍정
② 부정
③ 회피
④ 접근

04 행동접근(활성화)체계(BAS, Behavioral Activation System)와 행동회피(억제)체계(BIS, Behavioral Inhibition System)는 인간의 기질에 바탕을 둔 비자발적이고 무의식적인 두 가지 독립적인 동기 체계이다. BAS는 음식이나 성, 더위, 고통 회피 등과 같이 원하는 특정 대상을 민감하게 감지하고 적극적으로 추구하도록 만들어주며, 자신이 바라는 바가 달성될 것이라는 기대로 인해 긍정 정서가 유발된다. 반면, BIS는 유기체가 처벌과 위험 등에 반응하여 움직임을 억제하고, 다른 위험이나 위협 단서들을 찾기 위해 환경을 조사하도록 유도하는 동기 체계이다. 따라서 BIS가 작동할 때는 부정 정서가 유발된다.

정답 03 ① 04 ②

05 남성의 공격성은 신경생물학적 관점에서 테스토스테론과 같은 남성호르몬에 기인된다는 설명이 있다. 높은 테스토스테론 수준은 좌절에 대한 공격적 반응과 충동성, 일탈 행위 등과 유의미한 상관관계가 있다는 연구가 있다. 또한 최근 종단연구에 따르면 기질에 따라 까다로운 기질은 아이들이 공격성이 높게 나타난다는 보고가 있다. 남성의 공격성은 주로 신체적 공격성으로 나타나며, 여성의 경우 언어적·사회적 공격성, 즉 간접적 공격성의 특징을 보인다. 공격적 행동에 정적으로 보상을 받는 것은 공격성의 행동을 형성할 수 있다. 이러한 보상기대는 남아가 여아보다 많이 가지고 있다.
② 도구적 공격성이란 주로 유아기에 나타나는 것으로 자신이 원하는 물건을 얻기 위해 나타나는 공격성이다.
④ 적대적 공격성이란 신체적으로 다른 사람을 다치게 하려는 의도를 가지고 있는 공격성이다.

05 다음은 여성과 남성의 공격성에 대한 표이다. 괄호 안에 들어갈 말로 옳은 것은?

남성	여성
물리적 공격성	( ) 공격성
때리는 행동과 같은 신체에 기인한 행동	왕따와 같은 관계성에 기인한 행동
남아의 외현적 공격성은 나이가 들수록 안정적으로 변함	여아의 외현적 공격성은 나이가 들수록 점차 증가하는 경향을 보임
남성의 공격성은 남성호르몬에 기인하며, 공격성에 대한 보상기대가 큼	여성은 공격적 행동에 대한 보상기대가 남아보다 적음

① 간접적
② 도구적
③ 생리적
④ 적대적

06 ① 분노의 주 기능은 장애물을 극복하도록 준비시키는 것이다.
② 일반적으로 잘못을 한 후에 죄책감을 표현하는 사람에 비해 분노를 표현하는 사람들이 더 많은 지위를 얻는다.
④ 분노는 대인관계를 명료하게 하고 성공률을 높이는 긍정적 기능을 가지고 있다.

06 다음 중 분노에 대한 설명으로 옳은 것은?

① 분노의 주 기능은 목표에 대한 장애물에 대해 포기하도록 이끄는 것이다.
② 일반적으로 잘못을 한 후에 분노를 표현하는 사람에 비해 죄책감이나 슬픔을 표현하는 사람들이 더 많은 지위를 얻는다.
③ 분노는 자신이 중요하게 생각하는 목표의 추구에 방해가 되는 것으로 인해 발생한다.
④ 유일하게 부정적인 기능만을 가지고 있는 정서는 분노이다.

정답 05 ① 06 ③

07 다음 중 슬픔에 대한 설명으로 옳은 것은?

① 슬픔은 사회적 집단의 응집성을 간접적으로 높여준다.

② 슬픔을 준 대상에 대한 애착이 약할수록 슬픔을 많이 느낀다.

③ 질병, 사고, 경제적 불황과 같은 자신의 의지 밖의 실패로는 슬픔이 유발되지 않는다.

④ 슬픔은 우리의 관심을 외부로 향하게 하며 타인에게 원인을 찾도록 한다.

07 슬픔은 사회적 집단의 응집성을 간접적으로 높여주는데 소중한 사람들에게서 분리되는 것은 슬픔을 유발하기 때문에 사랑하는 사람들과 가깝게 지내려는 동기를 갖게 된다.
② 슬픔을 느끼려면 손실의 대상에 대해 강한 애착이 있어야 한다.
③ 질병, 사고, 경제적 불황과 같은 자신의 의지 밖의 실패로도 슬픔이 유발된다.
④ 슬픔은 우리의 관심을 내부로 향하게 하고 개인적 반성을 촉진한다.

08 다음 내용에 해당하는 감정으로 옳은 것은?

> 영아 연구자들은 영아의 정서반응을 알아보기 위해 이미지를 보여주고 영아의 반응을 관찰한다. 다음은 영아의 정서를 알아보기 위한 실험이다.
>
> > 영상 a : 벽을 통과하지 못하고 부딪히는 차(상식적)
> > 영상 b : 벽을 그대로 통과하는 차(비상식적)
> >
> > 영아에게 위 두 가지 영상을 차례로 보여주고, 이때의 영아의 정서반응을 관찰한다.

① 놀람

② 분노

③ 기쁨

④ 슬픔

08 영아들은 영상 b에 더 집중하는 모습을 보인다. 영아를 연구하는 방법 중 하나인 기대위반 패러다임(violation of expectation paradigm)은 영아들이 자신의 기대에 위배되는(이상한, 비상식적인) 상황을 접했을 때 기대에 부합하는(정상적인, 상식적인) 상황보다 더 오랜 시간 응시하는 행동패턴을 기반으로 하는 연구방법이다. 영아의 이러한 행동은 기대에 위배되는 상황에 대한 일종의 '놀람' 반응이다.

정답 07 ① 08 ①

09 수행 회피 목표는 남들보다 못하지 않으려고 하거나 부족한 능력을 다른 사람에게 숨기려고 하는 데 중점을 둔 목표이다.
① 숙달 접근 목표의 학습 목표는 학습자 자신의 능력을 발전시키며 주어진 과제에 대해 깊이 있게 이해하는 것이다.
② 숙달 회피 목표는 학습능력이 감소하지 않도록 하거나 학업적 무능력이 드러나지 않도록 하는 데 중점을 둔 목표이다.
③ 수행 접근 목표는 성취상황에서 다른 사람에게 자신의 뛰어난 능력을 보여주려 하거나 남들보다 잘하는 데 관심이 있다.

09 다음 내용에 해당하는 것으로 옳은 것은?

> • 남들에게 비웃음 당하는 게 두려워서 공부한다.
> • 남들 반응이 두려워서 질문을 하지 못한다.

① 숙달 접근 목표
② 숙달 회피 목표
③ 수행 접근 목표
④ 수행 회피 목표

---

10 자아실현의 욕구는 성장욕구에 해당하며, 결핍욕구에 해당하는 것은 생리적 욕구, 안전욕구, 애정과 소속의 욕구(사랑 또는 소속감욕구), 존중(존경)의 욕구이다.

10 다음 중 매슬로우의 욕구위계에 대한 설명으로 옳지 <u>않은</u> 것은?

① 가장 기본적이면서 강력한 욕구는 1단계인 생리적 욕구이다.
② 존중의 욕구가 충족되지 않거나 욕구에 불균형이 생기면 자아 존중감이 낮아진다.
③ 자아실현의 욕구는 자신의 부족한 점을 실현시키고자 하는 욕구로 결핍욕구에 해당한다.
④ 매슬로우가 가장 인간다운 욕구로서 중요하게 생각한 욕구는 자아실현의 욕구이다.

---

11 부적 강화란 혐오자극을 제거함으로써 바람직한 행동을 늘리는 강화계획이다. 아이의 울음 소리와 경고음 소리는 혐오자극에 해당된다. 이것을 제거함으로써 안아주는 행동은 증가하게 되고 안전벨트를 매는 행동도 증가하게 된다.

11 다음 내용에 해당하는 것으로 옳은 것은?

> • 아기 울음 소리가 시끄러워서 안아준다.
> • 경고음 소리가 울려 안전벨트를 맨다.

① 부적 강화
② 부적 처벌
③ 정적 강화
④ 정적 처벌

정답 09 ④ 10 ③ 11 ①

12 다음 중 정서장애에 대한 설명으로 옳지 <u>않은</u> 것은?

① 우울증에는 유전적 이유가 없다.

② 양극성 장애는 조증삽화와 우울삽화가 번갈아 등장하는 장애이다.

③ 세로토닌수송체 단백질을 생산하는 유전자가 '짧은' 형태를 띤 사람들이 '긴' 형태를 띤 사람들보다 불안장애를 발달시킬 가능성이 더 높다.

④ 강박장애가 장애로 진단되기 위해서는 강박 사고는 불안이나 고통을 유발해야 하고, 강박 행동은 행동이 취해질 때까지 불안을 야기해야 한다.

13 다음 중 인지적 관점에서 '걱정하는'과 가장 유사한 정서는?

① 지루함
② 불안
③ 즐거움
④ 기쁨

14 다음 중 정서지능에 대한 설명으로 옳지 <u>않은</u> 것은?

① 정서지능은 유동성 지능보다는 결정성 지능과 유사한 것으로 볼 수 있다.

② 자기보고된 정서지능이 높은 사람은 외향적·우호적인 경향이 있다.

③ 골먼은 정서지능의 구성요소를 '자신의 감정인식, 조절, 동기화, 감정이입능력, 대인관계기술'로 범주화하였다.

④ 일반적으로 나이가 적을수록 정서지능이 높다.

12 우울증에 대한 가설 중 하나는 유전이다. 가족 내에서 공통적으로 발견되는 경향이 있으며, 입양된 가족들보다는 생물학적인 가족들 사이에서 더 공통적으로 나타난다.
③ 세로토닌수송체 단백질을 생산하는 유전자가 '짧은' 형태를 띠는 사람들은 분노나 공포를 표현한 사진을 보는 동안 편도체에서 더 강한 반응을 보였으며, 공포 조건형성의 전형적인 절차에서 위험의 신호를 더 빨리 학습하였다.

13 불안은 특정한 대상이 없이 막연히 나타나는 불쾌한 정서적 상태 또는 안도감이나 확신이 상실된 심리 상태이다. 불안은 죽음, 이별, 죄책감, 건강 등 다양한 요인이 관여할 수 있다. 걱정은 불안의 원인이 될 수 있으며, 만성적으로 걱정이나 근심이 많게 되면 불안장애가 나타날 수 있다.

14 평균적으로 중년의 사람들이 젊은 사람들보다 정서지능 점수가 높게 나타났으며, 나이가 들고 많은 경험을 할수록 정서지능을 더 배운다.

정답 12 ① 13 ② 14 ④

15 정서의 생리적 측면을 측정하기 위해 주로 자율신경계의 변화를 추정한다. 심장 박동 수, 혈압, 맥박, 체온, 호흡 수, 피부 전도도, 땀, 근육 긴장도 등을 측정해 정서상태를 추정할 수 있다. 또한 안면에는 80개의 근육이 있는데 이 중 36개의 근육이 얼굴 표정과 연관되고, 정서에 따라 반응하는 근육이 다르기 때문에 얼굴 움직임의 양상은 개별 정서 표현을 만들어 낸다.
읽기 속도는 정서의 생리적 반응과 관련이 없다.
① 피부 전도도는 피부의 전기적 특성을 지속적으로 변화시키는 인체의 특성이다.

16 추동이라는 의미는 생리적 결핍(배고픔, 갈증, 성, 고통, 산소결핍, 체온조절, 배설압력, 수면, 새끼 돌보기 등)으로 인한 동기화 상태이다.

17 숙달 목표를 택하는 사람들은 새로운 것을 숙달하거나 무엇인가를 완전히 학습하고 이해하는 데 신경을 쓰며 과정을 중요시한다. 따라서 이는 성장 마인드셋을 가진 사람들이 추구하는 목표이며, 고정 마인드셋의 사람들은 똑똑해 보이는 것에 신경을 쓰고 결과를 중요시하기 때문에 수행 목표를 지향한다.

15 다음 중 정서의 생리적 반응의 측정 방법이 <u>아닌</u> 것은?

① 피부 전도도
② 심장 박동
③ 안면 표정
④ 읽기 속도

16 다음 중 헐(Hull)의 추동이론에 대한 설명으로 옳지 <u>않은</u> 것은?

① 추동이라는 의미는 심리적 결핍으로 인한 동기화 상태이다.
② 생리적 박탈과 결핍은 생물학적 욕구를 생성한다.
③ 추동을 감소시키는 행동들은 강화되고 동물들은 어떤 행동이 특정 추동을 감소시키는지 학습하게 된다.
④ 헐은 행동의 강도와 추동의 관계를 공식화하였다.

17 다음 중 고정 마인드셋에 대한 설명으로 옳지 <u>않은</u> 것은?

① 개인적 특성을 고정적이고 지속되는 특성으로 간주한다.
② 개인의 성격적 특질의 정도를 결정지을 수 있는 물리적 실체가 있다.
③ 고정 마인드셋을 지닌 사람은 자신의 이미지와 자존감을 보호하기 위한 방법을 찾는 데 집중한다.
④ 고정 마인드셋을 지닌 사람은 능력을 중요시하기 때문에 숙달 목표를 지향한다.

정답 (15 ④ 16 ① 17 ④)

18 다음 중 내재적 및 외재적 동기에 대한 설명으로 옳지 <u>않은</u> 것은?

① 외재 동기는 어떤 행동을 시작하거나 지속해야 할 환경적으로 만들어진 동기이다.

② 내재적으로 동기화된다는 것은 관계성, 유능성, 창의성의 심리욕구가 충족된다는 것이다.

③ 외재 동기를 증진시키는 방법은 매력적인 유인물과 결과를 제공하는 것이다.

④ 내재 동기를 증진시키는 방법은 심리적 욕구를 충족시킬 수 있도록 지원하는 것이다.

19 다음 내용에 해당하는 역할을 수행하는 뇌 부위는?

> 예전에는 집 근처의 공원에 대해 별 생각이 없었는데, 그 공원에서 고백을 받은 후로는 그 장소를 지나가기만 해도 가슴이 뛰고 설렌다.

① 편도체
② 시상하부
③ 전전두엽
④ 뇌섬엽

---

18 내재적 동기는 심리욕구(자율성, 유능성, 관계성) 충족을 통해 표출되며, 내재적으로 동기화된 사람은 수행하는 과제에서 '자유로움, 유능함, 정서적 친근감'의 느낌을 가질 수 있어 이 욕구를 계속적으로 충족시키고자 한다.

19 편도체의 주요 기능 중 하나는 정서적으로 중요하고 혐오스러운 사건을 감지하고, 학습하고, 반응하는 것이다. 편도체가 손상되면 온순함, 정서적 중립성, 정서적 민감성 부족 등이 나타난다.

② 시상하부는 생물학적 기능들(배고픔, 포만감, 갈증, 성욕 등) 및 내분비계, 자율신경계를 조절한다.

③ 전전두엽의 정서와 관련한 기능은 인간이 기쁨이나 보상에 대한 의식적인 자각을 할 수 있도록 한다. 우측 전전두엽은 부정적 정서와 회피동기를 만들며, 좌측 전전두엽은 긍정적 정서와 접근동기를 만들어낸다.

④ 뇌섬엽은 자신의 몸 상태에 대한 내수용성 정보를 처리하고 인간이 어떻게 느끼는지에 대해 의식적으로 인식 가능한 정신적 표상을 할 수 있도록 해 준다. 사람이 무엇인가(과제가 지루한지, 수영이 재미있는지, 그 사람이 믿을 만한지 등)에 대한 느낌을 가지고 있는 것은 특히 전섬엽의 활성화 때문이다.

정답 18 ② 19 ①

20 제임스는 생리적 변화나 행동이 먼저 나타나고 그에 대한 지각을 정서라고 하였다.

20 다음 중 제임스-랑게 이론에 대한 설명으로 옳지 <u>않은</u> 것은?

① 정서는 특정 상황에 대해 신체가 반응하는 방식에 붙이는 이름이다.

② 제임스는 생리적 변화와 정서가 동시에 일어나기 때문에 정서의 주 원인은 환경이라고 하였다.

③ 근육 또는 신체 내부 기관에서 오는 감각은 정서의 완전한 경험에 필수적이다.

④ 곰을 보고 공포를 느끼는 이유는 곰이 무섭기 때문이 아니라 곰을 보고 도망가는 행동 때문이다.

21 ①은 약한 안면 피드백 가설에 대한 설명이다.
강한 안면 피드백 가설은 사람의 안면 근육 조직을 조작하여 정서 표현에 상응하는 양상으로 변환하면 그 정서를 경험할 것이라는 것이다. 그러나 이 가설은 논쟁거리가 되고 있으며, 많은 연구에서 실제로 약간의 영향이 있는 것으로 나타났다.

21 다음 중 안면 피드백 가설에 대한 설명으로 옳지 <u>않은</u> 것은?

① 강한 안면 피드백 가설은 따르면 정서를 표현하도록 조정하는 것은 정서의 영향을 증진시킨다는 것이다.

② 안면에서 발생한 감각 정보가 두뇌 피질에 전달되어 주관적 정서 경험을 일으킨다.

③ 얼굴 움직임은 뇌의 온도를 변화시키고 정서를 유발한다.

④ 얼굴의 움직임 양상들은 개별 정서 표현을 만들어 내는데, 이는 안면 근육이 얼굴 표정과 연관되기 때문이다.

22 뒤센느 미소는 치켜 올라간 뺨(눈), 눈 주변의 주름과 웃는 입모양을 포함하며 진짜 정적 정서를 표현한 미소이다.

22 다음 중 정적 정서에 대한 설명으로 옳지 <u>않은</u> 것은?

① 정적 정서는 주의가 넓어지도록 촉진하여 환경에서 기회를 포착할 가능성을 높여준다.

② 뒤센느 미소는 의도적으로 즐거움을 표현할 때 만들어지는 일종의 가짜 미소이다.

③ 행복을 표현하는 사람의 모습은 일반적으로 입모양으로 평가된다.

④ 평소 좌뇌 활동이 더 큰 사람들은 즐거운 생활 사건에 더 강하게 반응하는 경향이 있다.

정답 20 ② 21 ① 22 ②

23 다음 중 정서 기능에 대한 설명으로 옳지 <u>않은</u> 것은?

① 혐오는 삶에서 동기적으로 긍정적인 역할을 한다.

② 경멸은 사회적 위계를 유지하는 것이다.

③ 공포는 위험에 직면했을 때 신체가 재빨리 강력한 행동을 하도록 준비시킨다.

④ 불안은 위험한 대상에서 도망치거나 대처 행동을 하도록 동기를 부여한다.

24 다음 내용에 해당하는 자의식적 정서로 옳은 것은?

> 행동보다는 자기 자신에 더 초점을 맞추고, 잘못을 인정하거나 보상하기보다는 회피하고 숨기려 한다.

① 당혹감

② 수치심

③ 죄책감

④ 자부심

25 다음 중 스트레스에 대한 설명으로 옳지 <u>않은</u> 것은?

① 스트레스는 일반적응증후군을 지칭하는 용어로 신체에 가해진 요구에 대한 불특정한 반응을 의미한다.

② 우리에게 영향을 주는 삶의 변화 중 부정적인 변화에 나타나는 반응이 스트레스이다.

③ 단기간의 스트레스는 면역체계의 기능을 활성화해 질병과 싸우도록 돕는다.

④ 장기적인 코르티솔의 증가는 해마에 점진적 손상을 입혀 기억력의 손상을 가져온다.

23 불안은 특정한 방향성이 없는 각성과 긴장의 상태이다. 위험한 대상에서 도망치거나 대처 행동을 하도록 동기를 부여하는 것은 두려움이다.
② 경멸의 표현은 다른 사람에 대해 우월함, 자신의 지배력을 암시한다. 이러한 암시는 매우 파괴적인 사회적 결과로 이어질 수 있는데, 부부관계에서 경멸은 관계를 무너지게 할 가능성이 매우 높다.

24 이차 정서로써 수치심은 전반적 자기의 실패로 인해 나타난다. 죄책감은 구체적인 성취, 친사회적 행동을 실행하지 못할 때 나타나며, 자부심은 구체적인 성취나 친사회적 행동을 성공적으로 수행했을 때 나타난다. 실패에 대해 수치심은 자기에 초점이 맞추어져 있으며, 죄책감은 행동에 초점이 맞추어져 있다.

25 우리 삶에서 중요한 변화는 우리에게 변화를 요구하는 스트레스를 준다. 긍정적·부정적 변화 모두 스트레스를 주며, 다시 원상태로 돌아오는 것도 스트레스를 준다.
③ 단기간의 스트레스는 자연살상세포, 백혈구, 사이토카인 분비와 같은 면역체계의 기능을 활성화한다.

정답 23 ④ 24 ② 25 ②

26 ③은 상황 초점적 전략으로, 부정적인 상황을 피하거나 개선시키는 것이다. 그로스는 '상황선택, 상황수정, 주의집중, 인지적 재평가, 억제'의 5가지 정서조절 단계를 구분하였다. 억제는 이미 발생한 정서적 경험을 수정하는 데 사용한다.
① · ④ 선행사건 초점적 정서조절은 상황선택, 상황수정, 주의집중, 인지적 재평가로 정서를 조절하는 것이고, 반응 초점적 정서조절은 정서적 경험에 대한 체험적 · 행동적 · 생리적 영역에서 반응 수정을 통해 억제가 일어난다.

26 그로스(Gross)의 반응 초점적 전략에 대한 설명으로 옳지 않은 것은?

① 정서조절은 정서발생 전의 선행사건 초점적 정서조절과 발생 후의 반응 초점적 정서조절로 구분된다.

② 그로스는 정서조절을 위해 개입할 수 있는 단계를 총 5가지로 세분화하였다.

③ 정서를 유발하는 상황을 찾아 이를 피하거나 변화시키는 것이다.

④ 상황선택, 상황수정, 주의집중, 인지적 재평가 전략은 정서적 경험에 앞서 선행된다.

27 자부심은 자신의 성공, 성취, 긍정적 기능에 대해 느끼는 것으로 자존감을 유지하고 고양한다. 그러나 자기애와 관련될 수 있으며 공격성, 갈등적 관계, 다른 사람을 조종하는 것 같은 반사회적 행동에도 기여한다. 이러한 자부심을 오만한 자부심이라고 간주한다.

27 다음 중 자의식 정서의 종류와 그 특징이 잘못 연결된 것은?

① 수치심은 열등감, 가치가 없다는 느낌, 자기상의 손상과 관련된 정서이다.

② 죄책감은 자신의 행동을 실패로 평가한 후에 발생하며, 자신의 행동과 행위에 초점을 둔다.

③ 당혹감은 사회적 실수 뒤에 나타나며, 자신의 어떤 측면을 감추어야 하거나 스스로 점검할 필요가 있음을 나타낸다.

④ 자부심은 긍정적 정서로만 분류되며 자존감을 유지하고 고양하는 기능을 가지고 있다.

28 ② 동기는 마음속에 그리는 이상적 상태 그 자체가 아니라 불일치에 있다.
③ 목표를 구체적으로 정하면 해야 할 일에 주의가 집중돼 사고의 모호함과 수행의 가변성을 줄일 수 있다.
④ 목표를 위해 투자할 수 있는 노력, 끈기, 집중, 전략적 계획이 증대될 때 목표 이탈은 적응적 행동이 될 수 있다.

28 다음 중 인지주의 및 사회인지에 대한 설명으로 옳은 것은?

① 톨만은 유기체가 목표물에 대한 인지적 표상인 인지도를 발달시킨다고 생각했다.

② 동기는 마음속에 그리는 이상적 상태 그 자체에 의해 발생한다.

③ 목표가 너무 구체적으로 정해지면 수행자의 의지력이 감소된다.

④ 목표 달성이 불가능하더라도 수립한 목표를 밀고나가는 것은 자기효능감을 높이는 방법이 된다.

정답 26 ③ 27 ④ 28 ①

29 다음 내용에 해당하는 정서지능 측정법은 무엇인가?

> 괄호 안에 들어갈 정서로 알맞은 것은?
>
> 수민이는 자신이 해야 할 모든 일에 대해 생각할 때 스트레스를 받고 약간 불안해졌습니다. 그녀의 상사가 그녀에게 추가 업무를 가져왔을 때 (   )을(를) 느꼈습니다.
>
> ① 압박감
> ② 우울함
> ③ 부끄러움
> ④ 죄책감

① NEO-PI-R
② MSCEIT
③ MMPI
④ WAIS-V

30 다음 중 본능이론의 한계점으로 옳지 <u>않은</u> 것은?

① 학습된 행동과 본능적 행동 간의 구분이 분명하지 않다.
② 설명하고자 하는 행동을 그 행동으로부터 추론된 본능으로 다시 설명하는 순환론적 설명을 하고 있다.
③ 본능적인 행동을 결정할 명확한 기준이 없다.
④ 본능이론으로 설명할 수 있는 행동은 각인행동뿐이다.

29 해당 측정법은 MSCEIT(Mayer-Salovey-Caruso Emotional Intelligence Test) 정서지능 검사로, 정서지능 측정을 위해 가장 널리 사용되는 검사이다.
① NEO-PI-R(Revised NEO Personality Inventory)은 성격의 5요인, 즉 '신경과민성, 외향성, 개방성, 우호성, 성실성'을 측정하는 가장 대표적인 성격검사이다.
③ MMPI(Minnesota Multiphasic Personality Inventory)는 미네소타대학에서 개발한 검사로, 세계적으로 가장 널리 쓰이고 가장 많이 연구되어 있는 객관적 성격진단검사이다.
④ WAIS-V(Wechsler Adult Intelligence Scale - 5th Ed)는 성인용 웩슬러 지능 검사로, 세계에서 가장 많이 사용되는 지능검사이다.

30 각인행동은 본능과 학습이 모두 섞여 나타나는 행동으로 보고 있다.

정답 29 ② 30 ④

31 인본주의 이론가들과 자아실현 이론
    가들에게서는 개별적 접근이 가장
    뚜렷하다.

31 **다음 중 동기를 연구하는 관점에서 보편적 접근과 개별적 접근에 대한 설명으로 옳지 않은 것은?**

① 인본주의 이론가들은 가장 뚜렷하게 보편적 접근방식을 선호한다.

② 보편적 접근은 가능한 한 넓은 범위의 상황에 적용할 수 있는 일반적인 법칙을 찾으려고 한다.

③ 개별적 접근은 각각의 사람을 독특하게 만드는 속성들을 관찰함으로써 행동을 이해할 수 있다고 가정한다.

④ 자아실현을 추구하는 이론가들은 개별적 차원에서 인간의 동기를 찾으려고 한다.

32 고전적 조건형성은 무조건자극과 중
    성자극이 반복적으로 제시되면 중성
    자극이 조건자극이 되어 조건반응을
    일으키는 학습이론이다.
    ① · ② · ③ 조작적 조건형성에 대
    한 설명이다.

32 **행동주의 동기이론 중 고전적 조건형성에 대한 설명으로 옳은 것은?**

① 반응에 뒤따르는 결과에 따라 행동이 증가 또는 감소한다.

② 강화는 올바른 행동을 증가시키는 것이다.

③ 정적 처벌은 수업시간에 떠드는 행동을 할 때 벌점을 부과하는 것이다.

④ 중성자극이 연합에 의해 조건자극이 되는 과정을 설명한다.

33 ② 세로토닌은 내측 시상하부 중추
    에 존재하며 체온, 기억, 정서, 수
    면, 식욕, 기분조절에 기여하는
    신경전달물질로 부족하면 우울
    증의 한 원인이 된다.
    ③ 엔도르핀은 자연 진통 물질로, 내
    인성 모르핀이라고 한다. 운동,
    흥분상태, 통증이 있을 때 분비되
    며 진통작용을 하는 마취제와 비
    슷해 기분을 좋게 한다.
    ④ 코르티솔은 급성 스트레스에 대
    응해 분비되며, 스트레스에 대항
    하여 신체에 필요한 에너지를 공
    급한다.

33 **다음 내용에서 괄호 안에 공통으로 들어갈 신경전달물질로 옳은 것은?**

> 성취감과 쾌락을 느끼게 하는 (   )은 인체를 흥분시켜 살아갈 의욕을 느끼게 한다. 학습속도, 인내, 끈기, 동기부여 등에 관여한다. (   )이 결핍되거나 뇌가 (   )에 내성이 생기면 무엇을 해도 금방 질리고 쉽게 귀찮아지며, 모든 일에 쉽게 흥미를 느끼지 못하게 된다. (   )의 부족은 파킨슨병의 원인이 되기도 한다.

① 도파민   ② 세로토닌
③ 엔도르핀   ④ 코르티솔

정답 31 ① 32 ④ 33 ①

34 다음 중 행복에 대한 설명으로 옳지 <u>않은</u> 것은?

① 부는 행복과 관련이 없다.

② 교육 그 자체는 행복에 거의 영향을 주지 못한다.

③ 행복을 정의하기 위해 연구자들은 주관적 안녕감을 행복과 동의어로 사용한다.

④ 감사하는 삶을 사는 사람들은 삶에 대한 만족도가 높게 나타난다.

34 물질적 부는 만족감을 높여주는 것으로 나타났으며, 어느 수준까지의 부는 행복에 영향을 미친다.

35 다음 중 정서의 정보처리 방법에 해당하지 <u>않는</u> 것은?

① 정서는 의사결정에 직접적 영향을 미친다.

② 휴리스틱 인지는 설득의 주변경로 접근방법으로 단순한 경험 법칙에 의거해 결정을 내리는 방식이다.

③ 우울은 결정을 내리기 전 많은 정보를 수집하며, 합리적인 정보처리를 촉진한다.

④ 행복한 기분일 때 중심경로의 영향을 많이 받는다.

35 행복한 기분일 때는 주변경로의 영향을 많이 받아 사실이나 증거를 비판적으로 검토하지 않은 채 속단하기 쉽다.

36 다음 내용에서 각성이론과 관련 깊은 것을 모두 고르면?

> ㄱ. 망상활성체계
> ㄴ. 테라토겐
> ㄷ. 여커스-도드슨 법칙

① ㄱ, ㄴ

② ㄴ, ㄷ

③ ㄱ, ㄷ

④ ㄱ, ㄴ, ㄷ

36 ㄱ. 망상활성체계는 외부자극에 주의를 기울일 때(각성 시) 변화가 나타나는 뇌간의 정중앙에 위치한 뉴런들이다.

ㄷ. 여커스-도드슨(Yerkes-Dodson) 법칙에 따르면, 수행의 효율성은 각성이 중간수준일 때 최대가 된다.

ㄴ. 테라토겐은 태내기 동안 태아에게 손상을 유발할 수 있는 모든 환경적 요인 즉, '알코올, 담배, 약물' 등을 의미한다.

정답 34 ① 35 ④ 36 ③

37 ② 상황 초점적 전략은 정서를 유발하는 상황을 찾아 이를 피하거나 변화시키는 것이다. 상황선택과 상황수정 단계를 거치게 되는데 상황선택은 단순히 특정 정서를 유발할 것 같은 상황에 들어갈 것인지 아닌지를 결정하는 것이다. 상황수정은 해당 상황에 들어가 이를 변화시키는 조치를 취하는 것이다.
③ 반응 초점적 전략은 '정서 표현하기, 운동하기, 이완시키기, 정서 표현 억제하기' 등을 통해 감정을 가라앉히는 전략을 사용하는 것이다. 이미 경험하고 있는 정서를 억제시키는 것이다.
④ 인지 초점적 전략은 상황을 다른 방식으로 생각함으로써 정서를 통제하는 것이다. 상황의 한 측면에 주의를 기울이면서 다른 측면은 무시하는 방법과 상황의 부정적인 측면에 관심을 기울이지만 덜 스트레스가 되는 방식으로 의미를 해석하는 방법이다.

37 다음 중 정서조절 전략에 해당하는 설명으로 옳은 것은?

① 정서를 조절하기 위해 상황수정을 통해 적극적 대처를 하는 사람들이 심리적 안녕감이 높은 경향이 있다.
② 상황 초점적 전략은 이미 경험하고 있는 정서를 억제시키는 것이다.
③ 반응 초점적 전략은 특정 정서를 유발할 것 같은 상황을 피하는 것이다.
④ 인지 초점적 전략은 불편한 상황의 감정을 표현함으로써 강렬한 정서를 겉으로 방출하는 것이다.

38 ① 브룸(Vroom)의 동기이론에 대한 개념으로, '동기의 강도(MF) = 가치(V) × 수단성(I) × 기대(E)'로 표현된다.
② 로터(Rotter)의 통제소재 개념이다.
④ 엣킨슨(Atkinson)의 기대가치이론으로, 엣킨슨은 성취상황에 접근하려는 경향은 '성공동기, 성공확률, 성공의 유인가치'에 의해 결정된다고 하였다.

38 다음 중 기대가치이론과 그 학자에 대한 설명이 옳은 것은?

① 머레이는 동기는 행동의 결과에 따른 보상의 가치, 보상이 따라올 가능성, 결과에 대한 자신감에 의해 결정된다고 하였다.
② 엣킨슨은 기대의 개념을 확장해 어떤 사람은 자신의 행동에 자신이 통제력이 있다고 믿고, 어떤 사람은 외부의 통제를 받는다고 지각한다고 설명했다.
③ 로터는 인간의 행동은 목표 달성에 대한 기대와 그 목표에 대한 가치의 결과로 일어난다고 하였다.
④ 브룸은 성취동기는 목표에 접근하려는 경향에서 실패를 피하려는 경향을 뺀 값이라고 하였다.

정답 37 ① 38 ③

39 다음 욕구위계 중 자존감욕구가 해당하는 단계는?

① 안전욕구 단계

② 애정과 소속욕구 단계

③ 존중욕구 단계

④ 자아실현욕구 단계

40 다음 중 사회인지이론에 대한 설명으로 옳지 <u>않은</u> 것은?

① 사회인지이론은 달러드와 밀러가 사회적 행동에 초점을 두고 헐의 학습이론을 통합한 이론이다.

② 성공, 문제해결, 적응에 필요한 주된 심리적 변인은 자기효능감이다.

③ 행동, 인지, 환경요인의 상호작용으로 인간의 행동이 결정된다.

④ 자기효능감은 성취경험, 대리경험, 언어적 설득, 정서적 각성을 주 원천으로 한다.

---

39 존중욕구는 내적·외적으로 인정을 받으면서 어떤 지위를 확보하기를 원하는 욕구이다. 그러므로 자존감욕구가 여기에 해당한다.

① 안전욕구는 평상심과 질서를 유지하려는 욕구로, '개인적 안정, 재정적 안정, 건강과 안녕, 사고나 병으로부터의 안전'을 포함한다.

② 애정과 소속욕구는 사회적인 상호작용을 통해 원활한 인간관계를 유지하려는 하는 욕구로, 사회적으로 조직을 이루고, 그에 소속되어 함께하고자 하려는 성향을 띤다.

④ 자아실현욕구는 자기발전을 위하여 잠재력을 극대화하고 자기의 완성을 바라는 욕구이다.

40 ①은 밀러와 달러드의 사회학습이론이며, 반두라의 사회학습이론은 인지적 측면이 강조되어 달러드와 밀러의 이론과 구분하기 위해 사회인지이론이라는 명칭을 사용하였다.

정답 39 ③ 40 ①

SD에듀와 함께, 합격을 향해 떠나는 여행

벼락치기

I. 이상심리학

- 빨리보는 간단한 키워드
- 기출동형 최종모의고사
- 최종모의고사 정답 및 해설

교육은 우리 자신의 무지를 점차 발견해 가는 과정이다.

– 월 듀란트 –

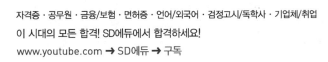

빨리보는 간단한 키워드

제1장   이상심리학의 이해

제1절 이상심리학의 역사

■ 이상심리학은 인간의 이상행동이나 정신장애를 과학적으로 연구하는 학문

■ 건강한 심리기능을 가진 인간의 특징
① 현실을 정확히 파악 및 인식하는 것이 가능
② 스스로의 능력과 심리적 상태·동기 등을 통찰하는 것이 가능
③ 자신의 행동을 의지대로 통제하는 것이 가능
④ 자신을 있는 그대로 받아들이며 존중하는 것이 가능
⑤ 타인과 원만한 인간관계를 형성하는 것이 가능
⑥ 자신의 능력을 생산적인 활동으로 전환시키는 것이 가능

■ 이상심리학의 목적
① 인간의 심리적 불행의 원인과 해결방법에 관심
② 이상행동과 정신장애를 현상적으로 기술 및 분류
③ 치료방법 및 예방방안 강구

■ 시대적 흐름
① 고대 귀신론 : 천공술(Trephination)
② 그리스·로마 시대 : 히포크라테스(Hippocrates)의 체액론(Humor Theory)
③ 중세 유럽 : 악마론 혹은 귀신론
④ 근대(중세 말과 르네상스) : 인도주의적 치료의 필요성 대두
⑤ 19세기 : 인도주의적 치료
⑥ 20세기 초 : 신체적 원인론 vs 심리적 원인론
　　㉠ 신체적 원인론(히포크라테스의 관점 부활) : 크레펠린
　　㉡ 심리적 원인론 : 메즈머(최면술), 프로이트(무의식)
⑦ 현재(이상심리학의 발전) : 신체-심리 상호작용(통합적) 측면에서 접근

제2절 이상행동 및 정신장애의 판별기준

■ 이상행동과 정신장애

① **이상행동** : 심리기능 손상으로 인해 생긴 측정 가능한 개인의 부적응적인 행동
② **정신장애** : 특정한 이상행동의 집합체

■ 이상행동의 판별기준

① **통계적 기준** : 기준을 중심으로 정상범위에서 벗어나는 경우
② **주관적 불편감과 개인적 고통** : 호소되는 개인의 주관적 불편감
③ **사회문화적 규범으로부터의 일탈** : 규범으로부터 일탈된 행동
④ **법적 기준** : 금치산자 등의 법리적 용어로 이상행동 구분
⑤ **전문적 기준** : 심리학자 및 정신의학자 등에 의해 판별

제3절 이상행동 및 정신장애의 분류

■ 크레펠린(Kraepelin)의 현대적인 정신장애 분류

① 정신장애의 증상에 대하여 객관적으로 기술하여 같은 증상이면 동일 질병으로 가정
② 전문가들이 서로 의사소통할 수 있는 언어를 제공하여 효과적인 치료법의 발견이 가능

■ 분류체계

① 국제질병분류 10판[International Classification of Diseases-10th ed.(ICD-10)]
② 정신장애진단 및 통계편람 5판[Diagnostic & Statistical Manual of Mental Disorders-5th ed.(DSM-5)]
③ **DSM-5의 일반적인 개정사항** : 개정판 숫자의 변경, 다축체계의 폐지, 차원적 평가의 도입

제4절 이상행동 평가

■ 심리적 평가 : 면접법, 행동평가, 심리검사

■ 생리적 측정법 : 심장혈관계(Cardiovascular System) 측정, 근육활동(Muscle Activity) 측정, 피부(Skin) 측정, 두뇌활동(Brain Activity) 측정

제2장 이상심리학의 이론적 입장

제1절 정신분석적 입장

■ **의의 및 특징**

① **심리장애·이상행동** : 심리적 결정론에 의하여 발생
② 원초아, 자아, 초자아 구조의 균형이 깨지면 이상이 발생
③ 방어기제 사용이 부적응적인 경우 심리장애로 발현
④ 연구자의 주관성이 과도하게 개입되므로 객관성을 확보하기 어려움

■ **이론에 대한 평가**

① 연구자의 주관성이 과도하게 개입되므로 객관성을 확보하기 어려움
② 성적 충동의 억압에 따른 신경증 환자들을 대상으로 한 임상적 경험에 기초하므로 인간에 대한 보편적 이론으로 일반화하는 데 한계
③ 개인 내부의 성격구조 간 역동적 갈등에 초점을 둘 뿐 대인관계적인 측면이나 사회문화적인 요인을 고려하지 않음
④ 정신장애에 있어서 어린 시절의 경험을 강조할 뿐 아동기의 발달과정에 대한 연구 빈약

제2절 행동주의적 입장

■ **의의 및 특징**

① 이상행동은 학습된 행동
② 행동치료를 통해 이상행동을 치료하는 것 가능
③ 반두라는 이상이 관찰을 통해 모방될 수 있다고 주장
④ 인간행동이 환경에 의해 결정된다고 강조, 인간의 자유의지 부정
⑤ 인간 내면의 심리적 과정을 무시, 행동의 다양성과 복잡성을 설명하는 데 한계
⑥ 대부분의 정신장애들의 경우 학습이론으로 설명하기 어려움
⑦ 동물 대상 실험을 통해 발전된 이론이므로, 인간의 행동에 그대로 적용하는 데 한계

■ **이론에 대한 평가**

① 인간행동이 환경에 의해 결정된다고 강조함으로써 인간이 자신의 행동을 스스로 선택 및 결정하는 데 있어서 자유의지가 있음을 부정
② 인간행동에 대한 객관적 관찰에 집중한 나머지 인간행동을 자극과 반응의 관계로 지나치게 단순화
③ 인간 내면의 심리적 과정을 무시하므로, 외현적으로 드러나는 인간행동의 다양성과 복잡성을 설명하는 데 한계

④ 공포증이나 불안증 등 일부 정신장애의 경우를 제외하고는 사실상 대부분 정신장애들의 경우 학습이
   론으로 설명하기 어려움

⑤ 주로 동물을 대상으로 한 실험을 통해 발전된 이론이므로, 이를 지적인 존재인 인간의 행동에 그대로
   적용하는 데 한계

제3절 인지적 입장

■ 의의 및 특징

① 심리장애는 경험한 사건을 잘못 해석하거나 잘못된 신념체계 때문에 발생

② **엘리스** : 이상행동에 선행하여 부정적 사건이 있게 되나 이 사건 자체가 이상행동을 유발하는 것이
   아니라 그 사건을 어떻게 받아들이고 해석하는지, 즉 사건에 대한 그 사람의 신념체계에 따라서 이상
   행동이 유발된다고 가정

③ **벡의 인지삼제(Cognitive Triad)** : 자기 자신, 자신의 경험, 미래에 대한 비관적인 기대와 평가를 수
   반한 독특한 사고 경향성

④ 역기능적 사고와 신념이 어떻게 형성되는지에 대한 구체적인 설명이 결여

⑤ 인지적 요인을 과도하게 강조함으로써 정서나 동기의 중요성을 간과

■ 이론에 대한 평가

① 경험적 연구결과를 통해 심리장애의 발생기제에 대한 구체적인 이론 및 치료기법들을 제시하고 있으
   나, 인지적 요인을 과도하게 강조함으로써 정서나 동기의 중요성을 간과하고 있음

② 역기능적 사고와 신념 등 부적응적인 인지적 활동을 이상행동이나 정신장애의 유발원인으로 제시하
   고 있으나, 정작 그와 같은 역기능적 사고와 신념이 어떻게 형성되는지에 대한 구체적인 설명이 결여

③ 인지치료의 경우 적용대상에 한계가 있음. 특히 내담자가 지능이나 학력이 낮은 경우, 심각한 정신병
   적 증상이나 성격장애를 가지고 있는 경우 적합하지 않음

제4절 생물학적 입장

■ 의의 및 특징

① 유전적, 뇌의 손상과 생화학적 이상을 원인으로 봄

② 생물학적 측면 외에 심리사회적 요인이 정신장애에 미치는 영향을 간과

③ 뇌의 이상이나 신경조직의 손상이 정신장애의 유발원인인지 확인하기 어려움

④ 신경전달물질 이상

■ **이론에 대한 평가**

① 생물학적 측면 외에 심리사회적 요인이 정신장애에 미치는 영향을 간과하고 있음

② 뇌의 생화학적 이상이나 신경조직의 손상이 정신장애의 직접적인 유발원인인지 명확히 확인하기 어려움

③ 생물학적 입장의 주된 치료방법으로서 약물치료는 정신장애의 근본적인 치료가 아닌 단순히 증상을 완화시키기 위한 방편에 불과하며, 약물로 인한 부작용이 나타날 수 있음

제5절 통합적 입장

■ **의의 및 특징**

① 행동주의, 인지주의, 실존주의 등 각 이론들의 기법 및 접근법상의 차이에도 불구하고 치료적 개입의 공통적인 목표에 따라 다양한 기법들을 조합하는 것이 치료에 효과적이라는 사실이 경험적으로 입증

② 최근에는 환자의 임상적·병리적 문제에 대해 생물학적·심리학적·사회학적 요인들을 통합한 접근방법이 부각되고 있음

■ **주요이론**

① 취약성-스트레스 모형(Vulnerability-Stress Model)

② 생물심리사회적 모델(Biopsychosocial Model)

제3장	조현병(정신분열증)

제1절 임상적 특징과 하위유형

■ **DSM-5의 주요진단기준**

① 망상, 환각, 와해된 언어, 심하게 와해된 행동 또는 긴장증적 행동, 음성증상들 중 2가지 이상이 1개월의 기간 동안 상당 부분의 시간 동안 나타남(2가지 중 하나는 망상, 환각, 와해된 언어이어야 함)

② 상당 부분의 시간 동안 직업, 대인관계 혹은 자기관리와 같은 주요영역 중 한 가지 이상에서 기능수준이 장애 이전 성취된 수준보다 현저히 저하

③ 장애의 징후가 최소 6개월 동안 지속

④ 조현(분열)정동장애와 정신증적 특성을 가진 우울 또는 양극성 장애는 배제

■ **양성증상**

① **양상** : 정상적·적응적 기능의 과잉 또는 왜곡
② **종류** : 망상, 환각, 환청, 와해된 언어나 행동, 긴장성 운동행동 등

■ **음성증상**

① **양상** : 정상적·적응적 기능의 결여
② **종류** : 감정의 둔화(정서적 둔마), 무논리증 또는 언어의 빈곤(무언어증), 사회적 철수(무욕증), 대인관계의 무관심 등

■ **조현병(정신분열증)의 하위유형(DSM-IV 기준)** : 망상형 또는 편집형(Paranoid Type), 해체형 또는 혼란형(Disorganized Type), 긴장형(Catatonic Type), 감별불능형 또는 미분화형(Undifferentiated Type), 잔류형(Residual Type)

제2절 기타 정신증적 장애

■ **단기 정신병적 장애** : 조현병의 주요 증상 중 한 가지 이상이 하루 이상 1개월 이내

■ **조현(정신분열)양상장애** : 조현병과 동일한 임상적 증상, 지속기간이 1개월 이상 6개월 이하

■ **조현(분열)정동장애** : 조현병의 증상과 동시에 기분삽화(주요우울 또는 조증삽화)가 일정한 기간 동안 지속적으로 나타나는 경우

■ **망상장애** : 한 가지 이상의 망상이 최소 1개월 이상 지속

제3절 조현병(정신분열증)의 원인과 치료

■ **원인**

① **생물학적 요인** : 유전적 요인, 뇌의 구조적 혹은 기능적 결함, 신경전달물질의 이상
② **심리적 요인** : 심리적 혼란, 인지적 기능의 결함, 작업기억의 손상 등
③ **정신분석적 입장** : 갈등모델, 결손모델, 자아경계의 붕괴, 대상관계이론
④ **가족관계 및 사회·환경적 요인**

■ **치료** : 입원치료 및 약물치료, 심리치료, 행동치료, 사회기술훈련, 자기지시훈련, 집단치료 및 가족치료 등

제4장 기분장애

제1절 우울증의 임상적 특징과 하위유형

■ 주요우울장애 : 주요증상

① 우울한 기분이 거의 매일, 하루 중 대부분의 시간에 주관적인 보고(㉠ 슬픈 느낌, 공허감 또는 절망감)나 객관적인 관찰(㉠ 울 것 같은 표정)에 의해 나타남(주의 : 아동 및 청소년의 경우 과민한 기분으로 나타날 수 있음)

② 모든 또는 거의 모든 일상활동에서 거의 매일, 하루 중 대부분 흥미나 즐거움이 현저히 저하되어 있음

③ 체중조절을 하지 않음에도 불구하고 체중에 의미 있는 감소(㉠ 1개월 이내에 신체의 5% 이상 체중변화가 나타남)가 나타나거나, 거의 매일 식욕감소 또는 증가를 느낌(주의 : 아동의 경우 체중증가가 기대치에 미치지 못한 것에 주의할 것)

■ 지속성 우울장애 : 주요증상

① 식욕부진 또는 과식

② 불면 또는 수면과다

③ 기력저하 또는 피로감

④ 자존감 저하

⑤ 집중력의 감소 또는 결정의 어려움

⑥ 절망감

■ 월경 전 불쾌감장애 : 주요증상

① 현저하게 불안정한 기분(갑자기 울고 싶거나 슬퍼진다거나 거절에 대해 민감해지는 것)

② 현저한 과민성, 분노 또는 대인관계에서 갈등 증가

③ 현저하게 우울한 기분, 절망감 또는 자기비난의 사고

④ 현저한 불안, 긴장, 신경이 곤두섬 또는 과도한 긴장감

■ 파괴적 기분조절곤란장애 : 주요증상

① 고도의 재발성 분노발작이 언어적 또는 행동적으로 나타나며, 상황이나 도발자극에 비해 그 강도나 지속기간이 극도로 비정상적

② 분노발작이 발달수준에 부합하지 않음

③ 분노발작이 평균적으로 일주일에 3회 이상 발생

제2절 우울증의 원인과 치료

■ **주요우울장애**

① **원인**

ㄱ 부정적인 환경적 요인 : 가족의 사망, 실직이나 사업실패, 사소한 부정적 생활사건의 장기간에 걸친 누적 등

ㄴ 정신분석적 입장 : 분노의 내향화에 따른 자기가치감 손상, 자아기능 약화 등

ㄷ 행동주의적 입장 : 긍정적 강화의 약화, 학습된 무기력 등

ㄹ 인지적 입장 : 인지삼제, 인지적 오류 등

② **치료** : 인지치료(소크라테스식 질문의 활용), 정신역동적 치료(무의식적 좌절과 대인관계방식에 대한 이해), 중요인물에 대해 억압하고 있던 분노감정의 자각, 약물치료

■ **지속성 우울장애**

① **원인**

ㄱ 유전적 요인

ㄴ 기질적 취약성 요인

ㄷ 감정표현 불능증

② **치료** : 약물치료, 인지행동치료, 신체운동과 수면패턴의 개선

■ **월경 전 불쾌감장애**

① **원인**

ㄱ 생활습관 혹은 사회적 요인

ㄴ 생물학적 요인

② **치료** : 식습관 개선, 약물치료 및 적절한 운동

■ **파괴적 기분조절곤란장애**

① **원인**

ㄱ 전측 대상회피질(ACC, Anterior Cingulate Cortex)의 이상

ㄴ 사이가 좋지 않은 부모, 양육방식 등

② **치료** : 놀이치료, 가족치료, 약물치료

제3절 양극성 장애의 임상적 특징과 하위유형

■ **제1형 양극성 장애 및 제2형 양극성 장애 : DSM-5의 주요진단기준**

① **제1형 양극성 장애**

ㄱ 최소 1회 이상 조증삽화의 기준(조증삽화의 진단기준 1~4까지)을 충족

ⓒ 조증과 주요우울증삽화의 발생이 조현(분열)정동장애, 조현병(정신분열증), 조현(분열)형 장애, 망상장애, 달리 분류된 혹은 분류되지 않는 조현병 스펙트럼 및 기타 정신병적 장애로 더 잘 설명되지 않음

② 제2형 양극성 장애

ㄱ 최소 1회 이상 경조증삽화(경조증삽화의 진단기준 1~6까지)의 기준과 함께 최소 1회 이상 주요우울증삽화(주요우울증삽화의 진단기준 1~3까지)의 기준을 충족

ⓛ 조증삽화는 단 1회도 없어야 함

ⓒ 경조증삽화와 주요우울증삽화의 발생이 조현(분열)정동장애, 조현병(정신분열증), 조현(분열)형 장애, 망상장애, 달리 분류된 혹은 분류되지 않는 조현병 스펙트럼 및 기타 정신병적 장애로 더 잘 설명되지 않음

■ 순환성 장애 또는 순환감정장애 : DSM-5의 주요진단기준

① 최소 2년 동안(아동과 청소년은 1년) 다수의 경조증 기간(경조증삽화의 진단기준을 충족하지 않는)과 우울증 기간(주요우울증삽화의 진단기준을 충족하지 않는)이 있음

② 최소 2년 동안(아동과 청소년은 1년) 경조증 기간과 우울증 기간이 절반 이상 차지해야 하고, 증상이 없는 기간이 2개월 이상 지속되어서는 안 됨

③ 주요우울증삽화, 조증삽화, 경조증삽화를 한 번도 경험한 적이 없음

제4절 양극성 장애의 원인과 치료

■ 제1형 양극성 장애 및 제2형 양극성 장애

① 원인

ㄱ 생물학적 입장 : 유전적 요인, 신경전달물질 및 신경내분비 기능 이상

ⓛ 정신분석적 입장 : 상실이나 자존감 손상에 대한 방어 또는 보상반응, 조증환자는 부인의 방어기제 사용, 아동기에 선한 내적 대상을 자기 마음속에 표상하는 데 실패

ⓒ 인지적 입장 : 현실 해석의 인지적 왜곡, 과잉일반화, 선택적 추상화

② 치료 : 입원치료 및 약물치료, 심리치료

■ 순환성 장애 또는 순환감정장애

① 원인

ㄱ 유전적 요인 : 대략 30% 정도에서 제1형 양극성 장애의 가족력

ⓛ 정신분석적 입장 : 구강기 동안의 고착에 원인

② 치료 : 약물치료 및 심리치료

제5장   불안장애

제1절 주요 불안장애

■ 범불안장애

① 일반화된 불안장애라고도 하며, 과도한 불안과 긴장을 지속적으로 경험하는 상태
② 불안의 대상이 분명하지 않은 부동불안(Free-Floating Anxiety)을 특징으로 함
③ 일상생활의 다양한 상황이나 사건에서 만성적인 불안과 지나친 걱정으로 인해 현실적인 부적응 상태를 경험함
④ 평소 불안감과 초조감을 느끼며, 항상 과민하고 긴장된 상태

■ 특정 공포증

① 어떠한 특정한 공포 대상이나 상황에 노출되는 경우 심각한 두려움과 비합리적인 회피행동을 동반하는 공포증의 한 유형
② 특정 공포증은 상황형(Situational Type), 자연환경형(Natural Environment Type), 혈액-주사-손상형 또는 혈액-주사-상처형(Blood-Injection-Injury Type), 동물형(Animal Type)으로 구분
③ 특정 공포증의 유형으로서 '상황형 > 자연환경형 > 혈액-주사-손상형(상처형) > 동물형' 순으로 많이 나타나며, 동물형은 초기 아동기에, 혈액-주사-손상형(상처형)은 후기 아동기에, 상황형은 20대 중반에 발병하는 경우가 많음
④ 특정 공포증의 치료에는 체계적 둔감법과 노출치료가 효과적인 것으로 보고되고 있음

■ 사회불안장애

① 사람들과 상호작용을 해야 하는 사회적 상황에서 심한 불편감이나 불안을 경험하는 공포증의 한 유형
② 어떠한 특정한 사회적 상황이나 활동 상황에 노출되는 경우 발생
③ 환자는 사회적 기술의 결여 등으로 인해 상황을 회피하려는 양상을 보임
④ 여러 사람들 앞에 나설 때 발생하는 무대공포나 적면공포 등으로 나타나며, 다른 사람들에게서 부정적인 평가를 받을지 모른다는 불안과 함께 자신이 당황하게 되는 것에 대한 두려움을 느낌
⑤ 사회공포증의 치료에는 불안유발상황에 직면하도록 하는 노출훈련(Exposure Training)과 함께 인지행동적 집단치료가 효과적인 것으로 보고되고 있음

■ 광장공포증

① 고대 그리스어로 시장을 의미하는 'Agora'에서 비롯된 용어
② 공황발작의 위험에서 이를 피하기 어려운 특정한 장소나 상황에 처해 있는 경우 나타나는 공포증의 한 유형

③ 광장공포증을 가진 사람은 엘리베이터, 버스나 지하철 등 탈출하기 어려운 공간 또는 백화점, 영화관 등 급작스러운 공황발작에 빠지는 경우 도움을 받기 곤란한 공간에 대해 과도한 공포심을 가짐

④ 어지러움, 질식할 것 같은 느낌, 가슴 답답함, 구토감, 현기증, 죽거나 미칠 것 같은 두려움 등 신체적·심리적 증상을 수반

⑤ 광장공포증의 치료에는 잘못된 인지과정을 수정하고 신체감각에 대한 민감성을 둔화시키는 인지행동치료가 효과적인 것으로 보고되고 있음. 특히 광장공포증 치료에서는 공포유발 상황에 대한 실제적 노출치료(In Vivo Exposure)가 필수적임

■ 공황장애

① 공황장애는 통제 상실에 대한 강렬한 불안, 즉 공황발작(Panic Attack)이 반복적으로 나타나는 장애

② 공황발작은 급작스러운 두려움과 공포감이 불시에 비정기적으로 나타나 강렬한 불안을 동반함

③ 공황발작의 증상은 급작스럽게 나타나 10분 이내에 최고조에 도달하며, 대개 10~20분 동안 지속된 후 사라짐

④ 발작이 없는 중간시기에는 그와 같은 증상들이 다시 나타날지 모른다는 예기불안(Anticipatory Anxiety)을 느끼기도 하며, 발작이 일어난 장소나 상황을 가급적 피하려는 습성으로 인해 여러 가지 회피행동을 보이기도 함

⑤ 세로토닌(Serotonin) 재흡수 억제제, 삼환식 항우울제, 벤조디아제핀(Benzodiazepine)계 약물 등의 약물치료 외에도 긴장이완훈련, 인지수정, 점진적 노출(Graded Exposure) 등의 인지행동치료가 활용됨. 또한 이른바 작은 공황발작에 노출시켜 그것에 익숙해지도록 하는 공황통제치료(Panic Control Treatment) 등을 적용함

제2절 기타 불안장애

■ 분리불안장애

① 분리불안장애는 DSM-IV의 분류기준에서 유아기, 아동기 또는 청소년기의 기타 장애(Other Disorders of Infancy, Childhood or Adolescence)에 해당한 것이나, DSM-5의 분류기준에서 불안장애(Anxiety Disorders)의 하위유형으로 편입되었음

② 애착대상과 떨어지는 것에 대해 심한 불안 반응을 보이는 정서적 장애에 해당함

③ 주로 18세 이전에 발병하며, 나이가 어릴수록 부모와 떨어져 있는 것에 대해, 나이가 많을수록 납치나 강도 등 특정 위험의 공포에 대해 분리불안을 나타내는 경향이 있음

④ 분리불안장애는 성인에게서도 나타날 수 있는데, 이사나 결혼 등의 새로운 변화나 자녀 또는 배우자와 헤어지는 것에 대한 과도한 불안으로 나타남

⑤ 부모의 부적절한 양육행동, 즉 과잉보호적인 양육행동이 아동의 독립성을 약화시키고 의존성을 강화하여 분리불안장애를 유발하는 것으로 보고되고 있음

⑥ 행동치료나 인지행동치료, 놀이치료에 의해 호전될 수 있으며, 특히 점진적 노출법(Graded Exposure)이 가장 효과적인 방법으로 보고되고 있음

■ **선택적 무언증(= 선택적 함구증)**

① 언어적인 장애가 없어 부모나 가까운 친구 등과는 말을 하는 데 아무 문제가 없지만, 어떤 장소나 상황에서는 전혀 말을 하지 못하는 증상을 의미함

② 선택적 무언증 환자는 수줍어하거나 불안해하고, 고집이 세고, 나이에 맞지 않게 유아처럼 철없게 행동하거나, 지나치게 의존적이고, 화를 잘 내고, 이익을 위해 거짓말을 자주 하는 등의 모습이 있을 수 있음. 특히 집에서는 대들고 부정적인 모습으로 일관하다가 낯선 환경에서는 수줍어하고, 두려워하는 이중적인 모습을 보이기도 함

③ 남아보다 여아가 함묵증이 생길 확률이 더 높고 유병률은 1% 미만으로 아주 낮은 편이며, 발병하는 나이는 보통 3~4세이지만 진단과 치료는 학교를 다니면서 문제가 가시화되면서 시작하게 되는 경우가 많음

④ 연령이 증가하면서 없어질 수도 있는 증상이지만, 장기간의 증상이 이어질 경우 학교에 적응하는 것이나 학습에 장애가 올 수 있음

제3절 불안장애의 원인과 치료

■ **범불안장애**

① **원인**
 ㉠ 생물학적 입장 : 억제신경전달물질인 GABA의 이상
 ㉡ 정신분석적 입장 : 성격구조 간의 역동적 불균형 상태에서의 부동불안
 ㉢ 행동주의적 입장 : 불안반응의 잘못된 학습

② **치료**
 ㉠ 약물치료 : 벤조디아제핀계 약물사용
 ㉡ 인지행동치료

■ **특정 공포증**

① **원인**
 ㉠ 행동주의적 입장 : 공포반응을 학습하게 됨(이요인이론 등)
 ㉡ 인지적 입장 : 사회적 수행·평가에 대한 왜곡된 인지

② **치료**
 ㉠ 행동치료 : 체계적 둔감법, 노출치료, 이완훈련 등
 ㉡ 인지행동치료 : 인지적 재구성

■ **사회불안장애**

① **원인**

㉠ 정신분석적 입장 : 무의식적 갈등에 의함

㉡ 인지적 입장 : 잘못된 신념

② **치료**

㉠ 인지행동치료

㉡ 약물치료

■ **광장공포증**

① **원인**

㉠ 정신분석적 입장 : 유아기 분리불안의 재현 등

㉡ 인지행동적 입장 : 공포에 대한 공포

㉢ 통합적 입장

② **치료**

㉠ 인지행동치료

㉡ 약물치료

■ **공황장애**

① **원인**

㉠ 생물학적 입장 : 과잉호흡이론, 질식오경보이론

㉡ 정신분석적 입장 : 방어기제의 작동실패, 유아기 분리불안의 재현 등

㉢ 인지적 입장 : 파국적 오해석

② **치료**

㉠ 약물치료

㉡ 인지행동치료

제6장 강박장애

제1절 강박장애

■ **의의 및 특징**

① 원하지 않는 생각과 행동을 반복하게 되는 장애로, 극심한 불안이나 고통을 유발하는 강박사고 (Obsessions)와 이를 중화하기 위한 강박행동(Compulsions)을 특징으로 함

② 강박사고는 음란하거나 근친상간적인 생각, 공격적 혹은 신성 모독적인 생각, 오염에 대한 생각, 반복적인 의심, 물건을 순서대로 정리하려는 충동 등 다양한 주제를 포함함

③ 강박행동은 씻기, 청소하기, 정돈하기, 반복 확인하기 등 외현적 행동으로 나타날 수도 있고, 숫자 세기, 기도하기, 속으로 단어를 반복하기 등 내현적 행동으로 나타날 수도 있음

④ 강박장애를 가진 사람은 자신의 강박적인 사고나 행동이 비합리적이라는 사실을 인식하고 있음

⑤ 강박장애를 가진 사람은 사고-행위융합(Thought-Acting Fusion)을 특징으로 함. 사고-행위융합은 사고와 행위를 연결함으로써, 사고한 바의 것이 직접적인 행위와 다르지 않다고 믿는 경향을 말함. 강박장애를 가진 사람은 단순히 생각하는 것, 그것이 바로 중요하며 의미 있다고 믿음

제2절 기타 강박장애

■ **신체변형장애**

① 자신의 주관적인 신체결함에 대해 과도하고 왜곡되게 집착하는 장애

② 외모에 대한 높은 미적 민감성을 통해 자기 외모를 평가

③ 심리치료를 거부하며, 성형수술을 원하는 경향

■ **저장장애**

① 불필요한 물건을 버리지 못한 채 이를 보관하고자 하는 강한 충동을 느끼며 물건을 버리는 것 자체를 고통으로 받아들이는 장애

② 강박적 저장(Compulsive Hoarding)과 강박적 수집(Compulsive Collecting)이 특징

③ 유목화/조직화의 결함, 기억의 결함, 손실의 과장된 평가 등 인지기능상의 결함

■ **모발뽑기장애**

① 머리카락을 뽑는 행동을 통해 쾌감과 만족감을 느낌

② 행위로 인해 사회적·직업적 적응에 심각한 어려움을 경험

■ 피부벗기기장애

　① 반복적으로 피부를 문지르거나 긁거나 벗기거나 뜯는 등의 행동을 보임
　② 다양한 심리적인 문제와 함께 나타나는 장애

제7장　외상 및 스트레스 사건 관련 장애

제1절 외상 후 스트레스장애

■ 의의 및 특징

　① 충격적인 외상사건을 경험하고 난 후 다양한 심리적 부적응 증상이 나타나는 장애
　② 외상, 즉 트라우마(Trauma)는 발생횟수에 따라 일회적 외상(Single-Blow Trauma)과 반복적 외상(Repeated Trauma)으로 구분됨
　③ 외상은 인간 외적 외상(Impersonal Trauma), 대인관계적 외상(Interpersonal Trauma), 애착외상(Attachment Trauma)으로 구분됨
　④ 충격적인 경험을 한 후 예민한 각성상태가 지속되고 고통스러운 기억에서 완전히 벗어나지 못하며, 그로 인해 관련된 생각을 회피하려고 함
　⑤ 외상 후 스트레스장애를 가진 사람은 재현성 환각이나 악몽을 통해 과거의 외상사건에 대한 생각에서 쉽게 벗어나지 못하며, 사건 당시의 경험을 회상하도록 하는 다양한 자극들에 대해 극도의 불안과 두려움을 느낌
　⑥ 장애의 징후는 외상사건 직후부터 나타나는 경우가 대부분이지만, 수개월이 지난 후에 혹은 몇 해가 지난 후에 나타나기도 함
　⑦ 공황장애와 마찬가지로 약물치료와 인지행동치료가 활용됨. 특히 포아(Foa)에 의해 개발된 지속적 노출치료(Prolonged Exposure)가 가장 효과적인 것으로 보고되고 있음

제2절 외상 후 스트레스장애의 원인과 치료

■ 원인

　① **외상사건** : 외상 전 요인, 외상 중 요인, 외상 후 요인으로 구분
　② **생물학적 입장** : 신체적 취약성, 신경전달물질 이상
　③ **정신분석적 입장** : 유아기 미해결된 무의식적 갈등
　④ **행동주의적 입장** : 외상사건에 불안반응이 조건형성됨
　⑤ **스트레스반응이론** : '외상 후 절규 → 회피 → 동요 → 전이 → 통합'의 단계
　⑥ **인지적 입장** : 박살난 가정이론(세상과 자신에 대한 가정 혹은 신념의 파괴)

■ **치료**

① **정신역동적 치료** : 카타르시스를 통한 외상사건의 재구성 및 심리 내적 갈등의 해소

② **약물치료** : SSRI, 삼환식 항우울제 등

③ **지속적 노출법** : 외상사건의 기억에 대한 반복적 노출, 관련된 공포의 둔감화

④ **인지처리치료** : 외상사건에 대한 재평가, 외상사건에 부여한 부정적 의미의 수정

⑤ **안구운동 둔감화 및 재처리 치료** : 외상사건의 괴로운 기억내용을 떠올리도록 하는 동시에 치료자의 손가락 움직임을 눈으로 따라가게 함

제3절 급성 스트레스장애와 적응장애

■ **급성 스트레스장애**

① 심한 트라우마적 사건 바로 이후에 나타나는 단기간의 불편한 기억

② 외상성 사건 발생 후 4주 이내에 시작되고, 지속 기간은 3일에서 1개월

③ 외상 후 스트레스장애와 유사

■ **적응장애**

① 어떤 스트레스 혹은 충격적 사건 발생 3개월 이내에 우울, 불안, 감정조절의 어려움, 불면 증상이 일어남

② 증상으로 인해 일상생활이 어려움

제4절 반응성 애착장애와 탈억제성 사회적 유대감장애

■ **반응성 애착장애**

① 생후 9개월 이상 만 5세 이전의 아동에게서 주로 발병

② 양육자와의 애착 외상(Attachment Trauma)으로 인해 위축된 대인관계 패턴

③ 양육자에게서 충분한 애정을 받지 못하거나 학대 혹은 방임 상태로 양육된 경우 발생

■ **탈억제성 사회적 유대감장애**

① 양육자로부터 학대나 방임을 당한 경험이 있음

② 위축 대신 무분별한 사회성과 과도한 친밀감을 나타내는 경우

제8장   성격장애

제1절 A군 성격장애

■ **편집성 성격장애(Paranoid Personality Disorder)**

① 충분한 근거 없이 타인이 자신을 이용하거나 해를 입히거나 속인다고 의심함

② 친구나 동료의 진실성이나 신뢰성에 대한 부당한 의심에 집착되어 있음

③ 정보가 자신에게 악의적으로 사용될 수 있다는 두려움으로 인해 타인에게 자신의 속내를 드러내지 않음

④ 타인의 사소한 말이나 사건 속에 자신에 대한 비하와 위협의 의도가 있는지 파악하고자 함

■ **조현(분열)성 성격장애(Schizoid Personality Disorder)**

① 가족의 일원이 되는 것을 포함하여 친밀한 관계를 원하지도 즐기지도 않음

② 거의 항상 혼자서 하는 활동을 선택함

③ 다른 사람과 성경험을 갖는 일에 거의 흥미가 없음

④ 만약 있다고 하더라도, 소수의 활동에만 즐거움을 얻음

⑤ 직계가족 이외에는 가까운 친구나 마음을 털어놓는 친구가 없음

⑥ 타인의 칭찬이나 비평에 무관심해 보임

⑦ 정서적인 냉담, 무관심 또는 둔마된 감정반응을 보임

■ **조현(분열)형 성격장애(Schizotypal Personality Disorder)**

① 관계망상과 유사한 사고

② 행동에 영향을 미치는 괴이한 믿음이나 마술적 사고

③ 신체적 착각을 포함한 유별난 지각 경험

④ 괴이한 사고와 언어

⑤ 의심이나 편집증적인 사고

⑥ 부적절하거나 메마른 정동

⑦ 괴이하고 엉뚱하거나 특이한 행동이나 외모

제2절 B군 성격장애

■ **반사회성 성격장애(Antisocial Personality Disorder)**

① 사회의 규범이나 법을 지키지 않으며, 무책임하고 폭력적인 행동을 반복적으로 나타내어 사회적 부적응을 초래하는 성격장애

② 행동화(Acting-Out)의 방어기제를 주로 사용

■ **연극(히스테리)성 성격장애(Histrionic Personality Disorder)**

① 극적인 감정표현, 타인의 관심을 끌려는 과도한 행동양상을 보임

② 감정적·외향적·자기주장적·자기과시적인 성격을 특징으로 하며, 타인의 주의를 끌고자 외모에 신경을 씀

③ 자기 외에 관심의 대상이 되는 사람에 대해서는 시기와 질투, 강한 경쟁심을 느낌

■ **경계성 성격장애(Borderline Personality Disorder)**

① 실제적이거나 가상적인 유기를 피하기 위해 필사적으로 노력함

② 대인관계에 있어서 상대방에 대한 이상화와 평가절하의 교차가 극단적이고 반복적으로 나타남

③ **정체감 혼란** : 자기상(Self-Image)이나 자기지각(Sense of Self)이 지속적으로 심각한 불안정성을 보임

■ **자기애성 성격장애(Narcissistic Personality Disorder)**

① 자신의 중요성에 대해 과장된 지각을 가지고 있음

② 무제한적인 성공, 권력, 탁월함, 아름다움 혹은 이상적인 사랑에 대한 공상을 자주 함

③ 자신은 매우 특별하고 독특하다고 믿고, 특별하거나 지위가 높은 사람(또는 기관)만이 자신을 이해할 수 있으며, 자신 또한 그런 사람(기관)과 어울려야 한다고 생각함

④ 타인으로부터 과도한 찬사를 요구함

제3절 C군 성격장애

■ **회피성 성격장애(Avoidant Personality Disorder)**

① 비판, 비난 또는 거절을 두려워하여 의미 있는 대인적 접촉을 포함한 직업적 활동을 회피함

② 자신에 대해 호감을 가지고 있다는 확신이 서지 않는 사람과는 만남을 피함

③ 창피당하고 조롱당할까봐 두려워하여 친밀한 관계를 제한함

④ 사회적 상황에서 비판이나 거절당할 것이라는 생각에 사로잡혀 있음

■ **의존성 성격장애(Dependent Personality Disorder)**

① 일상적인 결정에 대해서도 타인의 많은 충고와 보장을 필요로 함

② 자기 인생의 중요한 부분까지도 떠맡길 수 있는 타인을 필요로 함

③ 자신이 의지하는 사람에게서 지지와 칭찬을 상실할지도 모른다는 두려움으로 인해 반대의견을 제시하지 못함(현실적인 보복의 두려움은 포함되지 않음)

- **강박성 성격장애(Obsessive-Compulsive Personality Disorder)**
  ① 세부사항, 규칙, 목록, 순서, 조직, 시간계획에 집착하여 일을 큰 틀에서 전체적으로 보지 못함
  ② 완벽주의 성향으로 인해 오히려 과제를 완수하기 어려움
  ③ 일과 생산성에 지나치게 몰두하여 여가활동을 즐기거나 가까운 사람들과 즐거운 시간을 가지지 못함 (이는 분명한 경제적 필요성 때문이 아님)

제9장 신체증상 및 관련 장애

제1절 신체증상장애

- **임상적 특징**
  ① 주된 증상은 통증(Pain)으로, 이는 특정 신체부위의 통증과 같이 구체적인 것일 수도, 막연히 피로감을 나타내는 것일 수도 있음
  ② 주된 특징은 질병에 대한 과도한 걱정 혹은 건강염려로, 환자들은 자신의 증상의 심각성을 강조하여 삶의 중심 주제로 다룸

제2절 질병불안장애

- **임상적 특징**
  ① 과거에 건강염려증(Hypochondriasis)으로 불린 것으로, 자신이 심각한 질병에 걸렸다는 집착과 공포를 나타내는 경우를 말함
  ② 심각한 질병을 가지고 있거나 심각한 질병에 걸렸다는 생각에 과도하게 집착하며 건강에 대해 매우 높은 수준의 불안증상을 보이며, 개인적 건강 상태에 대해 매우 민감한 반응을 보임

제3절 전환장애

- **임상적 특징**
  ① 운동기능이나 감각기능상의 장애가 나타나지만 그와 같은 기능상의 장애를 설명할 수 있는 신체적 혹은 기질적 이상이 발견되지 않는 장애를 말함
  ② 과거 히스테리성 신경증(Hysterical Neurosis)이라고도 불린 것으로, 특히 신경학적 손상을 시사하는 한 가지 이상의 신체적 증상을 나타내므로 기능성 신경증상 장애(Functional Neurological Symptom Disorder)로 불리기도 함

제4절 허위성 장애

■ **임상적 특징**

① 환자의 역할을 하기 위하여 신체적 또는 심리적 증상을 의도적으로 만들어 내거나 위장하는 경우를 의미함

② 꾀병처럼 어떤 목적이 있는 것이 아닌 단순히 환자가 되고 싶어서 의도적으로 증상을 만들어 내거나 가장하는 경우에 해당함

| 제10장 | 해리장애 |

제1절 해리성 기억상실증

■ **임상적 특징**

① 개인의 중요한 과거경험이나 정보를 기억하지 못하는 것으로, 과거에는 심인성 기억상실증(Psychogenic Amnesia)으로도 불렸음

② 핵심증상은 통상적인 망각과는 일치하지 않는 중요한 자서전적 정보에 대한 회상능력의 상실임

제2절 해리성 정체감장애

■ **임상적 특징**

① 과거에 다중인격장애 또는 다중성격장애(Multiple Personality Disorder)로도 불렸음

② 한 사람 안에 서로 다른 정체성과 성격을 가진 여러 사람이 존재하면서 상황에 따라 각기 다른 사람이 의식에 나타나서 말과 행동을 하는 모습을 보임

제3절 이인증/비현실감장애

■ **임상적 특징**

① 이인증은 자기 자신이 평소와 다르게 낯선 상태로 변화되었다고 느끼는 것인 반면, 비현실감은 자신이 아닌 외부세계가 이전과 다르게 변화되었다고 느끼는 것임

② 이인증이나 비현실감을 경험하는 동안에도 현실검증력은 손상되지 않은 채 유지됨

제11장 섭식장애

제1절 신경성 식욕부진증

■ **의의**

  ① 끊임없이 마른 몸매를 추구하며, 왜곡된 신체상(사실 말랐는데 뚱뚱하다고 생각하는 등)을 가지고 있음. 비만을 극도로 두려워하며, 음식섭취를 제한하여 체중이 현저하게 적게 나감

  ② 청소년기에 시작되며, 여성에게 더 흔하게 나타남

제2절 신경성 폭식증

■ **의의**

  ① 반복적으로 다량의 음식을 빠르게 섭취(폭식)하고 나서, 과도하게 섭취한 음식에 대한 보상행동을 하려는 행동이 나타남

  ② 보상행동으로 구토를 유도하거나, 설사제를 사용하거나, 다이어트를 하거나, 금식하거나, 과도한 운동을 함

제12장 물질 관련 장애

제1절 알코올 관련 장애

■ **알코올 사용장애**

  ① **알코올 의존** : 잦은 음주로 인해 알코올에 대한 내성이 생김으로써 알코올의 사용량 및 사용빈도가 증가하는 경우를 말함

  ② **알코올 남용** : 잦은 과음으로 인해 가정, 학교, 직장에서 자신의 역할을 제대로 수행하지 못하거나 법적인 문제를 반복적으로 유발하는 경우를 말함

■ **알코올 유도성 장애**

  ① 알코올 사용으로 인해 나타나는 부적응적인 후유증과 연관됨

  ② 알코올 중독, 알코올 금단, 그 밖에 알코올 사용으로 인한 다양한 정신장애들이 포함됨

제13장 성 관련 장애

제1절 성도착장애

- **의의** : 성적 욕구를 충족시키는 대상이나 방식, 행위나 상황에서의 비정상적인 양상을 특징으로 함

- **주요하위유형**
  ① 관음장애(Voyeuristic Disorder)
  ② 노출장애(Exhibitionistic Disorder)
  ③ 접촉마찰장애 또는 마찰도착장애(Frotteuristic Disorder)
  ④ 성적 피학장애(Sexual Masochism Disorder)
  ⑤ 성적 가학장애(Sexual Sadism Disorder)
  ⑥ 아동성애장애 또는 소아애호장애(Pedophilic Disorder)
  ⑦ 성애물장애 또는 물품음란장애(Fetishistic Disorder)
  ⑧ 의상전환장애 또는 복장도착장애(Transvestic Disorder)

제2절 성기능장애

- **의의** : 원활한 성행위를 방해하는 기능적 문제를 의미하는 것으로, 성적 욕구의 장애와 함께 성반응의 주기를 특징으로 하는 정신생리적 변화상의 장애

제3절 성불편증

- **의의** : 자신의 생물학적·해부학적 성과 성역할에 대해 지속적이고 심각한 불편감을 호소하면서, 반대의 성에 대해 자신을 동일시하거나 반대의 성이 되기를 희망하는 경우를 말함

제14장 신경발달장애

제1절 지적 장애

- 지능이 비정상적으로 낮아서 학습 및 사회적응에 어려움을 나타내는 장애임. 특히 18세 이전에 표준화된 지능검사 결과 지능지수(IQ)가 70점 미만을 나타냄

■ 주요원인으로 유전자 이상, 임신 중 태내환경 이상, 임신 및 출산 과정에서의 이상, 후천성 아동기 질환, 그 밖에 열악한 환경요인 등이 제시되고 있음. 특히 지적 장애의 약 5% 정도가 다운증후군(Down's Syndrome), 취약 X 증후군(Fragile X Syndrome), 클라인펠터증후군(Klinefelter's Syndrome) 등의 염색체 이상에 의해 유발되는 것으로 알려져 있음

제2절 주의력결핍 및 과잉행동장애

■ 부주의 및(혹은) 과잉행동─충동성의 지속적인 패턴이 개인의 기능 또는 발달을 저해함

■ 원인은 뇌손상, 중추신경계손상, 신경전달물질인 도파민과 노르에피네프린의 이상 등 주로 유전적인 요인인 것으로 알려져 있음

제3절 자폐 스펙트럼장애

■ 다양한 맥락에 걸쳐 사회적 의사소통 및 사회적 상호작용에 지속적인 결함을 보이며, 행동이나 흥미, 또는 활동에 있어서 제한적이고 반복적인 패턴을 나타냄

■ 원인으로는 유전적 요인과 함께 다른 생물학적 요인이나 환경적 요인 등이 복합적으로 작용한다는 견해가 지배적임

제15장　파괴적 충동통제 및 품행장애

제1절 적대적 반항장애

■ 어른에게 거부적·적대적·반항적인 행동을 지속적으로 나타내는 장애로, 청소년기에는 알코올, 담배, 흡입제 등을 남용하기 쉬우며, 품행장애나 기분장애로 발전하기도 함

제2절 품행장애

■ 특히 아동 및 청소년기에 나타나며, 다른 사람의 기본권리나 나이에 적합한 사회 규준 및 규율을 위반하는 행동양상이 반복적이고 지속적으로 나타나는 장애임. 4가지 핵심증상으로 사람과 동물에 대한 공격성, 재산파괴, 사기 또는 절도, 중대한 규칙위반을 제시하고 있음

제16장 신경인지장애

제1절 섬망

■ 기억, 언어, 현실판단 등 인지기능에서의 일시적인 장애를 나타내는 경우로, 그 증상은 단기간(보통 몇 시간 혹은 며칠)에 걸쳐 나타나며, 하루 중 그 심각도가 변동하는 경향이 있음

■ 보통 노년기에 흔히 나타나는 장애로, 의식이 혼미해지고 현실감각에 혼란을 보이며, 시간 및 장소에 대한 인식의 장애가 나타남

제2절 주요 신경인지장애

■ 인지적 영역, 즉 복합주의력(Complex Attention), 실행기능(Executive Function), 학습 및 기억력(Learning and Memory), 언어능력(Language), 지각-운동기능(Perceptual Motor), 사회인지(Social Cognition) 등에서 한 가지 이상 과거 수행수준에 비해 심각한 인지적 저하가 나타나 일상생활을 독립적으로 영위하기 힘든 경우 진단됨

제3절 경도 신경인지장애

■ 주요 신경인지장애에 비해 증상의 심각도가 비교적 경미하여 일상생활을 독립적으로 영위할 수 있는 경우 진단됨

제한시간 : 50분 | 시작 ___시 ___분 – 종료 ___시 ___분

정답 및 해설 38p

01 다음 중 정신장애를 체계적으로 분류하고 진단명을 부여한 최초의 학자는 누구인가?

① 필립 피넬
② 웨이어
③ 크레펠린
④ 프로이트

02 다음 중 이상행동의 판별기준으로 고려하기에 가장 적절하지 <u>않은</u> 것은?

① 개인적 고통과 객관적 불편감
② 사회문화적 규범으로부터의 일탈
③ 법적 기준
④ 전문적 기준

03 다음 중 DSM-IV에서 DSM-5로 바뀌면서 나타난 변화로 보기에 가장 적절하지 <u>않은</u> 것은?

① 범주적 진단체계의 한계를 보완하기 위해 차원적 진단체계를 사용하였다.
② '유아기, 아동기 또는 청소년기에 통상 처음으로 진단되는 장애' 범주가 흩어져 여러 범주로 나뉘었다.
③ 불안장애 범주에 저장장애와 피부벗기기장애가 하위장애로 새롭게 들어갔다.
④ 신경성 폭식증과 구별되는 폭식장애가 급식 및 섭식장애의 하위유형으로서 정식 진단명이 부여되었다.

04 이상심리학의 이론적 입장과 그에 대한 비판의 연결이 옳은 것은?

① 인지적 입장 – 심리사회적 요인이 정신장애에 미치는 영향을 간과하였다.

② 생물학적 입장 – 연구자의 주관성이 과하게 개입되어 객관성을 확보하기 어렵다.

③ 정신분석적 입장 – 내담자 지능이나 학력이 낮은 경우, 심각한 정신병적 증상 또는 성격장애의 경우 적합하지 않다.

④ 행동주의적 입장 – 스스로의 행동을 선택하고 결정하는 데 있어서 자유의지가 있음을 부정하였다.

05 정신장애 발생의 취약성–스트레스 모형에서 스트레스 요소로 가장 적절한 것은?

① 가족력

② 성과압력

③ 1형 당뇨

④ 어린 시절 유기경험

06 다음 중 병적 도벽의 특징으로 가장 적절하지 <u>않은</u> 것은?

① 훔쳤을 때 기쁨, 만족감 또는 안도감을 경험하기도 한다.

② 분노나 복수를 위해서 훔치는 행동은 아니다.

③ 쓸모가 없거나 가치 없는 물건을 훔치려는 충동이 반복적으로 실패한다.

④ 훔치기 직전에 긴장감 고조를 경험하기도 한다.

07 다음 증상을 보이는 A군의 진단명으로 가장 적절한 것은?

> A군은 대학에 입학하여 1학년을 마치고 군대에 입대하였다. 훈련소를 마치고 자대에 배치를 받은 후 2~3개월 되어서 갑자기 "북한군이 자신을 죽이려 한다."라고 소리를 지르며 뛰어다니고, 어느 날은 "네가 죽으면 대한민국이 통일된다."라는 말을 신이 들려줬다고 높은 곳에서 뛰어내리려 했다. 이 모습에 놀란 중대장이 증상이 나타난 지 1주일 만에 군 정신병원에 입원시켰다.

① 단기 정신병적 장애

② 조현병

③ 망상장애

④ 조현정동장애

08 다음 망상장애 하위유형 중 가장 많이 진단받는 유형은 무엇인가?

① 과대형   ② 신체형
③ 색정형   ④ 피해형

09 다음 중 주요우울삽화의 핵심증상으로 옳게 묶인 것은?

> ㄱ. 거의 매일, 하루 중 대부분, 거의 또는 모든 활동에 대해 흥미나 즐거움이 뚜렷하게 저하됨
> ㄴ. 거의 매일 나타나는 불면 또는 과다수면
> ㄷ. 하루 중 대부분, 거의 매일 지속되는 우울한 기분의 주관적인 보고나 객관적인 관찰
> ㄹ. 반복적인 죽음에 대한 생각, 구체적인 계획 없이 반복되는 자살의도 또는 자살시도나 자살수행에
>   대한 구체적인 계획

① ㄱ, ㄷ   ② ㄴ, ㄹ
③ ㄷ, ㄹ   ④ ㄱ, ㄴ

10 다음 중 주요우울장애 하위 명시내용으로 가장 적절하지 <u>않은</u> 것은?

① 멜랑콜리아 양상 동반   ② 순환성 양상 동반
③ 혼재성 양상 동반   ④ 비전형적 양상 동반

11 다음 사례 속 B양의 진단명으로 가장 적절한 것은?

> 중학교 3학년인 B양은 중학교 2학년에 올라간 직후부터 스스로 아무것도 할 수 없다는 말을 반복하며, 자신이 남들보다 뒤처지고 있어서 괴롭다는 말을 하고 있다. 중학교 1학년 때까지만 해도 반에서 3~4등을 할 정도로 비교적 공부를 잘했는데, 2학년이 된 후로 집중이 안 되고 성적도 하락하여 절망적인 상태라고 보고하고 있다. B양은 이제 곧 고등학생이 될 생각을 하면 마음이 더 무거워져서 어떻게 해야 할지 모르겠다고 눈물만 흘리고 있다.

① 주요우울장애
② 적응장애
③ 지속성 우울장애
④ 파괴적 기분조절 부전장애

12 다음 우울장애 범주 중 DSM-5에서 새롭게 포함된 장애로 옳게 묶인 것은?

> ㄱ. 지속성 우울장애
> ㄴ. 월경 전 불쾌감장애
> ㄷ. 파괴적 기분조절 부전장애
> ㄹ. 주요우울장애

① ㄱ, ㄷ
② ㄴ, ㄹ
③ ㄱ, ㄹ
④ ㄴ, ㄷ

13 다음 중 조증삽화의 증상으로 가장 적절하지 <u>않은</u> 것은?

① 목표지향적 활동의 증가
② 수면 감소
③ 자존감의 팽창
④ 평소보다 말이 많아지거나 계속 말을 함

14 다음 중 범불안장애의 특징과 가장 거리가 <u>먼</u> 것은?

① 부동불안   ② 일반화된 불안
③ 예기불안   ④ 만성적 불안

15 특정 공포증의 하위유형 중 진단이 많은 순서대로 나열한 것은?

① 동물형 〉 혈액·주사·손상형 〉 상황형 〉 자연환경형
② 혈액·주사·손상형 〉 동물형 〉 자연환경형 〉 상황형
③ 자연환경형 〉 상황형 〉 동물형 〉 혈액·주사·손상형
④ 상황형 〉 자연환경형 〉 혈액·주사·손상형 〉 동물형

16 다음 중 주요 신경인지장애의 하위유형이 <u>아닌</u> 것은?

① 루이체병
② 프리온병
③ HIV 감염
④ 터너병

17 다음 중 강박장애에 대한 설명으로 가장 적절하지 <u>않은</u> 것은?

① 흔하게 사고-행위융합을 보인다.
② 강박사고는 침투적인 특징을 보인다.
③ 강박사고는 '기도문 외우기, 숫자 세기' 등으로 나타난다.
④ 강박행동은 '손 씻기, 확인하기' 등이 전형적이다.

18 다음 중 강박장애의 주된 치료법으로 가장 적절한 것은?

① 노출 및 반응방지법
② 용암법
③ 홍수법
④ 체계적 둔감법

19 발모광(모발뽑기장애)에 대한 설명으로 가장 적절하지 <u>않은</u> 것은?

① 발모행동은 보통 스트레스를 받으면 증가한다.
② 자신의 발모행동을 감추고 부인하는 경향이 있다.
③ 발모행동 전에 긴장감이 고조되는 경향이 있다.
④ 발모행동 직후 지속적인 만족감이나 긴장 완화를 경험한다.

20 다음 중 외상 후 스트레스장애의 증상으로 옳은 것을 모두 고른 것은?

> ㄱ. 외상사건과 관련된 침투증상
> ㄴ. 외상사건과 관련된 지속적인 자극회피
> ㄷ. 외상사건과 관련된 인지와 기분의 부정적인 변화
> ㄹ. 외상사건과 관련된 각성 및 반응성의 변화

① ㄱ, ㄴ, ㄷ
② ㄴ, ㄷ, ㄹ
③ ㄱ, ㄷ, ㄹ
④ ㄱ, ㄴ, ㄷ, ㄹ

21 다음 사례 속 C군의 진단명으로 가장 적절한 것은?

> 초등학교 5학년인 C군은 친구들과 수학여행을 가던 중 버스가 절벽으로 떨어지는 사고를 당했다. 이 사고로 친한 친구 2명이 죽고, C군도 심한 상해를 입었으나 생명에는 지장이 없다. 이 일 이후로 일주일 정도 지난 지금까지, C군은 밤에 잠을 잘 못 자고 악몽을 꾸며 힘들어하고, 큰 소리만 나도 소리를 지르며 괴로워하고 있다.

① 외상 후 스트레스장애
② 적응장애
③ 공황장애
④ 급성 스트레스장애

22 탈억제성 사회적 유대감장애에 대한 설명으로 가장 적절하지 <u>않은</u> 것은?

① 아동이 최소 9개월 이상의 발달연령이어야 진단할 수 있다.
② 증상이 5세 이전에 나타나야 한다.
③ 양육과정에서 애착관계 형성이 제한된 경우가 흔하다.
④ 아동은 친숙하지 않은 성인에게 과도한 친밀감을 나타낸다.

23 다음 중 연극성 성격장애에 대한 설명으로 가장 적절하지 <u>않은</u> 것은?

① 감정변화가 급격하다.

② 피암시성이 높다.

③ 만성적인 공허감을 느낀다.

④ 대인관계를 실제보다 더욱 친밀한 것으로 생각한다.

24 다음 중 회피성 성격장애에 대한 설명으로 가장 적절하지 <u>않은</u> 것은?

① 사회적 상황에서 비판이나 거절당할 것이라는 생각에 사로잡혀 있다.

② 부적절감으로 인해 새로운 대인관계적 상황에서 위축된 모습을 보인다.

③ 자신감 부족으로 인해 일을 혼자 시작하거나 수행하는 데 어려움이 있다.

④ 스스로 다른 사람에 비해 열등하다고 본다.

25 다음 중 조현성 성격장애에 대한 설명으로 가장 적절하지 <u>않은</u> 것은?

① 거의 항상 혼자서 하는 활동을 선택한다.

② 부적절하거나 메마른 정동을 보인다.

③ 타인의 칭찬이나 비평에 무관심한 반응을 보인다.

④ 타인과 성적 경험을 가지는 것에 대해 흥미가 없다.

26 다음 중 허위성 장애에 대한 설명으로 가장 적절하지 <u>않은</u> 것은?

① 여성 환자보다는 남성 환자의 비율이 높다.

② 뮌하우젠 증후군으로도 불린다.

③ 꾀병으로 볼 수 있으며, 특별한 목적을 위해 증상을 가장한다.

④ 다른 사람을 아프고 장애가 있거나 부상당한 것처럼 만들 수도 있다.

27 다음 중 질병불안장애에 대한 설명으로 가장 적절하지 <u>않은</u> 것은?

① 질병에 걸릴까봐 과도하게 불안을 느끼거나 과한 회피행동을 한다.

② 진료추구형과 진료회피형으로 구분할 수 있다.

③ 신체적 증상이 있다면 경미한 정도에 해당한다.

④ 건강에 대한 높은 수준의 불안이 있다.

28 다음 중 해리성 기억상실증에 대한 적절한 설명으로 옳게 묶인 것은?

> ㄱ. 해리성 둔주가 함께 나타날 수 있다.
> ㄴ. 비자서전적 정보가 상실된다.
> ㄷ. 뇌손상 등에 의한 기억상실이 급작스럽게 발생한다.
> ㄹ. 통상적인 망각과는 일치하지 않는다.

① ㄱ, ㄷ   ② ㄴ, ㄹ

③ ㄱ, ㄹ   ④ ㄴ, ㄷ

29 다음 중 해리성 정체감장애에 대한 설명으로 가장 적절한 것은?

① 보통 2개 이상의 아주 다른 성격이 존재하며, 일정기간 동안 번갈아가며 하나의 성격이 지배적인 지위를 차지하고, 나머지는 보조적으로 영향을 준다.

② 아동기에 신체적 학대 또는 성적 학대를 경험한 사람에게서 나타날 수 있다.

③ 성격의 변화는 보통 주기적으로 나타나며, 다른 성격의 존재나 다른 성격이 지배하고 있던 기간들은 기억하지 못한다.

④ 일차인격은 통제적·적대적인 경향이 있고, 교체되는 인격은 수동적·의존적인 경향이 있다.

30 다음 중 비현실감장애에 대한 설명으로 가장 적절한 것은?

① 마치 외부의 관찰자가 된 느낌을 받게 된다.

② 시간이 매우 빠르게 흐르는 것처럼 느껴진다.

③ 현실검증력이 손상되지 않고 유지된다.

④ 신체가 마비된 것처럼 느껴진다.

31 다음 중 이식증에 대한 설명으로 가장 적절하지 <u>않은</u> 것은?

① 다른 정신질환(예 지적 장애, 자폐 스펙트럼장애 등)이 있는 경우에는 진단할 수 없다.

② 증상이 1개월 이상 지속되면 진단할 수 있다.

③ 비영양성 물질이나 비음식 물질을 먹는 것이 발달수준에 비추어 볼 때 부적절하다.

④ 먹는 행동이 사회적 관습이나 문화적으로 봤을 때 부적절해야 한다.

32 다음 중 신경성 식욕부진증에 대한 설명으로 가장 적절한 것은?

① 신경성 폭식증에서 신경성 식욕부진증으로 발전하는 경우가 있다.

② 구할 수 있는 음식이 없을 때는 진단할 수 없다.

③ 폭식/제거형은 지난 3개월 동안 폭식 혹은 제거행동이 반복적으로 나타난다.

④ 여성 환자의 비율보다 남성 환자의 비율이 높다.

33 다음 중 폭식장애와 신경성 폭식증의 공통점으로 바르게 묶인 것은?

> ㄱ. 폭식삽화가 나타난다.
> ㄴ. 체형과 체중이 자기평가에 과도한 영향을 미친다.
> ㄷ. 3개월 동안 1주일에 1회 이상 증상행동을 한다.
> ㄹ. 보상행동을 한다.

① ㄱ, ㄷ   ② ㄴ, ㄹ

③ ㄱ, ㄹ   ④ ㄴ, ㄷ

34 다음 중 알코올 금단 증상으로 옳은 것을 모두 고른 것은?

> ㄱ. 오심 또는 구토
> ㄴ. 손 떨림 증가
> ㄷ. 정신운동 초조
> ㄹ. 안구진탕

① ㄱ, ㄴ, ㄷ   ② ㄱ, ㄴ, ㄹ

③ ㄱ, ㄷ, ㄹ   ④ ㄴ, ㄷ, ㄹ

35 다음 중 물질 관련 및 중독장애의 하위장애가 <u>아닌</u> 것은?

① 환각제 사용장애

② 카페인 중독

③ 자극제 금단

④ 타바코 중독

36 다음 중 변태성욕장애에서 연령기준이 있는 장애로 올바르게 짝지어진 것은?

① 성적 가학장애, 성적 피학장애

② 노출장애, 마찰도착장애

③ 관음장애, 소아성애장애

④ 물품음란장애, 복장도착장애

37 다음 중 변태성욕장애에 대한 설명으로 가장 적절하지 <u>않은</u> 것은?

① 반사회성 성격장애는 노출장애의 위험요인이다.

② 관음장애가 있는 사람이 실제 관음 대상과 성행위를 하는 경우는 드물다.

③ 변태성욕장애는 남성환자의 비율이 압도적으로 높다.

④ 노출장애는 자신의 성기를 노출시키는 경우에 국한해서 진단한다.

38 다음 중 주의력결핍 과잉행동장애 증상의 특징양상이 <u>다른</u> 하나는?

① 종종 일상적인 활동을 잊어버린다.

② 종종 과업과 활동을 체계화하지 못한다.

③ 종종 질문이 채 끝나기도 전에 성급히 대답한다.

④ 종종 주어진 지시를 수행하지 못하며, 학업·잡일·작업장에서의 임무들을 완수하지 못한다.

39 다음 사례 속 D양의 진단명으로 가장 적절한 것은?

초등학교 3학년인 D양은 1학년 말쯤부터 가만히 있다가도 돌고래 소리처럼 "끽, 끽" 하는 소리를 냈다. 선생님께서 주의를 주면 잠시 멈추는 듯하다가 몇 분이 지나면 다시 소리를 냈다. 선생님과 부모님이 혼을 내기도 하고 설득도 해 보았지만, 소용이 없었다.

① 일시성 틱장애
② 지속성 음성틱장애
③ 뚜렛장애
④ 언어장애

40 다음 중 섬망의 특징으로 가장 적절하지 않은 것은?

① 심각도에 따라 경도, 중등도, 고도로 분류한다.
② 하루 경과 중 심각도가 변동하는 경향이 있다.
③ 원인이 제거되면 증상이 갑자기 사라지는 경우가 많다.
④ 주의장애와 의식장애를 보인다.

정답 및 해설 | 이상심리학

01	02	03	04	05	06	07	08	09	10	11	12	13	14	15	16	17	18	19	20
③	①	③	④	②	③	①	④	①	②	③	④	②	③	④	④	③	①	④	④
21	22	23	24	25	26	27	28	29	30	31	32	33	34	35	36	37	38	39	40
④	②	③	③	④	③	①	③	②	③	①	③	①	④	③	④	③	②	①

01 정답 ③
20세기 초 크레펠린은 정신장애를 신체적 질병과 동일한 방식을 적용하여 관찰 조사를 하고, 특징에 따라 진단명을 부여하고 체계적으로 분류하였다.

02 정답 ①
이상행동의 판별기준으로 주관적 불편감과 개인적 고통을 고려해 볼 수 있다.

03 정답 ③
저장장애와 피부벗기기장애는 강박장애의 하위장애이다.

04 정답 ④
① 심리사회적 요인이 정신장애에 미치는 영향을 간과하였다는 것은 '생물학적 입장'에 대한 평가이다.
② 연구자의 주관성이 과하게 개입되어 객관성을 확보하기 어렵다는 것은 '정신분석적 입장'에 대한 평가이다.
③ 내담자 지능이나 학력이 낮은 경우, 심각한 정신병적 증상 또는 성격장애의 경우 적합하지 않다는 것은 '인지적 입장'에 대한 평가이다.

05 정답 ②
취약성은 유전적 · 기질적 · 초기 환경적으로 특정 장애에 걸리기 쉬운 개인적 특성이며, 과거에 형성된 것이다. 스트레스는 지금 경험하는 스트레스 요인을 말한다.

06 정답 ③
병적 도벽은 쓸모가 없거나 가치 없는 물건을 훔치려는 충동을 제어하는 데 반복적으로 실패하는 것이다.

07 정답 ①
단기 정신병적 장애는 조현병의 주요증상(양성증상)이 1일 이상 1개월 이내로 나타났을 때 진단할 수 있다.

08 정답 ④
망상장애의 여러 하위유형 중 피해형이 가장 흔하다.

09 정답 ①
주요우울삽화는 우울한 기분 또는 흥미나 즐거움의 상실이 꼭 포함되어야 진단할 수 있다.

10 **정답** ②
순환성 양상 동반은 양극성 장애에서만 등장하는 명시내용이다.

11 **정답** ③
지속성 우울장애는 주요우울장애보다는 가벼운 증상이 2년(아동 및 청소년은 1년) 이상 지속될 때 진단할 수 있다.

12 **정답** ④
월경 전 불쾌감장애와 파괴적 기분조절 부전장애는 DSM-5에서 새롭게 포함된 장애이다.

13 **정답** ②
수면 감소는 다양한 이유에서 나타날 수 있으며, 조증삽화의 증상은 수면욕구의 감소이다.

14 **정답** ③
예기불안은 실패를 예상하고 미리 불안해하는 것으로, 공황장애의 주된 특징이다.

15 **정답** ④
특정 공포증은 '상황형 〉 자연환경형 〉 혈액·주사·손상형 〉 동물형' 순으로 진단이 많이 내려진다.

16 **정답** ④
주요신경인지장애의 하위유형에는 '알츠하이머병, 전측두엽퇴행증, 루이체병, 혈관질환, 외상성 뇌손상, 물질 및 약물 사용, HIV 감염, 프리온병, 파킨슨병, 헌팅턴병' 등이 있다.

17 **정답** ③
'기도문 외우기, 숫자 세기' 등은 강박행동 중 정신적 활동에 해당한다.

18 **정답** ①
강박사고를 일으키는 자극에 노출하되 강박행동을 하는 반응을 못하게 하는 '노출 및 반응방지법'은 강박장애의 치료에 흔하게 사용되는 치료법이다.

19 **정답** ④
발모광은 발모행동 직후 일시적인 만족감이나 긴장 완화를 경험한다.

20 **정답** ④
외상 후 스트레스장애의 4가지 주요증상은 '외상사건과 관련된 침투증상, 외상사건과 관련된 지속적인 자극회피, 외상사건과 관련된 인지와 기분의 부정적인 변화, 외상사건과 관련된 각성 및 반응성의 변화'이다.

21 **정답** ④
외상사건 후 3일에서 1개월 이내에 증상을 보이는 경우, 급성 스트레스장애 진단을 한다. 1개월이 지났을 때는 외상 후 스트레스장애 진단을 내려야 한다.

22 **정답** ②
'증상이 5세 이전에 나타나야 한다는 것'은 반응성 애착장애에 대한 설명이다. 반응성 애착장애는 '최소 9개월 이상, 5세 이전'이라는 발달연령 기준을 가지고 있다.

23 정답 ③

'만성적인 공허감을 느끼는 것'은 경계성 성격장애의 특징이다.

24 정답 ③

'자신감 부족으로 인해 일을 혼자 시작하거나 수행하는 데 어려움이 있는 것'은 의존성 성격장애의 특징이다.

25 정답 ②

'부적절하거나 메마른 정동을 보이는 것'은 조현형 성격장애의 특징이다.

26 정답 ③

허위성 장애는 꾀병과는 달리 환자가 되는 것 자체가 목적인 장애이다.

27 정답 ①

질병불안장애는 심각한 질병에 걸려있거나 걸리는 것에 대해 과하게 몰두한다.

28 정답 ③

해리성 기억상실증은 자서전적 정보가 상실되는 것이며, 뇌손상 등에 의한 기억상실이 아닌 심리적 원인에 의한 기억상실이어야 한다.

29 정답 ②

① 보통 2개 이상의 아주 다른 성격이 존재하며, 일정기간 동안 번갈아가며 하나의 성격이 지배적인 지위를 차지하고, 나머지는 성격은 영향을 주지 못한다.
③ 성격의 변화는 보통 급격하게 나타나며, 다른 성격의 존재나 다른 성격이 지배하고 있던 기간들은 기억하지 못한다.
④ 일차인격은 수동적·의존적인 경향이 있고, 교체되는 인격은 통제적·적대적인 경향이 있다.

30 정답 ③

이인증이나 비현실감장애를 경험하는 동안에도 현실검증력은 손상되지 않은 채 유지된다.
①·②·④ 이인증에 대한 설명이다.

31 정답 ①

다른 정신질환(예 지적 장애, 자폐 스펙트럼장애 등)이 있는 경우, 이 행동이 별도의 임상적 관심을 받아야 할 만큼 심각하면 별도로 진단할 수 있다.

32 정답 ③

① 신경성 식욕부진증에서 신경성 폭식증으로 발전하는 경우가 있다.
② 회피적/제한적 음식섭취장애에 대한 설명이다.
④ 남성 환자의 비율보다 여성 환자의 비율이 높다.

33 정답 ①

ㄴ, ㄹ은 폭식장애에서는 안 보이고 신경성 폭식증에서만 나타난다.

34 정답 ①

안구진탕은 알코올 중독 증상이다.

35 정답 ④

타바코는 사용장애와 금단은 있으나, 중독은 없다.

36 정답 ③

관음장애는 18세 이상, 소아성애장애는 16세 이상이어야 진단할 수 있다.

37 정답 ④

노출장애는 자신의 성기를 노출시키는 경우뿐만 아니라 노출했다는 상상을 하면서 자위행위를 하는 경우도 해당한다.

38 정답 ③

③은 과잉행동 및 충동성 특징, ①·②·④는 부주의 특징에 해당한다.

39 정답 ②

음성틱이 1년 이상 지속된 경우 지속성 음성틱장애로 진단할 수 있다.

40 정답 ①

섬망은 심각도에 따른 분류를 하지 않는다.

SD에듀와 함께, 합격을 향해 떠나는 여행

Ⅱ. 감각 및 지각심리학

- 빨리보는 간단한 키워드
- 기출동형 최종모의고사
- 최종모의고사 정답 및 해설

교육이란 사람이 학교에서 배운 것을 잊어버린 후에 남은 것을 말한다.

– 알버트 아인슈타인 –

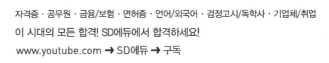

빨리보는 간단한 키워드

제1편	이론적 접근과 연구법

제1장 이론적 접근법

■ 지각과정 단계

① 자극

② **수용기 처리/변환**

    ㉠ 감각 수용기란 환경 에너지에 반응하도록 특화된 세포로, 각 감각 시스템의 수용기는 특정 형태의 에너지에 반응하도록 특화되어 있음(시각 수용기-빛 에너지, 청각 수용기-공기 중의 압력 변화, 촉각 수용기-피부를 통해 전달되는 압력)

    ㉡ 수용기는 환경 에너지를 전기 에너지로 변형하고, 수용기가 자극에 반응하는 방식에 의해 지각이 조형됨

③ **신경처리**

    ㉠ 수용기에서 망막을 통해 뇌로 신호를 전달하고, 신호가 전달되는 동안 신호를 처리(변화)함

    ㉡ 신경세포의 연결을 거쳐 전달되는 동안 신호가 변하는 것을 '신경처리'라 함

    ㉢ 각 감각 양상별로(시각, 청각, 촉각, 후각) 발생한 전기신호는 대뇌겉질(대뇌피질)의 해당 1차 수용 영역에 도달함

      • 시각 1차 수용 영역은 뒤통수엽(후두엽), 청각 1차 수용 영역은 관자엽(측두엽)의 일부, 피부감각 (촉각, 온도, 통증) 수용 영역은 마루엽(두정엽)에 위치함

      • 이마엽(전두엽)은 모든 감각에서 받은 정보를 조정함

    ㉣ 단계를 거치며 신호는 모두 변하지만, 여전히 같은 대상을 표상하고 있다는 점이 중요함

④ 행동반응

⑤ **지식**

상향처리 (자료주도적 처리)	• 수용기에 도달한 정보에 기초한 처리를 의미함 • 시각의 경우 망막에 맺힌 상이 상향처리의 기초가 되는 입력 자극이 됨
하향처리 (개념주도적 처리)	지식에 기반하는 처리를 의미함

■ 정신물리학적/생물학적 접근법

정신물리학적 접근	자극과 행동 반응 간의 관계를 측정함
생물학적 접근	자극과 생리적 반응 간의 관계와 생리적 반응과 행동 반응 간의 관계를 측정함

제2장 지각과정 연구법

■ 역 측정

① 절대역

가까스로 탐지될 수 있는 자극의 최소강도를 의미함

② 역 측정

마음을 과학적으로 측정하기 위해, Fechner가 1860년대에 제안한 3가지 방법이 있음

한계법	자극의 강도를 순차적으로 제시했을 때 반응하는 전환점의 자극 강도들을 평균내어 절대역으로 설정
조정법	자극을 가까스로 탐지할 때까지 관찰자가 강도를 서서히 조정하며, 이 과정을 여러 번 반복하여 전환점의 평균을 역으로 설정
항상자극법	자극이 탐지되는 가장 강한 강도와 가장 약한 강도를 선택한 후, 두 강도 사이의 자극을 여러 번 제시하여 그 강도에서 시행의 50%에서 자극이 탐지된 자극의 강도를 역으로 설정

③ 차이역

㉠ Ernst Weber의 차이역이란 두 자극이 다르다는 것을 구분하기 위해 필요한 최소한의 강도 차이를 뜻함

㉡ 차이역은 자극의 강도가 아니라 자극의 비율로 설명함

㉢ Weber는 표준 자극이 달라져도 Weber 소수(무게는 0.02)는 일정하다는 Weber의 법칙을 주장함

[여러 가지 감각 차원의 Weber 소숫값]

전기 충격	0.01
무게	0.02
소리 강도	0.04
빛의 강도	0.08
맛(짠맛)	0.08

■ 크기 추정

① 크기 추정 절차

역치보다 훨씬 강한 자극에 대한 지각을 측정하는 방법, 자극의 물리적 강도와 지각된 강도 사이의 관계를 찾는 방법임

반응압축	지각된 크기의 증가가 자극 강도의 증가보다 작다는 결과를 의미함
반응확장	자극의 강도가 증가하면 지각된 강도는 그 이상으로 증가하는 관계를 의미함

② 자극의 물리적 강도와 지각된 크기가 함수 관계에 있으며, 이 관계는 지수 함수로 표현됨

③ Stevens의 지수 법칙

　㉠ $P = KS^n$: 지각된 크기 P는 상수 K 곱하기 자극의 물리적 강도 S의 n승과 같음

　㉡ 강도 10 : $P = (1.0) \times (10)^2 = 100$

　㉢ 강도 20 : $P = (1.0) \times (20)^2 = 400$

　㉣ 강도가 두 배 증가하면 지각된 크기는 네 배로 증가하여, 반응확장의 예가 됨

　㉤ K가 1보다 작으면 반응압축과 연합되어 있고, K가 1보다 크면 반응확장과 관련되어 있음

■ 신호탐지이론

① 수행 결과의 지표는 자극에 대한 민감도와 반응기준으로 나타낼 수 있음

② 두 사람의 역의 차이가 서로 다른 민감도의 차이인지 아니면 반응기준에서의 차이인지 구분할 수 있어야 하며, 이를 구분하는 절차가 바로 신호탐지이론임

③ 용어

적중 (hit)	자극이 제시되었을 때 '네'라고 정확반응하는 것
누락 (miss)	자극이 제시되었는데 '아니오'라고 오반응하는 것
오경보 (false alarm)	자극이 없는데 '네'라고 오반응하는 것
정기각 (correct rejection)	자극이 없는데 '아니오'라고 정확반응하는 것

④ 민감도

민감도는 평균 적중 비율(hit)과 평균 오경보율(false alarm)의 표준화된 z값의 편차 값으로 표현함

$$d' = z(hit\ rate) - z(false\ alarm\ rate)$$

⑤ 반응기준(criterion : c)

　㉠ 반응기준은 오경보율과 누락률이 같다면 0임

　㉡ 오경보율이 누락률보다 크다면 c는 음수를, 반대로 누락률이 오경보율보다 크다면 c는 양의 값을 갖게 됨

　㉢ 즉, 'c = 0'이면 반응편파가 없는 관찰자를 의미하고, 'c < 0'이면 관대한 반응기준, 'c > 0'이면 보수적 반응기준을 의미함

$$c = -1/2 \times [z(hit\ rate) + z(false\ alarm\ rate)]$$

⑥ **수용자 반응 특성 곡선(ROC curve, Receiver Operating Characteristic curve)**

적중률을 세로축으로, 오경보율을 가로축으로 표시한 곡선으로, 반응기준과 민감도에 따라 곡선의 형태가 바뀜

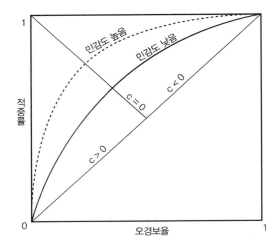

ⓐ 곡선에서 더 굽은 선(점선)의 관찰자가 덜 굽은 선(실선)의 관찰자에 비해 더 민감도가 높은 관찰자임

ⓑ 반응기준은 'c = 0' 중심으로 'c > 0'인 영역과 'c < 0'인 영역으로 나뉘고, 각각은 앞서 설명한 바와 같음

■ **영아 연구법**

① **습관화**

되풀이되는 자극이나 사건을 무시하는 것을 학습하게 되는 것임

② **탈습관화를 이용한 영아 연구법**

'탈습관화'가 나타나면 새로운 자극에 반응을 한 것으로 기록함

ⓔ 아기의 고개 돌리기(head turning)를 비디오로 촬영해 회수와 시간을 측정하는 방법 또는 가짜 젖꼭지를 빠는 시간당 비율(sucking rate)을 측정하는 방법 등

제2편 시감각의 기초

제1장 지각의 시작

■ **지각과정**

① 시각의 경우 물체에 의해 반사되어 눈으로 들어오는 빛에 의해 지각과정이 시작됨

② **시지각의 4단계**

단계 1	환경 속 자극인 나무
단계 2	나무에서 반사된 빛이 시각 수용기로 가면서 변형
단계 3	빛이 시각 수용기에서 전기적 신호로 변형, 빛에 대한 민감도, 반사되는 빛 중 우리에게 보이게 될 부분이 결정됨
단계 4	전기적 신호가 신경세포를 따라가며 처리

■ **눈**

① 각막을 통해 빛이 들어옴

② 각막을 통과한 빛은 동공을 지나 수정체를 통과하고, 각막과 수정체의 작용 덕분에 빛의 초점이 맞아 망막 위에 상이 형성됨

③ 생성된 상은 망막의 시각 수용기(막대세포와 원뿔세포)를 자극함

④ 이들 수용기 속에는 시각 색소라고 하는 화학물질이 들어 있어 빛에 대한 반응으로 서로 다른 전기적 신호를 내놓음

⑤ 수용기에서 생성된 신호는 망막을 구성하는 신경막을 거친 후, 눈의 뒤쪽에 있는 시각신경을 따라 뇌로 전달됨

⑥ 우리가 보는 것은 두 가지 변형작업에 의해 조형됨

ㄱ 물체에서 반사된 빛을 망막상으로 바꾸는 변형작업

ㄴ 망막 위에 맺힌 물체의 상을 전기적 신호로 바꾸는 변형작업

■ **근시**

① 근시는 멀리 있는 물체를 선명하게 볼 수 없는 조건을 말함

② 평행 광선의 초점이 망막 앞에 맺히기 때문에 망막 위에 맺힌 상은 흐려지게 됨

③ 근시를 유발하는 두 가지 조건

굴절성 근시	각막이나 수정체 또는 둘 다에 의해 빛이 지나치게 굴절되는 조건
축성 근시	안구가 너무 길어서 생기는 조건

④ 근시의 해결 방법

　㉠ 보고자 하는 물체를 눈 가까이 놓으면 물체에서 투사된 상의 초점은 뒤로 밀려나 선명해짐

　㉡ 초점이 망막 위에 형성되는 물체까지의 거리를 '원점'이라 하고, 안경이나 렌즈를 끼면 눈으로 들어오는 빛을 굴절시켜 그 빛이 마치 원점에서 들어오는 것처럼 만들어 상이 선명해짐

　㉢ 라식 수술은 조직에 열을 가하지 않는 엑시머 레이저를 이용하여 각막의 굴곡을 바꿔 눈으로 들어오는 빛의 초점이 망막 위에 맺히도록 함

■ 수용기와 지각

① 빛에서 전류로의 변환

시각 수용기는 빛 에너지를 전기적 에너지로 변환하는 기능을 가지고 있음

② 암순응

　㉠ 어둠 속에서 머무는 시간이 길어짐에 따라 빛에 대한 시각 시스템의 민감도가 높아지는 과정

　㉡ 망막을 구성하는 원뿔세포와 막대세포의 빛에 대한 민감도가 높아지는 과정에서 잠시 잘 안 보이는 현상

　㉢ 암순응 과정 요약

　　• 실험실 내 조명이 꺼지자마자 막대세포와 원뿔세포의 민감도는 모두 증가함

　　• 불을 끈 직후에는 우리의 시각은 원뿔세포에 의해 좌우되고, 초기의 암순응 곡선은 원뿔세포의 민감도에 의해 결정됨(암순응 초기에는 원뿔세포가 막대세포보다 훨씬 더 민감하기 때문임)

　　• 3~5분이 경과한 후에는 원뿔세포의 순응이 끝나서 암순응 곡선이 평평해지고, 7분 정도가 되면, 막대세포의 민감도는 계속 높아져서 막대세포가 원뿔세포보다 더욱 민감해짐

　　• 이때부터 시각은 막대세포에 의해 통제되며, 암순응 곡선이 막대세포의 순응에 의해 좌우되기 시작하는 이 지점을 '원뿔세포-막대세포 분절(cone-rod break)'이라 함

③ 파장별 민감도

가시광선을 구성하는 상이한 파장의 빛에 대한 민감도를 의미함

■ **신경세포의 기본구조**

① 전기적 신호는 신경세포(세포체 + 가지돌기 + 축삭)라는 구조물 안에서 발생함

  ㉠ 세포체(cell body)에는 세포의 생존을 지켜주는 기제가 담겨 있음

  ㉡ 세포체에서 가지처럼 뻗어 나온 가지돌기(dendrite)는 다른 신경세포로부터 전기적 신호를 받아들임

  ㉢ 축삭(axon)은 전기적 신호를 전도하는 액체로 채워져 있음

② 감각 수용기란 환경 자극에 반응하도록 특화된 신경세포임(다음 그림에서 왼쪽은 감각 수용기이고, 오른쪽은 신경세포임)

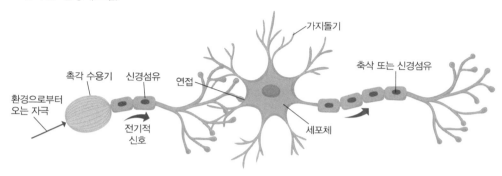

■ **신경세포에서 전기적 신호 기록하기**

① 전기적 신호는 신경세포의 축삭(또는 신경섬유)에서 기록됨

② 신경세포의 축삭에 두 개의 전극(기록용 전극, 기준 전극)을 꽂아 신호를 측정함

■ **활동전위의 기본 속성**

① 생성된 활동전위는 축삭 끝까지 동일한 크기로 전도됨(이러한 속성 덕분에 신경반응이 멀리까지 전달될 수 있음)

② 활동전위를 유발한 자극에 관계없이 그 크기가 동일함

③ 활동전위는 실제로 피부에 압력이 가해지기 전부터 발생하며, 환경으로부터 가해지는 자극이 없는데도 일어나는 이러한 반응을 '자발적 활동'이라 함

■ 활동전위의 화학적 기초

① 신경세포는 이온이 가득한 용액으로 둘러싸여 있음

② 이온이란 분자가 전자를 잃거나 얻게 됨으로써 만들어짐

활동전위의 상승 국면	활동전위의 하강 국면
• 활동전위가 전극 쪽으로 다가오면 이온통로가 열려 Na^+ 이온이 축삭 안으로 신속하게 유입되어 전위가 -70mV에서 +40mV까지 올라감 • 양전하를 가진 Na^+ 이온이 축삭 안으로 유입되면서 축삭 안쪽에 양전하가 증가함 • 축삭 안쪽의 Na^+ 이온이 증가하여 세포막 전위가 +40mV로 기록된 후에는 세포막에 있는 Na^+ 통로가 닫히고 K^+ 통로가 열림 • K^+ 통로가 열리면 이번에는 K^+ 이온이 축삭 밖으로 쏟아져 나옴	• 축삭 안쪽의 양이온(K^+)이 빠져나가면 축삭 안쪽은 다시 음이온의 양이 상대적으로 많아짐 • 전위가 +40mV에서 다시 0mV를 지나 -70mV로 되돌아감 • -70mV로 되돌아오고 나면 K^+ 통로는 닫히고 K^+ 이온의 유출이 중단됨 • 나트륨-칼륨 펌프가 작동하면 세포막 안쪽의 Na^+ 이온을 밖으로 퍼내면서 세포막 바깥에 있는 K^+ 이온을 끌어들임

■ 연접(시냅스)에서 벌어지는 일

① 신경세포들 사이에는 연접(synapse)이라고 하는 아주 작은 공간이 있음

ⓐ 활동전위가 축삭 끄트머리에 도착하면, 그곳에 있는 신경전달물질이라는 화학 물질을 세포막 밖으로 방출하며, 신경세포의 축삭 끝에 있는 연접낭이라는 구조물을 이용함

ⓑ 방출된 신경전달물질은 신호를 받는 신경세포(연접 후 세포)막에 흩어져 있는 작은 영역인 수용 부위라는 곳으로 흘러들어감

ⓒ 수용 부위는 특정 신경전달물질만을 받아들이도록 특화되었음

ⓓ 신경전달물질이 그 모양에 맞는 수용 부위에 부착되면 그 부위를 활성화시켜 연접 후 세포의 세포막 전압을 바꿈

② 흥분성 반응/억제성 반응

흥분성 반응	억제성 반응
• 연접 후 세포의 세포막 안쪽에 있는 양전하가 증가할 때 일어나는 반응임 • 세포막 안쪽의 양전하가 증가하는 이 과정을 '탈분극화'라 함 • 흥분성 반응은 활동전위보다 훨씬 약함 • 흥분성 반응이 많아져 탈분극화가 역치를 넘어서야 함 • 역치를 넘어서면 활동전위가 발발함	• 연접 후 세포의 세포막 안쪽에 있는 음전하가 증가할 때 일어나는 반응임 • 세포막 안쪽의 음전하가 많아지는 이 과정을 '과분극화'라 함 • 세포막 안쪽의 음전하가 증가하면 세포막의 전위가 탈분극화에 필요한 수준(역치)에서 점점 멀어짐

③ '흥분'은 연접 후 세포의 활동전위가 생성될 가능성을 높여 놓고 이에 따라 신경 발화율이 높아짐

④ 반대로 '억제'는 연접 후 신경세포의 활동전위가 생성될 확률을 낮추어 놓고 그에 따라 신경 발화율이 낮아짐

⑤ 각 신경세포의 반응은 억제성과 흥분성의 상호작용으로 결정됨

⑥ 억제가 존재하는 이유는 신경세포의 기능이 정보전달에만 있는 것이 아니고, 정보를 처리하는 일도 하기 때문임

⑦ 정보를 처리하는 과정에는 흥분과 억제가 모두 필요함

제2장 신경처리와 지각

■ 측면억제

망막에서 옆으로 전달되는 억제를 측면억제라 함

■ 밝기 지각

측면억제로 설명되는 몇몇 지각 현상들 각각은 밝기 지각을 수반함

헤르만 격자	• 헤르만 격자에서 흰색 골목길의 교차로에 회색 반점을 볼 수 있음 • 교차로에서 발견되는 회색 반점을 측면억제로 설명할 수 있음
마하의 띠	마하의 띠는 밝고 어두운 영역의 경계 근처에서 밝고 어두운 띠가 보이는 착시현상으로, 측면억제로 설명이 가능한 또 다른 지각적 효과임
동시대비	양쪽의 작은 정사각형 두 개는 실제로는 동일한 음영의 회색인데, 그것이 다르다는 착시가 나타나는 이유는 정사각형을 둘러싸고 있는 영역의 차이 때문이며, 이를 '동시대비 효과'라고 함

■ Hartline이 정의한 수용장과 그 특징

① 수용장은 특정 섬유(신경세포)의 반응을 얻기 위해 조명해야 하는 망막의 영역임
② 한 섬유의 수용장은 '단일 원뿔세포/막대세포'보다 훨씬 넓은 영역을 담당함
③ 한 섬유의 수용장은 수백, 수천 개의 수용기를 담당하고 서로 다른 많은 수용장은 중첩되므로, 망막의 특정 지점의 자극은 많은 시각신경섬유를 활성화시킴

■ 수용장 연구에 대한 Hubel과 Wiesel의 연구의 의의

① 시각계의 수용장 연구를 겉질로 확장하였음
② Hubel과 Wiesel의 연구는 시각계의 상위 수준으로 갈수록 신경세포가 어떻게 더 특정 종류의 자극에 동조되는지를 보여줌
③ Hartline의 절차를 변형하여 눈에 빛을 비추는 대신, 스크린에 자극을 투사하여 보게 하였음

■ 시각겉질 신경세포의 수용장

① 단순겉질세포
② 방위조율곡선
③ 복합세포
④ 끝-멈춤세포
⑤ 세부특징 탐지기
  ㉠ 단순세포, 복합세포, 끝-멈춤세포들은 방위, 운동 방향 등 자극의 특정한 특징에 반응하여 발화하므로, '세부특징 탐지기'라고도 불림
  ㉡ 망막으로부터 더 멀리 떨어질수록 신경세포는 더 복잡한 자극에 발화함

제3장 겉질 조직화

■ 조직화된 시각계 : 조직화의 필요성

① 시각계는 크기, 모양, 방위, 색깔, 운동 및 공간적 위치 등의 다양한 개별적 특성을 처리하는 것뿐만 아니라 정보를 결합시켜 일관성 있는 지각을 만들어 내는 데 필요함

② 시각계는 공간적 조직화를 통해 여러 가지 다양한 방식으로 조직화 작업을 수행함

■ 공간적 조직화에 대한 연구

① 망막상의 공간적 조직화

㉠ 공간적 조직화란 환경 내의 특정 위치에 있는 자극이 신경계 내 특정 부위의 활동으로 표상되는 방식을 말함

㉡ 망막 수준에서의 상은 본질적으로 그 장면의 그림인데, 그 그림이 전기적 신호로 변화되면, 시각계의 더 상위 수준에 있는 구조들에서 망막의 전자적 지도의 형태로 새로운 유형의 조직화가 일어남

② 뇌 영상법

㉠ 양전자방출단층촬영술(PET : Positron Emission Tomography)

㉡ 기능성 자기공명영상법(fMRI : functional Magnetic Resonance Imaging)

■ '무엇'과 '어디'에 대한 정보의 흐름

① 절제기법을 통해 줄무늬겉질에서 뇌의 다른 영역으로 정보를 전송하는 경로를 구분 짓는 실험이 수행되었음

② Ungerleider와 Mishkin(1982)의 연구는 관자엽이 절제된 원숭이가 대상 변별 문제를 매우 수행하기 어렵다는 것을 확인하였으며, 이를 통해 줄무늬겉질에서 관자엽에 이르는 무엇 경로(what pathway)를 확인하였음

③ Ungerleider와 Mishkin(1982)의 연구에서 마루엽이 절제된 원숭이는 위치 변별 문제의 수행에 어려움을 나타냄으로써, 줄무늬겉질에서 마루엽에 이르는 어디에 경로(where pathway)를 확인하였음

④ 무엇 경로는 배쪽 경로(복측 경로 : ventral pathway)라 불리며, 어디에 경로는 등쪽 경로(배측 경로 : dorsal pathway)라고도 불림

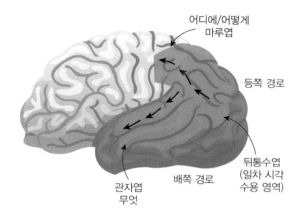

■ '무엇'과 '어떻게'에 대한 정보의 흐름

① David Milner와 Melvyn Goodale(1995)은 등쪽 흐름이 단순히 어떤 대상이 어디에 있는지 알려주는 것 이상으로 물건을 집는 것과 같은 어떤 행위를 위한 것이라는 가설을 제안했음

② 행위를 한다는 것은 그 물건의 위치를 안다는 것이고, 이는 '어디에'라는 개념과 들어맞는데, 하지만 그것은 '어디에'를 넘어서서 그 물건과의 물리적 상호작용을 포함함(즉, 등쪽 흐름은 어떤 자극과 관련된 행위를 어떻게 수행할지에 관한 정보를 제공함)

③ 신경심리학에서의 이중 해리

   ㉠ 신경심리학의 기본 원리 중 하나는 이중 해리(double dissociation)를 확인함으로써 뇌손상의 효과를 이해할 수 있다는 것임

   ㉡ 이중 해리의 예로, 관자엽 손상을 겪은 앨리스(a)와 마루엽의 손상을 입은 버트(b)의 상반된 사례는 대상을 인식하는 것과 대상의 위치를 찾는 것이 서로 독립적으로 작용한다는 것을 보여줌

구분	대상의 이름을 말하기	대상의 위치를 말하기
(a) 앨리스 : 관자엽 손상(배쪽 흐름)	못함	잘함
(b) 버트 : 마루엽 손상(등쪽 흐름)	잘함	못함

제3편 　시각 체계

제1장 물체와 장면의 지각

■ 지각적 조직화에 대한 게슈탈트 접근

① **구조주의**
　　㉠ 게슈탈트 접근이 나오기 전 제안된 이론으로, 감각기관의 자극 때문에 생긴 기초 과정인 감각과, 물체의 자각과 같은 복잡하고 의식적인 경험인 지각을 구분하고자 하였음
　　㉡ 구조주의자는 감각을 화학의 원자에 비유하였는데, 원자가 조합되어 복잡한 입자 구조를 이루는 형태와 같이, 감각이 조합되어 복잡한 지각을 구성한다고 보았음
　　㉢ 구조주의자는 감각이 조합되어 지각을 이룰 때 관찰자의 과거 경험의 도움을 받는다고 주장함
　　㉣ 반면, 게슈탈트 심리학자들은 감각을 '더해서' 지각이 이루어진다는 생각을 거부하고, 과거 경험이 지각에 중요한 역할을 한다는 생각도 받아들이지 않음

② **가현운동**
　　㉠ 실제로 아무것도 움직이지 않지만 운동이 지각되는 착시를 말함
　　㉡ 가현운동 현상으로 내린 결론
　　　　• 가현운동은 감각으로 설명될 수 없음(점멸하는 이미지 사이 어두운 공간에는 아무것도 없기 때문임)
　　　　• 전체는 그 부분의 합과 다름(지각체계가 실제로 아무것도 없는데 운동의 자각을 만들기 때문임)

③ **착시적 윤곽**
　　감각을 거부하고 전체가 그 부분의 합과 다르다는 예는 착시적 윤곽에서 나타남

■ 게슈탈트 조직화 원리

좋은 연속성 원리	• 직선이나 완만한 곡선으로 연결되는 점들은 함께 속한 것으로 지각됨 • 선들은 가장 완만한 경로를 따르는 것으로 지각되는 경향이 있음
프래그난츠 원리 (좋은 형태 원리, 단순성 원리)	모든 자극 패턴은 가능한 한 가장 간단한 구조를 내는 방향으로 보임
유사성 원리	비슷한 사물은 함께 집단을 이룸
근접성 원리	가까운 사물들은 함께 집단화되어 보임
공통 운명 원리	같은 방향으로 움직이는 사람들은 함께 집단화됨
공통 영역 원리	같은 공간 영역 내의 요소들은 함께 집단화됨
균일 연결성 원리	밝기, 색, 표면 결 또는 운동과 같은 시간 속성들로 연결된 영역이면 한 단위로 지각됨

■ 환경의 규칙성 : 지각하기의 정보

① **물리적 규칙성**

    ㉠ 규칙적으로 발생하는 환경의 성질임

    ㉡ 예를 들어, 비스듬한 방향보다 수직과 수평 방향이 환경에 더 많으며, 이러한 환경은 인공 환경(건물)과 자연 환경에서 많이 발생함

② **의미적 규칙성**

    ㉠ 보고 있는 장면에서 무슨 일이 일어나고 있는지에 대한 의미를 가리킴

    ㉡ 의미적 규칙성을 인식하고 있음을 확인하는 방법은 어떤 장면이나 물체 유형을 상상해 보도록 요구할 때 나타남

    ㉢ 장면과 물체의 시각화

    ㉣ 같은 물건이라도 그 방향과 그것이 있는 맥락에 따라 각기 다른 물체로 지각됨

■ 얼굴의 특별성

얼굴은 물체와 달리 특별한 점이 있음	사람의 기분, 시선에 관한 정보를 주며 관찰자에게 평가적인 판단을 유발함	
얼굴에만 반응하는 신경세포가 존재함	신경세포에는 많은 방추형 얼굴 영역처럼 뇌에 특별한 장소들이 있어 얼굴에 빠르게 반응함	
얼굴을 뒤집은 경우 두 뒤집힌 얼굴이 같은지 다른지 판단하기 어려움	뒤집힌 얼굴의 판단이 어렵다는 점은 얼굴 인식이 총체적으로 처리됨을 보이는 증거로 해석됨	
얼굴은 분산처리의 증거도 나타남	얼굴 재인과 관련하여 뇌에서는 광범위한 활동이 나타남	
	얼굴 정체 관련 정보	후두 겉질 처리 후 방추회로로 신호가 전달된 후 재인됨
	얼굴 표정과 감정 반응 정보	편도체의 활성화
	사람의 입 운동 지각	위관자고랑
	얼굴의 매력 정도	뇌 이마엽
	낯익은 얼굴과 그렇지 않은 얼굴	정동 관련 영역
영아의 얼굴 지각	• 어른과 비교해 영아의 시력은 매우 나쁘지만, 첫 해 동안 자세한 내용을 보는 능력이 매우 빨리 향상됨 • 전문화된 얼굴 영역의 발달이 느린 까닭은 얼굴과 표정을 재인하는 능력, 얼굴 특징들의 총체적인 구조를 지각하는 능력의 성숙과 관련이 있음	

제2장 시각 주의

■ 주의는 생리적 반응에 영향을 미칠 수 있음

① 주의는 뇌 특정 영역의 반응을 증가시킴

    ㉠ O'Craven 등(1999)의 연구에서는 관찰자가 얼굴과 집을 중첩하여 보도록 하되 두 자극이 양쪽 눈에 모두 제시되도록 하여 양안경쟁은 일어나지 않도록 하였음

    ㉡ 실험자가 관찰자에게 둘 중 하나의 자극에 주의를 기울이도록 유도한 결과, 얼굴에 주의를 기울이면 FFA 영역이 활성화되었고, 집에 주의를 기울이면 PPA 영역이 더욱 활성화되었음

    ㉢ 본 실험은 각기 다른 대상의 유형에 대한 정보를 처리할 때, 서로 다른 뇌 영역의 활성화에 영향을 미친다는 것을 확인할 수 있음

② 위치에 대한 주의는 뇌의 특정 위치의 반응을 증가시킴

    ㉠ 암묵 주의 실험에서는 참가자가 디스플레이의 중심을 응시하게 한 뒤, 주의를 다른 위치로 이동시켰을 때의 fMRI를 측정하였음

    ㉡ 실험 결과, 참가자가 자신의 주의를 어느 곳에 기울이는가에 따라 활성화되는 뇌의 영역이 달라진다는 것을 확인하였음

③ 주의는 신경세포의 수용장 위치를 이동시킬 수 있음

    ㉠ Womelsdorf 등(2006)의 실험에서 원숭이가 작은 다이아몬드를 응시하는 경우와 작은 원을 응시하는 경우의 망막 수용장을 기록하였음

    ㉡ 원숭이가 화면의 왼쪽 다이아몬드에 주의를 둘 때는 수용장이 왼쪽으로 이동하는 반면, 주의를 오른쪽 원으로 이동시키면 수용장이 오른쪽으로 이동함

    ㉢ 이는 수용장이 특정 위치에 고정되지 않고 원숭이가 주의를 기울이는 곳에 반응하여 움직임으로써, 주의가 시각 시스템의 조직을 부분적으로 변화시키고 있다는 것을 의미함

■ 우리가 주의를 기울이지 않을 때 무슨 일이 일어나는가?

무주의 맹시 (inattentional blindness)	• 어떤 것을 직접적으로 바라보고 있을지라도 주의를 주지 않으면 놓칠 수 있는 현상 • Simon과 Chabris(1999)의 무주의 맹시(농구게임-고릴라복장 주의 실험)
변화 맹시 (change blindness)	• 장면에서 변화를 탐지하는 것이 어려운 현상 • 예를 들어, 영화에서 다른 샷으로 장면이 변할 때 물건이 없어지거나 행동이 바뀌어도 주의를 주목하지 않아 알아차리기 어려운 경우인 '연속성의 오류'가 대표적 변화 탐지의 예임

■ 주의 부하 이론(load theory of attention)

주의 부하 이론은 지각용량과 지각부하의 핵심 개념을 포함함

지각용량 (perceptual capacity)	한 사람이 지각과제를 수행하기 위해 사용 가능한 어느 정도의 용량
지각부하 (perceptual load)	• 특정한 지각과제를 수행하기 위해 요구되는 그 사람의 지각용량의 양 • 예를 들어, 매우 쉽고 충분히 연습된 과제들은 낮은 지각부하를 지님

저부하 과제 (low-load tasks)	그 사람의 지각용량의 적은 양만 사용함
고부하 과제 (high-load tasks)	어렵거나 잘 연습되지 않은 과제로, 개인의 지각용량을 더 많이 사용함

■ Treisman의 세부특징 통합론(feature integration theory)

Treisman은 우리가 어떻게 동일한 대상의 부분으로서 개개의 특징을 지각하는가의 문제를 제기하며, 다음과 같이 단계별로 설명하였음

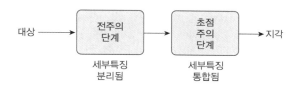

전주의 단계 (preattentive stage)	대상의 이미지 처리의 첫 번째 단계로, 대상은 분리된 특징으로 분석되며 처리 단계는 서로 독립적임	
초점주의 단계 (focused attention stage)	• 세부특징이 결합되는 두 번째 단계로, 세부특징이 결합되면 대상을 지각하게 됨 • 대표적인 증거로는 착각 접합(illusory conjunctions)과 발린트 증후군이 있음	
	착각 접합	목표한 자극에 주의를 둘 때 이전 다른 자극이 가졌던 세부특징이 목표 자극의 세부특징과 조합되는 것임
	발린트 증후군	개별적 대상에 주의를 집중하지 못하여 세부특징의 결합이 어려운 증상을 말함

■ 시각 검색(visual search)

① 결합에서 주의의 역할을 연구하는 또 다른 접근으로 시각 검색이 쓰임
② 시각 검색은 군중 속에서 친구를 찾거나 "월리를 찾아라" 그림책에서 월리를 찾는 것과 같이, 많은 사물 속에서 어떤 사물을 찾을 때 우리가 항상 하는 일임

■ 지각 완성(대상 통합성)

① 가려진 물체 뒤에 대상이 존재하고 있음을 인식하는 것을 지각 완성이라고 함
② 아동의 지각 완성을 알아보기 위한 방법 중 하나로 '습관화' 절차를 사용함
③ '습관화'란 유아가 새로운 자극을 볼 가능성이 크므로 자극을 아이에게 반복적으로 노출시켜 자극에 대한 선호도를 높이거나 그렇게 하지 않음으로써 선호도를 낮추는 방법임

제3장 깊이와 크기 지각

■ 단안 단서

① 회화 단서

회화 단서(pictorial cue)는 망막상의 이미지와 같은 회화에서 표현되는 깊이 정보의 출처임

가림 (occlusion)	• 한 대상이 다른 대상을 전체 또는 부분적으로 가려서 보이지 않게 할 때 일어남 • 산이 선인장과 산기슭보다 더 멀리 보이는 것처럼, 부분적으로 가려진 대상은 더 멀리 있는 것처럼 보임 • 그러나 가림이 한 대상의 절대적 거리에 대한 정보는 주지 않음(얼마나 떨어져 있는지는 알 수 없다는 의미임)
상대적 높이 (relative height)	• 사진의 프레임에서 높이는 우리의 시각장의 높이와 대응하며, 시각장에서 더 높이 있는 물체는 보통 더 멀리 있음 • 바닥이 지평선에서 더 근접한 물체가 보통 더 멀리 있는 것처럼 보임 • 반면, 하늘에 걸린 물체 중 시각장에서 더 낮게 있는 것이 더 멀리 있는 것으로 보임
상대적 크기 (relative size)	두 대상이 동일한 크기라는 것을 알고 있을 때, 멀리 있는 대상은 가까운 대상보다 시각장에서 더 작은 면적을 차지함
조망 수렴 (perspective convergence)	멀어질수록 수렴하는 것처럼 보임
친숙한 크기 (familiar size)	10원, 100원, 500원이 모두 같은 크기로 보인다면 우리는 10원, 100원이 가까이 있다고 말할 것임
대기 조망 (atmospheric perspective)	대상이 멀리 떨어져 있을수록 공기와 입자들(먼지, 수증기, 대기오염 등)을 통해서 봐야 하므로, 먼 대상이 가까운 대상보다 덜 선명하고 더 푸른빛을 띠게 됨
결 기울기 (texture gradient)	동일한 공간간격을 가진 요소들은 거리가 증가함에 따라 촘촘히 모여짐
그림자 (shadows)	공이 바닥에 붙어 있으면 공과 그림자의 거리가 줄어들고, 공이 바닥으로부터 떨어져 있으면 공과 그림자의 거리가 커짐

② 운동-생성 단서

㉠ 운동시차(motion parallax)는 우리가 움직일 때 일어나는데, 가까이 있는 대상은 우리를 빠르게 지나쳐 가는 것처럼 보이고 멀리 있는 대상은 더 느리게 움직이는 것처럼 보이게 함

㉡ 잠식과 증식 : 관찰자가 옆으로 이동하면 어떤 것은 가려지고 어떤 것은 드러나게 됨

■ 양안 깊이 정보

① 양안부등(binocular disparity)

㉠ 왼쪽과 오른쪽 망막상의 차이(부등)

㉡ 대응 망막점 : 두 눈이 서로 중복되었을 때 겹쳐지는 망막상의 위치

② 입체시

㉠ 입체시(stereopsis)란 양안부등에 의해 제공된 정보에서 만들어진 깊이감임

㉡ 입체시의 예로는 입체경(stereoscope)이 있으며, 입체경은 두 개의 약간 다른 그림을 사용하여 깊이에 대한 확실한 착각을 유발하는 것임

■ **크기를 지각하기**

① **시각도(Holway와 Boring의 실험)**
관찰자의 눈에 상대적으로 주어지는 대상의 각도를 뜻함

② **크기 항등성(size constancy)**
각기 다른 거리에서 물체를 바라보더라도 물체의 크기에 대한 지각이 비교적 항상적이라는 것을 의미함

③ **크기 항등성의 계산**

> 크기-거리 척도화 : $S = K(R \times D)$
>
> ※ S는 대상의 지각된 크기, K는 상수, R은 망막상의 크기, D는 대상의 지각된 거리

㉠ 어떤 사람이 나로부터 멀어짐에 따라 나의 망막에서 그 사람의 영상 크기 R은 작아지지만, 그 사람과의 거리 지각 D는 커지게 되며, 이 두 가지 변화가 서로 균형을 이루고, 그 결과 그 사람의 크기 S가 항상적으로 유지됨

㉡ 원을 오래 보면 망막에서 시각 색소의 작은 원 영역이 표백됨

㉢ 이 영역이 잔상의 망막 크기를 결정하며, 어디를 보든지 항상적으로 유지됨

㉣ 잔상의 지각된 크기는 잔상이 투사되는 표면의 거리에 의해 결정됨

㉤ 잔상의 가현적 거리와 그 지각된 크기와의 관계성을 Emmert의 법칙(Emmert's law)이라고 함

㉥ 잔상이 멀리 있는 것으로 보이면 보일수록 그것은 크게 보임

㉦ 망막에 표백된 영역의 크기 R은 항상 동일하게 유지되고, 잔상의 거리 D를 증가시키면 'R × D'는 증가되므로, 따라서 잔상의 크기 S는 먼 벽을 보게 되면 더 크게 보임

■ **착시**

① **Muller-Lyer 착시**

[크기의 오지각을 보이는 이유]

잘못 적용된 크기 항등성 척도화 (misapplied size constancy scaling)	• 크기 항등성이 통상 거리를 고려함으로써 대상의 안정된 지각을 유지하는 것을 도움 • 그러나 2차원 표면에 그려진 대상에 적용될 때는 착시를 낳음
갈등 단서 이론 (conflicting cues theory)	선 길이 지각은 두 가지 단서에 의존함(수직선의 실제 길이, 그림의 전체 길이)

② Ponzo 착시

③ Ames 방

④ **달 착시**
㉠ 가현 거리 이론(apparent distance theory)
㉡ 각 크기-대비 이론(angular size-contrast theory)

제4장 움직임 지각

■ 주의 포획

① 주의 포획이란 주의를 끄는 움직임을 의미하는데, 의식적으로 무언가를 찾고 있을 때만 나타나는 현상이 아니며, 무의식적 상황에서도 나타남

② 주의 포획은 다른 일에 주의를 쏟고 있을 때도 일어나는데, 우리가 다른 사람과 대화를 나누고 있는데 무언가가 움직여 옆 눈을 자극하면 우리는 즉각 주의를 그 무언가에 빼앗기게 됨

③ 주의 포획이 나타나는 움직임의 특징은 동물의 생존에 중요한 역할을 수행하는데, 예를 들어 쥐가 고양이에게 발각된 후 부동자세를 취해버리면 움직임에 의한 주의 포획 효과를 제거할 수 있음

■ 움직임 지각을 위한 망막/안구 정보

① Reichardt 탐지기
   ㉠ Reichardt 탐지기는 특정 방향으로의 움직임에 반응하도록 고안된 신경회로임
   ㉡ 흥분성 세포와 억제성 세포를 적절하게 배치하여 한 방향으로의 움직임은 이 탐지기의 출력반응을 억제하고 그와 반대 방향으로의 움직임은 출력반응을 조장하도록 고안되었음

② 동반 방출(결과 유출) 이론
   ㉠ Reichardt 탐지기는 특정 방향의 움직임을 탐지할 수 있지만, 물체의 상이 수용기를 지나가는 상황밖에 설명하지 못함
   ㉡ 망막 위에서 벌어지는 상의 움직임뿐만 아니라 눈의 움직임도 고려하는 동반 방출 이론을 고려해야 함
   ㉢ 망막으로부터의 신경신호와 안근으로부터의 신경신호
      • 상 움직임 신호(IDS)
      • 운동신호(MS)
      • 동반 방출 신호(CDS)
   ㉣ 동반 방출 이론을 지지하는 행동적 증거
      • 잔상을 이용해 상 움직임 신호를 제거해 보기
      • 안구를 밀어붙여 움직임 경험하기

■ 뇌 속의 움직임 관장 영역

① 중간관자겉질(MT)은 움직임의 방향에 민감하게 반응하는 신경세포가 많이 모여 있음

② Newsome과 동료들은 자극판 속 점이 같은 방향으로 움직이는 정도를 지적하기 위해 통일성이라는 용어를 이용했음

③ 통일성이 높아짐에 따라 움직임의 방향에 대한 원숭이의 판단이 더욱 정확하고 MT 신경세포가 더욱 빠른 속도로 발화하였음

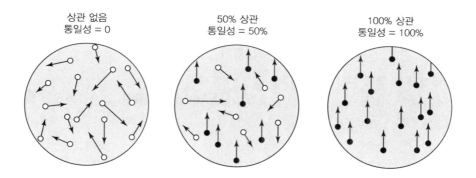

상관 없음
통일성 = 0

50% 상관
통일성 = 50%

100% 상관
통일성 = 100%

④ 자극-지각-생리적 반응과의 관계

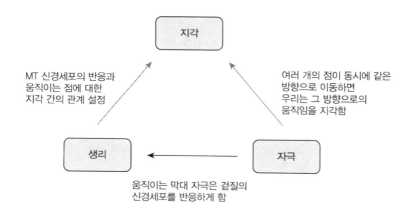

MT 신경세포의 반응과
움직이는 점에 대한
지각 간의 관계 설정

지각

여러 개의 점이 동시에 같은
방향으로 이동하면
우리는 그 방향으로의
움직임을 지각함

생리

자극

움직이는 막대 자극은 겉질의
신경세포를 반응하게 함

자극-지각 관계	• 제시된 자극이 움직이는지를 결정함 • 눈앞에 있는 어떤 물체가 상당한 속도로 이동하면, 우리는 움직임을 지각함 • 한 무리의 점이 같은 방향으로 움직일 때도, 우리는 그 방향으로 진행되는 움직임을 지각함
자극-생리 관계	• 움직이는 자극을 제시하고 그에 대한 신경반응을 측정함 • 막대 자극의 움직임이 원숭이의 시각겉질에 있는 신경세포의 반응을 유발함
생리-지각 관계	움직이는 점에 대한 MT 신경세포의 반응을 측정하고, 움직이는 점에 대한 원숭이의 지각을 측정함

제5장 색채 지각

■ 색채 시각에 관한 삼원색 이론의 행동적 증거

① Helmholtz의 색 대응 실험
  ㉠ 관찰자에게 '비교장'에 섞여 있는 세 개의 파장의 비율을 조정해서 그 혼합색이 '검사장'에 있는 단일 파장과 같게 보이도록 만듦
  ㉡ 실험의 주된 결과
    • 비교장에 대한 세 파장의 비율을 정확하게 조정하면, 검사장의 빛이 어떤 파장이든 대응시킬 수 있음
    • 비교장에 두 개의 파장만 주어지면, 모든 파장에 대해 색 대응을 할 수는 없음
② 정상적인 색채 지각을 하는 사람이 검사장에 있는 어떤 파장의 빛이라도 색 대응을 하려면 적어도 세 개의 파장이 필요하다는 결과에 기초해 색채 시각의 삼원색 이론이 제안되었음
  ㉠ 이 이론은 Young-Helmholtz의 색채 시각 이론이라고도 불림
  ㉡ 중심 아이디어는 '색채 시각은 각기 다른 스펙트럼 민감도를 갖는 세 개의 수용기 기제에 달려 있다'는 것임
  ㉢ 특정한 파장의 빛은 세 가지 수용기 기제를 각기 다른 정도로 자극하는데, 이 세 가지 기제의 활동양상이 색채 지각으로 이어짐
  ㉣ 각각의 파장은 세 가지 수용기 기제의 활동양상으로 신경계에 표상됨

■ 색채 시각에 관한 삼원색 이론의 생리적 증거

① 원뿔세포의 색소
  모든 시각 색소는 '옵신'이라 불리는 커다란 단백질 요소와 '레티날'이라 불리는 작지만 빛에 민감한 요소로 되어 있는데, 긴 옵신 부위의 구조의 차이에서 세 가지 다른 흡수 스펙트럼이 나옴
② 원뿔세포의 반응과 색채 지각
  ㉠ 만약 색채 지각이 세 가지 수용기 기제의 활동양상에 기초한다면, 이 세 가지 기제의 반응을 알면 우리는 우리가 어떤 색을 지각하는지 알 수 있어야 함
  ㉡ 특정 파장이 수용기의 특정 반응양상을 야기하는 것으로 보는 것은 우리가 여러 색의 빛을 혼합하면 어떤 색을 보게 될지 예상하는 것을 도와줌

이성	물리적으로 다른 두 개의 자극이 지각적으로는 같은 상황
이성체	색 대응 실험의 검사장과 비교장처럼 지각적으로 같게 지각되는 물체

  ㉢ 이성체가 같게 보이는 것은 세 개의 원뿔세포 수용기에서 같은 반응양상을 이끌어 내기 때문임
  ㉣ 검사장과 비교장에 있는 빛이 물리적으로 달라도 똑같은 생리적 반응양상을 산출해 내므로, 뇌의 입장에서 보면 두 불빛은 동등하며, 따라서 우리 눈에 같게 지각됨

■ 색채 시각에 관한 대립과정이론의 생리적 증거

① 대립 신경세포

단파장의 빛에 대해서는 신경 흥분을 증가시키고, 장파장의 빛에 대해서는 신경 흥분이 감소하는 반응을 망막과 가쪽무릎핵에서 발견하였음

② 세 개의 수용기에서 대립적인 반응이 만들어질 수 있는 이유

색대응 결과는 시각계의 처음 단계인 원뿔세포 수용기에서 나온 것이고, 잔상과 동시 색채 대비 등에서 관찰된 파랑과 노랑, 초록과 빨강이 지각적으로 짝지어져 있다는 것은 시각계의 후기 단계에 있는 대립세포에서 만들어진 것임

■ 겉질에 있는 대립 신경세포

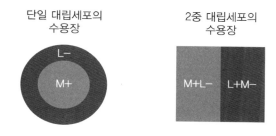

단일 대립세포의 수용장   2중 대립세포의 수용장

단일 대립 신경세포	M+L− 신경세포가 수용장 가운데에 주어지는 중파장에 대해 흥분을 증가시키고, 수용장의 주변부에 주어지는 장파장에 대해서는 흥분을 감소시킴
2중 대립 신경세포	단순겉질세포처럼 두 개의 수용장이 옆으로 붙어 있으며, 수용장의 왼쪽에 중파장의 수직 막대, 그리고 수용장의 오른쪽에는 장파장의 수직 막대가 주어질 때 가장 많이 반응함

■ 색채와 형태의 관계

① 시각계가 물체의 형태를 알아내면 색이 그 형태를 채운다는 생각에 따르면 형태가 정해지고 난 뒤 색이 더해짐

② 최근 연구 결과에서는 형태 처리와 색채 처리가 아주 밀접하게 연결되어 있으며, 심지어 색이 형태를 알아내는 데 참여할 수도 있다는 것을 시사함

③ 형태와 색은 나란히 붙어 있는 신경세포로 생리학적으로 연결되어 있으며, 이런 신경세포는 밝기의 차이 없이 색으로만 막대의 형태가 구분될 경우에도 흥분함

제6장 지각과 환경(행위 지각)

■ 다른 사람의 행위를 비추기

거울신경세포 (mirror neuron)	• 다른 개체의 행동을 관찰할 때 마치 자신이 그 행동을 하는 것처럼 활성화하는 신경세포임 • 이 신경세포는 원숭이가 자신이 음식을 쥘 때와 다른 사람이 음식을 쥐는 것을 볼 때 똑같이 반응함
시청각 거울신경세포 (audiovisual mirror neuron)	• 원숭이가 손 행위 및 이 행위와 관련된 소리를 들을 때 반응함 • 예를 들어, 실험자가 땅콩을 까는 것을 원숭이가 보거나 듣는 것 모두 원숭이의 땅콩 까기 행위와 관련된 뉴런 활동을 유발함 • 이 신경세포는 어떤 구체적인 움직임 패턴이 아니라 땅콩 까기처럼 '일어나는' 무엇에 반응함

제4편　청각 체계

제1장 청각 체계

■ 역과 음량

① 음량과 그 수준

ㄱ 역(threshold)

겨우 탐지될 수 있는 가장 작은 양의 소리 에너지임

ㄴ 음량(loudness)

'겨우 들을 수 있는'~'매우 큰'의 범위를 갖는 소리의 지각된 강도로, 데시벨로 표현되는 소리 자극의 수준 혹은 진폭과 밀접하게 관련되는 지각적 질

ㄷ 크기 추정법

데시벨 수준-음량 관계(물리적-지각적 관계)

ㄹ 더 높은 데시벨이 더 큰 음량에 상응하는 것은 아니며, 역과 음량은 데시벨뿐만 아니라 주파수에도 의존하므로 음량 지각에서 주파수를 평가하는 방법인 가청 곡선을 고려해야 함

② 가청 곡선

ㄱ 가청 곡선(audibility curve)

• 여러 주파수에서의 청각역을 나타낸 것임

• 낮은 역을 가지는 주파수는 매우 작은 소리 압력 변화만으로도 들을 수 있는 반면, 높은 역을 가지는 주파수는 소리 압력의 큰 변화가 필요함

• 이처럼 주파수별로 각기 다른 '기저선'을 가지므로 곡선의 형태로 청각의 역이 나타나게 되며, 이 곡선 아래쪽의 소리는 들을 수 없음

ⓛ 청각 반응 영역(auditory response area)
- 인간이 음들을 들을 수 있는 가청 곡선과 느낌의 역 사이의 영역임
- 인간은 20~20,000Hz 사이의 소리를 들을 수 있고, 말을 이해하는 데 가장 중요한 주파수인 2,000~4,000Hz 사이에서 가장 민감함(청각 역이 가장 낮음)

ⓒ 느낌의 역

느낌(feeling)의 역은 청각 반응 영역의 위쪽 경계로, 이 위의 소리는 고통을 주며, 청각계에 손상이 일어날 수 있음

ⓔ 등음량곡선(equal loudness curves)
- 등음량곡선은 여러 주파수에서 같은 음량의 지각을 나타내는 소리 수준을 표시함
- 한 주파수와 음량을 가진 순수 기준음을 제시하며, 역 수준은 주파수에 따라 달라도, 같은 역 위의 어떤 수준에서는 여러 주파수가 같은 데시벨 수준에서 비슷한 음량을 가질 수 있음

■ 음고

① 음고(pitch)

ⓜ 소리가 '높다' 혹은 '낮다'고 할 때의 지각적 질로, 소리가 음계에서 배열될 수 있도록 하는 청각의 속성으로 정의됨

ⓝ 주파수와 달리, 물리적인 것이 아닌, 심리적인 것이기 때문에 물리적으로 측정할 수 없음

ⓞ 낮은 기초주파수는 낮은 음고, 높은 기초주파수는 높은 음고와 연관되는 등 기초주파수와 관련이 높음

② 음계 높이(tone height)

ⓜ 음의 기초주파수 증가에 수반하는 음고의 증가라고 하는 지각경험임

ⓝ 피아노에서 저음에서 고음부로 이동할 때, 주파수와 음계 높이가 증가함

■ 옥타브

① 반음계 음조(tone chroma)

같은 음표를 가진 음들은 비슷한 소리가 나며, 이런 유사성에 의해 같은 문자를 가진 음표들을 같은 반음계 음조를 가지고 있다고 함

② 옥타브(octave)

같은 문자를 통과할 때마다 옥타브라는 간격을 올라가며, 옥타브만큼 떨어진 음은 같은 반음계 음조를 가짐

■ 반복 비율과 음고 지각

① 반복 비율의 항상성

    ㉠ 기초주파수가 제거되었을 때에도 음의 반복 비율은 그대로 유지됨

    ㉡ 따라서 기초주파수 혹은 고차 배음을 소리로부터 제거하여도 그 소리의 음고 지각에 영향을 미치지 않음

② 기초주파수 누락의 효과(effect of the missing fundamental)

기초주파수 혹은 다른 배음들이 제거되었을 때에도 그 소리의 음고 지각에 영향을 미치지 않으며, 이러한 음고 지각의 항상성을 기초주파수 누락의 효과라고 함

③ 주기성 음고(periodicity pitch)

    ㉠ 배음이 제거된 소리에서 지각되는 음고임

    ㉡ 음고는 소리 파형의 주기/반복 비율에 의해 결정됨을 보여주며, 기초주파수의 존재가 아닌, 기초주파수 연관 정보에 의해 결정됨을 보여줌(배음의 간격/파형의 반복 비율)

■ 음색

① 음색(timbre)

음량, 음고, 지속시간이 같은 두 음을 구분하게 해 주는 지각적 질

② 서로 다른 음색을 만드는 요인

배음	• 음고는 소리의 배음 구조와 밀접한 관련을 가짐 • 배음의 상대적 강도와 그 수가 악기마다 다름 • 배음의 주파수는 항상 기초주파수의 배수이지만, 배음은 없을 수 있음
개시와 쇠퇴	• 개시(attack)란 음의 시작부에서 음의 축적을, 쇠퇴(delay)는 음의 뒷부분에서 음의 약화를 말함 • 음색은 음의 개시와 쇠퇴의 시간 경과에 따라 달라질 수 있음 • 같은 음을 서로 다른 악기로 연주했을 때, '개시/지속부분/쇠퇴' 부분을 들으면 쉽게 구별되는 반면, '개시/쇠퇴' 부분을 제거하면 클라리넷/플루트 등을 구별하기 어려움

■ 내이(inner ear)

① 달팽이관(cochlea)

　내이의 주요 구조로, 액이 채워져 있으며, 이 액은 난원창에 기대어 있는 등골의 운동에 의해 진동함

② 달팽이관 분할(cochlea partition)

　완전히 풀린 달팽이관의 구조를 보면, 달팽이관의 위쪽 반인 전정계, 아래쪽 반인 고실계는 달팽이관 분할로 분리되며, 이는 등골 쪽의 기저(부)(base)부터 끝 쪽의 정점(부)(apex)까지 확장되어 있음

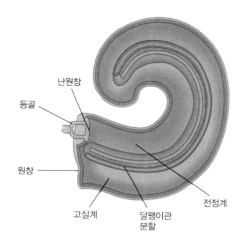

③ 달팽이관의 횡단면

　㉠ 코르티 기관(organ of Corti)

　　청각 수용기인 융모세포(hair cells)를 포함하는 기관임

　㉡ 기저막(basilar membrane)과 개막(tectorial membrane)

　　융모세포를 작동시키는 데 결정적인 역할을 하는 두 개의 막임

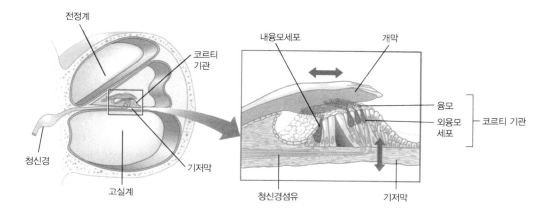

■ **융모세포와 두 개의 막**

① **융모(cilia)**

세포의 머리부분에서 튀어나온 가느다란 처리기로, 융모세포는 압력 변화에 반응해 휘어짐

② **내융모세포(inner hair cells)와 외융모세포(outer hair cells)**

㉠ 코르티 기관의 다른 기관에 위치해 있으며, 인간의 귀에는 내융모세포와 외융모세포가 1:3의 비율로 존재함

㉡ 외융모세포의 융모의 가장 긴 줄은 개막과 접촉해 있는 반면, 내융모세포의 융모는 개막과 접촉하지 않음

■ **진동이 융모를 구부림**

① **기저막의 상하 운동의 위치**

기저막의 상하 운동은 융모세포 위로 개막이 아치를 이루는 기저막 위의 코르티 기관에서 이루어짐

② **기저막의 상하 운동의 과정**

㉠ 중이의 등골의 진동이 난원창의 앞뒤 운동을 유발함

㉡ 진동을 달팽이관 안의 액체로 전달함

㉢ 기저막에 운동이 일어남

③ **기저막의 상하 운동의 결과**

㉠ 코르티 기관을 상하로 진동하게 함

㉡ 개막이 앞뒤로 움직이게 함

㉢ 위 두 가지 운동은 내융모세포의 융모 위의 개막이 앞뒤로 미끄러진다는 의미를 가짐

④ 외융모세포는 융모가 개막에 접촉하고, 내융모세포는 융모 주변의 액체에 있는 압력파 때문에 진동의 결과 융모는 휘어지게 됨

■ **구부림은 전기신호를 유발함**

① **압력파(환경 자극)의 전기신호로의 변환**

청각의 변환에는 이온 흐름이 필요하며, 융모세포의 융모가 휘어짐에 따라 발생함

② **청신경섬유 흥분 과정**

㉠ 전기신호 흥분

• 융모가 한 방향으로 움직이면 끝 고리 구조가 펴지며, 융모 막의 이온 채널이 열림

• 이온 채널이 열려 있을 때, 양극의 칼륨이온이 세포 안으로 유입됨

㉡ 비전기신호

• 융모가 반대 방향으로 휘어지면 끝 고리가 느슨해지며, 이온 채널이 닫힘

• 이때 전기신호 생성을 멈추게 됨

ⓒ 청신경섬유 흥분 과정
- 융모세포의 앞·뒤 휘어짐이 전기신호 흥분과 비전기신호를 교대로 일으킴
- 전기신호는 신경전달물질 방출을 유발함
- 이는 연접을 가로질러 확산하며 청신경섬유들을 흥분시킴
- 연접은 청신경섬유와 내융모세포가 분리되어 있음

■ 소리의 주파수는 전기신호의 시의성을 결정함

① 소리 자극의 압력 변화와 융모세포의 휘어짐

압력 증가	융모가 오른쪽으로 휘며, 융모세포가 활성화되고, 융모에 부착된 청신경섬유가 흥분함
압력 감소	융모가 왼쪽으로 휘며, 어떠한 흥분도 일어나지 않음

② 위상결속(phase locking)

청신경섬유는 단순음의 압력 증가·감소와 동시에 흥분하며, 이처럼 소리 자극의 같은 위치에서 흥분하는 속성을 위상결속이라 부름

③ 시간적 부호화(temporal coding)
- ㄱ 고주파수 음의 경우, 압력 변화에 따라 단일 신경섬유는 불응기가 필요하므로 매번 흥분하지 않을 수 있음
- ㄴ 그러나 음파의 정점에서 흥분하는 많은 신경섬유의 반응을 결합하면, 전반적 흥분 패턴은 소리 자극의 주파수에 대응함
- ㄷ 이처럼 소리의 주파수는 전기신호의 시의성을 결정하며, 이를 시간적 부호화라고 함

■ 청각의 장소설(place theory of hearing)

① 기저막의 진동은 주파수에 따라 더 많이 진동하는 위치가 달라짐
② 기저부는 고주파수에 조율되어 있고, 정점은 저주파수에 조율되어 있으며, 최상의 주파수는 이 두 극단들 사이에서 기저막을 따라 계속 변동함
③ 소리 주파수가 달팽이관을 따라 있는 신경 흥분이 최대인 장소에 의해 표시됨
④ 기저막의 각 장소는 여러 주파수에 가장 잘 반응하도록 조율되어 있음(달팽이관의 장소와 소리의 주파수를 연결)

제2장 청각의 기본 기능

■ 청각 경로의 겉질

① 겉질하 구조(subcortical structure)

    ㉠ 달팽이관에서 나온 청신경섬유가 연접하는 겉질 아래의 일련의 구조들임

    ㉡ 청각신호가 달팽이관에서부터 청각 겉질에 이르는, '달팽이관핵 → 상올리브핵 → 하구 → 안쪽무릎핵'의 경로임

달팽이관핵 (cochlea nucleus)	청각 겉질하 구조의 시작으로, 두 귀의 신호를 상올리브핵으로 전달함
상올리브핵 (superior olivary nucleus)	• 뇌간에 위치한 상올리브핵은 두 귀에서 온 신호가 처음으로 만나는 지점으로, 여기서의 처리는 두 귀 위치 파악에서 중요한 역할을 함 • 청각 구조에서 양측 간 정보 교차가 일어날 수 있음을 보여줌
하구 (inferior colliculus)	중뇌에 위치한 하구는 상올리브핵과 마찬가지로 두 귀 단서를 처리함
안쪽무릎핵 (medial geniculate nucleus)	시상에 위치한 안쪽무릎핵은 청각 겉질하 구조의 마지막 구조로, 청신경섬유는 안쪽무릎핵에서 겉질의 관자엽에 있는 1차 청각겉질 또는 청각 수용 영역으로 계속됨

② 1차 청각겉질(primary auditory cortex) / 청각 수용 영역(A1 : auditory receiving area)

    1차 청각겉질은 관자엽에 위치하고, 청각 신호를 겉질의 다른 청각 영역으로 이동시키며, 핵심 영역(core area)에 포함됨

③ 겉질의 주요 청각 영역

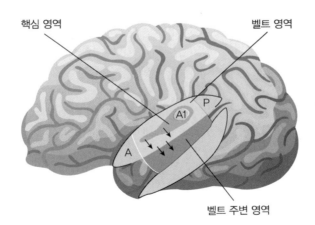

핵심 영역 (core area)	• 1차 청각겉질과 인근 영역을 포함하는 영역임 • 청각적 위치 파악과 소리 재인에 중요한 역할을 함
벨트 영역 (belt area)	• 핵심 영역을 둘러싸고 있는 영역임 • 핵심 영역과 마찬가지로 청각적 위치 파악과 소리 재인에 중요한 역할을 함

제3장 청각 패턴 지각

■ 말소리의 기본 단위

① 음소(phoneme)는 말소리의 가장 작은 단위이며, 음소가 바뀌면 단어의 의미가 바뀜

② 음소의 수는 각 특정 언어마다 다르므로, 음소는 그 언어에서 사용되는 소리의 측면에서 정의됨

③ 한 단위의 소리가 끝나면 다른 단위의 소리가 시작되는 식이 아니라, 이웃한 소리들이 서로 겹쳐 있음

■ 범주적 지각(categorical perception)

연속선상에 있는 자극이 별개의 범주로 구분되어 지각되는 경우에 발생함

① **음성구동시간(VOT : Voice Onset Time)**

말소리의 연속성을 보여주는 특성으로, 소리의 시작과 유성화에 동반되는 성대 떨림의 시작 사이에 존재하는 시간적 지연임

② **음소 경계(phonetic boundary)**

㉠ 컴퓨터를 이용한 연구에서 /da/와 /ta/ 사이의 음성 자극을 들려준 결과, VOT가 넓은 범위에 걸쳐 연속적으로 변화함에도 피험자들은 /da/ 또는 /ta/만 들었다고 보고했음

㉡ 음소 경계는 /da/가 /ta/로 변화해서 지각할 때의 VOT를 말하며, 음소 경계의 왼쪽에 있는 VOT 에서는 /da/가, 오른쪽에 있는 VOT에 대해서는 /ta/가 지각됨

㉢ 변별 검사(discrimination test)

음소 경계를 이용하여, VOT가 상이한 두 자극을 제시하였을 때 두 소리가 같게 들리는지, 다르게 들리는지 알아보는 검사임

㉣ 음소 경계가 같은 편에 있는 모든 자극이 동일한 범주로 지각되는 것은 청각에서의 지각적 항등성 의 예시임

■ 말소리 지각의 대뇌겉질 위치

① **브로카 영역(Broca area)**

㉠ 이마엽에 위치하며, 말소리 생성에 중요한 역할을 함

㉡ 브로카 실어증(Broca aphasia)

브로카 영역이 손상된 환자는 말소리 이해는 온전한 반면, 말을 하는 데 어려움을 겪으며, 짧은 문장만을 말할 수 있음

② **베르니케 영역(Wernicke area)**

㉠ 관자엽에 위치하며, 말소리 이해에 중요한 역할을 함

㉡ 베르니케 실어증(Wernicke aphasia)

베르니케 영역이 손상된 환자의 경우 말을 유창하게 할 수 있지만, 말하는 내용이 체계가 없고 의미가 없으며, 말소리 이해에 어려움을 겪음

㉢ 단어농(word deafness)

가장 극단적인 베르니케 실어증의 형태로, 순음을 듣는 능력은 이상이 없는 반면, 단어를 인식할 수 없음

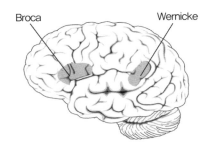

③ **목소리 영역과 목소리 세포**

　㉠ 목소리 영역

　　Pascal Belin과 동료들(2000)이 fMRI를 통해 찾은 영역으로, 인간의 위관자 고랑(STS : Superior Temporal Sulcus)에 위치하며, 다른 소리보다 사람의 목소리에 더 활성화됨

　㉡ 목소리 세포(voice cell)

　　Catherine Perrodin과 동료들(2011)이 기록한 신경세포로, 다른 동물들의 부르는 소리 또는 '목소리 아닌' 소리보다 원숭이끼리 부르는 녹음된 소리에 더 강하게 반응하는 세포임

　㉢ '목소리 영역'과 '목소리 세포' 둘 다 관자엽에 위치하며, '무엇' 경로에 포함됨

④ **말소리 지각의 이중-흐름 모형(dual-stream model of speech perception)**

　말소리 지각과 관련하여 대뇌겉질 조직이 복측(무엇) 또는 배측(어디) 경로라는 이중 흐름으로 구성된다는 제안임

복측(또는 무엇) 경로	관자엽에서 시작하는 경로로, 목소리의 재인을 담당함
배측(또는 어디) 경로	마루엽에서 시작하는 경로로, 말을 생성하는 움직임과 음향신호의 관련을 담당함

■ 대뇌겉질 신호로부터 말소리를 재구성하기

① '말소리 해독기'란 말소리 영역에 있는 전기적 신호 패턴이 말소리로 표상되는 방식임

　㉠ Pasley와 동료 연구자들(2012)은 뇌 수술이 필요한 간질 환자를 대상으로, 뇌 표면에 전극을 부착하여 말소리를 제시 후 전극의 신호를 기록하였음

　㉡ 다양한 전극에서 기록된 활동으로부터 나온 말소리 자극에서 주파수 패턴의 여부를 파악하고, 이 활동 패턴을 말소리 해독기가 분석했음

② '**재구성된' 분음파형도**

　제시된 말소리를 바탕으로 말소리 분음파형도를 재구성하며, 이는 뇌에 부착된 전극 배열이 기록한 전기적 신호로부터 구성되었기 때문에, '재구성된' 분음파형도라고 부름

③ **결과 활용**

　㉠ 재구성된 분음파형도의 주파수 패턴을 소리로 바꿔 주는 재생 기구를 사용했을 때, 환자가 듣고 있는 단어처럼 재인될 수 있는 말소리로 듣는 것이 가능했음

　㉡ 이러한 기구를 활용하면 말을 하지 못하는 환자들이 자신의 생각을 말소리로 변환하여 의사소통을 할 수 있게 해 주는 것이 가능할 것임

제5편	피부감각과 미각, 후각

제1장 피부감각

■ 체감각 겉질

① 체감각 수용 영역과 체감각 겉질

시상에서 신호는 겉질의 마루엽에 있는 체감각 수용 영역(S1, somatosensory receiving area) 혹은 이차 체감각 겉질(S2, secondary somatosensory cortex)로 이동함

② 뇌소인(homunculus)

㉠ 체감각 겉질의 중요한 특성인 그것이 몸의 위치에 상응하는 지도로 조직되어 있는 것으로, '작은 사람'이라는 라틴어인 '뇌소인'이라 불림

㉡ 뇌소인은 피부의 인접한 부위를 뇌의 인접 부위로 투사하는데, 어떤 피부 부위는 비례에 맞지 않게 큰 뇌 영역으로 표상함

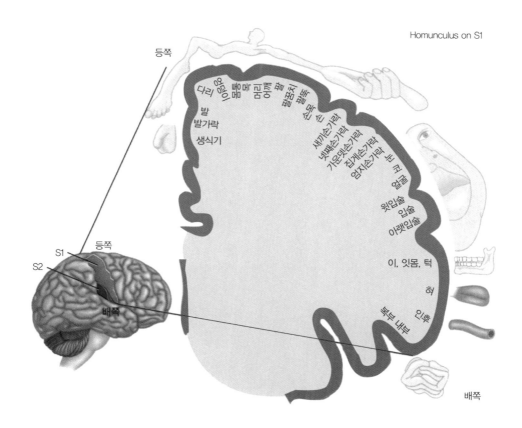

제2장 미각 및 후각

■ 미각

① 기본 맛은 짠맛, 신맛, 단맛, 쓴맛, 우마미로 분류함

② 우마미는 화학조미료인 MSG의 맛으로, 다섯 번째 기본 맛으로 인정되었음

■ 향미 지각

① 향미(flavor) 또는 맛은 혓바닥에 있는 수용기를 자극하여 생기는 미각과 후각 점막에 있는 수용기를 자극하여 생기는 후각이 조합된 결과임

② 향미를 느끼는 데에는 후각이 결정적인 역할을 하므로, 일반적으로 코를 막았을 때 맛의 정체를 파악하기가 어려움

③ 향미를 지각하는 곳이 입인 것처럼 느끼는 이유는 음식물이 입안의 촉각 수용기를 자극하기 때문이며, 후각 수용기와 미각 수용기의 작용을 입에서 벌어지는 작용으로 간주하는 구강 포획 현상이 입안에서 발생하여 향미가 입안에서 느껴지게 함

④ Proust 효과

ㄱ 오랫동안 생각도 해 보지 못했던 기억이 미각과 후각 때문에 생생하게 되살아나는 현상을 의미함

ㄴ 냄새로 유발된 기억과 '되돌아간' 느낌 및 강한 정서적 경험이 서로 관련되어 있다는 가정이 있을 수 있음

ㄷ 그러나 이를 규명하기 위해서는 추가적 연구가 필요함

제한시간 : 50분 | 시작 ___시 ___분 - 종료 ___시 ___분

➔ 정답 및 해설 87p

01 망막의 이 지점에 이미지가 맺히면 보지 못하는데, 이 지점은 무엇인가?

① 초점
② 중심와
③ 시신경
④ 맹점

02 이것은 환경 에너지에 반응하도록 특화된 세포로, 특정 형태의 에너지에 반응하도록 특화되어 있는데, 이것은 무엇인가?

① 감각 수용기
② 세포체
③ 말초 신경
④ 피부

03 다음 중 망막을 구성하는 세포층에 존재하지 <u>않는</u> 세포는?

① 양극세포
② 미주세포
③ 신경절세포
④ 아마크린세포

04 감각 정보를 뇌에서 부호화하는 방식 중 하나로, 소수의 신경세포의 발화가 정보를 부호화한다는
이론은 무엇인가?

① 분산 부호화
② 특정성 부호화
③ 성긴 부호화
④ 병렬적 부호화

05 대뇌의 '어디에/어떻게 경로'에 속하지 <u>않는</u> 것은?

① 후두엽(뒤통수엽)
② 측두엽(관자엽)
③ 두정엽(마루엽)
④ 선조피질(줄무늬겉질)

06 이 지각적 조직화는 순차적으로 점멸하는 전구들의 집합이 마치 움직이는 것처럼 보이는 현상을 의미
하는데, 이것은 무엇인가?

① 프래그난츠
② 좋은 연속성
③ 가현운동
④ 착시적 윤곽

07 운전자는 운전 중 교차로에 있는 정지 표지판을 구간 중간에 위치한 정지 표지판보다 더 잘 탐지하는
데, 이 이유는 무엇인가?

① 환경 지식에 기초한 인지적 요인
② 자극의 현출성
③ 과제가 요구하는 주의의 정도
④ 물리적 사전 단서의 유무

08 Treisman의 세부특징 통합이론에서 자극의 세부특징들을 결합하는 단계는 무엇인가?

① 전주의 단계
② 착각접합 단계
③ 결합 단계
④ 초점주의 단계

09 이 증후군은 '적색 T'와 '청색 O'와 같은 각기 다른 색의 두 글자를 보여주었을 때, 글자를 10초 동안 보도록 했음에도 '청색 T'를 보고하는 오류를 정상인보다 더 많이 보이는데, 이 증후군은 무엇인가?

① 리플리 증후군
② 아스퍼거 증후군
③ 발린트 증후군
④ 서번트 증후군

10 우리가 어떤 대상에 주의를 기울일 때 일어나는 일이 <u>아닌</u> 것은?

① 주의는 반응을 빠르게 한다.
② 주의는 겉모습에 영향을 줄 수 없다.
③ 위치에 대한 주의는 뇌의 특정 위치의 반응을 증가시킨다.
④ 주의는 신경세포의 수용장 위치를 이동시킬 수 있다.

11 길 찾기의 능력과 관련 있는 뇌 영역이 <u>아닌</u> 것은?

① 해마곁이랑
② 팽대후부겉질
③ 시상
④ 해마

12 다음 내용에 해당하는 움직임 착각은 무엇인가?

> 약 30~60초 동안 움직이는 자극을 주시한 다음 고정된 자극을 바라보면, 고정된 자극이 앞서 주시했던 움직이는 자극의 방향과 반대 방향으로 움직이는 것처럼 보인다.

① 움직임 잔효
② 외견상 움직임
③ 유도 움직임
④ 크기 항상성

13 움직임 지각과 관련한 '동반 방출 이론'에서, 상이 망막 위에서 움직임으로써 수용기를 자극할 때 생성되는 신호는 무엇인가?

① Reichardt 탐지기 신호
② 동반 방출 신호
③ 운동 신호
④ 상 움직임 신호

14 뇌의 MT 영역이 가장 민감히 반응하는 자극은 무엇인가?

① 움직임
② 붉은 색의 대상
③ 복잡한 선
④ 글자

15 다음 중 색채 연구자들이 기본색으로 간주하는 색이 아닌 것은?

① 빨강
② 검정
③ 노랑
④ 초록

16 다음 중 색채시 결함에 대한 설명으로 가장 적절하지 <u>않은</u> 것은?

① 여성이 남성에 비해 색채시 결함이 될 소지가 적다.
② 남성이 여성에 비해 색채시 결함이 될 소지가 적다.
③ 단색시는 색맹 중 아주 드문 유형이다.
④ 제1색맹에서 제3색맹까지 존재한다.

17 색채 지각의 대립과정이론에 대한 설명으로 가장 적절한 것은?

① 세 가지 빛의 파장에 다르게 반응하는 원뿔세포가 존재한다.
② 생리학적 증거를 기반으로 형성된 이론이다.
③ 색 대응 결과로 시각계의 초기 단계를 설명한다.
④ 대립과정이론은 색의 잔상 및 동시대비를 통해 검증되었다.

18 대뇌 피질에서 대립적으로 색에 반응하는 신경세포 두 종류가 존재하는데, 이 중에서 특정 영역 내의 색을 지각하는 데 중요한 역할을 하는 신경세포는 무엇인가?

① 단일 대립 신경세포
② 2중 대립 신경세포
③ 양극세포
④ 원뿔세포

19 조명이 달라져도 흰색, 회색, 검은색과 같은 무채색이 같은 밝기로 보이는 이 현상은 무엇인가?

① 명도 항등성
② 밝기 항등성
③ 색채 항등성
④ 크기 항등성

20 다음 내용에 해당하는 깊이지각 단서는 무엇인가?

> '수렴'은 가까이 있는 물체를 볼 때 눈이 안쪽으로 움직임으로써 일어난다. 그리고 '조절'은 다양한 거리의 대상에 초점을 맞출 때 수정체의 모양이 변함으로써 일어난다.

① 눈 운동 단서
② 단안 단서
③ 양안 단서
④ 운동-생성 단서

21 다음 중 시각도에 대한 설명으로 가장 적절한 것은?

① 자극의 밝기 및 관찰자와의 거리와 관련 있다.
② 자극의 선명도 및 관찰자와의 거리와 관련 있다.
③ 자극의 크기 및 관찰자와의 거리와 관련 있다.
④ 자극의 움직임 및 관찰자와의 거리와 관련 있다.

22 잔상의 지각된 크기는 잔상이 망막에 투사되는 표면의 거리에 의해 결정된다는 이 법칙은 무엇인가?

① 양안 부등의 원리
② 베버의 법칙
③ Emmert의 법칙
④ 게슈탈트 법칙

23 소리의 큰 범위의 압력을 축소하기 위해 사용하는 이 척도는 무엇인가?

① 헤르츠
② 주파수
③ 진폭
④ 데시벨

24 인간이 들을 수 있는 가청 곡선의 범위로 옳은 것은?

① 1~20Hz

② 20~20,000Hz

③ 20,000~40,000Hz

④ 40,000~60,000Hz

25 귀의 중이 안에 있는 세 개의 작은 뼈에 해당하지 <u>않는</u> 것은?

① 추골

② 등골

③ 지골

④ 침골

26 다음 중 코르티 기관에 속하는 것은?

① 등골

② 융모세포

③ 세반고리관

④ 끝고리

27 다음 중 노인성 난청에 대한 설명으로 가장 적절하지 <u>않은</u> 것은?

① 융모세포 손상에 의해 유발된다.

② 소음 노출의 시간과도 관련 있다.

③ 여성보다 남성에게 더 심각한 영향을 준다.

④ 노인성 난청은 고주파에 민감도를 높인다.

28 청각 신호가 대뇌까지 전달되는 경로에 속하지 <u>않는</u> 것은?

① 안쪽무릎핵

② 상올리브핵

③ 소뇌

④ 중뇌의 하구

29 청각 신호를 처리하는 벨트 영역의 앞부분은 어떤 정보를 처리하는가?

① 다양한 소리의 정체를 파악한다.
② 공간적인 조율과 연합되어 있다.
③ 순수음에 반응한다.
④ 어디 경로에 해당한다.

30 주파수가 같거나 천천히 주파수가 변하는 소리는 중간에 다른 자극에 의해 중단되어도 연속적인 소리로 지각한다. 청각의 조직화 원리에 사용되는 정보 중 하나인 이것은 무엇인가?

① 구동시간
② 청각적 연속
③ 음고
④ 음색

31 다음 중 조음기관에 해당하지 않는 것은?

① 성대
② 혀
③ 입술
④ 이

32 소리의 시작과 유성화에 동반되는 성대 떨림의 시작 사이에 존재하는 시간적 지연을 무엇이라고 하는가?

① 음소
② 분음파형도
③ 범주적 지각
④ VOT(Voice Onset Time)

33 말소리 지각이 어떻게 시각 정보에 의해 영향을 받게 되는지 보여주는 대표적 현상은 무엇인가?

① 시각 포획
② McGurk 효과
③ 음소복구 효과
④ 변사 효과

34 연속적인 말소리 안에서 단어 사이에 있는 끊김을 지각할 수 있는 이유가 <u>아닌</u> 것은?

① 단어와 단어 사이의 공백에 전적으로 의존
② 단어의 의미
③ 이행 확률
④ 사전 지식

35 말하려고 노력은 하지만 짧은 문장만을 말할 수 있으며, 다른 사람이 이야기하고 있는 것은 온전히 이해하는 실어증은 무엇인가?

① Wernike 실어증
② 단어농
③ Broca 실어증
④ 전도성 실어증

36 피부의 수용기로부터 나오는 신호를 이 신경 다발을 통해 받는데, 이 신경 다발은 무엇인가?

① 배근
② 척수
③ 내측모대 경로
④ 시상

37 다음 중 대뇌 체감각 겉질(피질)의 특성을 반영한 뇌소인(homunculus)에서 가장 큰 영역을 차지하는 신체 감각으로 추론되는 것은?

① 발가락　　　　　　　　　　② 어깨

③ 다리　　　　　　　　　　　④ 입술

38 다음 내용에서 밑줄 친 이것에 해당하는 미각체계를 구성하는 구조물은 무엇인가?

> 이것 때문에 혓바닥의 돌기와 골이 형성되어 있다. 이것에는 네 종류가 있으며, 그중 섬유형 이외의 3종류에는 미뢰가 분포되어 있다.

① 미각세포

② 유두

③ 미뢰

④ 미공

39 다음 중 향미에 대한 설명으로 가장 적절하지 <u>않은</u> 것은?

① 향미는 다른 감각과 상호작용 없이 형성된다.

② 향미는 미각, 후각, 시각 및 촉각의 상호작용으로 창출된다.

③ 향미는 후각이 결정적이다.

④ 우리가 음식물의 맛을 본다고 할 때, 우리가 실제로 경험하는 것은 향미이다.

40 신호탐지이론에서 반응기준에 따라 달라지는 반응은 무엇인가?

① 민감도

② 정확기각

③ 오경보

④ 누락

01	02	03	04	05	06	07	08	09	10	11	12	13	14	15	16	17	18	19	20
④	①	②	③	②	③	①	④	③	②	③	①	④	①	②	②	④	①	②	①

21	22	23	24	25	26	27	28	29	30	31	32	33	34	35	36	37	38	39	40
③	③	④	②	③	②	④	①	②	②	①	④	②	①	③	①	④	②	①	③

01　**정답** ④

맹점은 시각 수용기가 없는 곳으로, 시각신경이 눈에서 빠져나가는 곳이다. 따라서 이 지점에 상이 맺히게 되면 시각 경험을 할 수 없다.

02　**정답** ①

감각 수용기는 특정 형태의 에너지에 반응하도록 특화되어 있다. 가령, 시각 수용기는 빛 에너지에만 반응하며, 에너지를 전기 에너지로 변형한다.

03　**정답** ②

망막을 구성하는 세포에는 시각 수용기에 해당하는 막대세포와 원뿔세포가 있으며, 이외에 수평세포, 양극세포, 아마크린세포 그리고 시각신경섬유로 정보를 전달하는 신경절세포가 있다.

04　**정답** ③

성긴 부호화는 대다수의 신경세포가 침묵상태이면서, 소수의 신경세포 집단의 발화패턴에 의해 특정 대상이 표상되는 것이다.

05　**정답** ②

대상을 보고 정보를 처리하는 대뇌의 신경 경로는 크게 '무엇 경로'와 '어디에/어떻게 경로'로 나뉜다. '무엇 경로'에 속하는 피질은 '후두엽(뒤통수엽)에서 측두엽(관자엽)까지의 경로'이고, '어디에/어떻게 경로'는 '후두엽 → 선조피질(줄무늬겉질) → 두정엽(마루엽)'이다.

06　**정답** ③

가현운동은 한 이미지가 꺼지고 암야가 짧은 시간 동안 계속된 후 두 번째 이미지가 점멸하면 그 이미지가 움직이는 것처럼 보이는 것을 의미한다. 그 이유는 두 점멸하는 이미지 사이에 있는 암야 기간에 어떤 처리를 첨가했기 때문이다.

07　**정답** ①

주의를 기울이는 요인으로 자극의 현출성, 환경 지식에 기초한 인지적 요인, 과제 요구 등이 있다. 이 중에서 교차로의 정지 표지판에 더 많은 주의를 기울이는 이유는 교차로에서 정지 표지판이 중요하다는 경험이나 지식이 있기 때문이다.

08　**정답** ④

Treisman의 세부특징 통합이론에서 대상의 이미지 처리의 첫 단계는 대상의 세부특징을 분석하는 '전주의 단계'이다. 그리고 두 번째 단계는 분석한 세부특징을 결합하는 '초점주의 단계'이다.

09 정답 ③

발린트 증후군은 세부특징을 분석하는 것은 할 수 있지만, 그것들을 적절하게 결합하는 것을 어려워한다. 따라서 '적색'의 세부특징과 '글자'의 세부특징을 적절하게 결합하지 못해 '청색 T'를 보았다고 착각한다.

10 정답 ②

서로 다른 대비의 격자를 볼 때, 주의를 더 많이 할당한 대상이 더 선명하고 생생하게 보인다. 이것은 주의가 자극을 지각할 때 외관에 영향을 준다는 것을 의미한다.

11 정답 ③

은퇴한 런던 택시운전사들과 뇌염으로 인해 뇌손상을 당한 런던 택시운전사의 비교 연구를 통해 해마곁이랑, 팽대후부겉질 그리고 해마가 길찾기에 주요한 뇌 영역으로 밝혀졌다.

12 정답 ①

제시문은 움직임 잔효에 대한 내용이다. 움직임 잔효의 한 예로 폭포 착시가 있는데, 폭포수를 약 30~60초간 바라본 후 주변의 고정된 바위나 나무를 보면, 몇 초 동안 폭포수가 움직이는 반대 방향으로 움직이는 것처럼 보이게 된다.

13 정답 ④

망막 위에서 움직임으로써 수용기를 자극할 때 생성되는 신호는 '상 움직임 신호'이다.
① 'Reichardt 탐지기'는 특정 방향으로의 움직임에 반응하도록 고안된 신경회로이다.
② '운동 신호'가 안근으로 가지 않고 뇌의 특정 영역으로 전달된 것을 '동반 방출 신호'라 한다.
③ 관찰자가 눈을 움직이거나 움직이려고 할 때, 뇌에서 안근으로 전달되는 신호를 '운동 신호'라 한다.

14 정답 ①

MT 영역(중간관자겉질)은 움직임에 민감히 반응한다. 원숭이의 MT 영역에서 아래쪽으로의 움직임을 선호하는 신경세포에 미세 전기자극을 주면, 오른쪽 수평 방향으로 움직이는 화면상의 점들이 오른쪽 아래로 움직인다고 원숭이들은 보고한다.

15 정답 ②

색채 연구자들은 빨강, 노랑, 초록, 파랑을 기본색으로 간주한다.

16 정답 ②

여성의 경우 하나의 정상적인 유전자만 있으면 색채지각이 가능해 색채시 결함이 될 소지가 적다.

17 정답 ④

① 대립과정이론은 빨간색, 초록색, 노란색, 파란색에 의해 생성되는 대립적 반응에 의해 시각이 일어난다고 주장한다. 신경학적 증거로 망막의 원뿔세포가 아닌 단파장의 빛에 대해서는 신경 흥분을 증가시키고 장파장의 빛에 대해서는 신경 흥분이 감소하는 반응을 망막과 가쪽무릎핵에서 발견하였다.
② 색채 지각의 대립과정이론은 색의 잔상이나 동시대비 효과에 대한 현상학적 관찰 결과를 토대로 제안되었다.
③ 대립과정이론이 설명하는 시각 작용은 시각계의 후기 단계에 있는 대립세포에서 만들어지는 것으로 알려져 있다.

18 정답 ①

대뇌 피질에는 '단일 대립 신경세포'와 '2중 대립 신경세포' 두 종류가 있다. 단일 대립 신경세포는 특정 영역 내의 색을 지각하는 데 중요한 기능을 하며, 2중 대립 신경세포는 색 사이의 경계를 지각하는 데 중요한 기능을 한다.

19 정답 ②

조명이 달라져도 유채색을 비교적 항등적으로 지각하는 '색채 항등성'과 같이, 무채색도 조명에 상관없이 항등적으로 지각하는 특성을 '밝기 항등성'이라고 한다. 어두운 조명 아래의 검은 강아지나, 대낮에 밝은 햇볕을 쬐며 뛰어노는 검은 강아지나 모두 검게 보인다.

20 정답 ①

제시문은 '눈 운동 단서'에 대한 내용이며, '눈 운동 단서'는 눈의 위치와 눈 근육의 긴장을 감지하는 능력에 기초한 단서이다.
② '단안 단서'는 한쪽 눈만으로도 작동하는 단서이다.
③ '양안 단서'는 두 눈에 의존하는 단서이다.
④ '운동-생성 단서'는 거리에 따라 운동시차가 발생할 때, 이 차이를 기반으로 깊이지각을 느끼게 하는 단서이다.

21 정답 ③

시각도는 관찰자의 눈에 상대적으로 주어지는 대상의 각도이며, 자극의 크기 및 자극-관찰자 거리 두 가지 모두에 의존한다. 따라서 자극이 가까워질수록 시각도는 커지고, 자극이 멀어질수록 시각도는 작아진다.

22 정답 ③

잔상의 지각된 크기는 잔상이 투사되는 표면의 거리에 의해 결정된다. 즉, 잔상의 가현적 거리와 그 지각된 크기와의 관련성이 바로 'Emmert의 법칙'이다. 잔상이 멀리 있는 것으로 보이면 보일수록, 잔상은 더 크게 보인다. 이 결과는 '크기-거리 척도화 등식'을 따른다.

23 정답 ④

속삭임과 같은 작은 소리는 진폭으로 표현할 수 있지만, 록 콘서트의 음악처럼 매우 큰 소리를 표시하기 위해서는 진폭을 매우 큰 단위로 표현해야 한다. 이것은 비실제적이기 때문에 청각 연구자들은 데시벨(dB)이라는 소리의 단위를 고안했다. 이것은 광범위한 소리 압력을 다루기가 더 쉬운 척도로 바꾸어 준다.

24 정답 ②

인간이 들을 수 있는 가청 영역을 가청 곡선으로 표현할 수 있고, 그 영역은 20~20,000Hz로 알려져 있다. 인간은 말소리에 민감한데, 그 주파수 영역이 2,000~4,000Hz이다.

25 정답 ③

중이 안에는 이소골이 있으며, 이소골은 신체에 있는 가장 작은 세 개의 뼈(추골, 침골, 등골)로 이루어져 있다. 그 기능은 공기로 가득 찬 '중이'로부터 액체로 가득 찬 '내이'로 소리 진동을 전달하는 것이다.

26 정답 ②

내이의 달팽이관을 보면 청각 수용기인 융모세포를 포함하는 '코르티 기관'과 '기저막' 및 '개막'이 있다. 이 중 기저막과 개막으로 융모세포를 작동시키게 된다.

27 정답 ④

소음 노출의 시간, 약물 섭취, 나이 관련 퇴화 등 여러 원인으로 융모세포 손상에 의해 노인성 난청이 유발된다. 여성보다 남성에게 더 심각한 영향을 주며, 고주파수 민감도에 악영향을 준다.

28 정답 ③

청각 신호는 달팽이관에서 시작하여 뇌간의 '상올리브핵', 중뇌의 '하구', 시상의 '안쪽무릎핵'의 경로를 거쳐, 대뇌의 1차 청각 피질에 도달한다.

29 정답 ①

벨트 영역의 뒷부분은 공간적 조율과 연합되어 있고, 순수음과 같은 단순한 소리에 의해 활성화된다. 벨트 영역의 앞부분은 정글에 있는 원숭이에게서 녹음된 경고소리와 같은 복잡한 소리에 반응한다. 벨트 영역의 앞부분과 뒷부분의 차이는 청각 경로에서 무엇 경로와 어디 경로의 차이를 보여준다.

30 정답 ②

시각에서 조직화의 원리가 있듯, 청각에도 유사한 조직화 원리가 있다. 이 조직화에 사용하는 정보에는 음원의 위치에 관한 정보인 '위치', 두 소리가 시작하는 시간 차이인 '구동시간', '음고와 음색', 그리고 주파수가 같거나 천천히 주파수가 변하는 소리는 중간에 다른 자극에 의해 중단되어도 연속적인 소리로 지각하게 하는 '청각적 연속'이 있다.

31 정답 ①

대부분 말소리에 의한 음향신호는 성도로 밀려 올라오는 공기에 의해 생성되고, 생성된 소리는 공기가 밀려 통과되는 성도의 모양에 따라 달라진다. 이때 성도의 모양은 '혀, 입술, 이, 턱, 연구개(입천장)' 등의 조음기관이 움직여서 바뀌게 된다.

32 정답 ④

소리의 시작과 유성화에 동반되는 성대 떨림의 시작 사이에 존재하는 시간적 지연은 VOT(Voice Onset Time)라 한다. VOT는 범주적 지각을 설명하기 위한 중요한 요소로, /da/와 /ta/를 구분할 때 /da/의 VOT는 17ms이고, /ta/는 91ms이다. 이 VOT 차이로 인해 우리는 두 소리를 구분할 수 있다.

33 정답 ②

말소리 지각의 다중 양상 특징으로, 말소리 지각이 어떻게 시각 정보에 의해서 영향을 받게 되는지 보여주는 대표적인 현상은 'McGurk 효과'이다. 청자는 화면에서 나오는 /ba-ba/ 소리를 듣는다. 그러나 /ga-ga/ 소리를 낼 때의 입술 움직임을 청자에게 보여주면, 청자는 /da-da/ 소리를 들었다고 보고한다. 이 현상은 청각 정보가 말소리 지각의 주요 원천이지만, 시각 정보 또한 말소리 지각에 영향을 준다는 것을 보여준다.

34 정답 ①

대화에서 개별 단어를 구분하여 지각하는 것을 말소리 분절이라 한다. 단어 사이에 간격이 사실 없기 때문에 단어를 분리할 수 있는 다른 정보가 필요하다. 이러한 다른 정보에는 '단어의 의미', 단어를 학습했던 '사전 지식', 그리고 한 소리가 다른 소리에 뒤따라 나올 확률인 '이행 확률'이 있다.

35 정답 ③

19세기 Paul Broca가 뇌 손상 환자인 TAN을 대상으로 연구한 결과, 이 환자는 말하려고 노력은 하는데 짧은 문장만을 말할 수 있었으며, 다른 사람이 이야기하고 있는 것은 온전히 이해할 수 있었다. 사후에 TAN의 뇌를 관찰한 결과 전두엽의 손상을 발견했고, 이 영역의 손상이 말소리 생성에 악영향을 준다고 보았다. 이후 이 영역을 Broca 영역이라 하며, 이 영역의 손상에 따른 실어증을 Broca 실어증이라 한다.

36 정답 ①

피부의 수용기에서 척수로 전달되는 신경 신호는 우선 '배근'이라는 신경 다발을 통해 척수로 입력된다. 이후 내측모대 경로와 척수시상 경로로 전달된다.

37 정답 ④

뇌소인에서는 피부의 인접한 부위는 뇌의 인접 부위로 투사되며, 어떤 피부 부위는 비례에 맞지 않게 큰 뇌영역으로 표상된다는 것을 보여준다. 손가락과 같은 신체 부위는 촉감을 통해 세부를 탐지하는데, 체감각 겉질에서 비례에 맞지 않게 큰 영역이 할당되어 있다. 같은 논리로 이 문제에서 가장 민감한 피부 영역은 입술이다.

38 정답 ②

유두는 혓바닥에 우둘투둘하게 나있는 것으로, 유두 내부에 미뢰가 위치한다. 유두의 종류에는 섬유형 유두, 균상 유두, 잎 모양 유두, 성벽형 유두가 있다. 섬유형 유두는 원추 모양이며, 혀 표면 전체에 널려 있어 혓바닥의 대략적 외모를 결정한다. 섬유형 유두 이외에 3종류의 유두에는 미뢰가 분포하고 있다.

39 정답 ①

향미는 후각이 결정적이지만 미각, 시각, 심지어 촉각의 상호작용의 결과이다. 심지어 기대하는 것에 따라 우리의 향미 경험이 달라지기도 한다.

40 정답 ③

신호탐지이론에서 개인의 반응기준은 다음을 의미한다. 자극의 역(threshold)을 측정할 때 자극을 감지했다고 확신할 때만 반응하는 보수적인 성향이 있고, 반대로 자극이 있는 것 같다고 생각하기만 해도 반응하는 관대한 성향이 있을 수 있다. 이를 반응기준이라 한다. 신호탐지이론에서 사용하는 반응에는 '적중, 오경보, 정확기각, 누락'이 있는데, 이 중에서 '적중'과 '오경보'는 사람의 반응기준에 따라 다르다.

SD에듀와 함께, 합격을 향해 떠나는 여행

벼락치기

Ⅲ. 사회심리학

- 빨리보는 간단한 키워드
- 기출동형 최종모의고사
- 최종모의고사 정답 및 해설

우리 인생의 가장 큰 영광은 결코 넘어지지 않는 데 있는 것이 아니라
넘어질 때마다 일어서는 데 있다.

– 넬슨 만델라 –

빨리보는 간단한 키워드

제1장	사회심리학 개관

제1절 사회심리학의 특성

■ 사회심리학이란

① 다른 사람이 있고 없고에 따라 사람들의 생각과 느낌과 행동이 바뀌는 모습을 과학적으로 탐구하는 심리학의 한 분야임(Allport, 1985)
② 상황과 행동이라는 두 가지 초점에서 상황에 관심을 가지고 연구함
③ 사회심리학자들은 다른 사람들의 말이나 행동 또는 단순한 출현이 우리의 사고, 느낌, 태도, 또는 행동에 영향을 미친다고 생각함
④ **사회적 영향력** : 다른 사람들의 말이나 행동 또는 단순한 출현이 우리의 사고, 느낌, 태도, 또는 행동에 영향을 미치는 효과를 의미함

■ 사회심리학의 관심주제들

사회적 상황요인	개인이 처한 생활 장면에서 작용하는 개인 외적 요인 예 타인의 존재 여부, 타인의 행동, 타인의 숫자, 타인에 대한 호감, 인상 등
환경적 요인	• 사람들은 언제나 환경의 영향을 받음 • 물리적, 구조적, 문화적 환경으로 구분됨 • 환경의 용이성은 사회적 행위에 큰 영향을 미침

■ 사회심리학의 이론적 접근

동기접근	인간의 사회행동을 인간의 본능적 동기인 생물학적 욕구나 사회적 동기로 말함
사회적 동기	• 사회화 과정에서 후천적으로 습득한 동기를 말함 • 성취동기, 친화동기, 세력동기 등으로 설명함
인지접근	• 환경을 인식하는 사람의 지각에 달려있다고 말함 • 귀인과 사회인지가 연구의 주를 이룸 * 귀인 : '원인의 귀착'의 줄임말로, 한 개인이 타인의 행동이나 사건의 원인을 어떻게 설명하느냐와 관련이 있음
의사결정접근	• 사람의 의사결정이 합리적 추론을 거쳐 이루어진다고 봄 • 인간의 추론과정이 비합리적인 경우가 많다는 후속연구에 의해 타당성의 제한을 받고 있음
상호의존접근	개인이 얻는 보상이나 이익은 타인과 연결되어 있다고 봄
사회문화접근	• 문화에 따라 사람의 행동이 다르게 나타난다고 봄 • '집단주의-개인주의 차원'이 가장 대표적임 * 집단주의-개인주의: 개인행동의 준거가 개인에게 있는지 개인이 속한 집단에 있는지에 의해 구분됨

■ 사회심리학의 네 가지 핵심가정

① 행동은 인간과 상황의 합동적 영향에 의해 결정됨

② 인간의 모든 사고, 감정, 행동은 타인과 연결되어 있으며, 본질적으로 사회적인 것임

③ 행동을 이해하기 위하여 우리는 사람이 자기 자신과 자신의 사회적 세계에 대해 어떻게 생각하는지를 알아야 함

④ 과학적 방법은 사회 행동을 정확하게 이해하는 데 있어 가장 좋은 방법임

제2절 사회심리학의 역사

■ 사회심리학의 발전

1940년대~ 1960년대	• 레빈(Lewin)의 장(Field)이론 : 인간의 이해를 위해서 개인적인 요소뿐 아니라 사회적 영향요인도 함께 연구하는 이론 • 페스팅거(Festinger)의 인지부조화이론 : 행동과 신념이 불일치할 때 행동이나 신념을 바꿔 일치시키는 평행상태를 유지한다는 이론
1960년대~	사회적 지각, 대인매력, 친사회적 행동, 집단의사결정
1970년대	• 심리학계의 성장과 더불어 심리학적 사회심리학의 성장 • 귀인이론 등장
1980년대~ 1990년대	• 성차에 따른 행동의 차이, 환경문제가 사회적 행동에 미치는 영향에 관심 증가 • 광범위한 사회적 과정에 인지적 관점 적용 • 실제 문제에 사회심리학의 응용이 증가 • 인지과정에 초점을 맞춘 정보 습득·분석이 꾸준히 증가

■ 사회심리학의 근원과 현대 사회심리학의 관점

근원	• 1880년대 중반 스펜서(Spencer)는 다윈(Darwin)의 진화론을 확장하여 인간의 사회행동 역시 동일한 진화과정의 산물이라고 주장 • 프로이트(Freud)는 인간의 행동이 공격 추동과 성적 추동에 의해 형성되는데 이 추동의 대부분은 우리의 의식적 경험에서는 숨겨져 있다고 주장 • 행동주의자들은 외현적 행동만이 관찰되고 측정될 수 있다고 주장하고 감정, 희망, 의식 등에 대한 연구는 격하 • 현대 사회심리학의 무대는 듀이(Dewey), 올포트(Allport), 머피(Murphy) 등의 노력으로 마련
현대 사회심리학의 관점	• 사회인지적 관점은 우리가 사건과 사람을 어떻게 지각하고 기억하며 해석하는가에 초점 • 진화적 관점은 인간을 동물의 한 종으로 보며 사회행동을 진화적 적응의 결과로 보는 역동적 관점 • 문화적 관점은 사고와 행동에 미치는 문화의 영향을 강조 • 실존적 관점은 죽음의 불가피성, 의미, 타인들의 연결성과 같은 인간의 본질적인 관심에 초점 • 신경과학적 관점은 생물학적 체계가 사회적 과정에 어떻게 영향을 주고 또 어떻게 영향을 받는가를 이해하는 데 초점

■ 국내의 사회심리학

1962년	서울대학교 고영복 교수에 의해 최초의 사회심리학 교재가 출판
1970년대	미국심리학이 서울대학교 차재호 교수에 의해 소개되면서 한국의 사회심리학이 정착
1980년대	미국에서 연구되고 있던 가치관, 대인지각, 공격행위, 귀인 등의 주제에 관심을 갖고 활발히 연구
1990년대	한국의 문화현상에 관심이 증가
2000년대	• 사회심리학적 연구를 하는 학자들이 증가 • 사회적 연결망, 공동체의 작동, 다문화사회, 사회계층, 서열경쟁의 영향 등 연구

제3절 사회심리학 연구방법

■ 과학적 연구방법

① 신뢰할 수 있는 관찰물을 대상으로 함
② 검증하고자 하는 이론의 적용영역과 한계 및 적용되지 못하는 경우를 분명하게 함
③ 다른 연구자들이 연구를 재검하고 수정할 수 있도록 연구절차를 명시함

■ 사회심리학의 연구방법들

관찰연구	연구자가 특정 집단의 사람 또는 특정 행동을 관찰하고 관찰된 행동의 측정치나 인상을 기록으로 남기는 방법
상관연구	변인들 간 관계를 밝혀냄으로써 상이한 유형의 사회행동이 발생할 것인지 예측하는 방법
실험연구	상관관계가 아닌 인과관계를 알아보는 방법
반복연구	• 연구결과의 일반화 가능성을 알아보기 위한 연구 • 선행연구와는 다른 상황에서 다른 사람들을 대상으로 실시
온라인 매체연구	사회관계망(SNS)의 엄청난 자료를 분석하는 연구

■ 사회심리학의 연구 장소

실험실연구	실험통제가 쉬운 반면, 실험상황과 실제상황이 다를 가능성이 높음
현장연구	실제상황을 살릴 수 있다는 장점이 있지만, 연구하고자 하는 변인 이외의 변인을 통제하기 어려움

■ 실험용어 정리

조작적 정의	주어진 연구에서 그 개념이 무엇을 의미하는지 정의하는 것
독립변인	결과(종속변인)에 영향력을 행사하는 변인으로, 연구가설을 검증하기 위해 구성되는 변인
종속변인	독립변인에 의해 영향을 받아 변하는 변인으로, 독립변인의 조작효과가 종속변인에 얼마나 반영되는지 알아보는 것이 연구의 목적
실험조건과 통제조건	연구자 자신이 알고자 하는 것이 직접 반영되도록 처치하여 실험조건을 설정하며, 모두 동일과정이지만 처치하지 않는 통제조건을 설정하여 두 결과를 비교·관찰
무선배정	실험의 특정 조건에 배정될 확률이 동일하도록 하는 작업
내적 타당도	실험의 종속변인에 영향을 미친 것이 독립변인뿐이라고 확신할 수 있는 정도
외적 타당도	실험의 결과를 다룬 상황을 일반화시킬 수 있는 정도

제2장 　개인, 대인지각 그리고 사회인지

제1절 자기

■ 자기의 개념

① 우리들은 누구나 "나는 누구인가?"라는 의문을 가지고 있음
② 자신을 움직이는 내부의 '진짜 나'가 있다는 생각을 하는데 이러한 개념을 자기 개념이라고 함

■ 자기의 의미

물적 자기	신체, 의상, 가족, 집, 소유물 등 개인이 지니고 있는 것으로 구성
사회적 자기	우리와 접촉하는 타인들로부터 받게 되는 인상, 평가 등
영적 자기	개인이 지닌 내면의 주관적인 것으로 성격, 취향, 정서 등의 심리적 속성
복합적 자기	현대인들은 과거에 비해 복잡해진 세상에서 다양한 사회적 역할을 수행하며 복합적 자신의 모습을 가짐

■ 자기의 기능

정보처리자	과거의 경험을 통한 일반화로 자신과 관련된 정보를 효율적으로 처리하는 도식의 특성
행위의 평가자	자신의 특성, 자기평가, 자기향상, 자기고양동기로 자신을 평가
지각된 자기통제	• 자기효능감: 자신이 능력 있고 효과적이라는 느낌으로 자신의 능력과 기술에 대한 믿음. 자신이 가치 있다고 느끼는 자존감(자긍심)과는 구별되므로 자기효능감이 높아도 자존감은 낮을 수 있음 • 자기결정이론: 개인들이 어떤 활동을 내재적인 이유와 외재적인 이유에 의해 참여하게 되었을 때 발생하는 결과는 전혀 다른 결과가 나타남을 바탕으로 수립한 이론
자기지식	• 행동예측: 계획오류 • 감정예측: 충격편향 • 자신의 정서이해: 감정과 각성 두 가지 요인에 의해 결정

■ 히긴스(Higgins)의 자기차이이론

현실자기	현실의 모습이라고 여기는 자기 모습
이상자기	스스로가 되고 싶은 이상적 자기의 모습
의무자기	자신 및 주위 사람들이 부과하는 의무, 기대 등에 맞춰가겠다고 여기는 자기 모습. 부정적 결과에 민감해지며 그에 부응하지 못하는 불안감이나 죄책감을 경험하기 쉬움

제2절 태도

■ 태도의 개념

① 태도는 우리가 행동하는 것을 결정하는 중요한 심리변인임
② 학습에 의해 형성됨(고전적 조건형성, 조작적 조건형성, 모방에 의한 사회학습)
③ 서스톤(Thurstone)이 개발한 태도측정방법으로 측정이 가능하게 되었음
④ 태도는 유전과 사회적 경험에 의해 형성됨
⑤ 태도는 때때로 변함

■ 정교화 가능성 모델

동기	• 메시지를 주의 깊게 생각해 보려고 동기화되어 있을 때 사람들은 중심경로를 취하며, 이때 그들의 태도는 논거강도에 근거함 • 사람들이 덜 동기화되어 있다면 그들은 주변경로를 취하며, 이때 그들의 태도는 주변단서에 근거함
능력	• 메시지를 주의 깊게 사고할 수 있는 정신적 자원을 갖고 있을 때 사람들은 중심경로를 취함 • 사람들이 인지적으로 바쁘다면 그들은 주변경로를 취함
지속성	중심경로의 처리과정을 통한 태도변화는 주변경로 처리과정을 통한 변화보다 더 오래 지속되며 다른 요인의 영향에 더 저항적임

제3절 대인지각과 귀인

■ 대인지각의 두 차원

주체성	상대방이 주체적으로 일을 도모하고 수행할 수 있는 역량을 알려주는 특징 예 활동성, 주장성, 창의성, 논리성, 자신감, 자율성, 지혜 등
어울림성	상대방이 타인을 배려하고 포용하며 좋은 관계를 맺어갈 수 있는지를 알려주는 특징 예 돌봄, 자기희생, 겸양, 공감, 충성심, 신뢰감, 포용력, 감수성 등

■ 귀인이론

① 행동이나 사건의 원인에 대한 질문에 답하는 방식을 설명하는 이론임
② 우리가 어떤 사람에 대해 어떤 귀인을 짓느냐에 따라 그 사람에 대한 인상이 크게 달라짐
③ 귀인은 우리의 미래행동에 영향을 미침
④ 귀인과정의 공변모형
    ㉠ 사람들이 행동원인에 대한 귀인을 형성할 때 가능한 요인의 존재유무와 그 행동의 발생유무 간의 관계양상을 체계적으로 따지는 이론
    ㉡ 인간을 지나치게 합리적인 존재로 가정하고 있어 실제의 귀인과정과 거리가 있다는 한계가 있음

■ 귀인의 차원

내귀인	성향귀인이라고 하며 사건을 행위자의 성격, 의도, 동기 등 내적 요인 탓으로 설명
외귀인	상황귀인이라고 하며 상황, 과제, 운, 역할 등 행위자가 처한 상황에 작용하는 요인 탓으로 설명

■ 최종귀인(final attribution)모형

성공 또는 실패 등의 결과 → 결과에 따른 감정(결과의존감정)이 나타남 → 귀인유발 과정인 인과선행요인을 통해 귀인 형성 → 형성된 각 귀인은 3개의 인과차원(인과소재, 안정성, 통제성)으로 구분 → 심리적 결과(자부심, 기대감, 수치심 등)에 영향을 미침 → 행동 결과 설명

■ 귀인의 주요편향

기본 귀인 오류	상황적 요인은 과소평가하며 성향적 요인은 과대평가하는 경향성
행위자 관찰자 편향	어떤 행위에서 그 행위를 한 당사자는 상황(외적)귀인하고 그 행위를 본 관찰자는 성향(내적)귀인한다는 것
이중관점모형	행위자와 관찰자는 각자에게 이득이 되는 방향에서 사건을 해석하는 경향을 보임
자기본위적 편향	자기가 한 일이 잘되었을 경우 내적 귀인을 하고 결과가 나쁠 때는 외적 귀인을 하는 경향이 있음
방어귀인	행동설명 시 취약성이나 죄책감을 느끼지 않는 방향으로 몰고 가는 방식
편파맹점	자신보다 다른 사람들이 귀인에 편파에 빠질 가능성이 더 크다고 생각하는 경향성

제4절 사회인지

■ 사회적 추론과 판단

자동적 사고	• 무의식적으로, 의도하지 않아도 노력 없이 빠르게 전개되는 사고 • 직관적 사고라고도 함
통제된 사고	• 의식적이고 의도적이며 자발적이고 노력을 요구 • 논리적 사고라고도 함

■ 정보의 수집과 취합

① **신념과 선입견** : 사람들은 자신이 가지고 있는 사전 기대감에 의해 같은 장면에 대한 해석이 크게 다름
② 우리는 사전 기대감이 있을 때 치우친 정보를 모색하는 경향이 있음
③ 자료의 취합과정에서도 사전 기대감에 영향을 받음

■ 도식을 활용한 사고

① 도식이란 사회적 세계에 관한 우리의 지각경험을 조직하는 정신적 구조임
② 우리가 살아가는 사회는 우리의 해석이 필요한 상황들로 가득하며, 이때 우리는 여러 도식 중 어떤 도식으로 상황 혹은 사람을 판단할지 결정하게 됨

■ 휴리스틱(어림법) : 사람들이 판단을 신속하고 효율적으로 내리기 위해 이용하는 마음속 지름길

종류	정의	예	결과
대표성 휴리스틱	사람이나 사물이 범주에 부합하는지에 대한 즉각적인 판단	수지가 사서의 이미지를 더 많이 가지기 때문에 수지를 운전사보다는 사서로 판단	다른 중요한 정보들은 무시
가용성 휴리스틱	사건의 가능성에 대한 빠른 판단 (우리의 기억에 근거하여 판단)	학교 총기사건 이후 십대 폭력을 추정	생생한 예들에 지나치게 무게를 두어, 통계보다는 그럴듯한 이야기에 비중 예 비행기 테러가 교통사고보다 더 많이 발생하는 것처럼 여김

제5절 긍정심리학 : 행복

■ 긍정심리학

① 긍정심리학이 추구하는 목표는 인간의 행복과 안녕임
② 인간의 강점과 심리적 유능성을 세우는 데 관심을 가짐
③ 셀리그만은 즐겁고 몰입하며 의미 있는 삶을 행복이라고 간주함
④ 미하이 칙센트미하이(Mihaly Csikszentmihalyi)는 최적 경험을 의미하는 몰입(flow)을 주장하였음

■ 행복

① 행복은 정신적 안녕감을 의미하며, '주관적 웰빙(안녕감)'이라고도 함
② 물질적 부와 행복감의 상관관계는 낮음
③ 주관적 안녕감은 결과가 아닌 과정 속에 존재함

■ 의미 추구적 안녕

① 몰입, 의미, 자기실현 등과 밀접한 관계를 맺음
② 개인적 목표와 관계성을 높이는 목표는 의미 추구적 안녕의 예측요인임

■ 낙관주의

① 낙관적인 사람들은 자신의 행동이 긍정적 결과를 만들 것이라고 믿음
② 낙관적인 사람들이 그렇지 않은 사람들보다 좀 더 보람 있는 삶을 살아감

■ 의미

① 의미란 발견하고 성취하려는 욕구를 의미함
② 자신의 삶 속에서 겪은 사건을 해석함으로써 삶의 의미를 창조할 수 있음

■ 긍정성

① 긍정성은 즐거움, 흥미, 감사, 희망, 평온, 사랑, 자긍심 등과 같은 긍정적 정서를 대표함
② 긍정정서는 생각을 확장시키고 개방적이 되게 하며, 인지적 유연함과 폭넓은 사고를 지니게 함
③ 정서적 침체감이 정서적 번영감으로 전환되는 티핑 포인트(tipping point)는 '긍정정서:부정정서(3:1)의 비율'과 관련이 있음

제3장	대인관계

제1절 대인매력과 관계의 발전

■ 매력의 유발요인

근접성	누군가와 더 많이 만나고 상호작용할수록 친구가 될 가능성이 높음
유사성	나와 상대가 얼마나 유사한 생활태도를 지니고 있는지에 영향을 받음
상호 호감	유사성이 없음에도 매력을 느낄 수 있는 강력한 요인은 호감임

제2절 친밀한 관계 : 사랑과 결혼

■ 사랑의 정의

동반자적 사랑	열정이나 생리적 각성이 동반되지 않은 누군가에 대해 친밀감과 애정을 가짐
열정적 사랑	다른 사람에 대한 강렬한 갈망을 가지고 있으며, 누군가의 존재에 숨이 가쁘고 심장이 뛰는 생리적 각성을 나타냄

■ 스턴버그의 사랑의 삼각형 이론

친밀감	• 가깝고 연결되어 있으며 결합되어 있다는 느낌 • 사랑의 정서적 혹은 따뜻한 측면 • 함께 보낸 절대적 시간이 어느 정도 되어야 하고 깊은 대화를 많이 나누어야 가능함
열정	• 사랑의 동기적 혹은 뜨거운 측면(성적 욕망)을 의미 • '첫 눈에 사랑에 빠졌다.'
헌신·결심	• 어떤 사람을 사랑하기로 결심하는 것, 그리고 그 사랑을 지속하겠다는 헌신을 의미하는 것 • 사랑의 선택적, 혹은 행동적 측면

■ 애착의 양식

안정애착	부모가 아이의 신체적·감정적 불편함과 스트레스를 민감하게 반응하고 적절하게 반응하며 양육했을 때 보이는 애착유형
회피형 불안정애착	아이의 감정표현에 부정적 반응을 보이고, 신체적 접촉과 위안을 원할 때 받아주기보다 불편해하고 회피하며 양육했을 때 보이는 애착유형
양가형 불안정애착	아이의 신체적·감정적 요구와 필요에 일관되지 않게 반응하거나 필요한 자극과 정서적 지지보다 더 많은 것을 주는 등 아이의 자율성을 침범하고 아이의 독립심을 좌절시키는 방식으로 양육했을 때 보이는 애착유형
혼란형 불안정애착	회피형과 양가형의 특성을 같이 나타내는 모순을 보이는 애착유형

■ 러스벌트의 좋지 않은 관계에서 발생하는 네 가지 유형의 행동

파괴적인 행동	적극적으로 관계를 해치는 행동 → 상대를 학대하고, 헤어지겠다고 위협하고, 실제로 떠나는 것
	수동적으로 관계가 악화되도록 허용하는 것 → 문제를 다루는 것을 거부하고, 파트너를 무시하고, 함께 시간을 보내지 않고 관계에 헌신하지 않는 것
긍정적 · 건설적인 행동	관계를 개선하기 위해 적극적으로 시도하는 것 → 문제에 대해 논의하고 변화를 시도하고, 치료자를 찾아가는 것
	수동적으로 관계에 대한 충성심을 유지하는 것 → 상황이 나아지기를 바라면서 기다리고, 싸우기보다 지지적이며, 낙관성을 유지하는 것

■ 가트만이 분석한 결별을 가져오는 4개의 강력한 요인

① 비판
② 방어적 태도
③ 모르쇠 태도
④ 경멸적 감정

제3절 인간의 공격성

■ 공격성의 유발요인

성격적 요인	좌절과 공격성, 흥분과 폭력, 섹스와 폭력
상황적 요인	기온과 공격, 알코올과 폭력, 고통, 영양결핍, 생물학과 행동의 상호작용
사회적 요인	공격적 행동의 학습, 텔레비전과 인터넷, 비디오 게임, 음란물 시청

■ 공격행동의 학습과 감소

| 강화와 처벌 | 행위자에게 보상을 가져오는 행위는 반복적이 되기 쉬움 |
| 분노의 표출과
공격성 | 프로이트(Freud)의 카타르시스이론에 따르면 분노를 분출함으로써 미래에 공격적인 행동을 할 가능성이 적어진다는 것 |

■ 공격성을 감소시키는 방법

자기지각	나와 상대의 상황에 대한 인식 차이와 서로의 의도, 도식이 다르다는 것을 알면 상호이해와 우호의 강도가 커지게 됨
사과를 통한 분노해소	타인의 분노가 나의 잘못이라면 진지한 사과를 하고 책임을 감수하는 것이 공격성을 줄이는 데 효과적임
의사소통문제 해결기술 훈련	사회적 기술을 훈련하여 다른 사람들과의 관계성 문제를 해결할 수 있음
비인간화 대응하기	타인을 비인간화하는 것은 공격행동의 정당화를 부름
미디어 폭력사건 보도의 통제	• 미디어 속의 폭력에 대한 무관심은 성장하는 아동에게 폭력의 사용을 정당화시킴 • 이러한 모방행위를 줄이기 위한 방법이지만, 완전한 통제는 실현 불가능한 일임
방범적 사회환경 조성	• 생활환경의 조성은 일반범죄의 발생에 큰 방지효과를 가져옴 • 거리의 조명을 설치하는 것으로도 범죄율을 많이 줄일 수 있음

■ 테러리즘의 요인

증오	상대에 대한 극심한 미움의 상태로 상대를 없애거나 해치고 싶은 정서 상태
도덕적 면책	자기(혹은 집단)의 이익을 위한 행위에 대해서는 도덕적, 정서적으로 초연한 자세를 가짐
비인간화 심리	상대를 비인간화시킴으로 파괴적 행동을 정당화
책임의 전가와 분산	자신의 행위가 신의 섭리가 작용한 것이라는 식으로 책임을 전가

■ 스턴버그의 증오의 삼각형 이론

혐오감	상대와 거리를 두고자 하는 마음
분노	• 타오르는 화와 상대에 대한 두려움이 결합된 정서 • 위협하는 존재에 대한 강한 반발과 보복의 심리
맹세	상대방에 대한 비하와 경멸로 상대를 처치하겠다는 의지를 갖고 내외적인 맹세를 하는 것

제4장 집단 속의 개인

제1절 사회적 영향

■ **사회적 영향**

① **동조현상** : 집단의 압력이 있을 때 집단이 기대하는 바대로 개인의 생각이나 행동을 바꾸는 것

② 극단적인 사례로 종교집단의 집단자살 등

③ 사회적 영향 하에서 사람들은 자신의 행동을 바꾸고 타인의 기대에 따라 행동하는데 사회심리학자들은 이것을 동조의 핵심으로 봄

■ **정보적 영향**

① 사람은 다른 사람의 행동을 정보의 원천으로 삼아 자기행동을 결정하는 경향이 있음

② **사회적 영향의 원인**

개인적 수긍	다른 사람들이 옳다고 순진하게 믿기 때문에 실제로 그에 동조하는 것
공적인 순응	겉으로만 동조하는 것으로 튀어 보이고 싶지 않기 때문에 이런 모습을 보임

■ **복종과 순종**

① **복종** : 자신의 의사와는 상관없이 남의 명령에 따르는 것

② **순종** : 일단 어떤 행동을 하고 나면 그 행동과 일관된 태도를 받아들이는 경향
　⑩ 문간에 발 들여놓기 효과, 낮은 공 기법

■ **밀그램(Milgram)실험**

① 다른 사람에게 고통을 가해야 하는 상황에서 사람들이 어떤 행동을 보일지 알아본 실험

② 대부분의 피험자들은 권위자에게 명령을 받았을 때 그 권위를 거부하지 못함

■ **집단**

3명 이상의 사람들로 이루어져 있고 공통의 필요나 목표가 있어 서로 영향을 미치는 상호의존적인 사람들

■ **짐바르도(Zimbardo)의 감옥실험**

① 사회적 역할이 개인의 정체성을 뛰어넘을 것인지 알아본 실험

② 간수와 죄수 두 그룹의 학생들은 빠르게 자신의 역할에 몰입하였고 금세 지나칠 정도까지 되어 실험은 6일 만에 종료

제2절 집단수행

■ 집단에서의 개인행동

사회적 촉진	타인의 존재가 개인의 수행력을 더 향상시키는 현상
사회적 태만	타인의 존재가 동기를 위축시켜 개인의 수행이 떨어지는 현상
몰개성화	집단으로 행동하는 상황에서 구성원 개개인의 정체성과 책임감이 약화되는 현상
규범부상이론	개인이 무리 속에서 어떻게 행동하느냐는 당시 상황이 촉발하는 규범에 의해 더 잘 설명된다고 보는 이론

제3절 집단의사결정

■ 집단극화

개인이 결정할 때보다 집단적으로 결정할 때 더 극단적으로 결정하는 경향

■ 집단사고

집단의사결정 과정 중 동조압력으로 인해 충분한 논의가 이루어지지 못한 상태에서 합의에 도달하는 현상

■ 집단사고의 예방을 위한 방지책

① 공평해야 함
② 비판을 장려함
③ 집단을 나누고 분위기 차이를 재결합함
④ 외부 전문가의 비판을 수용함
⑤ 계획이행 전 다시 한 번 확인하는 2차 회의를 가짐

■ 사회집단에서의 위계질서와 관련된 이론들

사회적 지배이론	인류사회의 성장으로 인해 사회의 문화적 가치에 따라 위계질서가 만들어졌고 사람들은 이를 정당화하는 신념을 가진다는 것
체제정당화이론	체제의 일을 정당화하기 위해 고정관념을 가져다 붙여 설명한다는 것
상보적 고정관념	모든 집단은 긍정적인 특성과 부정적인 특성을 모두 가지고 있다는 것으로, 하위계층의 지지를 얻는 한 가지 방법
상대적 박탈감	• 개인은 비교가 되는 다른 집단의 상황과 자기 자신과의 조건을 비교함으로써 자신이 박탈되고 있다고 여김 • 또한 자신이 더 유리하면, 이에 따라 상대적 만족을 갖게 되는 것으로 보임

제4절 친사회적 행동

■ 도움행동의 기본동기

진화심리학	진화론에 입각하여, 새로운 특성이나 행동경향이 세대 전파에 유익할 때 종이 그런 특성을 진화시 킨다는 설명
사회교환	사회교환이론은 우리 행동의 많은 것들이 보상을 극대화하고 비용을 최소화하고자 하는 바람에서 비롯된다는 것
사회규범	단순한 이득계산을 뛰어넘어 미묘한 형태의 자기이해관계로 인한 도움
공감과 이타주의	다른 사람의 입장에서 공감을 느낄 때 순전히 이타적인 이유에서 타인을 도우려고 한다는 것

■ 친사회적 행동

개인특성	성격, 성차, 종교적 신앙, 문화적 차이, 기분 등
상황요인	환경, 주거이동성, 방관자 효과, 시간적 압박, 유사성, 공동체 관계, 미디어효과 등

■ 친사회적 행동의 증진

도움의 방해요소 제거	애매성의 감소와 책임 증가, 개인화된 호소, 죄책감과 자아상의 염려 등
이타성의 사회화	도덕적 교육, 이타성 모델화, 행위를 통한 학습, 도움행동을 이타성에 귀인, 이타성 학습 등

제5장 집단 간 역동

제1절 집단 간 갈등과 그 원인

■ 사회정체성

① 사회적 집단에 소속되어 있다는 지각에 기반한 자기개념의 일부
② 사람들은 편이 갈리면 우리 편에는 우호적이고 상대에게는 차별적인 양상을 보임
③ 자신이 속한 집단에 더 유리하게 하는 내집단 편향이 나타남
④ 집단이 개인이 필요로 하는 자존심을 제공하지 못하면 성원은 집단을 떠나거나 회피, 우월한 비교준 거를 모색하는 등의 대안행동을 보임

■ 사회적 딜레마

게임이론	• 인간의 선택행위를 예측하기 위해 개발된 이론 • 두 사람 사이의 관계는 상호의존적이므로 각자에게 유익한 행위는 쌍방의 선택에 의해 결정
죄수의 딜레마	두 죄수가 각자의 이익을 위해 결국은 서로를 배반하게 된다는 실험
공유지의 비극	공유된 자원은 비용이 분산된다는 이유로 할당된 것보다 더 많이 소비하고, 결국 공공자원의 붕괴를 초래한다는 것

■ 경쟁

경쟁	• 이익을 놓고 경쟁할 때 적개심이 발생 • 집단의 양극화는 갈등을 악화시킴
불공정 지각	'정의'에 대해 서로 생각하는 바가 다르므로 갈등이 발생
오해	많은 갈등에는 서로 다르게 생각하는 목표로 인한 오해가 자리하고 있음

■ 갈등을 심화시키는 인지요소

비양립성 오류	자신에게 중요하다고 생각하는 갈등의 측면은 상대방에게도 중요한 것이라고 생각하는 것
투명성 과장오류	자신의 목표와 동기를 상대방이 잘 알고 있으리라는 생각
소박한 현실론	자신의 견해는 객관적이고 현실을 직시하지만 상대는 그렇지 않다고 여김
사회적 자아중심성	상대방이 보이는 행위는 그 개인의 특성에서 비롯된 것이라고 생각

제2절 고정관념, 편견, 차별

■ 고정관념, 편견, 차별

고정관념	• 특정 집단원들이 가진 것으로 여겨지는 속성에 대한 신념 • 때로 과장되거나 부정확하고 새로운 정보에 저항을 일으키기도 함 • 모두 부정적인 것만은 아니지만 전반적으로 외집단에 대한 고정관념은 부정적
편견	어떤 사람이 소속되어 있다고 생각되는 집단에만 오로지 근거하여 그 사람에 대해 갖는 부정적인 태도
차별	특정 집단이나 그 집단원들에 대한 불공정한 부정적인 행동

제3절 집단 간 갈등의 해소

■ 집단 간 갈등의 해소

쌍방향 관심모형	자신에게 돌아오는 결과에 대한 관심과 상대방에게 돌아가는 결과에 대한 관심, 양쪽의 관심에 대한 갈등해소모형
접촉	일반적으로 접촉은 관용적 태도를 부름
협력	극단적 위기상황 같은 외부의 위협에서 사람들은 협력의 모습을 보임
의사소통	서로 대화를 통해 타인의 관점을 가져보고 공감을 유도하며 협조를 향상시킴

제한시간: 50분 | 시작 ___시 ___분 – 종료 ___시 ___분

ⴲ 정답 및 해설 123p

01 다음 중 사회학습이론의 관점에서 사람이 학습을 하는 방법에 해당하는 것은?

① 직접 경험을 통해
② 논리적 추론을 통해
③ 타인의 행동 관찰을 통해
④ 유전에 의해

02 사회심리학은 주로 무엇을 연구하는 학문인가?

① 개인의 심리적 특성과 행동
② 사회적 상호작용과 이에 따른 개인의 심리 및 행동 변화
③ 생물학적 기반의 신경과학적 과정
④ 고대 철학과 문화적 전통

03 다음은 애쉬의 실험 내용이다. 이 실험 내용과 가장 관련 깊은 현상은?

> • 실험 참가자 구성 : 한 명의 진짜 참가자와 여러 명의 가짜 참가자들(배우들)이 참여한다.
> • 실험 절차 : 참가자들에게 여러 줄의 선을 보여주고, 그중 어느 선이 기준 선과 길이가 같은지를
>   가짜 참가자들이 먼저 말하도록 한다. 진짜 참가자는 마지막에 답을 하도록 배치된다.
>   가짜 참가자들은 일부러 잘못된 답을 말하고, 이때 진짜 참가자가 어떤 답을 하는지
>   본다.

① 동조
② 인지부조화
③ 집단극화
④ 사회적 합의

04 다음 중 집단사고 현상이 일어날 때 주로 관찰되는 특징은?

① 집단 구성원들 간의 의견 불일치가 증가한다.
② 집단 구성원들이 자신의 의견을 강하게 주장한다.
③ 비판적 사고가 억제되고, 의사결정의 질이 저하된다.
④ 집단 내 소수의견이 강화된다.

05 다음 중 내집단 편향의 개념으로 옳은 것은?

① 자신이 속하지 않은 집단보다 자신이 속한 집단을 더 긍정적으로 생각하는 경향
② 개인이 자신의 집단을 부정적으로 평가하는 경향
③ 모든 사회적 집단이 균등한 대우를 받아야 한다는 믿음
④ 집단 내에서 일어나는 갈등을 해결하는 과정

06 다음 중 사회심리학에서 태도의 변화에 가장 큰 영향을 미치는 요소는?

① 정서적 경험   ② 논리적 추론
③ 사회적 영향   ④ 유전적 요인

07 다음은 짐바르도의 감옥실험 내용이다. 이 실험에서 밝혀진 주요한 결론은?

> 실험 참가자들을 무작위로 죄수와 간수로 나누고, 감옥 환경은 엄격한 규칙과 통제로 이뤄진다. 실험이 진행됨에 따라 많은 간수들이 죄수들에게 가혹한 행동을 보였고, 죄수들은 복종하거나 반항하는 등의 다양한 반응을 보였다. 일부 간수들은 권력을 남용하며 죄수들에게 심리적·육체적 학대를 가하기도 했다.

① 개인의 도덕적 판단이 어떤 상황에서도 일관적으로 유지된다.
② 권력을 가진 사람들은 위기 상황에서 타인을 위해 희생한다.
③ 사람들은 극도의 스트레스 상황에서 자신의 진정한 성격을 드러낸다.
④ 자신이 처한 환경과 역할이 개인의 태도와 행동에 중대한 영향을 미친다.

08 다음 중 자기효능감의 개념은 어떤 영향에 중점을 두고 있나?

① 개인이 사회적 상황에서 어떻게 다른 사람들을 지배하려는 경향을 가지는지
② 개인이 자신의 능력을 어떻게 인식하고, 이 인식이 행동·동기·정서적 상태에 어떻게 영향을 미치는지
③ 사회적 상호작용에서 타인의 행동에 대한 개인의 평가 방식
④ 개인이 사회적 압력에 어떻게 반응하고, 이것이 규범과 태도에 어떤 영향을 미치는지

09 다음 중 노력 정당화 효과를 가장 잘 설명하는 것은?

① 마라톤을 완주한 뒤, 참가자들이 자신이 경험한 고통을 통해 더 큰 성취감을 느낀다.
② 사람들이 큰 금액을 지불하고 구입한 제품에 대해 더 만족하는 경향이 있다.
③ 집단 내에서 다른 사람들의 의견에 동조하여 자신의 신념을 변경한다.
④ 누군가에게 선물을 받은 후, 그 사람에게 보답하기 위해 노력한다.

10 다음 중 애착양식에 대한 설명으로 가장 적절하지 <u>않은</u> 것은?

① 안정애착 : 아이가 보호자와의 관계에서 안전하고 일관된 연결을 경험하며, 스트레스 상황에서 보호자를 안전 기지로 사용한다.
② 회피형 불안정애착 : 아이가 보호자에게 거부감을 느끼고, 스트레스 상황에서 보호자와의 상호작용을 피하려 한다.
③ 양가형 불안정애착 : 아이가 보호자와 분리되면 심한 분리불안을 느끼고 양육자를 다시 만나도 쉽게 진정하지 못하며, 과도한 분노와 양육자와 함께 있으려는 모습을 보인다.
④ 공격형 불안정애착 : 아이가 보호자에게 안정적이지 않은 반응을 보이고, 공격적인 태도를 보이며, 스트레스 상황에서 공격적인 행동으로 대응한다.

11 **다음 설명과 가장 관련 깊은 관계에 대한 이론은?**

> '보상, 비용, 대안에 대한 비교수준'이 대인관계를 만족시키는 데 영향을 미치는 중요한 요인이다.
> 즉, 우리는 함께 있는 사람이 우리에게 제공하는 사회적 보상이 클수록 그 사람을 더 많이 좋아하게
> 된다는 것이다.

① 사회교환이론
② 투자모델이론
③ 공정성이론
④ 비교보상이론

12 **다음 중 켈리의 공변모형에 따라 내부귀인을 하는 경우는?**

① 지영이는 항상 시험에서 높은 점수를 받는다. 이번에도 그녀가 높은 점수를 받았을 때, 그녀의
친구들은 시험이 쉬웠기 때문이라고 생각한다.
② 수진이는 회사 프로젝트 발표에서 훌륭한 성과를 보였다. 그의 동료들은 수진이가 항상 열심히
일하기 때문이라고 생각한다.
③ 영민이는 새로운 컴퓨터 게임에서 이겼다. 그의 친구들은 이 게임이 영민이에게 맞춤형으로 만들어
졌다고 생각한다.
④ 영수는 축구 경기에서 승부에 결정적인 골을 넣었다. 관중들은 이것이 상대 팀의 수비수가 실수했
기 때문이라고 생각한다.

13 **다음 중 사회심리학에서 이야기하는 '집단사고' 현상이 발생할 가능성이 가장 큰 상황은?**

① 한 IT 회사의 프로젝트팀이 데드라인에 쫓겨서 신중한 검토 없이 빠른 결정을 내린다.
② 대학교 연구팀이 실험의 결과가 자신들의 예상과 다르자, 데이터를 재검토하기로 결정한다.
③ 시민단체가 여론조사 결과에 따라 그들의 캠페인 전략을 수정한다.
④ 정부 기관의 위원회가 모든 구성원들이 동의하는 안건을 채택하려고 비판적인 의견을 무시한다.

14 다음 중 인지부조화이론에 따르면, 사람들은 자신의 행동과 태도가 일치하지 않을 때 어떻게 반응하는가?

① 행동을 할 때 감정을 분석해 태도의 근거를 찾는다.
② 태도를 바꿔 행동에 맞춘다.
③ 행동과 태도 모두를 바꾼다.
④ 행동과 태도를 분리시켜 생각한다.

15 다음 실험의 결과는 사회심리학의 어떤 개념을 뒷받침하는가?

> 한 대학에서 실시한 실험에서, 연구자들은 학생들에게 수학 문제를 풀게 한 뒤, 그들이 문제를 풀 때 얼마나 자신감을 느끼는지 측정했다. 학생들 중 일부는 친구들 앞에서 문제를 풀었고, 다른 일부는 혼자서 문제를 풀었다. 연구 결과, 친구들 앞에서 문제를 푼 학생들이 더 높은 자신감을 보였다.

① 인지부조화
② 사회적 촉진
③ 무관심의 관중효과
④ 집단극화

16 다음 중 스탠리 밀그램(Stanley Milgram)의 복종실험은 사회심리학의 어떤 현상을 알아보기 위해 수행되었는가?

① 사람들이 권위 있는 지시에 어떻게 순종하는지
② 개인이 집단 압력에 어떻게 저항하는지
③ 다른 사람들의 행동이 개인의 의사결정에 어떤 영향을 미치는지
④ 사회적 역할이 개인의 도덕적 판단에 어떤 영향을 미치는지

17 다음 중 자신이 속한 집단의 정체감이 위협받을 때 구성원들에게 나타나는 현상과 거리가 <u>먼</u> 것은?

① 자기집단에 대한 사회의 편견 탓으로 돌림으로써 자존감을 유지한다.

② 자신의 집단이 열등한 이유에 대한 합리적 근거를 찾는다.

③ 기존 지배집단의 우월성을 정면으로 부정하고 사회의 변혁을 도모한다.

④ 개인적으로 자신이 속한 집단을 떠나는 방법을 택한다.

18 다음 연구에 사용된 사회심리학 연구 방법은?

> 한 연구팀이 사람들이 어떻게 다양한 광고 메시지에 반응하는지 알아보기 위해 연구를 수행했다. 이 연구팀은 연구 참가자들에게 여러 종류의 광고를 보여주고, 각 광고에 대한 그들의 태도와 구매 의도를 측정했다. 연구팀은 이 데이터를 분석하여 어떤 유형의 광고가 가장 효과적인지 결론을 내렸다.

① 사례연구

② 자연관찰

③ 실험연구

④ 설문조사

19 다음 실험에서 밑줄 친 '단어 목록의 길이'는 실험의 어떤 요소에 해당하는가?

> 연구자가 학생들의 기억력에 대한 실험을 계획하고 있다. 학생들은 단어 목록을 보고 나서 얼마나 많은 단어를 기억할 수 있는지 테스트 받게 된다. 연구자는 이 실험에서 <u>단어 목록의 길이</u>(짧은 목록과 긴 목록)를 변화시키려고 한다.

① 종속변인

② 독립변인

③ 통제변인

④ 중재변인

20 다음 중 사례 속 연구자의 고민과 가장 관련 깊은 연구의 측면은?

> 연구자가 대학생들을 대상으로 스트레스 관리 기술의 효과에 대해 실험을 수행했다. 이 연구에서는 대학생들이 스트레스 관리 프로그램에 참여한 후, 스트레스 수준이 유의미하게 감소한 것으로 나타났다. 그러나 연구자는 이 결과가 다른 연령대나 직업을 가진 사람들에게도 동일하게 적용될지에 대해 의문을 가지고 있다.

① 내적 타당도
② 외적 타당도
③ 구성 타당도
④ 통계적 타당도

21 '죄수의 딜레마'는 두 명의 피고인이 서로 협력할지, 아니면 배반할지 결정해야 하는 상황을 나타내는 게임이론의 예이다. 다음 중 이 상황에서 양쪽 모두가 서로를 배반했을 때 나타나는 결과는?

① 두 사람 모두 최소형을 받는다.
② 한 명은 자유롭게 풀려나고, 다른 한 명은 최대형을 받는다.
③ 두 사람 모두 중간 정도의 형을 받는다.
④ 두 사람 모두 자유롭게 풀려난다.

22 다음 연구 결과와 가장 관련 깊은 자기의 기능은?

> 한 연구에서 참가자들은 자신의 장래 목표에 대해 긍정적인 상상을 하고, 이를 달성하기 위해 구체적인 계획을 세우는 활동을 했다. 이 활동 후, 참가자들은 자신의 목표에 대해 더 확신하고, 그것을 달성하기 위해 필요한 행동에 더 적극적으로 참여하는 것으로 나타났다.

① 자기효능감
② 자아동일성
③ 자기인식
④ 자아존중감

23 사회적 딜레마를 해결할 수 있는 방법으로 가장 적절하지 **않은** 것은?

① 협력행위에 대해 보상을 증가시킨다.

② 비협력적인 행위에 대한 결과를 알려주고 행동에 동참을 촉구한다.

③ 대면 상황을 만들어 스스로 협력하도록 의사소통하게 한다.

④ 규제(벌금, 세금 등)를 만들어 협력하지 않을 때 직접적 손해를 보도록 한다.

24 다음 연구 결과와 가장 관련 깊은 사회심리학의 개념은?

> 연구자들은 사람들이 대학 입학 결과(합격 혹은 불합격)에 대해 느끼는 감정적 반응을 조사했다. 대부분의 참가자들은 합격하거나 불합격할 경우 느낄 감정의 강도와 지속기간을 과대평가했다. 실제로 합격 혹은 불합격의 소식을 받았을 때, 참가자들은 예상했던 것보다 덜 강한 감정적 반응을 보였고, 이 감정은 빠르게 안정되었다.

① 인지부조화   ② 충격편향

③ 사회적 비교   ④ 확인편향

25 다음 중 사회심리학에서 '개인이 특정 작업이나 프로젝트를 완료하는 데 필요한 시간을 과소평가하는 경향'을 뜻하는 것은?

① 사회적 비교   ② 자기고양편향

③ 충격편향   ④ 계획오류

26 다음 설명에서 괄호 안에 공통으로 들어갈 말로 가장 적절한 것은?

> 히긴스의 (   )이론에 따르면, 개인의 이상적 자아(ideal self)와 실제적 자아(actual self) 간의 차이가 정서적 안녕에 영향을 미친다. (   )이(가) 큰 개인은 자신의 이상과 현실 사이의 불일치를 인식하게 되며, 이로 인해 '불만족, 우울 또는 자기 비판적인 감정'을 경험할 수 있다. 이 이론은 개인의 자기개념과 정서적 반응 사이의 관계를 이해하는 데 중요한 통찰을 제공한다.

① 자기인식

② 자기차이

③ 자기고양편향

④ 집단고양편향

27 다음 연구 결과와 가장 관련 깊은 정교화 가능성 모델의 개념은?

> 마케팅 연구팀은 소비자들이 광고 메시지에 어떻게 반응하는지 조사했다. 일부 광고는 제품의 성능과 관련된 상세한 정보를 제공했고, 또 다른 광고는 유명인사가 제품을 사용하는 모습을 보여주었다. 연구 결과, 소비자들이 관심을 가지고 있는 제품의 광고에서는 제품의 성능과 관련된 정보에 더 집중하는 것으로 나타났다.

① 중앙경로 처리
② 주변경로 처리
③ 사회적 비교
④ 인지부조화

28 다음 사례에서 밑줄 친 내용과 가장 관련 깊은 사회심리학 개념은?

> 회사에서 성공적으로 마무리된 프로젝트의 원인을 두고 동료들 사이에 토론이 벌어졌다. A 직원은 프로젝트 성공이 팀의 노력과 협력 덕분이라고 하였고, B 직원은 <u>프로젝트 성공은 시장 상황이 좋았기 때문</u>이라고 하였다.

① 사회적 학습
② 내적 귀인
③ 외적 귀인
④ 사후가정사고

29 다음 사례 속 A 팀장이 가지고 있는 특성을 가장 잘 설명하는 용어는?

> A 팀장은 이번 프로젝트의 실패를 팀원들의 노력이 부족했기 때문이라고 평가했다. 그러나 A 팀장은 이전에 자신이 이끈 프로젝트가 성공했을 때, 이를 자신의 뛰어난 지도력과 결정 덕분이라고 하였다.

① 자기중심적 편향
② 기본적 귀인 오류
③ 자기본위적 편향
④ 확증편향

30 다음 중 긍정심리학에서의 '몰입'(flow)의 개념과 가장 가까운 상태는?

① 피아노 연주자가 음악에 완전히 몰두하여 주변 환경을 잊고 연주하는 상태

② 산책을 하며 주변 자연의 아름다움에 감탄하는 사람

③ 시험공부를 하면서 자주 쉬어가는 학생

④ 친구들과 파티에서 즐겁게 대화하는 상태

31 다음 중 대표성 휴리스틱을 가장 잘 설명하는 예시는?

① 슈퍼마켓에서 가장 짧은 줄을 고르는 사람

② 주식 시장의 추세를 예측하기 위해 과거의 패턴을 분석하는 사람

③ 도서관에서 책을 여러 권 들고 돌아다니는 사람을 보고 도서관 사서일 것이라고 가정하는 사람

④ 친구의 추천을 바탕으로 새로운 레스토랑을 선택하는 사람

32 회피형 불안정애착 유형의 행동 특징을 가장 잘 설명한 것은?

① 새로운 사람들과 쉽게 친해지고, 강한 정서적 유대를 빠르게 형성한다.

② 관계에서 지속적으로 불안을 느끼며, 파트너에게 끊임없는 보증과 확신을 요구한다.

③ 새로운 환경에서 불안을 많이 느끼며, 친숙한 사람들과의 이별을 매우 꺼린다.

④ 친밀한 관계를 피하며, 타인에게 감정적으로 독립적인 태도를 보인다.

33 다음 중 사회심리학에서 공격성의 원인을 설명하는 '도구적 공격성'이 나타날 수 있는 상황으로 가장 적절한 것은?

① 교통 체증으로 인한 화가 폭발하여 다른 운전자에게 욕설을 하는 사람

② 스포츠 경기에서 이기기 위해 상대 팀 선수에게 고의적으로 부상을 입히려 하는 선수

③ 영화에서 폭력적인 장면을 보고 나서 분노를 느끼는 사람

④ 학교에서 마음에 안 든다는 이유로 친구를 따돌리는 학생

34 다음 중 대인관계에서 갈등 상황이 발생했을 때 사용할 수 있는 가장 검증된 감정조절 방법은?

① 상대방과의 갈등이 발생했을 때, 자신의 감정을 억제하기 위해 상대와 대화를 피한다.
② 분노가 발생하는 상황에서 분노를 표출하기 위해 사람이 없는 곳에서 주먹으로 벽을 친다.
③ 스트레스 사건과 그에 대한 자신의 반응을 이해하기 위해 당시 상황에 대해 글쓰기를 한다.
④ 동료와의 오해로 인해 분노가 생겼을 때, 그 즉시 상대방과 시시비비를 가린다.

35 다음 중 내집단 편향을 가장 잘 설명하는 예시는?

① 회사 내 다양한 부서 직원들이 서로 협력하여 공동 프로젝트를 성공적으로 완수하는 경우
② 축구 경기에서 자신의 팀 팬들끼리 모여 자기 팀 팬들은 치켜세우고, 상대 팀 팬들은 비난하는 경우
③ 서로 다른 종교를 가진 사람들이 모여 종교 간 대화를 나누는 경우
④ 동료들과 함께 다양한 문화적 배경을 가진 사람들을 위한 행사를 준비하는 경우

36 편견을 만드는 원인으로 가장 적절하지 <u>않은</u> 것은?

① 타인의 행동에 대한 내부귀인
② 무의식 저변에 깔린 공정한 세상에 대한 가설
③ 사회에서 적용되는 제도나 사회적 규범
④ 집단 간 잦은 접촉

37 다음 중 집단극화를 가장 잘 설명하는 상황은?

① 스포츠 팀이 각자의 개인적인 기술을 향상시키기 위해 독립적으로 연습하는 상황
② 학급 회의에서 학생들이 서로 다른 의견을 존중하며 합의점을 찾아가는 상황
③ 친구들끼리 모여 자신들의 정치적 신념에 대해 이야기하다가, 대화가 끝날 때쯤 정치적 신념이 더 강화된 상황
④ 회사에서 다양한 부서의 직원들이 모여 서로 다른 의견을 나누며, 최종적으로 중립적인 결정을 내리는 상황

38 다음 설명에서 괄호 안에 들어갈 이론으로 가장 적절한 것은?

> (   )은 사회집단 내에서 특정 개인이나 그룹이 우위를 점하고 지배적인 위치를 차지하는 사회적 위계 구조를 설명한다. 학교 내에서 인기 있는 학생들이 다른 학생들보다 더 많은 영향력을 행사하고, 사회적 위계를 형성하는 것은 이 이론의 예에 해당한다. 이러한 현상은 사회적·경제적·교육적 배경과 같은 여러 요인에 의해 영향을 받을 수 있다.

① 체제정당화이론
② 사회교환이론
③ 자기차이이론
④ 사회적 지배이론

39 다음 중 인지부조화 현상을 가장 잘 나타내는 사람은?

① 금연에 실패하자 흡연은 스트레스 해소에 도움이 되므로 나쁜 것은 아니라고 주장하는 사람
② 새로운 정보를 접한 후, 자신의 신념과 일치하지 않는다고 느껴 이를 무시하는 사람
③ 다양한 견해를 가진 사람들과 토론하며 자신의 신념을 더욱 확고히 하는 사람
④ 사회적 압력을 받아 자신의 신념을 바꾸는 사람

40 다음 중 제시된 사례와 가장 관련 깊은 개념은?

> • 친구가 약속에 늦었을 때, 늦게 된 상황은 간과하고 친구가 게을러서 늦었다고 생각하는 것
> • 과속운전을 하는 운전자를 두고 성격이 난폭한 사람이기 때문일 것이라고 생각하는 것

① 초두효과
② 자기본위적 편향
③ 암묵적 성격이론
④ 기본 귀인 오류

정답 및 해설 | 사회심리학

01	02	03	04	05	06	07	08	09	10	11	12	13	14	15	16	17	18	19	20
③	②	①	③	①	③	④	②	①	④	①	②	④	②	②	①	②	③	②	②
21	22	23	24	25	26	27	28	29	30	31	32	33	34	35	36	37	38	39	40
③	①	②	②	④	②	①	③	③	①	③	④	②	③	③	④	③	④	①	④

01 정답 ③

사회학습이론은 반두라에 의해 개발되었으며, 사람들이 다른 사람들의 행동을 관찰하고 모방함으로써 새로운 행동을 배운다고 주장한다.

02 정답 ②

사회심리학은 개인이 어떻게 사회적 상호작용과 사회적 구조 속에서 자신의 심리와 행동을 형성하고 변화시키는지를 연구한다. 이는 사회적 영향력, 태도, 집단행동 등을 포함한다.
① 일반 심리학의 영역을 나타낸다. 일반 심리학은 주로 개인의 심리와 행동을 연구하지만, 사회적 맥락을 중심으로 두지는 않는다.
③ 신경심리학 또는 생물심리학과 관련이 있다. 이들 분야는 뇌의 생물학적 과정과 행동 및 심리 사이의 관계를 탐구한다.
④ 문화 연구나 철학의 영역에 속하는 내용이다.

03 정답 ①

애쉬의 실험은 개인이 집단의 압력에 어떻게 순응(동조)하는지를 보여주는 실험이다. 주변 사람들이 잘못된 대답을 할 때, 함께 실험에 참여한 많은 수의 사람들이 틀린 답을 따라하는 것으로 나타났다. 이것은 집단의 압력이 있을 때 집단이 기대하는 바대로 개인의 생각이나 행동을 바꾸는 '동조' 현상이다.

04 정답 ③

집단사고는 집단 구성원들이 일치된 의견을 내는 것을 지나치게 선호하여 비판적 사고를 억제하고, 결국 의사결정의 질을 저하시키는 현상을 말한다.

05 정답 ①

내집단 편향은 사람들이 자신이 속한 집단(내집단)을 다른 집단(외집단)보다 우월하게 보고 선호하는 경향을 의미한다.

06 정답 ③

사회심리학은 개인의 태도, 신념, 행동이 사회적 상황과 상호작용에 의해 어떻게 영향을 받는지를 중점적으로 다룬다. 따라서 이 분야에서는 사회적 영향이 태도 변화의 주요 원인으로 간주된다.

07 정답 ④

짐바르도의 스탠퍼드 감옥실험은 상황과 부여된 역할이 사람들의 행동에 큰 영향을 끼칠 수 있음을 보여주었다. 즉, 사람은 사회적 역할·권위·권력에 따라 행동하며, 이러한 사회적 환경이 개인의 행동에 얼마나 큰 영향을 미칠 수 있는지를 보여주었다.

08 정답 ②

자기효능감은 과제를 끝마치고 목표에 도달할 수 있는 자신의 능력에 대한 스스로의 평가를 의미하며, 개인이 자신의 능력을 인식하는 방식과 이것이 어떻게 '자신의 행동, 동기부여, 감정상태'에 영향을 미치는지에 초점을 맞춘다. 이 개념은 반두라에 의해 개념화되었으며, 개인이 자신의 능력을 어떻게 평가하느냐에 따라 '목표 설정, 과제 수행, 스트레스 대응' 등에서 차이를 보인다는 것을 설명한다.

09 정답 ①

노력 정당화 효과는 사람들이 어떤 목표를 달성하기 위해 많은 노력을 기울인 경우, 그 과정에서의 어려움이나 고통에도 불구하고 그 목표나 결과를 더 가치 있게 평가하는 경향을 설명한다. 사람들은 자신이 투입한 노력에 비례하여 얻은 결과에 더 큰 가치를 부여하는 경향이 있다. 즉, 더 많은 노력을 기울인 것에 대해서는 그 결과를 더 긍정적으로 평가하려는 경향이 있다는 것이다.

10 정답 ④

공격형 불안정애착은 애착이론에서 일반적으로 언급되는 애착양식이 아니다. 애착이론에서는 '안정애착, 회피형 불안정애착, 양가형 불안정애착'의 세 유형을 말하며, 이 세 가지 유형에 속하지 않는 유형이 추가적으로 분석되어 '혼란형(혼동형) 불안정애착'이라고 명명하였다. 혼란형(혼동형) 불안정애착은 회피형 애착과 양가형 애착이 결합된 유형으로, 아동은 양육자에게 접근하고 싶어 하면서도 접근하지 못하고 회피하기도 한다. 양육자와 분리되었다가 재결합하게 되면 얼어붙거나 멍한 상태가 되기도 한다. 혼란형 애착에 속하는 아동은 예측할 수 없는 행동을 보인다는 특징이 있다.

11 정답 ①

제시된 설명은 사회교환이론에 대한 내용이다.
② 투자모델이론(헌신의 투자모델)은 사회교환이론에 추가되는 요인으로 관계에 대한 개인의 투자수준을 고려할 필요가 있다는 것이다. 개인이 관계에 투자한 것이 크면 만족도가 낮고, 다른 대안이 확실할 때조차도 결별할 가능성은 적다고 설명한다.
③ 공정성이론은 사람은 관계가 공평하다고 느낄 때 만족할 것이고, 불공평하다면 관계에 불만을 느낀다는 것이다.

12 정답 ②

켈리의 공변모형은 사람들이 특정 사건이나 행동의 원인에 대한 귀인을 형성하는 방식을 설명한다. 내부귀인은 행동의 원인을 사람의 개인적 특성, 능력, 노력 등과 같은 내부 요인에 귀속시키는 것을 말한다. ②에서 수진이의 훌륭한 성과를 그녀의 개인적 노력과 연관 지어 생각하는 것은 내부귀인의 한 예이다. 다른 선지들은 원인을 외부 요인(시험의 난이도, 게임의 맞춤형 설정, 상대 팀의 실수)에 귀속시키는 것으로, 외부귀인에 해당한다.

13 정답 ④

집단사고는 집단 구성원들이 동의를 이루려는 강한 압력 때문에 비판적 사고를 억제하고, 대안적인 관점을 무시하는 경향을 보일 때 발생한다. 이 현상은 종종 잘못된 결정을 내리는 결과를 초래한다.

14 정답 ②

인지부조화이론은 레온 페스팅거(Leon Festinger)에 의해 제시되었으며, 개인이 자신의 행동과 태도 사이의 불일치를 경험할 때 심리적 불편함을 느낀다고 설명한다. 이러한 불편함을 해소하기 위해, 대부분의 사람들은 자신의 태도를 자신의 행동에 맞추어 조정한다.

15 정답 ②

사회적 촉진은 개인이 다른 사람들의 존재 속에서 실력을 발휘하는 과제를 수행할 때, 그 성과가 향상될 수 있다는 것을 제시한다. 이 개념에 따르면, 다른 사람들이 지켜보는 상황에서 개인이 더 많은 노력을 기울이고, 이로 인해 성과가 향상될 수 있다는 것이다. 제시된 실험에서 친구들 앞에서 문제를 푼 학생들이 더 높은 자신감을 보인 것은 이러한 사회적 촉진의 예로 볼 수 있다. 즉, 사회적 촉진은 특정 상황에서 타인의 존재가 개인의 능력에 긍정적인 영향을 미칠 수 있다는 것을 강조한다.

16 정답 ①

밀그램의 복종실험은 1960년대에 수행되었으며, 사람들이 권위 있는 지시에 어떻게 순종하는지를 조사하기 위해 설계되었다. 실험 참가자들은 실험자로부터 전기충격을 가할 것을 지시받았고, 많은 참가자들이 극심한 스트레스와 도덕적 갈등에도 불구하고 높은 수준의 전기충격을 가하였다. 이 실험은 개인이 권위에 어떻게 복종하는지, 그리고 이러한 복종이 어떻게 도덕적 판단을 압도할 수 있는지를 보여주는 중요한 연구로 여겨진다.

17 정답 ②

내집단에게 열등감을 주는 기준의 준거를 버리고, 자기집단이 상대적으로 우월한 준거에서 비교를 하며, 이 준거를 중요한 특징으로 여긴다.

18 정답 ③

제시된 연구는 사회심리학에서의 실험적 방법(실험연구)을 사용한 예이다. 실험연구는 변수의 조작과 통제를 통해 인과관계를 탐구하는 데 매우 유용하며, 사회심리학에서 중요한 연구도구로 사용된다. 제시된 사례에서, 연구팀은 광고의 유형(독립변인)을 조작하고 참가자들의 태도 및 구매 의도(종속변인)를 측정했다. 이를 통해 다양한 광고 유형이 소비자의 반응에 미치는 영향을 과학적으로 분석할 수 있다.

19 정답 ②

독립변인은 연구자가 조작하거나 변화시키는 변수로, 이것이 특정 결과 즉, 종속변인(제시된 실험의 경우에는 기억된 단어의 수)에 어떤 영향을 미치는지 탐구한다. 심리학 실험에서 독립변인의 조작은 연구의 핵심적인 부분이며, 그것이 종속변인에 미치는 영향을 관찰함으로써 인과관계를 이해할 수 있다.

20 정답 ②

외적 타당도는 연구 결과를 다른 상황이나 사람들에게 일반화시킬 수 있는 정도를 말한다. 제시된 사례 속 연구자는 대학생들에게 효과적인 스트레스 관리 기술이 다른 연령대나 직업군에게도 동일하게 적용될 수 있을지에 대한 의문을 가지고 있는데, 이것은 외적 타당도와 관련된 고민이다. 연구의 외적 타당도가 높을수록 연구 결과를 더 넓은 범위의 인구나 상황에 적용할 수 있다. 한편, 내적 타당도는 실험연구에서 실험의 처치가 정말로 어느 정도 실험 효과를 가져왔는가에 대한 답을 의미한다.

21 정답 ③

① 두 사람이 서로 협력했을 때의 결과이다. 즉, 서로가 서로에 대해 침묵을 지키면 둘 다 비교적 가벼운 형을 받게 된다.
② 한 사람은 협력하고, 다른 한 사람은 배반했을 때의 결과이다. 배반한 사람은 자유의 몸이 되고, 협력한 사람은 최대형을 받게 된다.
④ 죄수의 딜레마 상황에서는 일어나지 않는 결과이다. 두 피고인이 모두 배반했을 때 양쪽 모두 중간 정도의 형을 받게 된다.

22 정답 ①

제시된 연구 결과는 자기효능감(Self-Efficacy)과 관련이 있다. 자기효능감은 개인이 자신의 능력에 대해 느끼는 확신의 정도를 말하며, 특정 목표를 달성할 수 있다는 믿음을 포함한다. 연구 참가자들이 자신의 목표에 대해 긍정적으로 상상하고 구체적인 계획을 세움으로써 자신의 능력에 대한 믿음을 강화시키고, 실제로 그 목표를 달성하기 위한 행동에 더 적극적으로 참여하게 된 것은 자기효능감이 향상된 것을 반영한다. 자기효능감은 개인의 목표 설정, 도전적인 과제에 대한 접근, 그리고 장애물 극복에 중요한 역할을 한다.

23 정답 ②

비협력의 비극적인 결과를 아는 것은 효과가 거의 없다. 환경오염과 에너지 절약을 외치지만 여전히 에너지 소비는 증가하고 자가용 이용은 줄지 않는다. 태도가 행동에 늘 영향을 주지는 못한다. 좋은 것을 아는 것이 꼭 좋은 것을 행하는 것으로 이어지지는 않는다. 지도자의 영향력을 통해 다른 이들을 협력하도록 고무시키거나 협력규범을 암시하는 상황을 설정하는 것이 도움이 된다.

24 정답 ②

충격편향은 사람들이 미래의 사건들, 특히 중요한 생활 사건들이 자신의 감정에 미칠 영향을 과대평가하는 경향을 말한다. 제시된 연구에서 참가자들은 대학 입학 결과에 대한 자신의 감정적 반응을 과대평가했으며, 실제 반응은 이러한 예측보다 훨씬 덜 강했다. 충격편향은 사람들이 미래의 사건들에 대해 어떻게 예측하고, 이러한 예측이 실제 경험과 어떻게 다를 수 있는지를 이해하는 데 도움을 준다.

25 정답 ④

계획오류(Planning Fallacy)는 개인이 특정 작업이나 프로젝트를 완료하는 데 필요한 시간을 과소평가하는 경향을 의미한다. 사람들은 종종 자신이 과거에 비슷한 작업을 완료하는 데 걸렸던 시간을 무시하고, 과도하게 낙관적인 예측을 한다. 실제로 일을 수행하는 과정에서 예측하지 못하는 여러 상황들이 일어나기도 한다. 그러나 그런 상황들을 계획된 일정에 모두 넣는 것은 어려운 일이기 때문에 이러한 현상이 발생하곤 한다.

26 **정답** ②

히긴스의 자기차이이론에 대한 설명이다. 따라서 괄호 안에 공통으로 들어갈 말은 '자기차이'이다. 히긴스는 자기개념을 크게 '현실적 자기, 이상적 자기, 의무적 자기'로 구분하였으며, 이들 간의 불일치는 불편한 정서적 반응을 유발할 수 있다고 하였다.

27 **정답** ①

제시된 연구는 정교화 가능성 모델의 중앙경로 처리와 주변경로 처리 개념과 관련이 있다. 중앙경로 처리는 관심이 높고 동기부여가 강한 상황에서 정보의 질과 논리적인 설득에 초점을 맞춘다는 것이다. 반면, 주변경로 처리는 관심이 낮거나 동기부여가 부족한 상황에서 감정적인 호소나 표면적인 단서(예 유명인사, 인기연예인 등의 사용)에 의존한다는 것이다. 제시된 연구에서 소비자들이 관심 있는 제품에 대해서는 성능 정보(중앙경로)에 집중했다.

28 **정답** ③

귀인이론은 자신이나 타인의 행동 등의 원인을 찾아내 특정한 것으로 귀속시키는 과정을 설명하는 이론이다. 내적 귀인은 성공 또는 실패의 원인을 개인의 내부 요인, 즉 노력이나 능력으로 설명하는 것을 말한다. 외적 귀인은 성공 또는 실패의 원인을 개인의 통제 범위를 넘어선 외부 요인으로 설명하는 것을 의미한다. 제시된 사례에서 A 직원은 팀의 노력에 성공의 원인을 귀속시켰고(내적 귀인), B 직원은 시장 상황에 성공의 원인을 귀속시켰다(외적 귀인).

29 **정답** ③

자기본위적 편향(Self-serving Bias)은 개인이 성공은 자신의 내재적 요인(예 자신의 능력, 노력 등)에 귀인하고, 실패는 외재적 요인(예 운, 타인의 행동 등)에 귀인하는 경향을 말한다. 제시된 사례에서 A 팀장은 성공은 내재적 요인에, 실패는 외재적 요인에 귀인하여 자신에게 유리한 방향으로 사건을 해석하는 특성을 보인다.

30 **정답** ①

긍정심리학의 몰입은 '개인이 자신이 하는 활동에 완전히 몰두하여, 시간과 공간을 잊고 활동에 집중하는 경험'을 나타낸다. 즉, 주위의 모든 잡념과 방해물을 차단하고 원하는 한 곳에 자신의 모든 정신을 집중하는 상태이다. 긍정심리학의 주요 개념으로서, 긍정심리학의 핵심 연구자인 칙센트미하이(Csikszentmihalyi)는 몰입을 통해 일상적인 생활을 해 나가는 동안 편안함, 자유로움, 만족감, 황홀감 등을 느끼는 것이라고 하였다. 몰입은 개인이 지닌 기술로, 도전을 극복할 때 발생하고 개인의 행동능력과 행동을 수행할 기회가 균형을 이룰 때 이루어진다.

31 **정답** ③

대표성 휴리스틱은 새로운 사건이나 상황이 자신이 경험했던 고정관념과 얼마나 유사한지 또는 자신의 기억 속에 있는 원형(prototype)을 얼마나 대표하는지를 기초로 주관적인 확률 판단을 한다는 의미이다. 즉, 개인이 어떤 사례나 사람을 특정 범주나 유형의 전형적인 예로 간주하고, 그에 따라 판단을 내리는 경향이다. 예를 들어, 도서관 사서는 책을 들고 책장 사이를 다니며 일을 하는 경우가 많기 때문에 그러한 모습의 사람은 도서관 사서일 것이라고 가정하는 것이 대표적이다. 이러한 사고방식은 종종 **빠르고** 간편하지만, 오류를 범할 위험이 있다.

32 정답 ④

회피형 불안정애착 유형의 개인은 타인과의 친밀한 관계 형성을 피하고, 감정적으로 독립적인 태도를 보인다. 이들은 타인에게 의존하기보다는 자신을 더 의지하는 경향이 있으며, 이는 어린 시절 보호자와의 상호작용에서 비롯된 것일 수 있다. 이러한 애착양식을 가진 사람들은 종종 관계에서 거리를 두고, 자신의 감정을 공유하는 것을 꺼리는 경향이 있다.
① 안정애착의 특징이다.
②・③ 양가형 불안정애착의 특징이다.

33 정답 ②

도구적 공격성은 특정 목표를 달성하기 위해 의도적으로 사용되는 공격성을 의미한다. 이러한 공격 행동은 목표 달성을 위한 수단으로 사용되며, 계획적이고 고의적인 행위를 포함한다. 예를 들어, 스포츠 경기에서 이기기 위해 상대 팀 선수를 고의로 다치게 하려는 행동은 목표를 달성하기 위해 공격성을 도구로 사용하는 경우에 해당한다.
① 적대적 공격성에 해당하며, 신체적・언어적으로 타인에게 해를 입히려는 목적에서 나타나는 것이다.
④ 관계적 공격성에 해당한다.

34 정답 ③

정서조절의 방법 중 반응초점적 전략은 정서를 표현하는 방법이다. 부정적인 정서를 행동이나 말로 표출하는 방법은 부정적인 정서를 줄이는 데 크게 도움이 되지 않는다. 운동이나 명상 등을 통한 근육이완 방법 등이 도움이 되며, 정서를 표현하는 좋은 방법 중 하나는 글쓰기이다. 실제로 글쓰기 경험에서 도움을 얻은 사람들은 글을 쓰는 동안에 스트레스 상황을 더 잘 이해할 수 있었기 때문에 이 방법이 도움이 되는 것으로 나타났다.
감정조절은 갈등이나 스트레스 상황에서 자신의 감정을 효과적으로 관리하는 데 중요한 역할을 한다. 깊은 호흡은 긴장을 완화하고 마음을 진정시키는 데 도움을 주어, 공격적 반응을 줄이는 데 효과적인 방법이다. 또한 갈등 상황에서 상대방의 입장을 이해하려고 노력하고, 문제를 해결하기 위해 대화를 시도하는 것도 좋은 방법이다. 효과적인 대화와 상대방의 입장 이해는 갈등 상황에서 공격적 행동을 줄이고, 문제를 건설적으로 해결하는 데 중요하다. 이 방법은 상호 존중과 이해를 기반으로 하며, 갈등을 해결하는 데 있어 긍정적인 접근이다.
④와 같은 방법은 긍정적인 방법이 아니다.

35 정답 ②

내집단 편향은 사람들이 자신이 속한 집단(내집단)에 대해서는 긍정적으로 평가하고, 다른 집단(외집단)을 차별하거나 부정적으로 평가하는 경향을 말한다. '자신이 지지하지 않는 정당을 지지하는 사람들에 대해 비난하는 경우, 운동 경기에서 상대 팀 팬들을 비난하는 경우' 등은 내집단 편향의 전형적인 예로, 내집단에 대한 긍정적인 태도와 외집단에 대한 부정적인 태도를 동시에 보여준다.

36 **정답** ④

집단 간 접촉을 증가시키는 것은 집단 간 편견을 줄이는 효과적인 방법이다. 이것이 성공적이 되려면 접촉은 동등한 지위에서 장기적으로 이루어져야 하며, 상호협조적인 의존관계를 형성하고 편견을 없애는 규범이 마련되어야 한다.

① 기본 귀인 오류는 상대가 놓인 상황보다 그 사람 자체에 초점을 두는 것이다. 이러한 인간의 고정된 특성은 고정관념, 편견을 만드는 원인이 된다.

② 공정한 세상 가설은 피해자가 그럴만한 행동을 했기 때문에 그런 일이 일어났다고 생각하는 것이다. 이러한 생각은 성공한 사람들은 그럴만한 자격이 있다고 생각해 실패한 사람을 배척하는 원인이 되기도 한다.

③ 예컨대 사회에서 적용하는 인종차별이나 성차별적 제도는 그 대상에 대한 편견을 야기한다.

37 **정답** ③

집단극화는 집단 내 의견을 공유하고 토론하는 과정에서 구성원들의 의견이 처음보다 더 극단적이 되거나 강화되는 현상을 말한다. 특히, 정치적·사회적 신념이나 태도와 같은 주제에 대한 토론에서 자주 발생한다. 친구들 사이에 정치적 신념을 얘기하는 자리에서 정치적 신념이 더 강해지는 것은 집단극화의 예라고 볼 수 있다.

38 **정답** ④

제시된 설명은 사회적 지배이론에 대한 내용이다. 사회적 지배이론은 인류사회의 성장으로 인해 사회의 문화적 가치에 따라 위계질서가 만들어졌고, 사람들은 이를 정당화하는 신념을 가진다는 것이다.

39 **정답** ①

인지부조화는 개인이 자신의 행동과 상충하는 신념이나 가치를 가질 때 발생하는 심리적 불편함을 의미한다. 이러한 불편함을 줄이기 위해, 사람들은 종종 자신의 행동을 정당화하거나 태도를 변경한다. 흡연이 건강에 해롭다는 사실을 알면서도 계속 흡연하는 사람이 흡연의 긍정적인 측면을 강조하는 것은 여기에 해당한다.

40 **정답** ④

기본 귀인 오류는 타인의 행동을 해석할 때 상황적 요인보다는 그 사람의 성격이나 태도와 같은 내재적 요인에 과도하게 의존하는 경향을 말한다. '친구가 약속에 늦었을 때 교통 체증과 같은 외부 상황을 고려하기보다는 친구가 무책임하거나 게으르다고 판단하는 것, 과속운전을 하는 운전자를 두고 성격이 난폭한 사람이기 때문일 것이라고 생각하는 것' 등이 이에 해당하는 예이다. 이러한 오류는 타인의 행동에 대한 잘못된 판단을 초래할 수 있다.

SD에듀와 함께, 합격을 향해 떠나는 여행

Ⅳ. 발달심리학

- 빨리보는 간단한 키워드
- 기출동형 최종모의고사
- 최종모의고사 정답 및 해설

얼마나 많은 사람들이 책 한 권을 읽음으로써 인생에 새로운 전기를 맞이했던가.

– 헨리 데이비드 소로 –

빨리보는 간단한 키워드

제1장	발달심리학의 기초

■ 발달의 기본원리

- 분화와 통합의 과정
- 개인차 및 결정적 시기가 존재
- 유전 및 환경과의 상호작용(성숙과 학습에 의존)
- 연속성 : 전 생애를 통해 연속적으로 지속되지만 발달의 속도는 일정하지 않음
- 점성원리 : 기존의 기초 위에서 발달하며 이전단계에서 성취한 발달과업에 영향을 받음
- 일정한 순서 및 방향성 : 상부에서 하부, 중심에서 말초부위, 전체운동에서 특수운동, 미분화운동에서 분화운동으로 진행

■ 발달의 특성

기초성	인간발달의 과업이 대부분 초기에 이루어짐
적기성	발달과정은 결정적 시기가 있으며, 그 시기를 놓치면 다음 시기에 보충될 수 없음
불가역성	어떤 특정한 시기에 발달이 잘못되면 이후 교정·보충하는 데 한계가 있음
누적성	유아의 성장 또는 발달에 어떤 결손이 생기면 누적이 되어 회복을 더욱 어렵게 함
상호관련성	발달의 여러 측면들은 서로 밀접하게 연관되어 있음

■ 발달과 유사개념

성숙	경험, 훈련 등의 환경보다 나이 드는 과정의 결과로 유전적 특성에 의해 이루어지는 신체적·심리적 변화
학습	후천적 변화의 과정으로 특수한 경험이나 훈련 또는 연습과 같은 외부자극이나 조건에 의한 내적 변화
성장	신체의 크기나 근육의 세기 등 양적 증가를 의미하며, 특히 신체의 변화를 의미

■ 발달연구법

과학적 방법	상관설계, 실험설계, 자연유사실험설계, 사례연구설계
자기보고 방법	면접법, 질문지법, 임상법, 관찰법, 자기보고접근법
혼합적 방법	계열적 접근법(횡단적 연구와 종단적 연구의 장점 혼합)

■ 아동발달 연구설계

구분	횡단적 연구	종단적 연구
의미	서로 다른 연령 집단을 조사하여 각 연령대별 특성을 비교, 분석하는 연구	일정 기간 동안 동일한 연구 대상에 대한 자료를 수집하는 연구
장점	• 연령의 차이를 나타냄으로써 발달의 경향을 알 수 있음 • 비용과 시간 절약	• 시간에 따른 발달의 변화를 알 수 있음 • 역사적, 시대적 영향을 덜 받음
단점	• 시간에 따른 개인의 변화를 알 수 없음 • 연령과 출생 동시 집단 효과가 혼돈될 수 있음	• 시간과 비용이 많이 듦 • 피험자의 손실 가능성이 높음

■ 발달의 이론적 접근

- 프로이트의 정신분석이론
- 정신의 3요소

의식	어떤 순간에 우리가 알거나 느낄 수 있는 특정시점의 모든 감각과 경험
전의식	현재는 의식하지 못하지만 조금만 노력하면 의식으로 가져올 수 있는 것
무의식	의식적 사고의 행동을 전적으로 통제하는 힘

- 성격의 3요소

원초아(Id)	쾌락의 원리에 의한 성격의 기초로서의 기본적 욕구 및 충동
자아(Ego)	현실원리에 따라 작동하는 성격의 의사결정 요소, 이드와 현실의 중재
초자아 (Super Ego)	무엇이 옳고 그른가에 대한 사회적 기준을 통합하는 성격의 요소

■ 프로이트의 정신분석이론에 의한 인간발달의 단계

구강기 → 항문기 → 남근기 → 잠복기 → 생식기

■ 에릭슨의 심리사회이론

에릭슨과 프로이트의 성격발달단계

구분	심리사회적 단계	심리사회적 능력	주요 병리	프로이트
유아기 (0~1세)	신뢰감 대 불신감	희망	위축	구강기
초기 아동기 (1~3세)	자율성 대 수치심	의지력	강박적 행동	항문기
학령전기 또는 유희기 (3~5세)	주도성 대 죄의식	목적의식	억제	남근기
학령기 (5~12세)	근면성 대 열등감	능력감	무력함	잠복기

청소년기 (12~20세)	자아정체감 대 역할혼란	성실성	부인	
성인 초기 (20~24세)	친밀감 대 고립감	사랑	배척	생식기
성인기 (24~65세)	생산성 대 침체감	배려	거절	
노년기 (65세 이후)	자아통합 대 절망감	지혜	경멸	

제2장 발달의 생물학적 기초

■ 유전과 환경

• 스카와 매카트니(Scarr & McCartney)의 유전·환경

수동적 유전·환경	부모의 양육환경은 부모의 유전자 및 아동의 유전자와 상호관계가 있음
유발적 유전·환경	아동의 유전특성이 주위환경에 영향을 미침
적극적 유전·환경	아동이 선호하는 환경은 아동의 유전환경에 부합하는 것

• 운하화와 반응범위

| 운하화 | • 유전인자의 성숙에 의해 특성이 나타나는 것
• 지능, 인성, 기질의 특성은 운하화가 낮아 환경의 영향에 따라 여러 방향으로 발전할 수 있음 |
| 반응범위 | 개인이 갖고 있는 유전형이 표현형으로 나타날 때 개인의 경험에 따라 다르게 나타나는 것으로, 사람의 발달은 선천적인 요소와 후천적인 요소가 복합적으로 작용한다는 이론 |

■ 태아기의 발달

배포기 (발아기)	수정 후 약 2주간	• 수정란이 급격한 세포분열을 하는 시기 • 자궁 속으로 들어온 후 배포가 착상되어 임신이 이루어지는 시기
배아기	수정 후 2~8주 사이	• 신체기관이 분화하는 시기 • 주요 신체기관과 신경계가 형성되는 시기 • 기형발생물질에 민감하게 영향을 받는 시기 • 임신 기간 중 환경이 가장 치명적인 영향력을 발휘하는 시기
태아기	수정 8주~출생까지	• 신체기관이 발육하는 시기 • 배아기보다 중추신경계가 더 빠르게 발달하는 시기 • 모든 기관 체계가 정교해지는 시기

■ 각종 증후군

병명	증상
다운증후군 (Down Syndrome)	• 21번 염색체가 쌍을 이루지 않고 세 개가 존재함으로써, 정상일 경우 46개인 염색체가 47개인 기형 • 주로 나이가 많은 초산부(주로 35세 이상)에서 주로 발생하며 600~700명 중 1명꼴로 발생
에드워드증후군 (Edward Syndrome)	• 18번 염색체가 3개인 선천적 기형증후군으로 다운증후군 다음으로 흔하며, 약 8천 명당 1명꼴로 나타남 • 장기의 기형 및 전신지체장애가 발생하며 대부분 출생 후 10주 이내에 사망
클라인펠터증후군 (Klinefelter Syndrome)	• 정상인의 성염색체는 남성 XY, 여성 XX이지만, 이 증후군에서는 XXY, XXXY 등의 여러 가지 이상한 형태를 보임 • 남성염색체가 있음에도 불구하고 유방이 발달하기도 하는 등 여성의 신체적 특성이 나타남
터너증후군 (Turner Syndrome)	성염색체 이상으로 X염색체가 1개이며, 전체 염색체수가 45개로 외견상 여성이지만 2차적 성적 발달이 없고 목이 매우 두꺼움
혈우병 (Hemophilia)	혈액이 응고되지 않는 선천적 장애로, 성염색체인 X염색체 이상으로 발병하며 질병 저항력이 약함
페닐케톤뇨증 (Phenylketonuria)	단백질 대사 이상장애로, 음식물에 들어있는 페닐알라닌을 분해하는 효소의 부족으로 발생
X염색체 결함증후군	여성보다 남성에게 많이 나타나는 증상으로, 얼굴이 길고 귀가 당나귀 모양

■ 신생아기의 반사

생존반사	빨기반사, 젖찾기반사, 눈깜빡이반사, 동공반사
원시반사	바빈스키반사, 모로반사, 파악반사, 걷기반사

■ 영아기의 신체적 발달

영아기	• 신체적 성장이 일생에서 가장 빠른 시기 • 신생아에게는 촉각이 환경에 대한 지식을 습득하는 주요 수단, 출생 시 입술과 혀에 집중 • 대근육이 소근육보다 일찍 발달하며, 여아가 남아보다 일찍 발달
유아기	• 영아기만큼 빠른 속도는 아니지만 신장과 체중이 점진적으로 증가 • 괄약근의 발달 • 이행운동 기능은 '머리들기 → 뒤집기 → 혼자앉기 → 혼자서기 → 가구잡고 걷기 → 잘 걷기 → 계단오르기' 등의 순으로 발달
청소년기	• 2차 급등 시기 • 대근육 운동능력이 남아들은 계속 증가하는 반면, 여아들은 약 15세부터 떨어지기 시작 • 청소년기 여자의 경우 체지방이 급증하는 반면, 남자의 경우 일반적으로 체지방의 큰 변화는 없음 • 어느 단계보다 신체 이미지가 자아존중감에 중요한 영향을 미침

■ 선천적 장애

유전자 이상장애	색맹과 근시, 선천적 청각장애, 페닐케톤뇨증 등은 열성인자에 의한 유전병이며, 헌팅턴병은 우성인자에 의한 유전질환임
Rh 동종면역	Rh⁻ 여성이 Rh+ 남성을 만나 Rh+ 태아 임신 시 나타나는 것으로, 태아의 Rh+ 혈액 일부가 모체의 혈액에 침투하여 모체 내에 Rh+ 항체가 생성되는 것
상염색체 이상장애	21번째 염색체가 3개인 삼체형과 21번째 염색체 하나가 15번 또는 22번에 길게 누적되어 있는 전위형일 때 나타남
성염색체 이상장애	남아에게 발생하는 성염색체 이상으로 X염색체가 두 개일 때 나타나는 클라인펠터증후군, Y염색체가 두 개 이상일 때 나타나는 XYY증후군이 있음. 여아에게 발생하는 성염색체 이상은 터너증후군, 다운X증후군이 있음

■ 환경적 장애

어머니의 음주	어머니의 습관적 음주는 태아알코올증후군, 얼굴기형, 지적장애 등을 일으킴
어머니의 흡연 및 약물복용	흡연은 태아에게 전달되는 혈액의 양을 감소시켜 혈액 속 일산화탄소 헤모글로빈 양을 급격하게 증가시켜 저체중아, 조산, 태아의 얼굴기형을 유발함
어머니의 질병	임신 초기에 걸린 풍진은 태아의 시각장애, 청각장애, 심장질환, 지적장애 등과 연관이 높음
어머니의 영양 및 정서상태	어머니의 영양실조가 심한 경우 태아의 중추신경계가 손상되거나, 태아의 뇌신경세포가 정상 태아보다 15~20% 덜 생성되고, 뇌의 무게가 36% 적게 나갈 수 있음

제3장 인지발달

■ 피아제의 인지발달이론

인지과정은 조직화와 적응의 과정이며, 적응은 동화와 조절의 활동으로 이루어짐

■ 주요 개념

조직화	유기체가 현재 가지고 있는 도식을 새롭고, 더욱 복잡한 도식으로 변화시키는 것
동화	자신이 이미 가지고 있는 도식이나 행동양식에 맞춰가는 인지과정
조절	새로운 대상에 맞도록 기존도식을 변경하여 인지하는 과정
평형화	인지적 평형을 이루려는 경향
인지구조(도식)	사물이나 사건에 대한 전체적인 윤곽 또는 지각의 틀
스크립트	매우 친숙한 활동과 연합되어 있는, 단순하면서도 잘 구조화된 사건의 순서를 기술하는 도식의 일종

■ 피아제의 인지발달 4단계

구분	연령	특징
감각운동기	0~2세	• 대상영속성을 이해하기 시작하고 목적지향적 행동을 함 • 자신과 외부대상을 구분하지 못함
전조작기	2~7세	• 대상영속성이 확립되는 단계 • 상징놀이와 물활론, 자아중심성이 특징 • 논리적 사고를 방해하는 요인은 자아중심성, 집중성, 비가역성
구체적 조작기	7~11, 12세	논리적 사고, 자아중심성 및 비가역성 극복, 유목화 · 서열화 · 보존개념 획득
형식적 조작기	11, 12세 이후	• 추상적 사고, 가설 · 연역적 사고 • 체계적인 사고능력, 논리적 조작에 필요한 문제해결능력 발달

■ 감각운동기의 하위단계

반사운동기	인지구조를 활용하여 모든 도식을 빨기 도식에 동화시키는 단계
1차 순환반응기	우연한 경험에 의한 단순행동의 반복반응
2차 순환반응기	이전에 획득한 반응을 의도적으로 새로운 상황에 적용
2차 도식협응기	목표를 달성하기 위해 두 가지 행동(수단-목표)을 협응하는 단계
3차 순환반응기	흥미를 유발하는 신기하고 새로운 결과를 위해 실험적이고 창의적인 사고를 함
정신적 표상	눈앞에 없는 사물을 정신적으로 그려냄(심상)

■ 전조작기의 주요 개념

대상영속성	모든 대상들이 독립적인 실체로서 그 대상이 사라지더라도 다른 장소에 계속해서 존재한다는 사실에 대한 지식
물활론	모든 사물에 생명이 있어서 의식이 있는 존재라고 믿음
실재론	마음의 생각이 실제로도 존재한다는 믿음을 가짐
중심화	여러 요소들이 관련되어 있음에도 불구하고 한 요소만을 고려하는 성향. 외양적 · 지각적 특성에만 의존
상징놀이	물리적으로 존재하지 않는 것으로 아이의 내적인 표상에 따라 대상을 만들고 놀이를 하는 것
지연모방	아동이 목격한 사태를 그 자리에서 모방하는 것이 아니라 일정한 시간이 지난 후 자발적으로 재현하는 형태
자기중심성	전조작기의 가장 큰 특징. 상대방을 고려하지 않고 대화하는 자기중심적 언어와도 관계가 있음

■ 구체적 조작기의 주요 개념

가역성	추리의 출발점으로 되돌아갈 수 있는 사고능력 예 한쪽 용기의 물을 다른 쪽 용기에 부었을 때 머릿속에서 이전단계의 과정을 그려볼 수 있음
탈중심화	• 자기중심성 경향에서 벗어나 여러 가지 특성을 고려 • 자신의 생각 외에 타인의 감정 · 생각 · 관점을 비교, 수용 가능
보존개념	• 물체의 모양이 바뀌어도 물리적 특성은 동일하다는 사실을 인식 • 외양적 특성이 아닌 여러 각도의 관계에서 사물 인식 가능

위계적 유목화	물체를 여러 가지 특성에 따라 다양하게 분류할 수 있음
서열화	• 사물을 증가하거나 감소하는 순서대로 배열할 수 있음 • 서로 다른 크기의 네 개의 막대를 크기 순서대로 배열 가능
전이적 추론	서열화를 할 때 A와 B, B와 C를 비교한 후 A와 C의 관계를 추론
공간적 추론	• 거리와 시간, 속도의 관계를 이해 • 거리보존개념이 있으며 한 장소에서 다른 장소로 갈 수 있는 방법을 제시 • 이웃동네, 학교와 같은 친숙한 큰 규모의 공간에 대한 정신적 표상인 인지적 지도(cognitive map)를 형성
수평적 위계	• 보존개념이 차례로 습득되는 것 • 면적과 무게의 보존개념 이전에 수와 액체의 보존개념을 터득하는 것
인과관계	• 9~10세경 전환적 추론 이상의 인과 관계를 이해 • 사물을 합리적 인과 관계 속에서 재구성하고 분석

■ 비고츠키의 언어의 발달단계

원시적 언어단계 → 외적 언어단계 → 자기중심적 언어단계 → 내적 언어단계

■ 비고츠키와 교육

근접발달영역	• 아동 스스로 해결할 수 있는 문제에 의해 결정되는 실제적 발달수준과 다른 동료 학습자 또는 성인의 지원에 의해 문제해결이 가능한 잠재적 발달수준 간의 차이 • 아동은 더 높은 차원의 정신적 발달에 도달하기 위해 근접발달영역 내에 위치하여야 함
비계설정 (발판화)	아동이 학습을 하기 위해 성인의 도움을 필요로 하지만 집이 완성되는 과정에서 비계가 철거되듯이 성인의 역할도 점차 감소하게 되는 것의 의미로 '타인에 대한 의존 → 타인과의 협동 → 자기에 대한 의지 → 내면화'의 단계를 거침

■ 인지발달 : 정보처리

• 정보처리의 일반모형
• 감각기억, 단기기억, 장기기억의 단계를 거친다.

■ 앳킨슨과 쉬프린(Atkinson & Shiffrin)의 이중기억모형

감각등록기	많은 정보 중 선택된 정보만이 단기저장고로 가게 됨
단기저장고	리허설(복습)이나 코딩(부호화)을 통해 정보를 더 오랜 시간 동안 보존 유지하든지, 아니면 망각해버리든지 선택
장기기억	부호화된 자료를 오랫동안 저장하고, 정보의 양을 무제한으로 저장 가능

■ 지능발달

• 지능에 대한 연구

스피어만	2요인설	일반요인(G요인), 특수요인(S요인)
써스톤	다요인설	언어능력, 단어의 유창성, 수리능력, 기억, 공간관계인식, 지각속도, 논리능력
길포드	복합요인설	지능구조의 3차원적 입체모형(내용의 차원, 조작의 차원, 결과의 차원)
카텔	위계적 요인설	유동성 지능, 결정성 지능
가드너	다중지능이론	언어지능, 논리-수학지능, 시각-공간지능, 신체운동지능, 음악지능, 대인관계 지능, 개인 내적 지능, 자연탐구 지능
스턴버그	삼원지능이론	성분적 지능, 경험적 지능, 상황적 지능

• 유동성 · 결정성 지능

유동성 지능(Fluid Intelligence)	결정성 지능(Crystallized Intelligence)
• 유전적 · 선천적으로 주어지는 능력으로서 경험이나 학습의 영향을 거의 받지 않음 • 뇌와 중추신경계의 성숙에 비례하여 발달하다가 청년기 이후부터 퇴보현상이 나타남 • 기계적 암기, 일반적 추론능력, 새로운 상황에서의 문제해결능력으로 나타남	• 환경이나 경험, 문화적 영향에 의해 발달되는 지능으로서, 유동성 지능을 토대로 후천적인 발달이 이루어짐 • 언어이해능력, 문제해결능력, 상식, 논리적 추리력 등과 같이 나이가 들어도 계속 발달함

■ 지능검사의 종류

• 스탠포드-비네 검사
• 웩슬러검사
• 카우프만 아동용 진단검사
• 베일리의 영아척도

■ 길포드(Guilford)의 수렴적 사고와 확산적 사고

수렴적 사고	하나의 주어진 정보를 통하여 가장 안전하고 확실한 대안을 산출하는 것
확산적 사고	기존에 알려지지 않은 새로운 대안을 창출해내는 능력

■ 학습의 이론적 접근

• 고전적 조건형성이론의 주요 개념

무조건자극	• 학습이나 조건형성이 없이 자동적, 반사적인 반응을 유발하는 자극 • 무조건반응 : 무조건자극을 유기체에게 제시했을 때 인출되어 나오는 자연적이며 자동적인 반응
중성자극	• 학습되기 전에 유기체의 특정 반응과 무관한 자극 • 조건자극 : 원래는 중립적 자극이었으나 학습이나 훈련을 통해 학습자가 무조건자극과 연계하여 반응을 유발하는 자극
조건반응	• 중립적인 자극이 무조건자극과 결합하여 중립적인 자극의 제시만으로도 나타나는 반응 • 소멸 : 조건자극이 사라지는 것으로, 먹이 없이 종소리만 몇 번 울리게 되면 결국 그 종소리가 효과를 잃는 것

• 학습의 원리

습관화	반사를 유발하는 소리, 광경 및 기타 자극을 반복해서 제시할 때 반사 강도가 작아지거나 또는 반사의 빈도가 줄어드는 방식으로 제시자극에 익숙해지는 과정
탈습관화	같은 자극의 반복 제시에 의해서 반응이 감소된 습관화된 자극과 지각적으로 변별이 가능한 새로운 자극을 제시했을 때 반응행동으로서 반사 강도나 빈도가 회복되는 것
역조건형성	부적응적인 조건형성을 없애는 치료적 방법으로서, 자연적으로 조건형성이 소멸되는 소거와는 다름
자발적 회복	소멸이 상당시간 지난 후 다시 조건자극을 제공하면 일시적으로 조건반응이 나타나는 것
자극일반화	조건자극에 대한 조건반응으로서, 유사한 다른 자극에도 반응을 일으키는 것
자극변별	조건화가 완전해짐으로써 다른 유사한 자극에 대해 반응을 일으키지 않는 것
체계적 둔감법	혐오스러운 느낌이나 불안한 자극에 대한 위계목록을 작성한 다음, 낮은 수준의 자극에서 높은 수준의 자극으로 상상을 유도함으로써 불안이나 공포에서 서서히 벗어나도록 하는 것

■ 조작적 조건형성이론

• 주요 원리

강화의 원리	강화자극(보상)이 따르는 반응은 반복되는 경향이 있으며, 조작적 반응이 일어나는 비율을 증가시킴
소거의 원리	일정한 반응 뒤에 강화가 주어지지 않으면 반응은 사라짐
조형의 원리	조형은 실험자 또는 치료자가 원하는 방향 안에서 일어나는 다양한 반응들만을 강화하고, 원하지 않는 방향의 행동에 대해 강화받지 못하도록 하여 원하는 방향의 행동을 할 수 있도록 하는 것
자발적 회복의 원리	일단 습득된 행동은 만족스러운 결과가 주어지지 않는다고 하여 즉시 그 행동이 소거되지는 않음
변별의 원리	변별은 보다 정교하게 학습이 이루어지는 것으로, 유사한 자극에서 나타나는 조그만 차이에 따라 다른 반응을 보이는 것임
계속성의 원리	교육 내용의 여러 요소가 계속해서 반복되어야 한다는 원리
반복의 원리	같은 내용을 반복하여 되풀이하며 학습하는 원리
근접성의 원리	학습내용의 파지를 촉진하기 위하여 새로운 학습내용을 설명한 후 바로 학생들이 이미 알고 있는 것과의 관계를 설명하는 것

• 강화 vs 처벌

강화	• 반응이 다시 발생할 빈도를 증가시키는 것 • 정적 강화 : 유쾌 자극을 제시하여 행동의 빈도를 증가시키는 것 • 부적 강화 : 불쾌 자극을 철회하여 행동의 빈도를 증가시키는 것
처벌	• 이전의 부적 행동의 빈도를 줄이는 것 • 정적 처벌 : 불쾌 자극을 제시하여 행동의 빈도를 줄이는 것 • 부적 처벌 : 유쾌 자극을 철회하여 행동의 빈도를 줄이는 것

• 학습방법

토큰경제	바람직한 행동들에 대한 체계적인 목록을 정해놓은 후, 그러한 행동이 이루어질 때 그에 상응하는 보상(토큰)을 하는 것
타임아웃	특정 행동의 발생을 억제하기 위해 이전의 강화를 철회하는 것

■ 반두라(Bandura)의 사회학습이론(사회인지이론)

모델링을 통한 관찰학습, 모방학습을 강조

대리적 강화	다른 아동이 보상이나 벌을 받는 것을 관찰함으로써 간접적인 강화를 받는 것
자기효능감	아동이 다른 사람의 행동을 관찰함으로써 자신의 행동기준, 능력, 신념, 특성을 발달시키는 것

■ 생물학적 접근

- 종 특유의 행동은 생존을 위한 진화의 산물이라는 진화론적 관점을 강조
- 어머니와 유아 간 애착도 생존을 위한 것이라고 봄
- 게젤의 성숙이론, 보울비의 애착이론, 로렌츠와 틴버겐의 각인이론 등

각인	처음 접하는 물체에 애착을 형성하는 선천적 학습
결정적 시기	특정한 능력이 발달하는 데 최적의 시기가 있다는 주장

■ 브론펜브레너(Bronfenbrenner)의 생태학적 체계이론

- 인간발달의 생태학을 제시하여 인간을 삶의 맥락 속에서 연구하고자 함
- 아동을 둘러싼 여러 체계

미시체계	• 환경의 가장 안쪽에 있는 층 • 아동과 상호작용하거나 아동이 활동하는 직접적인 환경(가족, 또래)
중간체계	• 환경의 두 번째 층 • 두 가지 이상의 미시체계들 간의 상호작용 • 가정, 형제관계, 부모와 교사 간 관계, 또래 친구, 이웃, 보육기관 등
외체계	아동을 직접 포함하지 않으나 아동의 경험에 영향을 미치는 사회적 상황 예 부모의 취업, 정부기관의 정책, 아동센터, 대중매체의 영향
거시체계	• 개인의 생활에 직접적으로 개입하지는 않지만 간접적으로도 강한 영향력을 발휘하며 하위체계에 대한 지지기반과 가치 준거의 틀을 제공 • 사회의 문화적 가치나 규범, 신념, 태도, 전통, 관습, 법률 등
시간체계	시간경과에 따른 사람과 환경의 변화

■ 기억발달

- 기억의 종류

재인기억	저장된 정보에 인출단서가 주어질 때 정보가 인출되는 것
회상기억	환경 내에 단서가 없이 머릿속에 저장된 정보로부터 기억을 재구성하는 것

- 기억전략의 발달

시연	기억해야 할 정보를 여러 번 반복해서 암송하는 것
조직화	기억하려는 정보를 서로 관련 있는 것끼리 묶어서 범주나 집단으로 분류하여 기억의 효율성을 높이려는 전략
정교화	서로 관계가 없는 정보, 즉 같은 범주에 속하지 않는 기억재료 사이에 관계를 설정해 주는 것
상위기억 (메타인지)	자신의 기억능력을 알고 어떤 기억책략을 사용하는 것이 효과적인지 아는 것

■ 언어와 의사소통

- 촘스키(Chomsky)의 언어획득장치
- 모든 아동은 한정된 언어적 경험을 바탕으로 복잡한 문장구조를 빨리 터득하고 구사한다는 언어적 보편성과 생득적 입장을 지지함
- 언어획득장치 내에는 보편적 문법이 존재하며, 모든 인간의 언어에 적용된다고 봄

■ 언어의 구성요소

음운론적 발달	자음과 모음을 각각 구분하고 그 발성적 특징을 이해하는 것
의미론적 발달	어휘와 관련되며 단어와 단어의 조합으로 개념을 표현하는 방법
구문론적 발달	언어의 문법적인 면
화용론적 발달	같은 뜻을 가진 낱말이나 문장도 맥락에 따라 달리 표현되는 것

■ 언어발달단계

울음, 옹알이, 모방단계 → 한 단어 문장시기 → 두 단어 문장시기 → 전보어시기

과잉확장	어떤 단어가 실제 그 단어가 의미하는 것보다 더 광범위한 대상을 지칭
과소확장	어떤 단어를 그 단어의 실제 의미가 허용하는 것보다 더 적은 범위의 지시물에 적용하여 사용하는 것

■ 유아의 문법형태소의 오류

과잉조정 현상	과거형을 만들 때 모든 문장에 같은 형태를 추가하며, 불규칙 동사를 활용하지 못함
과잉일반화 현상	일반적으로 복수형을 만들 때 나타남

제4장　사회정서발달

■ 애착

• 영아의 애착발달단계

비사회적 단계 (0~6주)	사회적 자극에 대한 선호를 보이지 않음
비변별적 애착단계 (6주~6, 7개월)	애착에 있어서 특정인을 구별하지 않음. 인형보다는 사람을 더 선호함
특정인 애착단계 (약 7~9개월)	낯가림과 분리불안이 나타남
중다 애착단계 (약 9~18개월)	양육자 외에도 친밀한 몇몇 사람에게 애착을 보이며, 낯가림과 분리불안이 나타남

• 에인스워드(Ainsworth) 애착실험

안정애착	어머니가 잠시 떠나는 데 대해 크게 분리불안을 보이지 않으며, 영아의 약 65%가 이에 해당함
불안정 회피애착	낯선 상황에서 어머니가 떠나는 것에 대해 별로 신경 쓰지 않고, 어머니가 돌아와도 무시하고 다가가지 않음
불안정 저항애착	어머니가 돌아오면 접촉 추구와 함께 분노나 저항을 보이면서도 곁에 머무르려하는 양가적 행동을 보이며, 잘 놀지 않고 달래지지 않음
불안정 혼돈애착	• 일관성이 없고 혼란스러운 양상을 보임 • 때때로 접촉욕구가 강하면서도 어머니에 대한 공포를 보이기도 함

■ 기질

토마스와 체스(Thomas & Chess)의 기질유형

순한 아동	• 일상생활 습관에 있어서 대체로 규칙적이며 반응강도는 보통 • 대체로 평온하고 행복한 정서가 지배적이며 약 40%의 영아가 이에 해당함
까다로운 아동	• 새로운 음식을 받아들이는 속도가 늦고 낯선 사람에게 의심을 보이며 환경변화에 대한 적응이 늦음 • 크게 울거나 웃는 것과 같은 강한 정서가 자주 나타나며 부정적인 정서도 자주 보임. 약 10%의 영아가 이에 해당함
더딘 아동	• 생활의 변화에 대한 적응이 늦고 낯선 사람이나 사물에 부정적인 반응을 보인다는 점에서 까다로운 아동과 유사하지만 까다로운 아동보다 활동이 적고 반응강도 또한 약함 • 약 15%의 영아가 이에 속함

■ 자아개념의 발달

• 자아의 정의

범주적 자아	사회적으로 중요하게 인식되는 차원에 따라 자아를 범주화하는 것
공적 자아	외현적으로 드러나 타인이 알 수 있는 자아
사적 자아	자신만이 알고 있는 내적·주관적 자아

• 자아의 종류

자아개념	• 자신이 누구인지를 정의하는 특성, 능력, 태도와 가치에 대한 총체적인 개념
자아인식	• 자아인식은 자기와 타인이 서로 독립된 존재라는 주체로서의 인식 • 평가의 대상인 객체로서의 자기에 대한 인식
자아존중감	자신이 가진 특성, 즉 자아개념에 대한 평가적 측면을 말하며 자신의 가치에 대해 형성한 판단과 그와 관련된 감정
자아정체감	내가 누구이고 앞으로 어떠한 사람이 될 것이며 사회 속에서의 나의 역할은 무엇인가와 같은 개인이 추구하는 가치, 신념과 목표로 구성되어 있는 안정되고 조직화된 성숙한 자아정의

■ 마샤(Marcia)의 청소년 정체감이론

정체감 성취	자아정체감의 위기를 성공적으로 극복하여 신념, 직업, 정치적 견해 등에 대해 스스로 의사결정을 할 수 있는 상태
정체감 유예	현재 정체감 위기의 상태에 있으면서 자아정체감 형성을 위해 다양한 역할, 신념, 행동 등을 실험하고 있으나 의사결정을 내리지 못한 상태
정체감 유실	자신의 신념, 직업선택 등의 중요한 의사결정에 앞서 수많은 대안에 대하여 생각해 보지 못하고, 부모나 다른 사람의 역할모델의 가치나 기대 등을 그대로 수용하여 그들과 비슷한 선택을 하는 경우
정체감 혼란(혼미)	자아에 대해 안정되고 통합적인 견해를 갖는 데 실패한 상태를 말한다. 이는 위기를 경험하지 않았고 직업이나 이념선택에 대한 의사결정을 하지 않을 뿐만 아니라 이러한 문제에 관심도 없는 경우

■ 사회인지발달

• 마음이론(Theory of Mind)의 발달
• 인간의 행동이 믿음, 바람, 의도와 같은 마음 상태에서 비롯된다는 것을 이해하고 그 마음의 상태를 추론하는 능력

2세 이전	타인의 내재적 상태에 대한 초보적 표상을 가짐
2~3세	타인의 피상적 행동이나 정서를 예측
3~4세	• 타인의 생각이나 신념을 자신의 신념과 구분할 수 있음 • 욕구─마음이론의 틀린 믿음 과제의 습득에 의해 나타나는 믿음 • 관찰 가능한 특성으로 판단하는 경향
4~5세	• 초보적인 마음이론이 발달 • 어떤 사실에 대한 우리의 생각이 사실과 다를 수 있다는 믿음의 표상적 특성을 이해하게 되어 사람이 틀린 믿음을 가질 수 있다는 것을 이해

■ 성차와 성역할에 관련된 개념

성도식	남성과 여성에 대한 조직화된 신념과 기대
성유형화	성에 대한 문화적 고정관념에 부합하는 방식으로 생물학적 성과 연관된 대상, 행위, 습성, 역할
성고정관념	남성과 여성이 가져야 한다고 여겨지는 특성에 관한 일반적 관념
성역할	남성이 해야 할 일과 여성이 해야 할 일의 역할분담을 하는 것

■ 공격성의 발달

2~3세	물리적 공격성	때리고 밀치는 등 물리적 공격 위주
3~6세	도구적 공격성	놀리거나 흉보고 욕하는 등의 언어적 공격위주
4~7세	적의적 공격성	타인의 우연한 공격적 행동의 원인을 고의로 해를 가하려 했다는 공격적 의도로 추론하는 경향으로 인한 적대적 공격
7~11세	선택적 공격성	의도적인 공격과 비의도적인 공격을 구분할 수는 있지만 자신을 화나게 하거나 약 오르게 할 때 반응

■ 도덕발달

피아제(Piaget)의 도덕발달단계

1단계 전도덕단계	아직 규칙을 이해하지 못하며 규칙위반에 대해 판단하지 못하는 단계
2단계 타율적 도덕성 (6세경에 시작)	• 의도보다는 결과에 의해 도덕성을 판단하는 객관적 책임성과 내재적 정의를 믿음 • 규칙을 깨뜨리면 부모나 교사 또는 신으로부터 반드시 처벌이 뒤따른다는 내재적 정의
3단계 자율적 도덕성 (9세경에 시작)	• 규칙은 상호협의에 의해서 고칠 수도 있다고 생각하며, 결과보다는 의도를 고려하여 도덕 판단을 하는 주관적 책임 중시 • 처벌에 대한 객관적인 관점을 견지 • 옳고 그름에 대한 판단을 행위자의 의도에 두며, 사회적 규칙위반에 항상 벌이 따르지 않는다는 것을 알게 되어 내재적 정의를 믿지 않음

■ 콜버그(Kohlberg)의 도덕발달이론

전인습수준 (4~10세)	규칙이 내면화되지 않았으며 행위의 결과에 따른 보상과 처벌의 정도에 따라 규칙을 따름	1단계 처벌 및 복종지향	• 행위의 옳고 그름은 결과에 달려있음 • 행위의 결과, 처벌의 양, 객관적인 손상의 정도가 중요함
		2단계 도구적 상대주의	• 쾌락주의 원칙 • 자신의 이익, 보상에 따라 규칙을 따름 • 타인 지향행동은 궁극적으로 이득이 돌아오리라는 상호호혜적인 평등에 입각
인습수준 (10~13세)	칭찬과 인정, 사회적 질서유지와 규범준수가 주요 동기	3단계 착한 소년소녀지향	• 타인의 반응과 도덕적 고정관념에 따라 도덕적 행위를 판단 • 행위자의 의도를 고려하여 행위를 평가
		4단계 법과 질서지향	• 법의 준수, 사회, 집단에 대한 공헌을 중시 • 벌이 무서워서 법을 따르는 것이 아니라 법과 규칙의 절대적인 신뢰에 의한 것임

| 후인습수준
(13세 이상) | 옳고 그름을 정의에 의해 판단하고, 법적으로 타당한 것이 도덕적으로 옳은 것이 아니라는 도덕기준이 내면화됨 | 5단계
사회적 계약지향 | • 민주적 절차로 수용된 법을 존중하는 한편 상호합의에 의한 변경가능성을 인식
• 4단계와 달리 법에 대한 융통성을 부여
• 인간의 권리나 존엄성을 위태롭게 하는 강제된 법은 부당하고 변경할 수 있음 |
| | | 6단계
보편적·윤리적
원리지향 | • 옳고 그름을 자신의 윤리적 원칙, 인권, 인간의 존엄성과 개인의 양심에 비추어 판단
• 어떤 법이나 사회계약을 능가하는 추상적인 도덕지침 또는 보편적 정의와 개인의 권리에 대한 원리 |

■ 이타성 발달에 관련된 개념

역할수행기술	다른 사람의 입장에서 그 사람의 생각, 행동, 감정을 이해하는 것으로 상대방이 도움이 필요하다는 것을 알 수 있는 것
친사회적 도덕추론	친사회적 행동은 갈등상황에서 자신이 선택해야 할 행동을 도덕적으로 어떻게 판단하는가와 밀접하게 관련
친사회적 행동	다른 사람과의 관계에 있어서 사회적으로 바람직한 행동으로서 나누기, 돕기, 협조하기, 위로하기, 보살피기 등의 행동

■ 셀만(Selman)의 역할수용단계

미분화수준	3~6세	자기중심적, 미분화된 관점
제1수준 (사회적·정보적 역할수용)	6~8세	• 제한된 사회, 정보적 역할수용 • 다른 사람이 다른 정보를 가졌기 때문에 자신과 견해가 다르다고 인식
제2수준 (자기반성적 역할수용)	8~10세	자신의 견해와 타인의 견해가 일치하지 않을 수 있음을 알게 됨
제3수준 (상호적 역할수용)	10~12세	자신의 관점과 타인의 관점을 동시에 고려할 수 있게 됨
제4수준 (사회적 역할수용)	12~15세	타인의 관점을 상황, 맥락적으로 파악하고 이해

■ 아이젠버그(Eisenberg)의 친사회적 갈등상황

• 아동들에게 친사회적 갈등상황의 이야기를 들려주고 이야기 속의 주인공이 누구를 도와주어야 할지를 질문한 연구
• 아동들의 반응은 대부분 이기적인 반응이지만, 연령이 증가하면서 점차 타인의 욕구를 배려하기 시작함

■ 친사회적 갈등상황에서의 아동의 도덕적 추론능력 발달과정

수준	특징	연령범위
자기중심적 쾌락추구	타인을 돕는 것이 자신에게 이익이 될 때만 이타적	아동기 초기 일부~입학 전 아동기
욕구지향	• 타인의 욕구를 근거로만 이타성을 고려 • 공감이나 죄의식이 주요인	입학 전 아동기 일부~초등학교 아동기
안전지향	타인으로부터 인정과 칭찬받기 위한 이타성	초등학교 아동기~일부 초기 중등학생
공감적	• 공감적 반응에 기초한 이타성 • 이타행위에 대한 기쁨과 죄의식 느낌	초등학교 아동기 일부~중등학생
내재적 원리	• 내재적 가치, 규준, 책임감, 확신에 근거한 이타성으로 인식, 의무, 가치관이 싹틈 • 내재적 이상과 원리에 따를 때 자기존중감 인식	중등학생 일부~청년기

■ 부모양육태도

권위 있는 양육	자녀에게 온정적이며, 자녀의 요구에 대한 수용도가 높고 민감하게 반응함. 적정한 수준에서 통제를 하는 가장 바람직한 양육방법
권위주의 양육	자녀의 요구에 대해 비교적 덜 수용적이며 참여 정도가 낮고, 자녀의 자율성을 인정하지 않음. 자유가 없고 한계만 주어지는 양육방법
허용적인 양육	온정적이고 수용적이지만, 부모가 자녀의 요구에 대해 지나치게 관대하거나 자녀의 발달 수준과 상관없이 모든 결정을 자녀가 하도록 허락함
무관심한 양육	자녀 양육에 대한 참여 의지가 없으며 자녀에 대한 애정과 요구에 대한 수용 정도가 낮음

■ 부모의 양육 유형에 따른 자녀의 적응 행동

권위 있는 양육 유형	책임감과 자신감이 있으며 높은 자존감을 형성하여 사회적, 도덕적으로 성숙된 모습을 보이고 학업 성취에 있어서도 우수함
권위주의 양육 유형	자율성이 낮아 다른 사람에게 의존적이며 반항적, 공격적 성향을 보이기도 하고 행복감을 갖지 못해 항상 불안감을 느낌
허용적인 양육 유형	충동적이거나 반항적이고 과도한 요구를 하는 경우가 많으며 참을성이 없고 학교생활에서 적응의 어려움을 겪음
무관심한 양육 유형	자녀와의 애착 관계, 인지발달, 놀이, 사회성 발달 등 거의 모든 영역에 걸쳐 부정적 영향을 주어 학업 수행이 떨어지고 공격적, 적대적, 자기중심적인 성향을 가짐

■ 가족의 다양성

가족관계의 변화	• 위계질서가 명확한 수직적 가족관계에서 가족 개개인의 개성이 존중되는 민주적이고 수평적인 가족관계로 변화되고 있음 • 아버지의 양육 참여가 늘어나고 있으며, 아버지의 양육 참여는 자녀의 신체적, 인지적, 사회정서적 발달 및 심리적 안정감과 직접적인 관련이 있음
가족유형의 변화	맞벌이 가정, 한부모 가정, 조손가정, 다문화 가정 등 다양한 유형이 존재함

■ 아동기 심리적 장애

자폐스팩트럼 장애	• 의사소통과 사회적 상호작용 이해 능력의 저하를 일으키는 신경발달장애 • 증상의 원인은 명확하지 않으나 두뇌 특정 부분의 이상으로 보는 견해가 우세함 • 꾸준한 약물치료와 심리상담치료의 병행을 권장함
주의력결핍 과잉행동장애 (ADHD)	• 학령기 아동의 10~15%가 겪는 장애로 부주의, 과잉행동, 충동성의 세 패턴으로 나타남 • 선천적인 신경 화학적 문제를 발생원인으로 보는 학자가 다수임. 뇌신경 전달물질 부족으로 나타나는 질환이며, 전전두엽 피질부위 기능 저하가 원인임 • 약물치료와 더불어 사회적·학업적 행동을 강화해 줄 수 있는 행동치료 프로그램의 병행이 효과적임
학습장애	• 듣기, 말하기, 읽기, 쓰기, 계산능력 등 정보의 습득과 정보 처리상의 어려움을 갖는 장애 • 지능검사로 측정되는 지적능력과 성취검사로 측정되는 수행 간에 큰 차이를 보임 • 직접치료와 간접치료, 가족 간 갈등 해소를 위한 가족치료의 병행이 효과적임
불안장애	• 스트레스를 유발하는 구체적인 자극이 사라졌음에도 불구하고 심리적인 불안 상태가 지속되거나 불안 정도가 지나쳐 일상적인 생활에 어려움을 초래함 • 불안장애는 분리불안장애, 공황장애, 사회공포증, 범불안장애 등 다양함 • 행동치료기법 중 체계적 둔감법을 주로 사용함
학교공포증	• 학교거부증, 학교회피증, 장기결석, 학교중퇴, 분리불안까지를 포함하는 개념 • 원인이 명확하지 않으나 자신의 능력에 대한 전반적인 불안, 교우 및 교사관계, 분리불안장애와 관련이 높음 • 학교 등교에 관한 확고한 규칙을 설정하고 아동이 규칙을 수행할 수 있도록 계획하고 계획 실행을 돕는 것이 필요함
소아우울증	• 아동의 우울한 심리 상태가 장기간 지속되는 상태로, 화를 내거나 짜증내며 산만함이나 난폭함, 반항 등의 직접적 행동으로 표출됨 • 발병원인은 유전 이외에 각종 스트레스 상황과 연관이 높음 • 항우울제와 같은 약물치료와 함께 인지치료나 대인관계 심리치료의 병행이 효과적임
게임중독	• 과도한 전자게임으로 인하여 학업과 일, 가정 및 대인관계에 지대한 영향을 받는 상태 • 밤새 게임에 몰두하고, 게임을 하지 않을 때에도 게임을 생각하며, 현실과 가상공간의 구분을 어려워하고, 과도한 게임으로 인해 학업성적이 저하되며, 교우관계의 문제가 발생함 • 게임 시간을 점차 줄여나가는 방법이 효과적임

■ 청소년 문제행동

성문제	성과 관련된 의식, 행위적 측면에서의 규칙이나 규범의 위반행위
유해 매체	• 인터넷 중독 및 스마트폰 중독이 가장 심각함 • 인터넷 중독은 유형에 따라 '고위험군, 잠재적 위험군, 일반 사용자군'으로 나뉨
유해 약물	약물남용, 술, 흡연, 흡입제와 환각물질 등이 있음
학교폭력	학교 안이나 밖에서 학생을 대상으로 발생하는 상해, 폭행, 감금, 협박, 약취, 유인, 명예훼손, 공갈, 모욕, 성폭력, 따돌림, 사이버 폭력 등으로 신체, 정신 또는 재산상의 피해를 주는 모든 행위
자살	청소년 사망 원인의 1순위로, 자살예방을 위해서는 주변의 관심이 중요함

제5장 성인기 및 노년기 발달

■ 세포적 관점에서의 노화이론

유전적 계획이론		• 이미 계획된 유전자에 의해 예정된 순서에 맞추어 노화가 진행되는 것으로 보는 이론 • 내분비체계와 면역체계의 변화 및 기능상실로부터 노화가 시작됨
오류이론	마모이론	신체기관들을 장기간 사용하면 기능 및 구조가 약해져 결국 신체가 낡고 노화된다는 이론
	유리기이론	DNA 손상이 노화를 일으킨다고 보는 이론. 젊을 때는 몸에서 충분한 항산화제가 나오나 나이가 들면 항산화제의 생산이 떨어져 노화가 일어남
	자동면역이론	면역성을 지닌 세포가 바이러스나 세균 등 외부의 이물질과 자신을 구별하지 못하고, 자신의 물질에 저항하는 항체를 생성하여 자체의 세포를 공격함으로써 노화를 일으킴
	교차연결이론	콜라겐 분자들이 서로 부착되어 움직일 수 없게 되고, 세포 분열을 불가능하게 만들어 영양과 노폐물의 이동이 어려워져 단백질을 굳게 만들며, 각막 및 피부 등에 탄력성을 잃게 하여 노화를 촉진

■ 사회적 노화이론

• 1세대 이론(기능적 관점)

분리이론	노인과 사회는 상호 간에 분리되기를 원하며, 이러한 분리는 정상적이고 피할 수 없음
활동이론	노인의 활동 참여 정도가 높을수록 노인의 심리적 만족감과 생활 만족도가 높음
역할이론	노인의 역할을 새롭게 부여해 줌으로써 새로운 기능을 하여 행복함을 느끼게 함
연속이론	사회적 역할이나 관계를 바꾸기보다는 이전의 성격, 관심, 흥미, 대인관계 역할기술을 유지하려고 노력하는 시기
사회정서적 선택이론	노년기에 축소된 대인관계 속에서 사회심리적 욕구를 충족시키는 것을 연구한 것으로, 가까운 소수의 사람들과 사회적 정서가 깊어짐으로써 행복감을 느끼는 것
하위문화이론	노인들은 그들의 공통된 특성과 사회·문화적인 요인으로 인해 그들만의 집단을 형성함

• 2세대 이론(구조적 관점)

현대화이론	생산기술의 발달, 도시화 및 교육의 대중화 등 현대화의 제 양상으로 인해 노인들의 지위는 낮아지고 역할은 상실됨
교환이론	사회적 행동을 적어도 두 사람 사이의 교환활동으로 보며, 노인은 대인관계나 보상에서 불균형을 초래하게 됨
연령계층화이론	사회는 연령층으로 구분되어 있으며, 각각의 연령층에 따라 사람들은 동시대의 유사한 경험을 가짐

• 3세대 이론

사회심리학적 관점	• 사회적 와해 이론 • 사회적으로 일부 노인들에 대한 부정적인 인식이 전체 노인으로 확산되면서 노인들의 사회적 활동은 위축되며, 노인들은 사회적으로 와해상태에 이르게 됨
정치적·경제적 관점	정치적·경제적으로 약자이므로 제정 등에 있어서 노인을 배려하지 않는 정책의 결과로 노인문제가 발생한다고 봄

■ 레빈슨(Levinson)의 성인인생주기

성인 전기	성인 전기 전환기	17~22세	자신의 정체감을 확립하고 부모로부터 독립하여 성인으로 살기 위한 준비시기
	성인 전기 초보	22~28세	성인으로서 중요한 선택을 하고 자신의 삶을 계획하는 시기
	30세 전환기	28~33세	인생구조를 재평가하고 개별화. 가능성 탐색
	성인 전기 절정	33~40세	사회생활에서 안정적 입장에 위치
성인 중기 전환기		40~45세	• 노화의 증거가 나타나기 시작. 지나온 삶을 평가하고 이후의 삶을 준비하는 단계 • 상실감과 회의를 경험하는 중년의 위기단계
성인 중기	성인 중기 초보	45~50세	• 중년의 위기를 극복 • 지나온 삶의 결실을 맺는 생산적인 시기
	50세 전환기	50~55세	• 중년 입문기의 인생구조 재평가 • 자아와 세계에 대한 탐색과 발달적 위기의 가능성
	성인 중기 절정	55~60세	중년기의 중요한 야망과 목표 성취
성인 후기 전환기		60~65세	은퇴와 사회적 영향력 축소. 심리적 위축이나 우울감 경험. 긍정적인 마음으로 노년기의 인생구조의 기반을 마련하는 시기

■ 전환기

• 현재의 인생구조를 재평가하여 종결하고 그 다음 국면을 위해 준비하는 단계
• 각 전환기마다 그 다음의 안정적인 인생구조를 준비하기 위한 독특한 과제에 대해 다양한 가능성과 대안을 탐색하는 단계
• 전환기는 갈등이나 혼란을 겪을 수 있는 불안정한 시기

■ 펙(Peck)의 성인기 발달과제와 이슈

• 지혜에 가치부여 vs 물리적 힘에 가치부여
• 대인관계의 사회화 vs 성역할화
• 정서적 유연성 vs 정서적 빈곤성
• 정신적 유연성 vs 정서적 경직성

■ 성인기 인지변화

• 단기기억력은 약화되지만 장기기억력에는 변화가 없고, 오랜 인생의 경험에서 터득한 지혜 때문에 문제해결능력은 높아짐
• 유동성 지능은 10대 후반에 절정에 도달하고 성년기에는 중추신경 구조의 점차적인 노화로 인해 감소하기 시작
• 결정성 지능은 교육이나 경험의 축적된 효과를 반영하므로 생의 말기까지 계속 증가
• 기계적 지능은 연령이 증가하면서 감소
• 실제적 지능은 문화적 요인이 영향을 미치므로, 결정성 지능과 마찬가지로 연령이 증가하더라도 감소하지 않음

■ 성인기 사고

문제발견적 사고	아르린(Arlin)	창의적 사고, 확산적 사고, 새로운 문제해결 방법의 발견 등
변증법적 사고	리겔(Riegel)과 바세체스(Basseches)	어떤 사실이 진실일 수도 있고, 아닐 수도 있음을 받아들이는 것
다원론적 사고	시노트(Sinnott)와 페리(Perry)	지식이란 절대적이고 고정 불변의 것이 아니라, 여러 개의 타당한 견해 중 하나일 수 있다는 사실을 이해함
후형식적 사고	크레이머(Kramer)	지식은 절대적인 것이 아니고 상대적이며 모순을 현실세계의 기본 양상으로 받아들임

■ 은퇴의 단계

퇴직 전 단계 → 밀월단계 → 환멸단계 → 방향 재정립단계 → 안정단계 → 종결단계

■ 노년기의 발달에 관한 펙(Peck)의 3가지 이슈

- 자아분화 vs 직업역할에 대한 몰두 : 은퇴에 대한 대처, 자기가치 재평가
- 신체 초월 vs 신체 몰두 : 건강 및 외모의 변화에 대한 적절한 대처
- 자아 초월 vs 자아 몰두 : 인생의 종합 및 죽음을 초월한 이상적·종교적인 삶

■ 퀴블러로스(Kubler-Ross)의 죽음에 대한 태도

부정단계	자신이 곧 죽는다는 사실을 부인
분노단계	자신의 죽음에의 이유를 알지 못하여 주위 사람들에게 질투, 분노를 표출
타협단계	죽음을 받아들이기 시작하며 인생과업을 마칠 때까지 생이 지속되기를 희망
우울단계	이미 죽음을 실감하기 시작하며 극심한 우울상태에 빠짐
수용단계	절망적인 단계로 거의 감정이 없는 상태

■ 노인학대 유형 및 학대행위

학대유형	개념	학대행위의 예시
신체적 학대	신체의 상해, 손상, 고통, 장애를 유발할 수 있는 물리적 힘에 의한 폭력적 행위	때리기, 치기, 밀기, 차기, 화상, 신체의 구속, 멍, 타박상, 골절, 탈구 등을 가하는 것
정서적·심리적 학대	정신적 또는 정서적인 고통을 주는 것	모멸, 겁주기, 자존심에 상처 입히기, 위협, 협박, 굴욕, 어린애 취급하기, 의도적인 무시, 멸시, 비웃기, 대답 안 하기, 고립시키기, 짓궂게 굴기, 감정적으로 상처 입히기 등
언어적 학대	언어로 정신적인 고통을 주는 것(정서적 학대에 포함)	욕설, 모욕, 협박, 질책, 비난, 놀림, 악의적인 놀림 등
성적 학대	노인의 동의가 없는 모든 형태의 성적 접촉 또는 강제적 성행위를 하는 것	노인의 동의 없이 옷을 벗기는 것, 기타 성적 행위를 하는 것

		자금·재산·자원의 불법적 사용 또는 부당한 착취, 오용 및 필요한 생활비 등을 주지 않는 것	재산이나 돈의 악용, 훔치기, 경제적으로 의존하기, 함부로 사용하는 것, 무단으로 사용하는 것, 허가 없이 또는 속이고 자기 명의로 변경하는 것, 무단으로 신용카드나 소유물을 사용하는 것, 연금 등의 현금을 주지 않거나 가로채서 사용하는 것, 노인 소유의 부동산을 무단으로 처리하는 것, 경제적으로 곤란한 노인에게 생활비·용돈 등을 주지 않는 것
재정적·물질적 학대			
방임	적극적 방임	의도적으로 서비스나 수발을 제공하지 않는 것 또는 보호의무의 거부, 불이행	일상생활에 필요한 것(식사, 약, 접촉, 목욕 등) 주지 않기, 생활자원 주지 않기, 신체적인 수발이 필요한 사람 수발 안 하기, 보호가 필요한 사람 보호 안 하기, 의도적으로 필요한 보건·복지·의료서비스의 이용을 거부하는 것, 노인에게 필요한 의치·안경을 빼앗는 것, 복용해야 할 약을 복용시키지 않기
	소극적 방임	비의도적으로 서비스나 수발을 제공하지 않는 것 또는 보호의무의 거부, 불이행	노인을 혼자 있게 하기, 고립시키기, 존재조차 잊어버리기, 수발자가 비의도적으로 적절한 보호를 하지 않거나 방치한 결과 신체적·정신적 고통이나 건강의 악화가 일어난 것, 수발자의 쇠약 또는 체력 부족·역량 부족·지식 부족으로 적절한 수발과 보호가 이루어지지 않았거나 보건·복지·의료서비스에 대한 인식 부족으로 서비스를 이용하지 않아서 케어가 제공되지 않은 경우
자기 방임	적극적 자기 방임	본래 자기가 해야 할 신변의 청결, 건강관리, 가사 등을 본인이 할 수 있는 능력이 있어도 스스로 포기하여 하지 않은 결과, 심신에 건강상의 문제가 생기는 것	스스로 의식적으로 식사와 수분을 섭취하지 않거나, 질병으로 인한 식사제한을 지키지 않거나, 필요한 치료와 약 복용을 중지한 결과 건강상태가 악화된 경우 등
	소극적 자기 방임	기본적인 일상생활을 본인의 체력·지식·기능 부족 또는 어떤 사정으로 인해 본인도 모르는 사이에 못하게 된 결과 신체 및 심리적 기능에 문제가 발생하는 것	자신의 체력, 지식, 능력의 부족 또는 기타의 사정으로 자신도 모르게 신변의 청결, 건강관리, 가사 등을 수행하지 못함으로써 심신의 건강상의 문제가 일어나는 것

■ 노인학대 이론

의존성이론	노화로 인한 기능의 저하와 사회적·심리적 변화로 타인의 지원을 요하는 의존성이 증가되어 학대가 발생한다고 봄
생태학적 접근이론	노인 개인의 특성, 가해자의 특성, 가족관계의 역동 및 지역사회 특성이 상호작용하여 학대가 발생한다고 봄
가정폭력적 접근이론	동거 가족뿐 아니라 같은 가구 내에서 생활하는 근친을 포함한 모든 가족 구성원들 간의 물리적·정신적 폭력 행위의 학습으로 인해 학대가 발생한다고 봄
사회학습이론	폭력행위를 모방함으로써 새로운 공격행동 기술을 습득하고 공격행위에 대한 양심의 가책이나 죄의식 없이 폭력을 사용하므로 학대가 발생한다고 봄
심리병리적 이론	가해자가 가진 문제에 초점을 두고 학대를 이해하는 관점
상황적 모델	학대의 원인을 가해자와 노인을 둘러싸고 있는 직접적인 환경으로 봄
상징적 상호작용이론	자아와 타자 사이의 상호작용 안에서 교환되는 상징 및 의미가 중요하다고 봄 예 노인은 무력한 존재

제한시간: 50분 | 시작 ___시 ___분 – 종료 ___시 ___분

정답 및 해설 166p

01 다음 중 발달에 관한 설명으로 적절하지 <u>않은</u> 것은?

① 개인의 전 생애를 통해 이루어지는 변화의 양상과 과정이다.

② 발달은 분화와 통합의 과정이다.

③ 성숙은 유전적 특성에 의해 이루어지는 신체적·심리적 변화이다.

④ 학습은 정서, 사고, 행동 등에 의한 외적·영속적 변화의 과정이다.

02 다음 중 발달의 원리에 해당하지 <u>않는</u> 것은?

① 연속성

② 점성원리

③ 분화와 통합의 과정

④ 개인차의 부존재

03 발달연구설계에 대한 설명으로 옳지 <u>않은</u> 것은?

① 횡단적 설계는 서로 다른 연령 집단을 동시에 표집하는 것이다.

② 종단적 설계는 한 연령집단을 표집하여 일정기간 동안 그 집단 아동의 연령에 따른 발달적 변화과 정을 추적해서 반복 측정하는 것이다.

③ 횡단적-단기 종단적 설계는 횡단적 설계의 대상이 되는 집단을 단기간 동안 추적함으로써 종단적 인 발달적 변화를 진단하는 설계이다.

④ 발달연구에서 윤리적 문제는 중요하게 다루지 않는다.

04 다음 중 발달이론에 대한 설명으로 적절한 것은?

① 프로이트는 심리성적 이론에서 인생은 초기 경험에 의해 형성된다고 보았으며, '구강기 – 항문기 – 잠복기 – 남근기 – 생식기'로 나누었다.

② 에릭슨은 심리사회적 이론에서 전 생애 발달을 중요하게 다루었으며, 인생에 결정적 시기가 존재한다고 보았다.

③ 왓슨은 자극과 반응의 연합이 자유롭게 나타나는 것을 관찰하는 사회학습이론을 중요하게 다루었다.

④ 게젤의 성숙이론에서는 인간의 발달에는 태어날 때부터 정해진 선천적 계획이 있지만, 환경이 더 크게 영향을 미친다고 본다.

05 다음 중 생태학적 체계이론에 대한 설명으로 적절하지 않은 것은?

① 상호작용체계는 환경 중 가장 안쪽에 있는 층으로, 아동과 직접적으로 상호작용하거나 아동이 활동하는 직접적 환경을 말한다.

② 중간체계는 두 번째 층으로, 가정, 학교, 이웃, 보육기관과 같은 미시체계들 간의 관계이다.

③ 외체계는 아동을 직접 포함하지 않지만, 아동의 경험에 영향을 미치는 사회적 상황을 말한다.

④ 거시체계는 개인 생활에 직접적으로 개입하지는 않지만, 강한 영향력을 발휘하는 간접 요소들이다.

06 다음 중 유전과 발달에 관한 설명으로 옳은 것은?

① 감수분열은 세포가 자기의 염색체를 복제하고 난 후 유전적으로 동일한 두 개의 세포로 나누어지는 과정이다.

② 유사분열은 세포가 분열하여 원래 부모세포가 갖는 염색체 수의 반을 갖는 것으로 생식세포를 생산하는 과정이다.

③ 염색체는 DNA 또는 디옥시리보핵산이라고 하는 화학물질로 이루어져 있다.

④ 페닐케톤뇨증은 철분 흡수가 되지 않으며, 치료를 받지 않으면 심한 지적장애를 유발한다.

07 유전과 환경에 관한 다음 설명에서 괄호 안에 들어갈 용어를 순서대로 고른 것은?

> 발달에서는 유전과 환경의 상호작용에 대한 중요성을 강조한다. (㉠) 모델은 발달 특성에 따라 유전의 영향이 환경보다 더 큰 경우를 의미한다. (㉡) 모델은 개인이 갖고 있는 유전형이 표현형으로 나타날 때 개개인의 경험에 따라 달라질 수 있다는 개념이다.

	㉠	㉡
①	수초화	반응범위
②	반응범위	운하화
③	운하화	반응범위
④	반응범위	수초화

08 다음 중 태아의 발달단계에 해당하지 <u>않는</u> 것은?

① 발아기
② 배아기
③ 태아기
④ 후산기

09 출산 시 문제에 관한 설명으로 적절하지 <u>않은</u> 것은?

① 장기적 진통이나 난산에 의한 산소결핍증은 신경계 손상을 가져올 수 있다.
② 22~37주에 출산한 경우를 조산이라고 한다.
③ 2.5kg 이하의 경우를 체중미달이라고 한다.
④ 약간의 산소결핍은 모든 아기가 경험하는 보편적 현상이다.

10 다음 중 반사능력에 대한 설명으로 옳은 것은?

① 발바닥반사는 발바닥을 만지면 발가락을 부채처럼 펼치는 것이다.
② 바빈스키반사를 통해 척추의 결함여부를 확인할 수 있다.
③ 파악반사는 물건을 손바닥에 대면 쥐는 것으로, 생후 8개월에 사라진다.
④ 모로반사는 집게손가락을 넣으면 빠는 행동을 의미한다.

11 뇌 발달에 관한 설명으로 옳은 것을 모두 고른 것은?

> ㉠ 시각이 청각보다 더 빨리 발달한다.
> ㉡ 시냅스는 하나의 신경세포와 또 다른 신경세포 간의 연결부위이다.
> ㉢ 시냅스는 사용하지 않을 경우 소멸되고, 사용되는 시냅스는 더욱 강화된다.
> ㉣ 수초화는 신경섬유가 수초라는 덮개로 둘러싸이는 과정으로, 신경전달을 느리게 한다.

① ㉠, ㉡
② ㉠, ㉡, ㉢
③ ㉠, ㉡, ㉣
④ ㉠, ㉡, ㉢, ㉣

12 다음 중 뇌의 각 부위와 기능이 적절하게 연결된 것은?

① 전두엽 : 시각과 관련
② 후두엽 : 청각과 관련
③ 측두엽 : 신체 감각에 대한 정보처리
④ 좌반구 : 논리, 언어, 학습, 사고 등 지적 기능과 관련

13 피아제의 인지발달이론에 대한 다음 내용에서 괄호 안에 들어갈 용어를 순서대로 고른 것은?

> 인지과정은 (㉠)와(과) (㉡)의 과정을 말한다. (㉠)은(는) 유기체가 가지고 있는 (㉢)을(를) 새롭고 더욱 복잡하게 변화시키는 것이다.

	㉠	㉡	㉢
①	조직화	적응	도식
②	통합	조절	사고
③	도식	조절	지능
④	사고	동화	도식

14 다음 특징들을 피아제의 인지발달단계의 순서에 따라 나열한 것은?

> ㉠ 자아중심성, 집중성, 비가역성
> ㉡ 유목화, 논리적 사고
> ㉢ 목적지향적 행동
> ㉣ 연역적 사고, 체계적 사고

① ㉠ → ㉣ → ㉢ → ㉡
② ㉠ → ㉢ → ㉣ → ㉡
③ ㉢ → ㉠ → ㉡ → ㉣
④ ㉢ → ㉡ → ㉠ → ㉣

15 피아제의 인지발달 4단계에 대한 설명으로 옳지 <u>않은</u> 것은?

① 감각운동기는 0~2세로, '보기, 듣기, 움직이기, 만지기' 등의 행동적 도식을 형성한다.
② 전조작기는 2~7세로, 사물에 대해 상징과 심상을 사용하는 표상능력이 급격히 증가한다.
③ 구체적 조작기는 7~11 또는 12세로, 추상적이고 복잡한 다양한 수준의 논리적 사고를 가진다.
④ 형식적 조작기는 11 또는 12세 이후로, 구체적인 사물이나 사건이 없이도 추상적 사고가 가능하다.

16 다음 중 비고츠키의 언어발달단계로 옳은 것은?

① 원시적 언어단계 → 자기중심적 언어단계 → 외적 언어단계 → 내적 언어단계
② 내적 언어단계 → 원시적 언어단계 → 자기중심적 언어단계 → 외적 언어단계
③ 원시적 언어단계 → 외적 언어단계 → 자기중심적 언어단계 → 내적 언어단계
④ 원시적 언어단계 → 자기중심적 언어단계 → 내적 언어단계 → 외적 언어단계

17 비고츠키의 사회문화이론에서 기본개념과 관련하여 괄호 안에 들어갈 용어를 순서대로 고른 것은?

> • (㉠) : 아동이 스스로 해결할 수 있는 문제에 의해 결정되는 실제적 발달 수준과 다른 사람의
> 지원에 의해 해결이 가능한 잠재적 발달 수준의 차이이다.
> • (㉡) : 아동이 학습을 하기 위해 성인의 도움을 필요로 하지만, 성인의 역할도 점차 감소하게
> 되는 것을 의미한다.

	㉠	㉡
①	상호주관성	근접발달영역
②	근접발달영역	비계설정
③	직접발달영역	근접발달영역
④	근접발달영역	상호주관성

18 다음 중 지능에 관한 설명으로 옳지 않은 것은?

① 길포드(Guilford)는 지능을 내용, 조작, 산출자원으로 나누고 180개의 정신능력으로 구성되어 있다고 주장하였다.

② 유동성 지능은 학습된 능력이 아니면서, 문화적 영향이 비교적 적고, 배워본 적이 없는 새로운 문제를 해결하는 능력이다.

③ 결정성 지능은 학교 교육이나 다른 경험들을 통해서 획득된 지식에 의존하여 문제를 해결하는 능력이다.

④ 가드너(Gardner)는 성공지능의 삼원이론을 주장하였으며, '분석적 지능, 창의적 지능, 실제적 지능'으로 나눈다.

19 기억책략의 종류에 대한 설명으로 옳지 않은 것은?

① 시연(암송)은 언어화하여 되풀이하는 책략을 말한다.

② 조직화는 기억할 정보나 과제들을 비슷한 것끼리 묶어 몇 가지 범주로 만들어 저장하는 책략이다.

③ 정교화는 기억하고자 하는 정보에 어떤 것을 덧붙이거나, 서로 의미 있는 연결을 만들어 내는 것이다.

④ 인출책략은 저장된 기억으로부터 필요한 정보를 찾으려 할 때 사용하는 책략으로, '주의, 억제력, 유지'로 구성되어 있다.

20 토마스와 체스의 기질에 관한 설명으로 옳지 <u>않은</u> 것은?

① 최초의 기질연구에서 영아에 대한 행동특성을 범주로 구분하여 평가하였다.

② '활동성, 규칙성, 접근/기피, 적응성, 강도, 식역, 기분, 산만성, 주의범위와 지속성'으로 기질의
특성을 나누었다.

③ 기질 유형을 순한 아동, 까다로운 아동, 더딘 아동으로 나눈다.

④ 순한 아동은 생활 변화에 적응이 늦고 활동이 적으며, 까다로운 아동에 비해 규칙적인 생활 습관을
가지고 있다.

21 애착이론에 관한 설명으로 옳지 <u>않은</u> 것은?

① 보울비(Bowlby)는 애착을 삶에서 특정한 사람에게 느끼는 강력한 정서적 결속이라 했다.

② 애착의 유형은 안정애착, 저항애착, 회피애착, 다인애착으로 나뉜다.

③ 안전기지는 환경을 탐색하다가도 돌아올 수 있는 정서적 지원이 가능한 기지이다.

④ 내적 작동모델은 영아가 양육자와의 상호작용을 통해 구성한 관계에 대한 인지적 표상이다.

22 자아개념에 관한 다음 내용에서 괄호 안에 들어갈 용어로 적절한 것은?

> (   )는 연령이나 성과 같이 사회적으로 중요한 인식 차원으로 자아를 구분하는 것이다.

① 공적 자아

② 사적 자아

③ 범주적 자아

④ 자아 인지

23 마샤는 청소년의 정체감 형성을 다음과 같이 4가지로 구분하고 있는데, 괄호 안에 들어갈 용어들을 순서대로 고른 것은?

(㉠)	자신에 대해 안정되고 통합적인 견해를 갖는데 실패한 상태이다.
(㉡)	많은 대안보다는 역할 모델의 가치나 기대 등을 수용하여 비슷한 선택을 한다.
(㉢)	정체감 위기 상태에 있으면서 의사결정을 내리지 못한 상태이다.
(㉣)	비교적 확고하고 안정적이며 정체감 위기를 해결한 상태를 말한다.

	㉠	㉡	㉢	㉣
①	정체감 유실	정체감 유예	정체감 성취	정체감 혼란
②	정체감 유실	정체감 성취	정체감 유예	정체감 혼란
③	정체감 혼란	정체감 유실	정체감 유예	정체감 성취
④	정체감 혼란	정체감 유예	정체감 유실	정체감 성취

24 다음 중 사회인지발달에 관한 설명으로 적절한 것은?

① 사회인지발달의 단계는 5단계로 구성된다.
② 사회인지는 대인관계나 사회적 조직 내에서 사회적 행동을 결정하는 내재적 과정이다.
③ 사회인지발달단계에서는 내재적 과정인 사회인지가 표면적 특성인 사회적 행동으로 표출되는 불안, 분노, 공포, 공격성 등 정서적 요인이 작용한다.
④ 조망수용능력은 자신의 관점을 이야기하고 타인의 의견을 무조건 수용하는 능력이다.

25 다음 중 연령별 공격성 발달에 대한 설명으로 옳지 <u>않은</u> 것은?

① 적의적 공격성이란 타인의 우연한 공격적 행동의 원인을 고의라고 추론하는 것이다.
② 물리적 공격성이란 때리고 밀치는 등 신체적 공격을 하는 것이다.
③ 도구적 공격성은 놀리거나 흉보고 욕하는 등의 언어적 공격을 주로 하는 것을 의미한다.
④ 성장과정에 따라 적의적 공격성에서 도구적 공격성으로 발전한다.

26 다음 중 이타성 발달에 영향을 주는 요인을 모두 고른 것은?

> ㉠ 역할수행기술 ㉡ 친사회적 도덕추론
> ㉢ 직면 ㉣ 문화적 영향

① ㉠, ㉡

② ㉠, ㉡, ㉣

③ ㉠, ㉢, ㉣

④ ㉠, ㉡, ㉢, ㉣

27 콜버그의 도덕발달이론에 대한 설명으로 옳지 <u>않은</u> 것은?

① 피아제의 인지발달이론에 기반한다.

② 발달의 순서는 모든 사람과 모든 문화에서 동일하게 나타난다.

③ 4단계는 법과 질서를 지향하는 단계로, 사회나 집단에 대한 공헌을 중시한다.

④ 자율적 도덕성의 단계에서는 결과보다 의도를 고려한다.

28 콜버그의 도덕발달단계에서 수준과 단계가 <u>잘못</u> 연결된 것은?

① 전인습적 수준 - 처벌과 복종 지향, 도구적 상대주의

② 전인습적 수준 - 규범과 원칙 지향, 양심과 의도 지향

③ 후인습적 수준 - 사회적 계약 지향, 보편적·윤리적 원리 지향

④ 인습적 수준 - 착한 소년소녀 지향, 법과 질서 지향

29 레빈슨의 인생주기에 대한 설명으로 적절하지 <u>않은</u> 것은?

① 인생주기를 봄, 여름, 가을, 겨울의 계절로 구분했다.

② 여성은 남성과 달리 성인 후기의 후기를 경험한다고 하였다.

③ 인생을 25년 주기로 나누고, 네 번의 전환기를 설정하였다.

④ 전환기는 현재의 인생구조를 재평가하고 종결하며, 다음 국면을 위해 준비하는 시기이다.

30 하비거스트의 발달과업이론에 대한 설명으로 적절하지 **않은** 것은?

① 한 개인이 생의 특정 시기에 성취해야 하는 주요 발달과업이 있다.
② 성인발달단계를 '성인 전기 - 성인 중기 - 성인 후기'로 구분하였다.
③ 발달과업의 성취여부는 사회적응에 밀접한 관계가 있다고 보며, 발달의 연속성을 지지한다.
④ 에릭슨의 심리사회적 발달단계를 보완하여 성인발달단계를 제시하였다.

31 영아기 기억발달에 대한 설명으로 옳지 **않은** 것은?

① 습관화란 영아가 특정 자극을 기억함으로써 자극에 대한 주의 수준이 감소하는 것이다.
② 재인기억은 출생 후 1년 사이에 상당히 정교화된다.
③ 영아의 회상기억발달에 관한 연구는 주로 피아제 이론의 인지도식과제를 사용한다.
④ 지연모방은 9개월경에 나타난다.

32 성공적 노화에 대한 설명으로 옳지 **않은** 것은?

① 질병과 장애가 없다.
② 높은 신체적·인지적 기능을 유지한다.
③ 적절한 대인관계를 유지하며, 사회에 적극 참여한다.
④ 강한 신체활동을 통해 육체적 기능을 강화한다.

33 다음 용어들과 관련 있는 노화이론은 무엇인가?

> 생체시계, 신진대사이론, 신경내분비이론, 면역이론, 텔로미어이론

① 손상이론
② 적응이론
③ 계획이론
④ 자유기이론

34 레빈슨의 인생주기이론에서 말하는 성인기 발달과제에 해당하지 <u>않는</u> 것은?

① 자신의 과거에 대해 재평가하기
② 인생의 남은 부분을 새로운 시기로 시작하기
③ 양 극단의 통합에 의한 개별화하기
④ 자신의 삶을 돌아보면서 의미 부여하기

35 다음 내용에 해당하는 중년기 질병은 무엇인가?

> 신경 퇴행성 질환으로 느린 운동, 정지 시 손 떨림, 근육 강직, 질질 끌며 걷기, 굽은 자세와 같은 증상을 갖는다.

① 우울증
② 파킨슨병
③ 알츠하이머
④ 헌팅턴병

36 베일런트의 적응이론에서 말하는 성인기 발달과제에 해당하지 <u>않는</u> 것은?

① 친밀감
② 의미의 수호자
③ 통합
④ 행복감

37 다음 중 성인기 인지변화의 특성으로 옳지 <u>않은</u> 것은?

① 단기기억력은 약화되지만, 장기기억력에는 변화가 없다.
② 유동성 지능은 20대 후반에 절정에 도달한다.
③ 결정성 지능은 교육이나 경험 축적의 효과를 반영하므로, 생의 말기까지 증가한다.
④ 실제적 지능은 연령이 증가해도 감소하지 않는다.

38 애칠리(Atchley)가 제시한 은퇴의 단계에서 괄호 안에 들어갈 용어를 순서대로 고른 것은?

> 퇴직 전 단계 → (㉠) → 환멸단계 → 방향재정립단계 → (㉡) → (㉢)

	㉠	㉡	㉢
①	퇴직 후 단계	안정단계	종결단계
②	퇴직 후 단계	밀월단계	종결단계
③	밀월단계	안정단계	종결단계
④	안정단계	밀월단계	종결단계

39 하비거스트의 노년기 발달과제에 해당하지 <u>않는</u> 것은?

① 신체적 힘과 건강의 약화에 따른 적응
② 자아분화와 직업역할에 대한 몰두
③ 퇴직과 경제적 수입 감소에 따른 적응
④ 배우자의 죽음에 대한 적응

40 퀴블러로스의 죽음에 대한 태도에 해당하지 <u>않는</u> 것은?

① 부정단계
② 분노단계
③ 타협단계
④ 탈출단계

정답 및 해설 | 발달심리학

01	02	03	04	05	06	07	08	09	10	11	12	13	14	15	16	17	18	19	20
④	④	④	②	①	③	③	④	②	②	②	④	①	③	③	③	②	④	④	④

21	22	23	24	25	26	27	28	29	30	31	32	33	34	35	36	37	38	39	40
②	③	③	②	④	②	②	②	③	④	③	①	③	④	④	②	④	③	②	④

01 **정답** ④

학습은 후천적 변화과정이며 정서, 사고, 행동 등에 의한 내적 변화이다.

02 **정답** ④

발달에는 개인차가 존재하므로, 발달의 속도나 진행 정도가 동일하지 않다는 것이 발달의 원리 중 하나이다.

이밖에도 발달의 원리에는 '분화와 통합의 과정, 결정적 시기의 존재, 유전 및 환경과의 상호작용, 연속성, 점성원리, 일정한 순서와 방향성' 등이 있다.

03 **정답** ④

발달연구설계단계에서부터 윤리적 문제가 고려되어야 한다. 발달연구에서의 윤리적 문제와 관련되는 요소로는 '동의, 이익 대 위험의 비율, 비밀보장, 참가자의 신체적·심리적 해로움으로부터 보호받을 권리' 등이 있으며, 연구에서 중요하게 다루어진다.

04 **정답** ②

① 프로이트의 심리성적 이론에서는 무의식적 불안과 갈등을 주로 다루며, 발달단계를 '구강기 – 항문기 – 남근기 – 잠복기 – 생식기'로 나눈다.

③ 왓슨은 자극과 반응의 연합을 계획적으로 통제함으로써 부모나 보호자가 어떤 방향으로든 키울 수 있다고 믿었다. 사회학습이론은 반두라의 이론으로, 모델링의 중요성을 다룬다.

④ 게젤의 성숙이론에서는 인간은 태어날 때부터 정해져 있는 선천적 계획에 따라 발달이 이루어진다고 본다.

05 **정답** ①

①은 미시체계에 관한 설명이며, 미시체계는 개인의 특성과 성장 시기에 따라 달라진다.

06 **정답** ③

① 유사분열에 관한 설명이다.

② 감수분열에 관한 설명이다.

④ 페닐케톤뇨증(Phenylketonuria)은 단백질 흡수가 되지 않는 장애로, 음식물에 들어있는 페닐알라닌을 분해하는 효소 부족으로 인해 발생한다.

07 **정답** ③

운하화 모델은 발달은 유전인자가 주도하는 것으로 환경과의 상호작용은 낮다고 본다. 운하화 모델에서는 유전적으로 강하게 운하화된 행동일수록 변화시키기 어렵다고 본다. 환경이 거의 영향을 미치지 못하고 유전인자의 성숙에 의한 특성이 나타난다.

반응범위 모델은 유전적 요인이 개인의 발달을 결정하는 것이 아니라 여러 가지 환경에 따라서 개인이 발달시킬 수 있는 가능한 범위가 있음을 강조한다.

08 **정답** ④

후산기는 출산의 과정으로, 태반이 나오는 시기이다.

수정부터 수정란이 정착되는 시기를 '발아기', 정착기 이후 6주를 '배아기', 배아기가 끝나는 3개월부터 시작되는 시기를 '태아기'라고 한다.

09 **정답** ②

28~37주에 출산한 경우를 조산으로 본다.

10 **정답** ②

① 발바닥을 만지면 발가락을 부채처럼 펼치는 것을 바빈스키반사라고 한다.
③ 파악반사는 생후 3~4개월 후에 사라지며, 이후에는 잡기로 바뀐다.
④ 집게손가락을 넣으면 빠는 행동을 하는 것을 빨기반사라고 한다.

11 **정답** ②

ㄹ 수초화는 신경섬유가 수초라는 덮개로 둘러싸이는 과정으로, 신경전달을 빠르게 한다.

12 **정답** ④

① 전두엽은 자발적인 운동 및 사고와 관련되어 있다.
②·③ 후두엽은 시각, 측두엽은 청각과 관련되어 있다. 신체 감각에 대한 정보처리를 관장하는 것은 두정엽이다.

13 **정답** ①

인지과정은 조직화와 적응의 과정이며, 적응은 동화와 조절 활동으로 이루어진다. 조직화는 유기체가 가지고 있는 도식(인지구조)을 새롭고 더욱 복잡한 도식으로 변화시키는 것이다.

14 **정답** ③

피아제의 인지발달은 '감각운동기, 전조작기, 구체적 조작기, 형식적 조작기'의 4단계이다.
• 감각운동기에는 대상영속성을 이해하고, 목적지향적 행동을 한다.
• 전조작기에는 자아중심성, 집중성, 비가역성이 특징이다.
• 구체적 조작기에는 논리적 사고를 하며, '유목화, 서열화, 보존개념'을 획득한다.
• 형식적 조작기에는 추상적 사고를 하며, 가설·연역적 사고를 한다. 또한 체계적인 사고능력을 토대로 문제해결능력이 발달한다.

15 정답 ③

구체적 조작기는 7~12세로, 성숙한 인지구조를 발달시켰지만 형식적 조작기에서 보이는 추상적이고 복잡한 다양한 수준의 논리적 사고 발달에는 이르지 못한 단계이다.

16 정답 ③

비고츠키는 언어의 발달단계를 '원시적 언어단계 → 외적 언어단계 → 자기중심적 언어단계 → 내적 언어단계'로 설명하고 있다.

17 정답 ②

㉠과 ㉡은 각각 근접발달영역과 비계(발판화)설정에 관한 설명이다.
상호주관성은 과제 수행 시 서로 다르게 이해하고 있던 두 사람이 공유된 이해에 도달하는 과정을 말한다.

18 정답 ④

④는 스턴버그(Sternberg)의 이론에 대한 설명이다. 가드너(Gardner)는 다중지능이론을 주장했는데, 각 지능은 상호독립적이며, 그 상대적 중요성은 동일하다고 본다.

19 정답 ④

인출책략은 저장된 기억으로부터 필요한 정보를 찾으려 할 때 사용하는 책략으로, '재인, 회상, 재구성'으로 구성되어 있다.

20 정답 ④

④는 더딘 아동에 관한 설명이다.

21 정답 ②

애착의 유형은 안정애착, 저항애착, 회피애착, 혼란애착으로 나뉜다.

22 정답 ③

① 공적 자아는 외현적으로 드러나 타인이 볼 수 있거나 알 수 있는 자아이다.
② 사적 자아는 타인이 볼 수 없는 자신만이 알고 있는 내적 또는 주관적인 자아이다.
④ 자아 인지는 자아의 특성을 지각하는 것을 말한다.

23 정답 ③

마샤는 에릭슨의 정체감형성이론에서 위기와 수행을 조합하여, 정체감의 '성취, 상실, 유예, 혼란(혼미)'의 4가지 유형으로 구분하였다.

24 정답 ②

① 사회인지발달은 '사회 존재에 대한 인식 - 타인을 이해하려는 욕구 - 추론의 발달'의 3단계로 구성된다.
③ 정보처리모형은 내재적 과정인 사회인지가 표면적 특성인 사회적 행동으로 표출되는 과정이며 '불안, 분노, 공포, 공격성' 등 정서적 요인이 작용할 수 있다.
④ 조망수용능력은 타인의 관점을 추정하고 그 사람의 생각, 감정, 행동을 이해하는 능력으로, 사회인지발달에 영향을 미친다.

25 정답 ④

성장과정에 따라 '물리적 공격성 – 도구적 공격성 – 적의적 공격성 – 선택적 공격성'으로 발전한다.

26 정답 ②

이타성 발달에 영향을 주는 요인으로는 '역할수행기술, 친사회적 도덕추론, 공감, 문화적 영향' 등이 있다.

27 정답 ④

자율적 도덕성의 단계는 피아제의 도덕발달단계 중 3단계에 해당한다.

28 정답 ②

수준 1	전인습적 수준	1단계 : 처벌과 복종 지향
		2단계 : 도구적 상대주의
수준 2	인습적 수준	3단계 : 착한 소년소녀 지향
		4단계 : 법과 질서 지향
수준 3	후인습적 수준	5단계 : 사회적 계약 지향
		6단계 : 보편적·윤리적 원리 지향

29 정답 ③

레빈슨은 인생을 25년 주기의 4개의 단계로 나누며, 각 단계 사이에 5년 주기로 3번의 전환기를 설정하였다.

30 정답 ④

④는 베일런트의 적응이론에 대한 설명이다. 베일런트는 중년기의 가장 큰 과업으로 생의 의미 유지를 제시한다.

31 정답 ③

영아의 회상기억발달에 관한 연구는 주로 피아제 이론의 지연모방과제를 사용한다.
④ 지연모방은 피아제가 주장한 것보다 빠른 9개월경에 나타나 생후 3년 동안 지속적으로 더 발달해가는 것으로 밝혀졌다.

32 정답 ①

성공적인 노화는 질병과 장애의 확률이 낮고, 높은 신체적·육체적 기능을 유지하며, 적절한 대인관계를 유지하고 자신의 생활과 사회에 적극 참여하는 것이다.

33 정답 ③

제시된 용어들은 모두 노화이론 중 계획이론과 관련이 있다. 계획이론은 모든 인간이 노화가 계획된 유전자를 갖고 태어나며, 이로 인한 세포의 자연적인 퇴화를 노화의 주요 원인으로 보는 이론이다.
① 손상이론에서는 오랜 기간 신체기관을 사용해 온 결과 노화가 일어난다고 본다.
② 베일런트의 적응이론은 아동기의 발달 결과가 성인기까지 지속되지 않고, 성인 전기와 중기의 삶의 습관이 노년의 삶을 결정한다고 본다.
④ 자유기이론은 대기오염이나 자외선, 과도한 운동에 의한 활성화 산소가 인체에 지나치게 축적되면 DNA를 손상시켜 노화를 일으킨다는 이론이다.

34 정답 ④

④는 에릭슨의 노년기 발달과제로, 삶에 대한 수용적 자세를 가지면 자아통합을 이룰 수 있다.

35 정답 ②

제시된 내용은 파킨슨병에 관한 설명이다.
③ 알츠하이머는 치매를 일으키는 가장 흔한 퇴행성 뇌질환으로, 서서히 나타나서 지속적으로 진행된다.
④ 헌팅턴병은 유전성·퇴행성 신경계 질환으로, 중년기가 되어 신경세포가 손상되면서 환각, 망상, 우울증 등의 성격변화와 정신장애 및 운동기능장애를 동반한다.

36 정답 ④

베일런트의 성인기 발달과제는 '정체성, 친밀감, 직업적 안정, 생산성, 의미의 수호자, 통합'의 6가지이다.

37 정답 ②

유동성 지능은 10대 후반에 절정에 도달하고, 노화로 인해 점차 감소한다.

38 정답 ③

애칠리(Atchley)가 제시한 은퇴의 6단계는 '퇴직 전 단계, 밀월단계, 환멸단계, 방향재정립단계, 안정단계, 종결단계'이다.

39 정답 ②

자아분화 직업역할에 대한 몰두는 노년기 발달에 관한 펙(Peck)의 3가지 이슈 중 하나이다.

40 정답 ④

퀴블러로스에 의하면, 죽음에 대한 태도는 '부정단계, 분노단계, 타협단계, 우울단계, 수용단계'를 거치게 된다.

벼락치기

V. 성격심리학

- 빨리보는 간단한 키워드
- 기출동형 최종모의고사
- 최종모의고사 정답 및 해설

지식에 대한 투자가 가장 이윤이 많이 남는 법이다.

− 벤자민 프랭클린 −

빨리보는 간단한 키워드

제1장 | 성격의 이론과 연구법

■ 성격의 개념

① **학자별 개념**
- ㉠ 올포트(Allport) : 심리・신체적 체계인 개인 내 역동적 조직
- ㉡ 설리반(Sullivan) : 비교적 지속적인 심리적 특성
- ㉢ 프롬(Fromm) : 선천적이자 후천적인 정신적 특질의 총체
- ㉣ 미첼(Mischel) : 사고와 감정을 포함하는 구별된 행동패턴
- ㉤ 매디(Maddi) : 사람들의 공통점과 차이점을 결정하는 일련의 안정된 경향이자 특성
- ㉥ 릭맨(Ryckman) : 개인이 소유한 일련의 역동적이고 조직화된 특성
- ㉦ 카버와 샤이어(Carver & Scheier) : 심리・신체적 체계인 인간 내부의 역동적 조직
- ㉧ 버거(Burger) : 일관된 행동패턴 및 개인 내부에서 일어나는 정신의 내적 과정

② **일반적 정의**
환경에 대한 개인의 독특한 적응을 결정하는 개인 내의 신체적・정신적 체계들의 역동적 조직

③ **주요 가정**
- ㉠ 모든 행동은 적응적
- ㉡ 성격은 학습된 행동패턴
- ㉢ 문화는 성격패턴에 영향을 줌
- ㉣ 각각의 성격은 고유하고 독특한 조직을 가짐
- ㉤ 성격은 반응의 선택을 결정함
- ㉥ 패턴의 이해는 행동을 예언하도록 해 줌
- ㉦ 성격패턴의 이해는 어떤 행동의 구체적 기능을 이해하도록 해 줌

④ **유사 개념**
성질 및 기질

■ 성격의 특성과 형성

① **특징적 요소**
- ㉠ 독특성
- ㉡ 공통성
- ㉢ 일관성(안정성)
- ㉣ 역동성

② 일반적 특징
  ㉠ 인간의 행동과 관련
  ㉡ 개인 간 차이 있음
  ㉢ 각 상황에서 일관성 있게 나타남
  ㉣ 전체적인 맥락에서 보다 잘 이해됨
③ 성격의 형성
  유전 vs 환경

■ 성격의 연구 흐름

① 역사
  ㉠ 고대
    • 생각과 행동의 개인차가 각자의 출생 당시 서로 다른 자연현상(例 별자리, 계절 등)의 영향에서 비롯된다고 여김
    • 히포크라테스(Hippocrates)의 체액론 : 혈액(Blood), 흑담즙(Black Bile), 황담즙(Yellow Bile), 점액(Phlegm)
    • 갈렌(Galen)의 네 가지 기질론 : 다혈질(Sanguine), 우울질(Melancholic), 담즙질(Choleric), 점액질(Phlegmatic)
  ㉡ 중세 : 기본적으로 원죄가 있는 악한 존재
  ㉢ 근대 : 로크(Locke), 볼테르(Voltaire) 등 → 백지와 같은 상태(Tabula Rasa)
  ㉣ 현대
    • 크래츠머(Kretschmer) : 신체유형에 대한 관찰을 토대로 성격 및 정신장애를 분류
    • 셸든(Sheldon) : 내배엽형(Endomorphic Type), 중배엽형(Mesomorphic Type), 외배엽형(Ectomorphic Type)으로 성격을 구분
    • 융(Jung) : 단어연상검사(Word Association Test)를 개발하여 사용하면서 성격에 대한 체계적이고 과학적인 연구가 본격적으로 시도

■ 성격심리학의 목적 및 관점

① 목적
  ㉠ 인간의 본질을 이해하는 것
  ㉡ 인간의 부적응적인 행동을 개선하며, 더 나아가 개인의 행복을 증진
  ㉢ 성격과 관련된 후속 연구를 촉진
② 5가지 관점
  ㉠ 정신역동적 관점
  ㉡ 성향적 관점(특질이론적 관점)
  ㉢ 인본주의적 관점(현상학적 관점)

　　ⓔ 행동 및 사회학습적 관점

　　ⓜ 인지주의적 관점

③ **최근 추세**

　　㉠ 성격 분석단위의 다양화

　　㉡ 성격과 상황의 상호작용에 대한 연구

　　㉢ 인지적 요인의 중요성 부각

　　㉣ 성격에 대한 생물학적 관점으로의 활발한 접근

　　㉤ 성격장애 및 성격강점에 대한 관심 고조

[심리학의 주요 학파와 학자]

학파	주요 내용	학자
구성주의	개인의 의식 경험의 세부 구성요소를 밝혀내는 데 초점을 둠	• 분트(Wundt) • 티츠너(Titchener)
기능주의	인간 정신의 지속적인 변화를 강조하면서 일상생활 속에서 정신이 어떤 기능을 하는지를 연구	• 제임스(James) • 듀이(Dewey)
행동주의	심리학이 과학의 한 분야가 되기 위해서는 관찰 및 측정 가능한 외현적 행동에 초점을 두어야 한다고 봄	• 파블로프(Pavlov) • 스키너(Skinner) • 헐(Hull) • 왓슨(Watson)
정신분석	성격을 서로 경쟁하고 갈등하는 내적 힘들의 집합으로 봄. 특히 인간행동의 여러 측면들이 그의 성격 안에 내재된 무의식적 힘에서 비롯된다고 주장함	• 프로이트(Freud) • 머레이(Murray)
신정신분석	인간행동의 동기를 이해하는 데 있어서 무의식이 아닌 의식을, 성적인 힘보다는 사회적·문화적 힘을 강조함. 특히 성격에서 자아와 자아의 발달, 사회적 관계를 중시함	• 아들러(Adler) • 에릭슨(Erikson) • 설리반(Sullivan) • 호나이(Horney) • 프롬(Fromm)
게슈탈트 (형태주의) 심리학	인간을 정신, 행동 등으로 구분하여 이해하는 것보다는 전체적인 관점에서 이해할 것을 강조	• 베르타이머(Wertheimer) • 쾰러(Köhler) • 코프카(Koffka)
인본주의 심리학	인간은 과거에 의한 결정적인 존재가 아닌 자유의지를 가지고 자기실현을 향해 나아가는 존재	• 로저스(Rogers) • 매슬로우(Maslow) • 프랭클(Frankl) • 메이(May)
인지심리학	인간을 이해하기 위해 사고, 기억, 의사결정 등 인지 과정을 연구할 것을 강조	• 나이저(Neisser) • 털빙(Tulving)

■ **성격이론의 쟁점**

① **인간 vs 상황에 대한 쟁점**

　㉠ 일반적인 관점 : 인간 자체에 대하여 초점을 둔 성격이론

　㉡ 미첼(Mischel)의 5가지 사람변인

구성능력	개인의 인지적·행동적 능력과 연관된 것으로서, 적절한 조건하에서 다양한 행동을 생성할 수 있는 지적·사회적·신체적 능력
부호화 전략	개인이 사건이나 실체를 지각하고 조직화하며 이해하는 방법, 그리고 상황을 범주화하는 방법과 연관됨
기대	특별한 조건하에서 무슨 일이 일어날 것인가에 대한 개인의 구체적인 기대를 의미함
목표와 주관적 가치	기대가 유사하더라도 개인마다 서로 다른 목표나 주관적 가치를 가지므로, 동일한 결과에 대해 서로 다른 의미를 부여함으로써 서로 다른 행동으로 보일 수 있음
자기조절 체계 및 계획	각각의 개인이 자신의 행동을 조절하기 위해 채택하는 서로 다른 규칙 혹은 규준

② **인간관에 대한 쟁점**

　㉠ 인간관에 대한 준거 틀 : 젤리와 지글러, 매디, 슐츠와 슐츠

　㉡ 인간관에 관한 3가지 모델 : 갈등 모델, 충족 모델, 일관성 모델

■ **성격평가**

① **의의**

　개인이 어떤 성격의 소유자이고 어떤 내면적 감정을 가지고 있는지, 어떤 사고방식과 행동방식을 지니고 있는지를 파악하기 위한 절차 및 방법

② **일반적인 절차**

　㉠ 제1단계 : 평가목적의 명료화

　㉡ 제2단계 : 자료수집의 계획

　㉢ 제3단계 : 자료수집의 실시 및 채점

　㉣ 제4단계 : 자료의 해석 및 통합

　㉤ 제5단계 : 평가결과의 보고 및 전달

③ **기법**

　㉠ 면담법(면접법) : 구조화된 면담(표준화 면접), 비구조화된 면담(비표준화 면접), 반구조화된 면담(반표준화 면접)

　㉡ 관찰법(행동평가법) : 자연관찰법(직접관찰법), 유사관찰법(통제된 관찰법 또는 실험적 관찰법), 참여관찰법, 자기관찰법(자기-감찰 또는 자기-탐지)

　㉢ 심리검사법 : 자기보고식 검사(Self-reporting Tests), 투사적 검사(Projective Tests)

　㉣ 심리생리적 측정법 : 뇌파, 심장박동, 혈압, 근육긴장도, 피부전기저항반응 등 생리적 상태를 측정할 수 있는 측정도구를 이용하여 심리적 상태나 특성을 평가

■ 성격연구의 방법

① 사례연구

② 상관연구

③ 실험연구

[사례연구, 상관연구, 실험연구의 강점 및 제한점]

구분	강점	제한점
사례연구	• 실험의 인위성 배제 • 인간-환경 관계의 복잡성 연구 • 개인에 대한 심층적 연구	• 비체계적인 관찰 • 자료에 대한 주관적 해석 • 변인들 간의 복잡한 관계를 규명하지 못함
상관연구	• 여러 가지 변인들에 대한 연구 • 많은 변인들 간의 관계 연구 • 다량의 자료 수집	• 원인보다는 관계 규명 • 자기보고식 질문지의 신뢰도 및 타당도 문제 • 개인에 대한 심층적 연구의 어려움
실험연구	• 특정 변인의 인위적인 조작 • 자료의 객관적 기록 • 변인들 간의 인과관계 규명	• 실험실에서 연구될 수 없는 현상은 배제 • 결과의 일반화를 제약하는 인위적인 틀 • 실험자의 기대효과 야기

■ 연구방법론

① **평가도구의 준거**

ⓐ 표준화(Standardization) : 검사 시행을 위한 절차나 조건상의 일관성 혹은 동일성을 갖추고 있는 것

ⓑ 신뢰도(Reliability) : 평가도구가 시간의 경과에도 불구하고 반응의 일관성을 나타내 보이는가에 관한 것

ⓒ 타당도(Validity) : 평가도구가 측정하고자 하는 것을 충실히 재고 있는가에 관한 것

ⓓ 객관도(Objectivity) : 평가자 혹은 채점자 간의 채점이 어느 정도 신뢰할만하고 일관성이 있는가에 대한 것

ⓔ 실용도(Usability) : 평가도구가 얼마나 적은 시간과 비용, 노력을 투입하여 얼마나 많은 목표를 달성할 수 있는가에 대한 것

② **측정과 척도**

ⓐ 측정 : 일정한 규칙에 따라 사물 또는 사건에 대해 숫자를 부여하는 것

ⓑ 척도 : 일종의 측정도구로서 일정한 규칙에 따라 측정대상에 적용할 수 있도록 만들어진 일련의 체계화된 기호 또는 숫자를 의미

• 명명척도 또는 명목척도(Nominal Scale)

• 서열척도(Ordinal Scale)

• 등간척도(Interval Scale)

• 비율척도(Ratio Scale)

제2장 정신역동

■ **정신분석이론**

① **기본가정**

  ㉠ 정신적 결정론 또는 심리결정론(Psychic Determination) : 성격구조는 대략 5세 이전의 과거 경험에 의해 결정

  ㉡ 무의식적 동기(Unconscious Motivation) : 인간행동의 원인은 바로 무의식적 동기

  ㉢ 성적 추동(Sexual Drive) : 성적 에너지를 인간 삶의 원동력으로 가정(공격적 욕구도 인간의 기본적인 욕구)

  ㉣ 어린 시절의 경험 : 특히 양육자로서 부모와의 상호작용 경험이 개인의 성격형성의 기초가 됨

  ㉤ 이중본능이론(Dual Instincts Theory) : 삶 본능 vs 죽음 본능

② **성격의 구조**

  ㉠ 마음의 지형학적 모델(Topographic Model of the Mind) : 의식(Consciousness), 전의식(Preconsciousness), 무의식(Unconsciousness)

  ㉡ 성격의 삼원구조 이론(Tripartite Theory of Personality) : 원초아(Id), 자아(Ego), 초자아(Superego)

③ **심리성적 발달이론**

  ㉠ 프로이트 : 인간의 성격이 심리성적 발달단계에 따라 형성

  ㉡ 심리성적 발달단계

    • 구강기 또는 구순기(Oral Stage, 0~1세)

    • 항문기(Anal Stage, 1~3세)

    • 남근기(Phallic Stage, 3~6세)

    • 잠복기 또는 잠재기(Latency Stage, 6~12세)

    • 생식기(Genital Stage, 12세 이후)

④ **불안과 방어기제**

  ㉠ 불안의 유형

    • 현실 불안(Reality Anxiety) : 분명히 외부에 위험이 존재할 때 느끼는 불안

    • 신경증적 불안(Neurotic Anxiety) : 무의식적 충동이 의식을 뚫고 올라오려 할 때 느끼는 불안

    • 도덕적 불안(Moral Anxiety) : 본질적 자기 양심에 대한 두려움과 연관

  ㉡ 방어기제 : 무의식적인 욕구나 충동으로부터 자아를 보호하기 위한 무의식적 사고 및 행동

    • 억압(Repression)

    • 부인 또는 부정(Denial)

    • 합리화(Rationalization)

    • 반동형성(Reaction Formation)

    • 투사(Projection)

    • 퇴행(Regression)

    • 주지화(Intellectualization)

- 전치 또는 치환(Displacement)
- 전환(Conversion)
- 상징화(Symbolization)
- 해리(Dissociation)
- 격리(Isolation)
- 보상(Compensation)
- 대치(Substitution)
- 승화(Sublimation)
- 동일시(Identification)
- 취소(Undoing)
- 신체화(Somatization)
- 행동화(Acting-out)
- 상환(Restitution)

⑤ **성격이론의 적용과 한계**

ⓐ 성격 평가
- 자유연상(Free Association)
- 꿈 분석(Dream Analysis)
- 전이 분석(Transference Analysis)
- 저항 분석(Resistance Analysis)
- 해석(Interpretation)
- 훈습(Working-through)

ⓑ 정신분석이론의 공헌점
- 심리학 최초의 체계적인 이론
- 인간의 성격구조와 역동을 체계적으로 설명하는 최초의 이론
- 인간의 정신세계를 무의식까지 확장
- 신경증 환자를 치료하는 데 기여

ⓒ 정신분석이론의 제한점
- 실증적인 연구에 의해 뒷받침되어 있지 못하며, 비과학적이라는 비판
- 표집의 대표성이 없고 일반화에 한계
- 대인관계적 측면이나 사회문화적 요인 등의 영향을 충분히 고려하고 있지 못함
- 장기간의 치료기간을 요함
- 부정적이고 비관적인 인간관과 성차별적인 편견
- 인지발달보다는 정서발달에 치중, 현재의 경험보다는 과거의 경험을 지나치게 강조

■ **후기 프로이트 학파**

① 아들러의 개인심리이론

  ㉠ 특징

  • 성격의 중심 : 무의식이 아닌 의식
  • 인간 : 전체적 · 통합적
  • 생애 초기(대략 4~6세)의 경험이 성인의 삶을 크게 좌우
  • 인간은 창조적이고 책임감 있는 존재
  • 인간은 성적 동기보다 사회적 동기에 의해 동기화
  • 열등감과 보상이 개인의 발달 동기
  • 인간의 행동 : 목적적이고 목표지향적
  • 인간은 미래에 대한 기대로서 가상의 목표를 가짐
  • 사회적 관심은 한 개인의 심리적 건강을 측정하는 유용한 척도
  • 개인은 세 가지 인생과제인 '일과 여가(Work & Leisure)', '우정과 사회적 관계(Friendship & Society)', 그리고 '성과 사랑(Sex & Love)'을 가짐
  • 개인의 행동과 습관 : 삶에 전반적으로 적용되고 상호작용하는 생활양식이 나타남

  ㉡ 주요 개념

  • 열등감과 보상(Inferiority and Compensation)
  • 우월성의 추구 또는 우월을 향한 노력(Striving for Superiority)
  • 사회적 관심(Social Interest)
  • 생활양식(Style of Life)
  • 창조적 자기(Creative Self)
  • 가상적 목표(Fictional Finalism)
  • 초기기억(Early Recollections)
  • 출생순서(Birth Order)

  ㉢ 프로이트와 아들러 이론의 비교

구분	프로이트(Freud)	아들러(Adler)
에너지의 원천	성적 본능(Libido)	우월에 대한 추구
성격의 개념	원초아, 자아, 초자아의 역동	생활양식
성격의 구조	원초아, 자아, 초자아로의 분리	분리할 수 없는 전체
성격결정의 요인	과거, 무의식	현재와 미래, 의식
성격형성의 주요인	성(Sex)	사회적 관심
자아의 역할	원초아와 초자아의 중재	창조적 힘
부적응의 원인	• 5세 이전의 외상경험 • 성격구조의 불균형	• 열등 콤플렉스 • 파괴적 생활양식 및 사회적 관심 결여

② **융의 분석심리이론**

　㉠ 특징

　　• 광범위한 영역을 반영

　　• 전체적인 성격 = 정신(Psyche), 성격의 발달 = 자기(Self) 실현의 과정

　　• 정신 = 의식+무의식, 무의식 = 개인무의식+집단무의식

　　• 인간 : 의식과 무의식의 대립을 극복하여 하나의 통일된 전체적 존재가 됨

　　• 개인 : 독립된 존재가 아닌 역사를 통해 연결된 존재

　　• 양성론적 입장

　　• 성격발달 : 인생의 전반기는 분화된 자아(Ego)를 통해 현실 속에서 자기(Self)를 찾으려고 노력+
중년기를 전환점으로 자아(Ego)가 자기(Self)에 통합

　㉡ 주요 개념

　　• 개인무의식(Personal Unconscious)

　　• 집단무의식(Collective Unconscious)

　　• 콤플렉스(Complex)

　　• 원형(Archetype) : 자기(Self), 페르소나(Persona), 음영 또는 그림자(Shadow), 아니마(Anima)
와 아니무스(Animus)

　㉢ 발달단계

　　• 제1단계 : 아동기

　　• 제2단계 : 청년 및 성인초기

　　• 제3단계 : 중년기

　　• 제4단계 : 노년기

　㉣ 심리학적 유형론

　　• 8가지 성격유형 : 외향적 사고형, 외향적 감정형, 외향적 감각형, 외향적 직관형, 내향적 사고형,
내향적 감정형, 내향적 감각형, 내향적 직관형을 제시

　　• 마이어스–브릭스 성격유형검사(MBTI)의 개발에 직접적인 영향

③ **호나이의 신경증적 성격이론**

　㉠ 특징

　　• 인간 : 외롭고 나약한 존재, 안전(Safety)과 사랑(Love)의 욕구에 의해 동기화

　　• 신경증의 토대 : 기본적 불안(Basic Anxiety)

　　• 신경증적 성격 : 신경증적 욕구+강박적 태도

　　• 자기체계 : 현실적 자기(Real Self)+이상적 자기(Ideal Self)

　　• 신경증의 핵심 : 당위적 요구

　㉡ 주요 개념

　　• 기본적 불안(Basic Anxiety)

　　• 기본적 악(Basic Evil)

　　• 신경증적 욕구(Neurotic Needs) : 10가지

　　• 신경증적 경향성(Neurotic Trends) : 3가지

- 현실적 자기(Real Self)와 이상적 자기(Ideal Self)
- 당위성의 횡포 또는 당위적 요구의 폭정(Tyranny of Shoulds)

④ **설리반의 대인관계이론**

㉠ 특징
- 프로이트의 정신분석이 성격형성에 영향을 미치는 적극적인 사회적 · 문화적 요인들을 간과했다고 비판 → 대인관계 정신분석(Interpersonal Psychoanalysis)
- 심리치료 : 환자−치료자 간의 대인관계가 성공적인 치료에 있어서 결정적 → 대인관계치료(IPT ; Interpersonal Therapy)
- 개인의 성격과 정신병리를 대인관계의 맥락에서 이해하고 설명하고자 함
- 성격 : 심리내적인(Intrapersonal) 것이 아닌 대인관계적인(Interpersonal) 것, 생리적 욕구와 사회적 안전감의 욕구에서 야기되는 긴장에 의해 결정
- 인간 : 사회적 안전감의 욕구가 좌절될 때 불안을 경험
- 대인관계 : 불안을 유발하는 주요 요인
- 아동 : 자기체계(Self-system)를 발달
- 대인관계의 목표 : 타인으로부터 자기체계와 일치하는 반응을 유발하는 것

㉡ 주요 개념
- 역동성(Dynamism)
- 자기체계(Self-system)
- 자기상 형성 또는 자기의 정형화(Personification of Self)

⑤ **머레이의 욕구 및 동기이론**

㉠ 특징
- 내면적 동력 : 욕구(Needs), 동기(Motivation), 압력(Press)
- 프로이트의 성격의 삼원구조[원초아(Id), 자아(Ego), 초자아(Superego)] 수용 : 단, 원초아가 부정적인 충동만을 포함하는 것은 아니라고 주장
- 초자아와 자아 : 초자아는 욕구 표출에 관한 사회 환경의 내재화된 표상, 자아는 조직화된 성격의 자의식적(Self-conscious) 부분

㉡ 주요 개념
- 욕구 : 일차적 욕구와 이차적 욕구, 반응적 욕구와 발생적 욕구
- 동기/압력/주제
- 주제통각검사(Thematic Apperception Test)
- 콤플렉스(Complex)

⑥ **에릭슨의 심리사회이론**

㉠ 특징
- 전 생애에 걸친 발달과 변화를 강조
- 인간 : 합리적인 존재이자 창조적인 존재
- 병리적인 측면이 아닌 정상적인 측면에서 접근

- 행동 : 자아(Ego)에 의해 동기화, 개인의 심리적 요인과 사회문화적 영향의 상호작용에 의해 형성
- 성격발달 : 사회적 힘이 영향을 미침
ⓒ 주요 개념
- 자아(Ego)
- 자아정체감(Ego Identity)
- 점성원리(Epigenetic Principle)
- 위기(Crisis)
- 심리사회적 발달단계
  - 유아기(기본적 신뢰감 대 불신감 – 희망 대 공포)
  - 초기 아동기(자율성 대 수치심·회의 – 의지력 대 의심)
  - 학령전기 또는 유희기(주도성 대 죄의식 – 목적의식 대 목적의식상실)
  - 학령기(근면성 대 열등감 – 능력감 대 무능력감)
  - 청소년기(자아정체감 대 정체감 혼란 – 성실성 대 불확실성)
  - 성인 초기 또는 청년기(친밀감 대 고립감 – 사랑 대 난잡함)
  - 성인기 또는 중년기(생산성 대 침체 – 배려 대 이기주의)
  - 노년기(자아통합 대 절망 – 지혜 대 인생의 무의미함)

⑦ **대상관계이론**
　㉠ 특징
- 타인과의 관계를 중시, 관계 추구를 강조
- 남근기 이전의 유아가 어머니와의 관계에서 겪게 되는 내면적 경험과 갈등에 초점
- 유아–어머니의 이원적 관계 속에서 추동이 발생
- 어린 시절의 갈등경험 : 자기표상과 대상표상의 형성에 영향, 성인기의 대인관계에 강력한 영향력
- 자기애성 성격장애(Narcissistic Personality Disorder)와 경계선 성격장애(Borderline Personality Disorder)의 치료에 크게 기여
　ⓒ 주요 개념
- 대상(Object) : 외부대상(External Object), 내부대상(Internal Object), 중간대상(Transitional Object)
- 표상(Representation) : 자기표상(Self Representation), 대상표상(Object Repre sentation)
- 내면화(Internalization)
　ⓒ 주요 이론
- 클라인(Klein)의 투사적 동일시 이론
- 말러(Mahler)의 분리–개별화 이론
- 페어베언(Fairbairn)의 순수 대상관계이론

⑧ **애착이론**

㉠ 특징

- 애착(Attachment) : 특정한 두 사람 간에 형성되는 정서적인 유대관계, 영아와 어머니 간의 관계에서 형성되는 심리적 경험으로서 개인의 성격형성에 지대한 영향
- 애착행동 : 한 개인의 인생에서 맺어지는 모든 대인관계에 영향
- 애착관계의 특징
  - 근접성 유지
  - 안전한 피난처
  - 이별 고통

㉡ 주요 이론

- 로렌츠(Lorenz)의 각인이론
- 보울비(Bowlby)의 애착이론
- 에인즈워스(Ainsworth)의 애착의 유형 : 안정 애착, 불안정 애착(회피 애착/저항 애착/혼란 애착)

| 제3장 | 성향적 관점 |

■ **올포트의 특질이론**

① **기본 인간관**

㉠ 낙관론적 인간관

㉡ 양자론적 인간관

㉢ 자유론적 인간관

㉣ 전체론적 인간관

② **성격의 원리(Bischof)**

㉠ 동기의 원리

㉡ 학습의 원리

㉢ 현재성의 원리

㉣ 독특성의 원리

㉤ 자아의 원리

㉥ 비연속성의 원리

㉦ 특질의 원리

③ **특질의 이해**

㉠ 특질의 특성

- 실제적
- 행동을 결정하거나 행동의 원인이 됨

- 경험적으로 증명될 수 있음
- 서로 관련되고 중복될 수 있음
- 상황에 따라 변화

   ⓒ 특질의 유형

- 공통특질과 개인특질
- 개인적 성향 : 주특질(Cardinal Traits), 중심특질(Central Traits), 이차적 특질(Secondary Traits)

■ 카텔의 특질이론

① **기본 인간관**

   ㉠ 중립적 인간관

   ⓒ 양자론적 인간관

   ⓒ 자유론적 인간관

   ㉣ 전체론적 인간관

② **특질의 이해**

   ㉠ 공통특질과 독특한 특질

   ⓒ 원천특질과 표면특질

   ⓒ 체질특질과 환경조형특질

   ㉣ 능력특질과 기질특질

   ㉤ 역동적 특질 : 에르그(Erg), 감정(Sentiment), 태도(Attitude)

③ **성격평가기법**

   ㉠ 자료조사방법

- 생활기록법(L-data 기법)
- 질문지법(Q-data 기법)
- 검사법(T-data 기법)

   ⓒ 16성격 요인검사(16PF) : 일반인의 성격을 이해하는 데 적합, 환자의 근본적인 특징을 이해하고 문제를 진단하는 데도 유효

■ 아이젱크의 성격 3요인 이론

① **성격의 3요인**

   ㉠ 외향성(E ; Extroversion)

   ⓒ 신경증적 경향성(N ; Neuroticism)

   ⓒ 정신병적 경향성(P ; Psychoticism)

② **PEN 모델**

   ㉠ 인간 성격의 세 가지 차원으로써 인간행동의 중요한 부분들을 설명 가능

   ⓒ 정신병적 경향성(P ; Psychoticism), 외향성-내향성(E ; Extraversion-Introversion), 신경증적 경향성-안정성(N ; Neuroticism-Stability) → PEN 모델

■ **성격의 5요인 이론**

① **성격의 5요인**

ㄱ 신경증(Neuroticism)

ㄴ 외향성(Extroversion)

ㄷ 경험에 대한 개방성(Openness to Experience)

ㄹ 우호성(Agreeableness)

ㅁ 성실성(Conscientiousness)

② **5요인 이론 성격체계(FFT Personality System)**

ㄱ 핵심요소

- 기본 성향(Basic Tendencies)
- 특징적 적응(Characteristic Adaptation)
- 자기개념(Self-concept)

ㄴ 주변요소

- 생물학적 기반(Biological Bases)
- 객관적 생애사(Objective Biography)
- 외부적 영향(External Influences)

③ **NEO 인성검사 개정판(NEO-PI-R)**

ㄱ 구성 : 신경증, 외향성, 경험에 대한 개방성의 3요인 외에 우호성(Agreeableness)과 성실성 (Conscientiousness)을 추가적으로 구성

ㄴ 총 240개의 항목

제4장 인본주의적 관점

■ **매슬로우의 인본주의이론**

① **기본 인간관**

ㄱ 낙관론적 인간관

ㄴ 유전론적 인간관

ㄷ 자유론적 인간관

ㄹ 전체론적 인간관

② **기본 가정 두 가지**

ㄱ 인간 : 특정한 형태의 충족되지 못한 욕구들을 만족시키기 위하여 동기화되어 있는 동물

ㄴ 추구하는 욕구 : 몇 가지 공통된 범주로 구분 가능+위계적인 형태로 계열화

③ 욕구위계의 5단계

ㄱ 제1단계 : 생리적 욕구(Physiological Needs)

ㄴ 제2단계 : 안전(안정)에 대한 욕구(Safety Needs)

ㄷ 제3단계 : 애정과 소속에 대한 욕구(Love and Belongingness Needs)

ㄹ 제4단계 : 자기존중 또는 존경의 욕구(Esteem Needs)

ㅁ 제5단계 : 자기실현의 욕구(Self-actualization Needs)

cf. 인지적 욕구(Cognitive Needs)와 심미적 욕구(Aesthetic Needs)를 포함하여 7단계로 확장된 버전도 있음

■ 로저스의 인간중심이론

① 기본 인간관

ㄱ 낙관론적 인간관

ㄴ 유전론적 인간관

ㄷ 자유론적 인간관

ㄹ 전체론적 인간관

② 특징

ㄱ 인간 : 자신의 삶의 의미를 능동적으로 창조, 주관적 자유를 실천, 자신의 사적 경험체계 또는 내적 준거체계와 일치하는 방향으로 객관적 현실을 재구성, 유목적적이고 미래지향적 존재

ㄴ 개인의 독특하고 주관적인 경험을 강조, 주관적 현실세계만이 존재

ㄷ 인간 이해 : 그가 객관적 현실을 어떻게 지각하고 해석하는지 그 내적 준거체계를 명확히 파악해야 함

ㄹ 인간이 지닌 기본적 자유는 그에 따른 책임을 전제로 함

ㅁ 인간행동의 기본 동기 : 자기실현 경향성(실현화 경향성)

③ 주요 개념

ㄱ 유기체(Organism)

ㄴ 현상학적 장(Phenomenal Field)

ㄷ 자기(Self)와 자기개념(Self-concept)

ㄹ 실현화 경향성(Actualizing Tendency)과 자기실현 경향성(Self-actualizing Tendency)

ㅁ 가치조건(Conditions of Worth)

④ 인간중심 치료(인간중심 상담)

ㄱ 주요 요소

• 일치성과 진실성

• 공감적 이해와 경청

• 무조건적인 긍정적 관심(수용) 또는 존중

ⓛ 완전히(충분히) 기능하는 사람 : 현재 자신의 자기(Self)를 완전히 자각하는 사람
- 특성
  - 경험에 대한 개방성(Openness to Experience)
  - 실존적인 삶(Existential Living)
  - 자신의 유기체에 대한 신뢰(Trust in One's Own Organism)
  - 자유 의식(Sense of Freedom) 또는 경험적 자유(Experiential Freedom)
  - 창조성(Creativity)

■ 실존주의적 접근

① **인간본성에 관한 철학적 기본 가정**
  - ㉠ 인간은 자각하는 능력을 가짐
  - ㉡ 인간은 정적인 존재가 아닌 항상 변화하는 상태에 있는 존재
  - ㉢ 인간은 자유로운 존재인 동시에 자기 자신을 스스로 만들어 가는 존재
  - ㉣ 인간은 즉각적인 상황과 과거 및 자기 자신을 초월할 수 있는 능력을 가짐
  - ㉤ 인간은 장래의 어느 시점에서 무존재가 될 운명을 지니고 있으며, 자기 스스로 그와 같은 사실을 자각하고 있는 존재

② **주요 개념**
  - ㉠ 죽음
  - ㉡ 자유
  - ㉢ 고립 또는 소외
  - ㉣ 무의미

③ **실존주의 치료**
  - ㉠ 목표
    - 실존적 조건에 대한 인식 증가
    - 선택에 대한 자유와 책임의식 증가
    - 창조적인 삶의 실천을 위한 조력
  - ㉡ 원리
    - 비도구성의 원리
    - 자기중심성의 원리
    - 만남의 원리
    - 치료할 수 없는 위기의 원리

④ **의미치료(의미요법)**
  - ㉠ 주요 개념
    - 의지의 자유(Freedom of Will)
    - 의미에의 의지(Will to Meaning)
    - 삶의 의미(Meaning of Life)

ⓛ 인간에게 삶의 의미를 부여하는 3가지 가치체계
- 창조적 가치(Creative Values)
- 경험적 가치(Experiential Values)
- 태도적 가치(Attitudinal Values)

ⓒ 주요 기법
- 역설적 의도(Paradoxical Intention)
- 탈숙고(Dereflection)

■ 자기결정이론

① **가정**

ⓛ 긍정적 인간관 : 능동적, 자율적, 성장지향적

ⓒ 내재적 동기 강조 : 장기적으로 인간 행동을 발생 및 유지시키며, 외재적 동기(칭찬이나 금전적 보상 등 외부환경)에 따라 촉진, 또는 저해

② **의의**

자기결정(Self-Determination)이란 어떻게 반응할 것인가를 스스로 결정하는 과정을 말하며, 사람들의 타고난 성장경향과 심리적 욕구에 대한 동기부여와 성격에 대해 설명해 주는 이론으로 심리적 욕구만족과 내재적 동기를 강조

③ **구성이론**

ⓛ 인지적 평가이론 : 내재적으로 동기화된 행동에 외재적 보상을 주는 경우 내재적 동기가 오히려 감소된다는 이론으로, 유능성, 자율성, 관계성의 기본적인 욕구가 만족될 때 내재적인 동기가 증진된다고 보는 이론

ⓒ 유기적 통합이론 : 외재적 동기의 내면화

④ **라이언과 데시(Ryan & Deci)의 자기결정성 정도에 따른 자기조절 유형 수준**

행동	비자기결정적					자기결정적
동기	무동기	외재적 동기				내재적 동기
조절 양식	무조절	외적 조절 (external regulation)	부과된 조절-내사 (introjected regulation)	확인된 조절-동일시 (identified regulation)	통합된 조절 (integrated regulation)	내재적 조절
인지된 인과 소재	없음	외적	다소 외적	다소 내적	내적	내적
관련 조절 과정	무의도, 무가치, 무능력, 통제의 결여	외적인 보상 및 처벌에 순응하기 위한 타율적 행동	자타의 인정 추구, 처벌 등을 피하기 위한 동기화된 행동	내적 흥미보다는 유용성과 자신에게 중요한 것을 선택	주로 청소년기 이후에나 획득할 가능성, 흥미보다는 바람직한 측면을 받아들인 자기와의 통합이 발현된 행동	흥미, 즐거움, 내재적 만족감

제5장 인지적 관점

■ 엘리스의 비합리적 신념

① REBT의 기본 원리

　㉠ 인지 : 인간의 정서를 결정하는 가장 중요한 요소

　㉡ 역기능적 사고 : 정서장애의 중요한 결정 요인

　㉢ 정서적인 문제를 해결하기 위해서는 사고를 분석하는 데서 시작하는 것이 효과적

　㉣ 유전과 환경을 포함한 다양한 요인들이 불합리한 사고나 정신병리를 일으키는 원인이 됨

　㉤ 행동에 대한 과거의 영향보다는 현재에 초점

　㉥ 인간이 지닌 신념 : 쉽지는 않지만 변화함

② ABC 모델

③ 비합리적 신념의 특징

　㉠ 당위적 사고(절대적 강요와 당위)

　㉡ 파국화(Awfulizing) 또는 재앙화(Catastrophizing)

　㉢ 좌절에 대한 인내심 부족

④ 치료 계획

　㉠ 합리적 신념과 비합리적 신념의 구분

　㉡ 내담자의 자기보고 및 치료자의 관찰을 통한 비합리적 신념의 발견 및 인식 유도

　㉢ 내담자의 비합리적 신념에 대한 논박

　㉣ 내담자의 비합리적 신념을 합리적 신념으로 바꾸기 위한 연습 유도 및 과제 부여

　㉤ 합리적 행동의 시연

　㉥ 새로 학습한 결과의 실제 적용 및 반복적 학습의 지지

⑤ ABCDEF 모델

　㉠ A(Activating Event ; 선행사건 또는 촉발사건)

　㉡ B(Belief System ; 신념체계 또는 비합리적 신념체계)

　㉢ C(Consequence ; 결과)

　㉣ D(Dispute ; 논박)

　㉤ E(Effect ; 효과)

　㉥ F(Feeling ; 감정)

■ **자동적 사고와 인지왜곡**

① **인지치료의 원리(Beck)**

㉠ 인지(사고)의 변화가 감정 및 행동의 변화를 유도한다는 점에 근거

㉡ 견고하고 협력적인 치료동맹을 필요로 함

㉢ 일반적으로 단기적, 문제중심적, 목표지향적

㉣ 치료에 적극적이고 구조화된 접근법

㉤ 원칙적으로 현재에 초점을 두며, 필요 시에만 과거에 관심을 가짐

㉥ 신중한 평가, 진단, 치료계획은 인지치료에 필수적

㉦ 사람들로 하여금 자신의 인지를 평가하고 바꿀 수 있도록 광범위한 전략과 개입을 사용

㉧ 귀납적 추론과 소크라테스식 질문은 인지치료의 중요한 전략

㉨ 사람들에게 자신의 인지를 확인·평가·수정하는 방법을 알려줌으로써 정서적인 건강을 촉진하고 재발을 방지하는 심리교육 모델

㉩ 과제 부여, 추수상담, 내담자 피드백은 이와 같은 접근법의 성공을 확실히 하는 데 중요

② **치료적 방법론**

㉠ 인지적 기술

 • 재귀인(Reattribution)

 • 재정의(Redefining)

 • 탈중심화(Decentering)

㉡ 소크라테스식 질문

㉢ 척도화 기법 : 이분법적 사고를 극복하도록 하기 위해 가장 보편적으로 사용되는 치료기법

■ **개인적 구성개념 이론**

① **추론** : 11가지

㉠ 구성개념 추론(Construction Corollary)

㉡ 개별성 추론(Individuality Corollary)

㉢ 조직화 추론(Organization Corollary)

㉣ 이분법 추론(Dichotomy Corollary)

㉤ 선택 추론(Choice Corollary)

㉥ 범위 추론(Range Corollary)

㉦ 경험 추론(Experience Corollary)

㉧ 조절 추론(Modulation Corollary)

㉨ 분열(파편화) 추론(Fragmentation Corollary)

㉩ 공통성 추론(Commonality Corollary)

㉪ 사회성 추론(Sociality Corollary)

② **치료적 방법론**
　　㉠ 역할구성 개념목록 검사(Rep Test ; Role Construct Repertory Test)
　　㉡ 고정역할 치료(Fixed Role Therapy)

■ **자기효능감과 통제소재**
① **자기효능감 또는 자기효율성(Self-efficacy)**
　　자기가 무엇을 잘 할 수 있고, 자신의 노력으로 원하는 결과를 얻을 수 있다는 신념
② **통제소재**
　　개인이 자신에게 영향을 미치는 사건을 통제할 수 있다고 믿는 정도

제한시간: 50분 I 시작 ___시 ___분 - 종료 ___시 ___분

⤇ 정답 및 해설 206p

01 다음 중 성격의 특징에 대한 내용으로 적절하지 <u>않은</u> 것은?

① 성격을 이해하려면 개인이 가지는 독특성을 고려해야 한다.

② 성격은 개별 상황에서 일관성 있게 나타난다.

③ 성격은 전체적인 맥락에서 보다 잘 이해된다.

④ 성격은 겉으로 드러나는 행동과는 관련이 없다.

02 다음 내용에서 괄호 안에 들어갈 성격심리학 관점에 해당하는 학자끼리 옳게 묶인 것은?

> (   )은(는) 각 개인이 지각하는 주관적 현실을 중시하며, 현상학적 관점에서 개인의 주관적 경험의 고유성과 가치를 인정한다. 또한 모든 인간을 존엄하고 무한한 가능성이 있으며, 스스로 자신의 삶을 창조해 나가는 궁극적인 존재로 여긴다.

① 프로이트, 아들러, 융

② 올포트, 카텔, 아이젱크

③ 매슬로우, 로저스, 프랭클

④ 엘리스, 벡, 켈리

03 다음 설명과 관련이 있는 미첼(Mischel)의 사람변인은?

> 개인이 사건이나 실체를 지각하고 조직화하며 이해하는 방법, 그리고 상황을 범주화하는 방법과 연관된다.

① 구성능력

② 부호화 전략

③ 목표와 주관적 가치

④ 자기조절 체계 및 계획

04 인간관의 주요 준거를 유전 대 환경으로 구분할 때 주요 준거를 환경으로 본 대표적 학자는?

① 융
② 아이젱크
③ 카텔
④ 반두라

05 다음 중 성격이론의 평가준거와 그에 대한 설명이 옳게 연결되지 <u>않은</u> 것은?

① 검증성 : 이론은 명확히 기술되고 측정될 수 있는 개념들을 가져야 한다.
② 포괄성 : 이론은 광범위한 자료를 토대로 인간을 종합적으로 설명할 수 있어야 한다.
③ 탐구성 : 이론은 뒷받침하는 자료들을 통해 경험적으로 타당하다는 것을 보일 수 있어야 한다.
④ 적용성 : 이론은 인간 삶에 실제적으로 적용할 수 있는 것이어야 한다.

06 다음 중 T-data에 대한 설명끼리 옳게 묶인 것은?

> ㉠ 표준화된 성격검사나 실험과제를 통해 수집된 객관적인 자료이다.
> ㉡ 연구자 혹은 관찰대상자 개인을 잘 알고 있는 사람이 그에 대해 관찰한 자료이다.
> ㉢ 개인의 성격형성 과정을 이해하는 데 도움이 되며, 특히 사례연구에서 중요한 역할을 한다.
> ㉣ 개인에게 검사문항이나 실험과제 등을 제시하고 그 결과를 객관적으로 측정하는 방식이다.
> ㉤ 개인이 자신에 대해 스스로 설명하거나 평가자의 질문에 대해 응답하는 자료이다.

① ㉠, ㉡
② ㉠, ㉣
③ ㉡, ㉣
④ ㉢, ㉤

07 다음 내용에 해당하는 행동관찰의 유형은?

> • 내담자와 자연스러운 환경에서 생활하는 사람에게 관찰대상을 관찰·기록하게 하고, 그 결과를 보고하도록 한다.
> • 자연스러운 환경에서의 자료수집이 가능하며, 광범위한 문제 행동에 적용이 가능하다.

① 자연관찰법
② 유사관찰법
③ 참여관찰법
④ 자기관찰법

08 다음 중 자기보고식 검사(Self-reporting Tests)에 대한 설명으로 옳은 것은?

① 주제통각검사(TAT ; Thematic Apperception Test)가 이에 해당한다.
② 비구조적 검사 과제를 제시하여 개인의 다양한 반응을 무제한적으로 허용한다.
③ 수검자의 특성은 모호한 검사자극에 대한 수검자의 비의도적·자기노출적 반응으로 나타난다.
④ 검사에서 제시되는 문항의 내용이나 그 의미가 객관적으로 명료화되어 있다.

09 다음 중 비율척도의 예를 모두 고른 것은?

> ㉠ 연령
> ㉡ 출생지
> ㉢ 몸무게
> ㉣ 키
> ㉤ 장기자랑 순위

① ㉠, ㉢
② ㉠, ㉡, ㉢
③ ㉠, ㉢, ㉣
④ ㉠, ㉢, ㉣, ㉤

10 다음 중 성격검사의 신뢰도 계수에 영향을 주는 요인이 <u>아닌</u> 것은?

① 문항의 수
② 검사의 활용성
③ 신뢰도 추정방법
④ 문항의 난이도

11 프로이트의 성격의 삼원구조 이론 중 '초자아(Superego)'에 대한 설명으로 옳은 것은?

① '도덕의 원리(Moral Principle)'에 따라 행동의 옳고 그름을 판단한다.
② 의식, 전의식, 무의식의 세 측면을 모두 가지고 있다.
③ 현실적 여건을 고려하지 않고 즉각적으로 욕구를 충족시키고자 한다.
④ 즉각적인 만족을 추구하려는 욕망과 현실을 중재하는 역할을 한다.

12 프로이트의 심리성적 발달단계 중 남근기에 발생하는 고착증상으로 옳은 것은?

① 손가락 빨기, 손톱 물어뜯기, 수다 떨기 등의 습관적 행동이 나타난다.
② 감정적이고 쉽게 분노를 느끼며 파괴적인 성향을 보인다.
③ 청결과 질서에 집착하며 시간을 철저히 지키는 등 완벽주의적 성향을 보인다.
④ 남성의 경우 강한 자부심과 함께 허세를 부리고, 여성의 경우 경박스럽다.

13 다음 설명에 해당하는 방어기제는 무엇인가?

> 최근 불의의 사고로 자녀를 잃은 A씨는 자녀의 죽음을 받아들이지 못하고 만나는 사람들에게 자녀가 해외로 어학연수를 떠났다고 이야기하고 다닌다.

① 합리화   ② 퇴행
③ 부정   ④ 전환

14 다음 내용과 관련된 정신분석 이론의 성격평가 기법은?

> • 내담자가 유년시절 어떤 중요한 인물과 가졌던 관계를 치료자에게 표출하는 것이다.
> • 내담자의 유아기에서 비롯된 대인관계 또는 방위패턴을 통찰할 수 있도록 함으로써 현재의 심리적인 문제를 극복하고 성격을 개선하도록 한다.

① 자유연상
② 전이 분석
③ 저항 분석
④ 역전이

15 다음 중 아들러의 개인심리이론에 대한 설명으로 옳은 것은?

① 인간을 비합리적이고 무의식적 본능의 지배를 받는 존재로 여긴다.
② 인간의 성격을 원초아, 자아, 초자아로 구분한다.
③ 인간의 정신을 크게 의식과 무의식의 영역으로 구분한다.
④ 인간은 주로 사회적인 충동에 의하여 동기화된다고 여긴다.

16 다음 중 호나이가 주장한 회피형 성격의 신경증적 욕구끼리 옳게 묶인 것은?

> ㉠ 착취
> ㉡ 특권
> ㉢ 자기충족
> ㉣ 성취 혹은 야망
> ㉤ 생의 편협한 제한

① ㉠, ㉢
② ㉡, ㉣
③ ㉠, ㉤
④ ㉢, ㉤

17 다음 설명에 해당하는 호나이의 신경증적 성격이론의 주요 개념은?

> • 신경증 환자에게 나타나는 것으로, 자신이 반드시 되거나 해야만 한다고 느끼는 것이다.
> • 특성상 비타협적이므로, 이상적인 자기를 만들려는 성격의 왜곡 과정으로 나타난다.

① 기본적 불안
② 기본적 악
③ 당위성의 횡포
④ 신경증적 경향성

18 에릭슨과 프로이트의 발달단계 중 다음 내용에 해당하는 특징이 나타나는 단계가 옳게 연결된 것은?

> • 현실적 성취와 원만한 대인관계를 위한 적응능력의 발달이 이루어지게 된다.
> • 가정에서 학교로 사회적 관계를 확장함으로써 부모의 도움 없이 다른 사람과 경쟁하는 입장에 선다.
> • 또래집단이나 교사 등의 주위환경을 지지 기반으로 하여 사회의 생산적 성원이 되기 위해 한걸음 나아간다.

	에릭슨	프로이트
①	근면성 대 열등감	잠복기
②	친밀감 대 고립감	항문기
③	자아통합 대 절망	구강기
④	자아정체감 대 정체감 혼란	생식기

19 에인즈워스의 애착 유형 중 다음 사례와 관련이 있는 것은?

> 현재 만 3세 아이를 키우는 A씨는 자신에게서 떨어지려고 하지 않는 아이 때문에 고민이다. 엄마가 다른 사람과 대화를 나누려 해도 옆에서 보채고, 아이를 두고 나가려고 하면 문밖까지 따라와 울고 떼를 써서 간단한 일도 보기 어려운 정도이다. 또한 A씨가 외출하고 돌아올 시에 아기는 엄마를 반기기보다 화를 낸다.

① 안정 애착
② 불안정 회피 애착
③ 불안정 저항 애착
④ 불안정 혼란 애착

20 다음 중 대상관계이론의 주요 개념에 해당하지 <u>않는</u> 것은?

① 표상
② 내면화
③ 내부대상
④ 페르소나

21 다음 중 올포트가 제시한 특질의 특성으로 옳은 것은?

① 특질은 서로 관련되고 중복될 수 있다.
② 특질은 어떤 자극에 대한 기계적인 반응으로 나타난다.
③ 특질은 상황에 따라 변할 수 없는 절대적인 것이다.
④ 특질은 인간의 행동을 설명하기 위한 이론적 구성개념이다.

22 올포트가 제시한 특질의 유형 중 다음과 같은 특징이 나타나는 것은?

> • 특정한 대상이나 특정 상황에서의 행동경향성을 말한다.
> • 대상이나 상황에 따라 달라지는 행동특성이다.
> • 좀처럼 드러나지 않고 정도가 약하여 주변의 절친한 사람만 알아챌 수 있다.

① 주특질
② 중심특질
③ 이차적 특질
④ 공통특질

23 다음 중 카텔이 성격평가를 위한 자료수집에 주로 사용한 방법을 모두 고른 것은?

> ㉠ 생활기록법
> ㉡ 내용분석법
> ㉢ 검사법
> ㉣ 질문지법

① ㉠, ㉢
② ㉠, ㉢, ㉣
③ ㉡, ㉢, ㉣
④ ㉠, ㉡, ㉢, ㉣

24 다음 설명에 해당하는 특질이론의 주요 개념으로 옳은 것은?

> • 한 개인이 모든 행동을 일으키는 에너지의 원천, 혹은 추진력이다.
> • 구체적인 목표를 향해 행동하도록 유도하는 기본적인 동기이다.
> • 성격의 영속적인 구성을 이루지만 그 강도는 변할 수 있다.

① 감정
② 태도
③ 에르그
④ 역동적 격자

25 다음 중 카텔이 제시한 특질이론의 한계로 옳지 <u>않은</u> 것은?

① 사용된 검사도구의 타당성이 충분히 입증되지 않았다.
② 성격이 어떻게 작동하는지 등에 대해 설명하지 못한다.
③ 단 몇 가지의 특질만으로 인간의 성격을 설명하고자 하였다.
④ 인간 성격의 개성과 독특성에 몰두하여 보편적인 특질을 밝히지 못했다.

26 다음 설명에 해당하는 검사는 무엇인가?

> • 카텔(Cattell)이 자신의 성격이론을 입증하기 위해 고안한 검사도구이다.
> • 인간의 행동을 기술하는 수많은 형용사에서 최소한의 공통요인을 추출한 요인분석 방법이다.
> • 거의 모든 성격범주를 포괄하고 있기 때문에 일반인의 성격을 이해하는 데 적합할 뿐만 아니라 환자의 근본적인 특징을 이해하고 문제를 진단하는 데도 유효하다.

① 16PF
② NEO-PI
③ MBTI
④ PAI

27 아이젱크의 성격 유형 중 다음 질문과 관련이 있는 것은?

> • 다른 사람과 함께 일하는 것이 즐거운가요?
> • 다른 사람에게 예의 없이 행동하지 않으려고 애쓰나요?
> • 당신에게 예의와 청결을 지키는 것은 중요한가요?

① 외향성
② 정신병적 경향성
③ 신경증적 경향성
④ 안정성

28 다음 중 성격 5요인 신경증의 하위특질에 해당하는 것은?

① 공상
② 자기절제
③ 사교성
④ 충동성

29 다음 중 성격 5요인에 대한 설명으로 옳지 <u>않은</u> 것은?

① 외향성 수준이 낮은 사람은 사람들 앞에 나서기를 싫어하며 일처리에서 과업지향적인 경향을 보인다.
② 신경증 수준이 높으면 작은 일에도 상처를 잘 받는다.
③ 개방성 수준이 낮은 사람은 호기심이 많고 지적인 탐구심이 강하다.
④ 우호성 수준이 지나치게 높으면 순진함으로 인해 타인에게 잘 속고 이용당하기 쉽다.

30 다음에서 설명하는 학자는 누구인가?

> • 인본주의 심리학의 주도적인 인물로 인간중심 치료를 고안하였다.
> • 심리치료를 기존의 치료자 중심에서 내담자 중심으로 전환해야 한다고 하였다.
> • 내담자에게 무엇이 가장 좋은 것인지 아는 사람은 내담자 자신이라고 주장하였다.

① 메이
② 로저스
③ 프랭클
④ 매슬로우

31 다음 중 인본주의 심리학의 인간관을 모두 고른 것은?

> ㉠ 인간은 스스로 자신의 삶을 만들어간다.
> ㉡ 인간의 본성은 악하고 파괴적이다.
> ㉢ 인간은 선천적으로 자기실현 욕구를 가지고 있다.
> ㉣ 인간은 환경에 의해 조작되는 수동적 존재이다.
> ㉤ 인간은 통합적 유기체이므로 전체적인 관점에서 이해해야 한다.

① ㉠, ㉣
② ㉡, ㉤
③ ㉠, ㉡, ㉣
④ ㉠, ㉢, ㉤

32 다음 괄호 안에 들어갈 내용으로 옳은 것은?

> (   )는 매슬로우의 욕구위계를 7단계까지 확장했을 때 제5단계에 해당한다. 무엇을 알고 이해하려는 욕구로서 보통 유아기 후반과 초기 아동기에 나타나며, 아동의 자연스러운 호기심으로 표출된다.

① 생리적 욕구
② 인지적 욕구
③ 심미적 욕구
④ 자기실현의 욕구

33 다음 설명에 해당하는 개념은 무엇인가?

> • 특정 순간에 개인이 지각하고 경험하는 모든 것을 의미한다.
> • 동일한 현상이라도 개인에 따라 다르게 지각하고 경험한다.
> • 상징화 과정을 거치는 의식적 경험은 물론 무의식적 경험으로 구성된다.

① 유기체
② 자기개념
③ 현상학적 장
④ 공감적 이해와 경청

34 실존주의적 접근에 대한 설명으로 옳지 <u>않은</u> 것은?

① 인간의 본질규정에 관한 문제에 관심을 기울이고 정리하려고 하였다.
② 인간이 실존적으로 소외되고 고독한 존재임을 강조하였다.
③ 인간을 지금의 자기 자신을 이루기 위해 계속해서 새로운 노력을 기울이는 존재로 여겼다.
④ 죽음에 대한 불안이 개인이 인격구조를 형성하는 데 중요한 역할을 한다고 여겼다.

35 다음 중 로저스가 정의한 '완전히 기능하는 사람 혹은 충분히 기능하는 사람'의 특성으로 적절하지 <u>않은</u> 것은?

① 실존적인 삶
② 경험적 자유
③ 자기와 경험의 불일치
④ 자신의 유기체에 대한 신뢰

36 다음 설명에 해당하는 학자와 관련된 심리치료 방법은?

> - 인지적 관점의 주요 학자로, 합리적 · 정서적 행동치료(REBT ; Rational-Emotive Behavior Therapy)를 개발하였다.
> - 외부 자극에 대한 개인의 반응을 매개하는 신념체계(Belief System), 즉 개인의 외부 자극에 대한 해석방식의 중요성을 강조하였다.

① 강박증이나 공포증을 가지고 있는 내담자에게 두려워하는 일을 일부러 하도록 격려한다.
② 내담자의 꿈의 내용을 분석하여 꿈속에 내재된 억압된 감정과 무의식적인 욕구를 통찰하도록 한다.
③ 치료자는 내담자를 하나의 인격체로서, 있는 그대로의 모습을 무조건적으로 존중한다.
④ 치료자는 내담자의 비합리적 신념에 대해 내담자가 포기할 때까지 논박한다.

37 합리적 · 정서적 행동치료의 논박의 유형 중 다음 질문과 관련이 있는 것은?

> - 그와 같은 생각을 뒷받침할 만한 증거가 있습니까?
> - 그 말이 옳다는 증거가 있습니까?

① 경험적 논박
② 기능적 논박
③ 논리적 논박
④ 철학적 논박

38 다음 내용과 관련이 있는 벡의 인지적 왜곡은?

> A씨는 유성우가 내린다는 뉴스를 본 뒤로 곧 지구와 유성이 충돌하여 지구가 멸망하겠다는 생각이 들어 일상생활에 어려움을 겪는다.

① 자의적 추론
② 과잉 일반화
③ 재앙화
④ 긍정 격하

39 다음 중 반두라가 제시한 사회학습이론에 대한 설명으로 옳지 <u>않은</u> 것은?

① 인간행동은 외부환경뿐 아니라 스스로 정한 내적 표준에 의해 조절된다.

② 자기효능감이 높은 사람은 열심히 일에 집중하고 오랫동안 일을 지속한다.

③ 작은 일부터 큰일로 단계적 성공을 경험할 때 자기효능감이 상승한다.

④ 타인이 제공하는 외적 강화가 자기평가로부터 오는 내적 강화보다 영향력이 크다.

40 다음 설명에 해당하는 개념은 무엇인가?

• 성공 혹은 실패가 자신의 내부적인 요인에 의해 결정된다는 일반화된 기대이다.
• 이를 가진 사람은 자신의 삶이 자신의 통제하에 있다고 믿으며 그 신념에 따라 행동한다.

① 강화가치

② 외적 통제소재

③ 내적 통제소재

④ 행동잠재력

01	02	03	04	05	06	07	08	09	10	11	12	13	14	15	16	17	18	19	20
④	③	②	④	③	②	③	④	③	②	①	④	③	②	④	④	③	①	③	④
21	22	23	24	25	26	27	28	29	30	31	32	33	34	35	36	37	38	39	40
①	③	②	③	④	①	②	④	③	②	④	②	③	①	③	④	①	③	④	③

01 정답 ④

성격은 인간의 행동과 관련이 있으며, 겉으로 드러나는 행동을 관찰함으로써 파악할 수 있다.

02 정답 ③

제시된 성격심리학의 관점은 인본주의적 관점이다. 인본주의적 관점은 긍정적 인간관에 근거하여 인간의 존엄성과 주관성을 중시하였으며, 인간에 대해 전체적이고 통합적인 관점을 유지하였다. 이러한 인본주의적 관점의 대표적인 학자에는 매슬로우(Maslow), 로저스(Rogers), 프랭클(Frankl) 등이 있다.

① 프로이트(Freud), 아들러(Adler), 융(Jung)은 정신역동적 관점의 대표적인 학자이다.

② 올포트(Allport), 카텔(Cattell), 아이젱크(Eysenck)는 성향적 관점(특질이론적 관점)의 대표적인 학자이다.

④ 엘리스(Ellis), 벡(Beck), 켈리(Kelly)는 인지주의적 관점의 대표적인 학자이다.

03 정답 ②

[미첼(Mischel)의 5가지 사람변인]

구성능력	개인의 인지적·행동적 능력과 연관된 것으로서, 적절한 조건하에서 다양한 행동을 생성할 수 있는 지적·사회적·신체적 능력을 말한다.
부호화 전략	개인이 사건이나 실체를 지각하고 조직화하며 이해하는 방법, 그리고 상황을 범주화하는 방법과 연관된다.
기대	특별한 조건에서 무슨 일이 일어날 것인가에 대한 개인의 구체적인 기대를 의미한다.
목표와 주관적 가치	기대가 유사하더라도 개인마다 서로 다른 목표나 주관적 가치를 가지므로, 동일한 결과에 대해 서로 다른 의미를 부여함으로써 서로 다른 행동으로 보일 수 있다.
자기조절 체계 및 계획	각각의 개인이 자신의 행동을 조절하기 위해 채택하는 서로 다른 규칙 혹은 규준을 의미한다.

04 정답 ④

인간관의 주요 준거를 환경으로 보아 인간은 자신을 둘러싼 환경의 영향을 더욱 많이 받는다고 여기며 환경의 중요성을 강조한 학자는 왓슨(Watson), 스키너(Skinner), 반두라(Bandura), 로터(Rotter) 등이 있다.

①·②·③ 융(Jung), 아이젱크(Eysenck), 카텔(Cattell)은 인간은 타고난 유전적 영향을 더욱 많이 받는다고 여겼다. 이러한 관점을 가진 또 다른 학자로는 프로이트(Freud) 등이 있다.

05 **정답** ③

성격이론의 평가준거에는 포괄성(Comprehensiveness), 검증성(Testability), 경제성(Parsimony), 경험적 타당성(Empirical Validity), 탐구성(Heuristic Value), 적용성(Applied Value) 등이 있다. 그중 탐구성은 '이론은 절대적인 것이 아니며 도전에 의해 새로운 아이디어와 연구를 촉발시키는 것이어야 한다'를 의미한다. '이론은 뒷받침하는 자료들을 통해 경험적으로 타당하다는 것을 보일 수 있어야 한다'는 것은 경험적 타당성에 해당한다.

06 **정답** ②

검사 자료(T-data ; Test Data)
• 표준화된 성격검사나 실험과제를 통해 수집된 객관적인 자료를 말한다.
• 개인에게 검사문항이나 실험과제를 제시하고 그 반응과 수행결과를 객관적으로 측정함으로써 그의 성격특성을 평가할 수 있다.
ⓒ 관찰자 자료(O-data ; Observer-rating Data)에 대한 설명이다.
ⓒ 생활기록 자료(L-data ; Life-record Data)에 대한 설명이다.
ⓜ 자기보고 자료(S-data ; Self-report Data)에 대한 설명이다.

07 **정답** ③

① 자연관찰법 : 관찰자가 실제 생활환경에서 내담자의 자연스러운 행동을 관찰하는 방법이다.
② 유사관찰법 : 관찰자에 의해 미리 계획되고 조성된 상황에 따라 특정한 환경 및 행동 조건에서 내담자의 행동을 부각하는 방법이다.
④ 자기관찰법 : 관찰자가 자신의 행동을 스스로 관찰하며, 자신과 환경 간의 상호작용에 대해 기록하는 방법이다.

08 **정답** ④

자기보고식 검사(Self-reporting Tests)
• 다양한 상황에서 자신의 사고, 감정, 행동에 대해 묻는 질문에 대해 수검자들이 직접 보고하는 것으로서, 보통 검사문항을 질문의 형태로 제시하는 질문지 방법(Questionnaire Method)을 취한다.
• 검사에서 제시되는 문항의 내용이나 그 의미가 객관적으로 명료화되어 있어, 모든 사람에게서 동일한 방식의 해석이 내려질 것으로 기대된다.
• 검사에서 평가되는 내용이 그 목적에 부합하여 일정하게 준비되어 있고, 일정한 형식에 따라 수검자가 반응하도록 되어 있다.
• 개인의 독특성 측정보다는, 개인이 공통적으로 갖고 있는 특성이나 차원을 기준으로 한 개인의 상대적인 비교에 그 목적이 있다.
① · ② · ③ 투사적 검사(Projective Tests)에 대한 설명이다.

09 **정답** ③

비율척도
• 척도를 나타내는 수가 등간일 뿐만 아니라 절대영점을 가지고 있는 경우에 이용되는 척도이다.
• 연령, 무게, 키, 출생률, 사망률, 이혼율, 가족 수, 졸업생 수 등이 해당한다.

10 **정답** ②

성격검사의 신뢰도에 영향을 미치는 요인에는 문항의 난이도, 문항의 반응 수, 검사시간, 검사 시행 후 경과시간, 검사문항의 수, 개인차, 신뢰도 추정방법 등이 있다.

11 정답 ①

초자아(Superego)

- 성격의 사회적 구성요소로, 성격발달 과정에서 개인의 내면세계의 부분이 되는 사회적 규준과 도덕성을 나타낸다.
- 초자아는 '도덕의 원리(Moral Principle)'에 따른다. 즉, 행동의 옳고 그름을 판단하는 도덕적 규범 혹은 가치관에 따라 기능한다.
- 초자아는 개인의 내적 도덕성인 양심(Conscience)과 함께 부모에 의해 내면화된 것으로서, 개인이 추구하고자 하는 자아 이상(Ego ideal)에 의해 작동하게 된다.
- ② · ④ 자아(Ego)에 대한 설명이다.
- ③ 원초아(Id)에 대한 설명이다.

12 정답 ④

남근기(Phallic Stage)는 리비도가 성기 부위에 집중되어 있는 3~6세 시기이다. 이 시기에 나타나는 오이디푸스 콤플렉스, 혹은 엘렉트라 콤플렉스 등을 해결하지 못하면 권위적 인물에 대한 과도한 두려움과 복종적 태도, 경쟁자에 대한 지나친 경쟁의식 등이 나타날 수 있다. 또한 이 시기에 고착된 성인 남성의 경우 남성다움이나 정력을 과시하며 허세를 부리기도 하고, 성인 여성의 경우 유혹적이고 경박스러우며, 이성관계가 복잡하고 남성을 이기려는 경쟁심이 강한 성향을 보인다.
① 구강기(Oral Stage, 0~1세)에 발생하는 고착증상이다.
② · ③ 항문기(Anal Stage, 1~3세)에 발생하는 고착증상이다.

13 정답 ③

부인 또는 부정(Denial)은 의식화되면 감당하기 어려운 고통이나 욕구를 무의식적으로 부정하는 것을 의미한다.

① 합리화(Rationalization)는 현실에 더 이상 실망하지 않으려 하거나, 부당한 자신의 행동에 설득력 있는 이유를 붙이기 위해 자신의 말이나 행동을 스스로 정당화하는 것이다.
② 퇴행(Regression)은 생의 초반부에 성공적으로 사용했던 생각·감정·행동 등에 의지하여 자기 자신의 불안이나 위협을 스스로 해소하려는 것이다.
④ 전환(Conversion)은 심리적인 갈등이 신체 감각기관이나 수의근육계의 증상으로 바뀌어 표출되는 것이다.

14 정답 ②

전이 분석(Transference Analysis)은 내담자가 어린 시절 어떤 중요한 인물에 대해 가졌던 관계를 치료자에게 표출하는 것으로, 과거에 충족되지 못한 욕구를 현재의 치료자를 통해 해결하고자 하는 일종의 투사현상이다. 치료자는 내담자가 과거 중요한 대상에게 가졌던 감정을 치료자에게 표현하도록 격려하는 한편 객관적인 태도를 유지하며 분위기에 휩쓸리지 않도록 한다.
① 자유연상(Free Association)은 내담자에게 무의식적 감정과 동기에 대해 통찰할 수 있도록 의식의 검열을 거치지 않고 마음속에 떠오르는 것을 표현하도록 격려하는 것이다. 이를 통해 내담자는 자신의 감정과 경험을 억압하지 않고 개방함으로써 자유로울 수 있다.
③ 저항 분석(Resistance Analysis)은 내담자로 하여금 무의식적 내용의 의식화에 따른 불안감에서 벗어나도록 함으로써, 내담자의 갈등을 해소하는 동시에 치료를 원활히 진행할 수 있다. 여기서 저항은 치료의 진행을 방해하고 현재 상태를 유지하려는 내담자의 의식적 또는 무의식적 사고와 감정을 말한다.
④ 역전이(Counter Transference)는 내담자의 태도 및 외형적 행동에 대한 치료자의 개인적인 정서적 반응이자 투사로, 치료자로 하여금 내담자를 마치 자신의 과거 경험 속 인물

로 착각하도록 하여 무의식적으로 반응하도록 함으로써 현실에 대한 왜곡을 야기한다. 이를 해결하기 위해서는 치료자의 자기분석(Self-analysis)과 교육분석(Training Analysis), 슈퍼바이저의 지도·감독이 필요하다.

15 **정답** ④

아들러(Adler)는 프로이트가 생물학적 결정론에 기초하여 인간의 성격형성에 있어 성적 욕구를 중시한 데 반해 사회적 요인의 중요성을 인식하였다. 그는 무의식이 아닌 의식을 성격의 중심으로 보았으며, 인간은 성적 동기보다 사회적 동기에 의해 동기화된다고 주장하였다.
① · ② 프로이트(Freud)의 이론에 해당한다.
③ 융(Jung)의 이론에 해당한다.

16 **정답** ④

[고립형 또는 회피형 성격의 신경증적 욕구]

자기충족 욕구	자율과 독립을 원하며 타인을 무시하려는 욕구
완벽 욕구	완벽한 삶을 추구하면서 작은 실수도 하지 않으려는 욕구
생의 편협한 제한 욕구	가능한 한 타인의 주목을 끌지 않고 살아가려는 욕구

㉠ · ㉡ · ㉣은 공격형 성격의 신경증적 욕구와 연관된다.

17 **정답** ③

호나이의 주장에 따르면, 신경증 환자에게는 자신이 반드시 되거나 해야만 한다고 느끼는 당위성의 횡포(Tyranny of Shoulds)가 나타난다고 보았다. 당위성의 횡포는 이상적 자기(Ideal Self)를 만들려는 성격의 왜곡 과정으로 나타나는데, 신경증 환자는 이러한 도달할 수 없는 이상을 향해 전력으로 매진하게 된다.

① 기본적 불안(Basic Anxiety)은 적대적인 세계에서 자신도 모르게 증가하는, 모든 측면에 파고드는 고독과 무력감이다.
② 기본적 악(Basic Evil)은 개인의 불안감을 불러일으키는 환경 내의 모든 부정적 요인이다.
④ 신경증적 경향성(Neurotic Trends)은 신경증적 욕구에 따라 강박적으로 나타나는 태도와 행동이다.

18 **정답** ①

에릭슨(Erikson)은 5세부터 12세까지를 학령기로 규정하며, 이 시기의 아동은 가정에서 학교로 사회적 관계를 확장함으로써 부모의 도움 없이 다른 사람과 경쟁하는 입장에 선다고 하였다. 또한 이 시기에는 성취기회와 성취과업의 인정과 격려가 있을 시 성취감이 길러지며, 반대의 경우 좌절감과 열등감을 가지게 된다고 하였다. 프로이트(Freud)는 이 시기를 잠복기로 정의하고, 현실적 성취와 원만한 대인관계를 위한 적응능력이 발달한다고 보았다.

19 **정답** ③

에인즈워스(Ainsworth)의 애착이론에 따르면, 불안정 저항 애착(Resistant Attachment)의 유아는 부모에 대한 신뢰가 부족해 불안을 많이 느낀다. 이로 인하여 부모와 분리되면 격렬한 반응을 보이고 불안해하며, 낯선 상황에 대해 민감하게 반응하고 낯선 사람과의 접촉을 피한다.

20 **정답** ④

페르소나(Persona)는 융(Jung)의 분석심리이론의 주요 개념으로, 자아의 가면으로서 개인이 외부세계에 내보이는 이미지를 뜻한다. 이는 개인이 사회적인 요구나 기대치에 부응하기 위해 나타내는 일종의 적응 원형에 속하는 개념이다.

① 표상(Representation)은 외부세계에 대해 주체로서 개인이 가지고 있는 정신적 이미지로, 개인이 이 세계를 이해하거나 자신을 표현할 때 사용하는 틀이다.
② 내면화(Internalization)는 개인이 일상생활에서 주요 타자와 반복적으로 경험하는 상호작용이나 환경의 특성을 내면적인 규범이나 특성으로 변환시키는 것이다.
③ 내부대상(Internal Object)은 개인의 성장 초기관계의 흔적이 성격의 일부분으로 남아 있는 것이다.

21 정답 ①
올포트(Allport)는 특질(Trait)에 대하여 특질은 서로 관련되고 중복될 수 있으며, 한 개인에게서 나타나는 여러 특질들은 서로 밀접한 관계가 있다고 정립하였다.
② 특질은 어떤 자극에 대한 기계적 반응으로 나타나는 것이 아니며, 적절한 자극을 찾도록 개인을 동기화하고 환경과의 상호작용을 통해 행동을 생성한다.
③ 특질의 유형 중 개인특질(Individual Trait)의 경우 상황에 따라 변할 수 있다.
④ 특질은 개인 내부에 실제로 존재하는 것이다.

22 정답 ③
이차적 특질(Secondary Traits)의 특징
• 중심특질에 비해 영향력이 제한적이며, 일관성도 더욱 낮다.
• 특정한 대상이나 특정한 상황에서의 행동경향성을 말하는 것으로, 대상이나 상황에 따라 달라지는 행동특성이다.
• 이차적 특질은 좀처럼 드러나지 않고 그 정도가 약하므로 절친한 친구만이 알아챌 수 있다.
① 주특질(Cardinal Traits)은 개인의 생활 전반에 광범위하게 퍼져 있는, 가장 일반적으로 일관성이 있는 기본 특질이다.

② 중심특질(Central Traits)은 비교적 제한된 범위의 상황에 영향을 미치지만 상당한 일관성을 지닌 특질이다.
④ 공통특질(Common Trait)은 동일한 문화에 속한 구성원들이 공통적으로 지니는 특질이다.

23 정답 ②
카텔은 성격을 객관적으로 측정하기 위해 자료를 수집하고 통계분석을 실시하였다. 그가 성격평가를 위한 자료수집과 관련하여 활용한 주요 방법으로 생활기록법(L-data 기법), 질문지법(Q-data 기법), 검사법(T-data 기법) 등이 있다.

24 정답 ③
에르그(Erg)란 원천특질이자 체질특질로, 본능 혹은 추동과 같이 인간의 선천적·원초적인 기초가 되는 특질이다. 카텔은 요인분석을 통해 다음과 같이 총 11가지의 에르그를 제시하였다.

> • 호기심(Curiosity)
> • 성(Sex)
> • 군거성(Gregariousness)
> • 보호(Protection)
> • 자기주장 혹은 자기표현(Self-assertion)
> • 안전(Security)
> • 배고픔(Hunger)
> • 분노(Anger)
> • 혐오(Disgust)
> • 호소(Appeal)
> • 자기복종(Self-submission)

25 정답 ④
카텔(Cattell)은 인간 성격의 보편적인 특질을 찾는 데 몰두하였고, 인간 성격의 개성과 독특성에 대한 관심이 상대적으로 부족하였다. 그의 연구는 대규모의 집단을 통해 이루어진 경우가 많았으며, 주로 인간행동을 예측하기 위해 평균적인 성격특질을 밝히는 데 집중되었다.

26 **정답** ①

16PF(Sixteen Personality Factor Question naire)는 카텔(Cattell)이 자신의 성격이론을 입증하기 위해 고안한 검사도구이다. 카텔은 사전, 정신과 문헌자료 및 심리학 문헌자료 등에서 성격 특성을 묘사하는 용어들을 모아 4개 군집으로 분류한 뒤, 성격 특성과 연관된 4,500여 개의 개념에서 160여 개의 상반된 단어들을 선정하고 여기에 흥미와 능력에 관한 11개의 개념을 추가하여 171개를 선정하였다. 이후 질문지법(Q-data 기법)을 동원하여 결과를 상관분석한 후 최종적으로 16개의 요인을 발견하였다.

② NEO-PI(NEO 인성검사)는 코스타와 맥크레이(Costa & McCrae)가 성격 5요인을 측정하기 위하여 개발한 검사도구이다. 이 검사도구는 'NEO'라는 명칭에서 볼 수 있듯이 '신경증(Neuroticism)', '외향성(Extraversion)', '경험에 대한 개방성(Openness to Experience)'의 3요인 중심으로 구성되었다.

③ MBTI(Myers-Briggs Type Indicator)는 융(Jung)의 심리유형이론을 토대로 마이어스와 브릭스(Myers & Briggs)가 제작한 객관적 검사로, 성격의 선천적 선호성을 알려주는 검사이다.

④ PAI(성격평가질문지)는 성격과 정신병리를 평가하기 위해 머레이(Morey)가 고안한 객관검사로, 22개의 척도들을 4개의 타당성 척도, 11개의 임상척도, 5개의 치료척도, 2개의 대인관계 척도 등 서로 다른 영역을 평가하는 척도들로 분류한 검사이다.

27 **정답** ②

아이젱크(Eysenck)는 다양한 집단으로부터 성격의 두 가지 유형, 즉 '외향성/내향성', '안정성/불안정성'을 확인하였고, 이후 다른 통계기법을 사용하여 '충동통제/정신증'의 세 번째 유형을 제시하였다. 이 중 정신병적 경향성, 또는 정신증(P ; Psychoticism)은 현실감 결여, 무기력 등을 특징으로 하는 정신병적 취약성과 함께 타인의 권리를 존중하지 않는 반사회적 성향을 반영한다.

28 **정답** ④

신경증(Neuroticism)은 불안, 우울, 분노 등 부정적인 정서를 잘 느끼는 성향을 의미한다. 신경증의 하위특질에는 불안, 분노, 적대감, 충동성, 우울, 자의식 등이 있다.

① 경험에 대한 개방성(Openness to Experience)의 하위특질이다.

② 성실성(Conscientiousness)의 하위특질이다.

③ 외향성(Extroversion)의 하위특질이다.

29 **정답** ③

개방성 수준이 낮은 사람은 흥미를 갖는 영역이 제한적이며 탐구적이거나 분석적이지 않다. 개방성 수준이 높은 사람은 호기심이 많고 모험적이며 지적인 탐구심이 강하다.

30 **정답** ②

로저스(Rogers)는 인본주의 심리학의 주도적인 인물로서 인간이 스스로 자신의 삶의 의미를 능동적으로 창조하며, 주관적 자유를 실천해 나간다는 인간중심이론을 제시하였다. 또한 심리치료에서 치료자의 역할은 내담자의 삶에 대한 구체적인 방향 지시가 아닌, 내담자의 자기실현 경향성이 촉진될 수 있는 환경을 마련하는 데 있다는 인간중심 치료의 기틀을 마련하였다.

31 정답 ④

인본주의 심리학은 인간에 대하여 결정론적 입장을 취하는 정신분석 이론과 기계론적 입장인 행동주의 이론을 비판하며, 긍정적 인간관에 근거하여 인간의 존엄성과 주관성을 중시하였다. 인본주의 심리학은 자기실현을 인간의 가장 기본적인 동기로 주장하면서, 인간에 대해 전체적이고 통합적인 관점을 유지한다.

ⓒ 인본주의 심리학은 인간의 본성을 긍정적으로 보았다.

ⓔ 인본주의 심리학은 인간을 자신의 운명을 스스로 만들어 가는 자유로운 존재로 보았다.

32 정답 ②

인지적 욕구(Cognitive Needs)는 욕구위계 7단계 중 제5단계에 해당하는 욕구이다. 무엇을 알고 이해하려는 욕구이며 아동의 자연스러운 호기심으로 표출된다. 매슬로우(Maslow)는 이러한 인지적 욕구는 타고난 것이므로 가르쳐 줄 필요가 없으나, 가정이나 사회는 교육을 통해 아동의 자발적 호기심을 억제하려는 경향이 있다고 하였다.

① 생리적 욕구(Physiological Needs)는 의·식·주 및 종족 보존 등 유기체의 생존 및 유지와 관련된 최하위 단계의 욕구로, 가장 기본적이고 강력한 욕구이다.

③ 심미적 욕구(Aesthetic needs)는 매슬로우의 욕구위계를 7단계까지 확장했을 때 6단계에 해당하는 욕구로, 미(美)를 추구하는 욕구이다.

④ 자기실현의 욕구(Self-actualization Needs)는 자신의 재능 및 잠재력을 충분히 발휘하여 할 수 있는 모든 것을 성취하려는 욕구이다. 최상위 욕구에 해당하며, 하위 욕구가 충족된다 하더라도 이 욕구가 충족되지 못한다면 나머지 욕구도 충족하지 못할 수 있다.

33 정답 ③

현상학적 장(Phenomenal Field)

• '경험적 세계(Experiential World)' 또는 '주관적 경험(Subjective Experience)'으로도 불리는 개념으로, 특정 순간에 개인이 지각하고 경험하는 모든 것을 의미한다.

• 로저스는 동일한 현상이라도 개인에 따라 다르게 지각하고 경험하기 때문에 이 세상에는 개인적 현실, 즉 현상학적 장만이 존재한다고 보았다.

• 동일한 사건을 경험한 두 사람도 각기 다르게 행동할 수 있으며, 그로 인해 모든 개인은 서로 다른 독특한 특성을 보이게 된다.

① 유기체(Organism)는 로저스(Rogers)가 제시한 개념으로, 로저스는 인간을 조직화된 전체로서 기능하는 유기체라고 여겼다.

② 자기개념(Self-concept)은 자기의 여러 가지 특성들이 하나로 조직화된 것, 즉 자기에 대한 여러 가지 지각된 내용의 조직화된 틀을 말한다.

④ 공감적 이해와 경청은 로저스(Rogers)가 고안한 인간중심 치료의 주요 요소 중 하나로, 치료자가 내담자의 감정에 빠져들지 않으면서 내담자의 감정이 마치 자신의 감정인 것처럼 느끼고 이해하도록 노력하는 것을 말한다.

34 정답 ①

실존주의적 접근은 인간의 본질규정에 관한 문제에 관심을 기울이기보다는 인간의 존재양식을 묻고 그것을 구명하려는 이론이다.

35 정답 ③

자기와 경험의 불일치(Incongruence between Self and Experience)는 자기개념 부적응의 원인 중 하나에 해당하는 개념이다. 개인이 실제 경험한 내용을 받아들이지 않거나 이를 다르게 받아들이는 경우 환경과 충분히 상호작용을 할 수 없게 되어 자기개념과 유기체 경험 간 불일치가 발생한다. 로저스는 자기개념과 유기체 경험의 불일치가 일어날 때 개인은 불안을 느끼며, 신경증이 나타난다고 주장하였다.

'완전히 기능하는 사람 혹은 충분히 기능하는 사람(Fully Functioning Person)'의 특성
• 경험에 대한 개방성(Openness to Experience)
• 실존적인 삶(Existential Living)
• 자신의 유기체에 대한 신뢰(Trust in One's Own Organism)
• 자유 의식(Sense of Freedom) 또는 경험적 자유(Experiential Freedom)
• 창조성(Creativity)

36 정답 ④

제시문이 설명하는 학자는 엘리스(Ellis)이다. 엘리스는 인지적 관점의 주요 학자로, 합리적·정서적 행동치료를 개발하였다. 그의 상담 및 치료의 목표는 내담자가 가지고 있는 불합리한 신념을 최소화하고, 현실적이고 관대한 철학을 가지도록 돕는 것이다. 이를 위하여 치료자는 내담자에게 합리적 신념과 비합리적 신념을 구분하는 방법을 가르치고, 내담자의 비합리적인 신념에 대해 논박하여 합리적 신념으로 바꾸도록 연습시킨다.
① 프랭클(Frankl)의 의미치료와 관련된 기법이다.
② 프로이트(Freud)의 정신분석 치료와 관련된 기법이다.
③ 로저스(Rogers)의 인간중심 치료와 관련된 기법이다.

37 정답 ①

경험적 논박(Empirical Dispute)은 신념의 사실적 근거에 대한 것으로, 내담자가 가진 신념이 사회적 현실에 얼마나 부합하는지를 평가한다. 이는 신념의 경험적 근거를 찾는 것으로, 선호를 묻는 것이 아니다.
② 기능적 논박(Functional Dispute)은 내담자로 하여금 자신이 지닌 신념, 행동, 정서가 목표를 성취하는 데 얼마나 도움이 되는지를 평가한다.
③ 논리적 논박(Logical Dispute)은 내담자의 비합리적 신념이 기반하고 있는 비논리적 추론에 의문을 제기한다.
④ 철학적 논박(Philosophical Dispute)은 삶에 대한 만족이라는 주제를 내담자와 함께 다루는 것이다.

38 정답 ③

재앙화(Catastrophizing)는 파국화라고도 하며, 어떠한 사건에 대해 자신의 걱정을 지나치게 과장하여 항상 최악을 생각함으로써 두려움에 사로잡히는 것이다.
① 자의적 추론(Arbitrary Inference)은 어떤 결론을 지지하는 증거가 없거나 그 증거가 결론에 위배됨에도 불구하고 그와 같은 결론을 내리는 것이다.
② 과잉 일반화(Overgeneralization)는 한두 가지의 고립된 사건에 근거하여 일반적인 결론을 내리고, 그것을 서로 관계없는 상황에 적용한 것이다.
④ 긍정 격하(Disqualifying the Positive)는 자신의 긍정적인 경험이나 능력을 객관적으로 평가하지 않은 채, 그것을 부정적인 경험으로 전환하거나 자신의 능력을 낮추어 보는 것이다.

39 정답 ④

자기평가(Self-evaluation)는 자기가 설정한 수행 기준에 따라 자신의 행동을 스스로 평가하는 것이다. 반두라(Bandura)는 자기평가로부터 오는 내적 강화가 타인에게서 제공되는 외적 강화보다 영향력이 더욱 크다고 주장하였다.

40 정답 ③

로터(Rotter)는 기대(Expectancy)라는 인지 기능을 중요한 변인으로 하여 통제소재에 관한 이론을 제시하였다. 그중 내적 통제소재(Internal Locus of Control)는 성공 혹은 실패가 자신의 노력이나 능력 등 내부적인 요인에 의해 결정된다는 일반화된 기대이고, 외적 통제소재(External Locus of Control)는 그것이 운이나 우연, 혹은 예측할 수 없는 어떤 환경의 힘 등 외부적인 요인에 의해 결정된다는 일반화된 기대이다.

① 강화가치(Reinforcement Value)는 개인이 수많은 강화들 중에서 특별한 강화에 대해 부여하는 중요도 혹은 선호도를 말한다.

④ 행동잠재력(Behavior Potential)은 주어진 상황에서 할 수 있는 모든 행동 중 특별한 행동 혹은 반응을 할 가능성을 말한다.

VI. 동기와 정서

- 빨리보는 간단한 키워드
- 기출동형 최종모의고사
- 최종모의고사 정답 및 해설

행운이란 100%의 노력 뒤에 남는 것이다.

－랭스턴 콜먼－

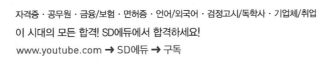

빨리보는 간단한 키워드

제1장	동기의 개념과 특성

제1절 동기의 구성개념들

■ 동기의 정의

① 인간이 행동을 하고 행동을 하도록 유도하는 요인으로, 개인의 내부에 있는 '욕구, 필요, 추진력, 충동' 등으로 정의되기도 함

② 넓은 의미로 어떤 장면에서 개인의 행동을 결정하는 의식적·무의식적 원인을 말함

③ 갈증 등과 같은 유기체의 내적 상태를 가리키기도 함

④ 욕구와 동의어로 사용되며 비슷한 용어로 동인 혹은 추동(Drive)이 있음

⑤ 행동적 힘이라는 면이 강조된 말임

⑥ 인간의 행동에 대하여 가장 빈번하게 제기되는 질문인 '왜'라는 질문은 동기를 묻는 질문이 됨

⑦ 심리학에서는 행동을 일으킨 의식적·무의식적인 원인을 말함

■ 동기의 특성

① **활성화**

　㉠ 가현적 행동

　㉡ 지속성

　㉢ 강렬함

② **방향**

유기체의 활동을 한 가지 형태에서 그와는 다른 형태로 변화시키는 조건들

■ 주요 구성개념

① 에너지

② 유전

③ 학습

④ 사회적 상호작용

⑤ 인지과정

⑥ 동기의 활성화

⑦ 욕구

⑧ 항상성

⑨ 쾌락설

⑩ 성장동기

제2절 동기의 측정

■ 동기연구의 주제

① 동기는 적응을 도움
② 동기는 주의를 지시하고 행동을 준비시킴
③ 동기는 시간에 따라 변하고 진행 중인 행동의 흐름에 영향을 줌
④ 동기의 유형이 존재함
⑤ 동기는 접근경향성과 회피경향성을 포함함
⑥ 동기연구는 사람들이 원하는 것이 무엇인지를 밝혀줌
⑦ 동기는 번영하기 위해서 지지 조건이 필요하며, 동기의 원리는 응용될 수 있음
⑧ 타인을 동기화시키려고 할 때 쉬운 방법은 효과적이지 않으며, 좋은 이론이 가장 실용적임
⑨ 우리는 우리 행동의 동기적 기저에 대해 항상 의식하는 것은 아님

■ 동기의 표현

① **행동**
노력, 지속성, 잠재시간, 선택, 반응확률, 얼굴표정, 몸짓

② **참여 혹은 관여**
한 개인이 과제에 능동적으로 참여한 정도

③ **정신생리학**
동기와 정서가 신체의 생리에 영향을 주는 과정을 살펴보는 것
㉠ 호르몬활동
㉡ 심혈관계활동
㉢ 피부전도활동
㉣ 골격근활동

④ **뇌활성화**
뇌전도, fMRI 등의 정교한 도구를 통해 신경활동에 기반한 뇌를 측정

⑤ **자기보고**
동기의 '존재, 강도, 질'을 추론

제2장　동기이론

제1절 본능이론

■ 초기의 본능이론

① **제임스(James)**

본능은 반사와 유사하고 감각자극에 의해 유발되며 최초에는 맹목적으로 일어남

㉠ 본능적 행동이 경험을 통해 변화된다고 믿었음

㉡ 본능은 두 가지 원리에 의해 변화 가능함

- 습관이 본능을 억제할 수 있음
- 어떤 본능들은 일시적이어서 정해진 때(정해진 발달 기간)에만 유용함

② **맥두걸(McDougall)**

본능은 반사와는 다른 것으로, 모든 행동이 본능적이며 심리학자의 기본과제는 동기를 이해하기 위해 다양한 본능들을 발견하고 분류하는 것임

㉠ 의인화적 분석방법 사용

㉡ 자신의 감정을 스스로 유추하는 것이 가능

③ **비판**

㉠ 쿠오(Kuo)

- 본능에 어떤 유형이 있고 몇 가지가 있는지에 대한 합의가 없음
- 본능적이라고 알려진 행동들이 선천적인 것이 아니라 학습된 것임
- 행동은 외부자극에 의해 유발되는 것임

㉡ 톨만(Tolman)

- 어떤 행동을 본능적이라고 임의적으로 지칭하게 되면, 본능이란 개념의 설명적 가치가 없어져 버린다고 지적하였음
- 어떤 행동이 본능적이고 어떤 행동이 그렇지 않은지를 결정할 분명한 기준이 존재하지 않음

■ 동물행동학

① **개념**

행동의 '진화, 발달, 기능'에 관련된 생물학의 일종으로 많은 연구에서 본능을 강조

② **용어**

완료행동, 욕구행동, 열쇠자극 또는 신호자극, 고정행위패턴, 갈등행동, 반응연쇄, 각인

③ **인간의 선천적인 행동패턴**

얼굴표정, 수줍음 및 기타

제2절 추동감소이론

■ 추동에 대한 초기의 이론

① **프로이트(Freud)**

추동이라는 용어가 없을 당시 본능(= 동력)이라는 용어를 통해 추동의 의미를 설명

㉠ 동력 : 심적 에너지

㉡ 동력의 네 가지 특징

압력(Pressure), 목표(Aim), 대상(Object), 근원(Source)

㉢ 두 가지 부류의 동력

삶의 힘(Life Force)과 죽음의 힘(Death Force)

㉣ 프로이트 모형에 대한 비판

- 경험적으로 취약함
- 이론적 용어들이 서로 어떻게 연관되고 그것들이 관찰 가능한 사건들과 어떻게 연결되는지가 분명하지 않음
- 행동을 예측하지 못함

② **우드워스(Woodworth)**

㉠ 추동이라는 용어를 최초로 만들어냈음

㉡ 행동의 기제와 이 기제들을 추진하는 힘(추동)을 분명하게 구분하였음

㉢ 행동에 따라 그 기저에 있는 추동이 다름(즉, 배고픔이라는 추동이 음식을 먹는 것을 동기화시켰고, 갈증이라는 추동이 마시기를 동기화시킨다는 것)

㉣ 행동이 반드시 요구 때문에 일어나는 것이 아니므로, 행동의 원인으로 추동이라는 개념이 필요하였음

㉤ 추동에는 '강도, 방향, 지속성'이라는 세 가지 특성이 있음

③ **헐(Hull)**

㉠ 헐의 이론은 추동에 관한 이론 중에서 가장 큰 영향력을 가졌음

㉡ 헐의 이론은 다윈의 영향을 받은 생존모형이었음

㉢ 동기는 유기체가 기질적 요구를 만족시키기 위해 발달되는데, 그것은 동물의 생존경쟁에서 어떤 이득을 제공하기 때문이라고 가정함

㉣ 항상성 개념

기질적 요구가 추동을 불러오고 적절한 행동을 활성화시켜서, 신체를 균형상태로 돌아오게 함

㉤ 행동주의자들의 개념을 통합하였음

㉥ 주요관심문제

- 추동을 구성하는 것은 무엇이며 그 특성은 무엇인가?
- 추동이 어떻게 행동에 영향을 주는가?
- 행동에 영향을 미치는 비동기적인 요인들(학습과 같은)에는 어떤 것들이 있는가?

■ **추동감소**

① 공식

$$_sE_r = {}_sH_r \times D$$

② 행동이 세 가지 변인의 함수임을 나타내는데, '반응의 강도'와 '유기체의 추동 강도', 이 둘 간의 곱임

③ 자극과 반응 간의 짝짓기가 강화되면, 습관강도가 아주 조금씩 증가됨

④ 추동이 없다면, 반응이 일어나지 않고 행동이 강화될 수 없음

제3절 각성이론

■ **개념**

① 각성의 가장 극단에는 스트레스가 위치하고 있음

② 각성이론은 우리가 점점 각성될수록 행동이 변화할 것이라고 가정함

③ 각성이 변화할 때 어떤 경우에는 수행의 효율성이 증가되는 결과가 생김

④ 각성이 다르게 변해 극단적으로 또렷할 때는 효율적으로 반응하기가 방해를 받게 됨

⑤ 행동의 효율성이 최고로 되는 각성의 적정수준이 존재함

⑥ **여커스-도드슨(Yerkes-Dodson) 법칙**
각성과 수행 간의 관계에서 역전된 U 함수가 나타남

■ **문제점**

① 행동적 측정치와 피질 및 자율계의 각성에 대한 측정치들 간에 깊은 관계가 없음

② 레이시의 이론이 가정하는 서로 다른 패턴의 신체반응들의 존재가 아직 분명하게 증명되지 않았음

③ 피질각성이 동기유발된 행동과 동등한 것인지는 명백하지 않고, 이 가정을 가지고 각성이 어떻게 행동을 통제하는지를 설명하는지도 분명하지 않음

④ 각성을 이해하려면 그 배후에 있는 생리적 기제만 알면 된다고 가정하고 있음

⑤ 다양한 정서들 각각에 대해 서로 다른 생리적 상태 혹은 화학적 균형들이 동반될 수 있다는 점을 시사하였을 뿐임

⑥ 각성이론이 살아남기 위해서는 서로 다른 유형의 정서들이 어떻게 활성화되는지를 이해할 수 있어야만 함

제4절 행동주의 및 사회적 학습이론

■ 조건형성을 통한 동기화된 행동

① 파블로프(Pavlov)의 신경증학습

② 왓슨(Watson)의 정서조건형성

③ **동기화된 행동의 제거**
- ㉠ 동기는 정서를 일으키는 무조건자극과 중성적인 자극을 짝짓는 것에서 비롯될 수 있는 것과 마찬가지로 유사한 방식으로 반응이 제거될 수 있음
- ㉡ 역조건형성으로 비적응적 반응이 소거될 수 있음
- ㉢ 체계적 둔감화를 통해 동기화된 행동을 둔화시킬 수 있음

④ 맛 혐오 학습

■ 동기와 조건형성의 상호작용

① **습득된 공포**
공포가 습득될 수 있고 그것의 감소가 새로운 학습을 동기화

② 조건정서반응(CER, Conditioned Emotional Response)

③ **학습된 무기력**
이전에 경험한 통제 불가능함으로 인해, 동기와 인지적 과정 및 정서의 혼란이 수반되는 심리적 상태

제5절 인지주의 및 사회인지

■ 기대가치이론

① **기대가치이론의 개념**
- ㉠ 개인은 당면한 상황에 대한 믿음과 가치에 대한 평가를 기반으로 자신의 태도를 개발 및 수정함
- ㉡ 한 가지 이상의 행동이 가능한 상황에서 우리는 성공에 대한 기대와 가치의 조합이 가장 큰 행동을 선택할 것임
- ㉢ 기대는 자신의 행동의 결과로 얻을 수 있을 것이라는 기대, 즉 지각된 성공 가능성을 의미함
- ㉣ 자신의 행동에 대한 유능성, 능력에 대한 신념, 과제의 난이도에 대한 판단은 기대에 영향을 미치며 이것들은 주로 과거 경험으로 형성됨
- ㉤ 가치는 과제에 대해 지각하는 매력으로, '과제를 수행하는 것이 자신에게 즐거운지, 유용한지, 중요한지, 부정적인 측면은 무엇인지' 등이 포함됨

② **로터(Rotter)의 기대-가치 개념**
- ㉠ 행동(Behavior)은 기대(Expectancy)와 가치(Value)의 곱에 의존함

$$B = E \times V$$

    ⓒ 행동(Behavior)은 주어진 상황 속 우리가 할 수 있는 모든 행동 중에서 특별한 행동 혹은 반응을 할 가능성을 의미함

    ⓒ 기대(Expectancy)는 주어진 상황에서 어떤 행동을 하면 어떤 보상이 따를 것인가에 대한 예상으로, 개인이 자기 행동 결과에 대해 갖는 주관적 기대를 의미함

    ⓒ 우리가 이전에 같은 상황을 겪지 않았더라도 과거 경험으로부터 일반화된 기대를 형성하는데, 이 일반화된 기대가 행동을 이끌 것임

    ⓜ 어떤 사건에 대한 우리의 선호는 그 사건의 강화가치에 의해 결정됨

    ⓗ 강화가치는 개인이 많은 강화들 중에서 특별한 강화에 대해 중요성 혹은 선호도를 부여하는 것을 의미함

    ⓢ 같은 시기나 상황에서 선택해야 할 다양한 기대에 직면했을 때, 자신이 선호하는 가치를 선택함

    ⓞ 로터의 통제소재
- 내통제성향
- 외통제성향

③ **엣킨슨(Atkinson, 1978)의 기대가치이론**

    ㉠ 특정한 활동에 몰두하려는 경향은 그렇게 하는 것이 '특정한', '가치 있는' 목표에 이르게 해 줄 것이라는 믿음을 갖고 있기 때문임

    ㉡ 엣킨슨은 성취에 영향을 미치는 변인으로 '성공동기', '성공확률', '성공의 유인가치'를 제시하였음

④ **브룸(Vroom, 1964)의 동기이론**

    ㉠ 동기는 자신의 노력이 어떤 성과를 가져올 것이라는 기대와 그러한 성과가 보상을 가져다 줄 것이라는 수단성에 대한 기대감의 복합적 함수에 의해 결정됨

    ㉡ 사람이 행위를 선택하는 데 미치는 요인 : '가치', '수단성', '기대'

■ 목표 설정과 목표 추구

① **목표의 개념**

    ㉠ 일반적인 수준에서 개인이 성취하려고 노력하는 것

    ㉡ 이상적인 종착점 상태에 대한 미래 중심적인 인지적 표상으로 행동을 이끌어 줌

    ㉢ 자신의 현재 성취수준과 이상적인 성취수준 간의 불일치에 주의를 집중하게 함으로써 동기를 생성함

② **목표 추구**

    ㉠ 정신적 시뮬레이션

    ㉡ 실행 의도

■ 마인드셋

숙고 마인드셋	다양한 것들(목표, 바람, 유인가)과 관련된 정보를 수집하고 고려하고자 함
실행 마인드셋	폐쇄적이고, 관심은 오직 목표 성취와 관련된 정보에만 집중하도록 좁게 초점이 맞춰짐
촉진 마인드셋	성장, 진전, 성취에 집중함
예방 마인드셋	의무와 책임감을 유지하려 하고 부정적 결과에 민감해 손실의 가능성을 회피함
고정 마인드셋	개인적 특성을 고정적이고 지속되는 특성으로 간주함
성장 마인드셋	노력을 통해 '성장, 증가, 강화'될 수 있고 자신의 유연한 특질들을 개발할 수 있다고 믿음

제3장　동기의 종류

제1절 생리적 동기

■ 욕구의 종류

생물학적 욕구	갈증, 배고픔, 성욕 등
심리적 욕구	자율성, 유능성, 관계성 등
암묵적 욕구	성취, 친애, 권력 등

■ 조절

① 생리적 박탈과 결핍은 생물학적 욕구를 만들어냄
② 욕구가 계속 충족되지 않으면 생물학적 박탈은 주의를 끌고 심리적 추동을 발생시킴
③ 추동은 동물이 행동하게끔 에너지를 불어넣고 그 행동이 신체적인 욕구를 만족시켜 주는 방향으로 향하게 함

제2절 내재적 및 외재적 동기

■ 내재적 동기

① 한 과제와 연관된 어떤 외적 보상 때문이 아니라 그 행동 자체가 보상이 되기 때문에 그 과제를 하도록 하는 동기임
② 내재적 동기는 그 활동이 향하고 있는 목표가 아니라 어떤 활동과 관련된 가치 혹은 쾌락이라고 정의됨
③ 내재적 동기는 개인적 성장에 대한 고유의 노력과 심리적 욕구 충족 경험에 의해 생겨나는 탐구, 자발적 흥미, 숙달에 대한 천성적 추구임

④ 인간은 심리적 욕구를 가지고 있기 때문에 내재적 동기를 경험함
⑤ 심리적 욕구가 환경적으로 지지되고 배려 받으면 만족되며, 자연스럽게 내재적 동기경험을 불러일으킴
⑥ 과제에 내재적으로 동기화되면, 그 과제는 '자율성, 유능성, 관계성'의 느낌을 가질 수 있는 기회를 지속적으로 제공함

■ 외재적 동기

① 외재적 동기는 외적 강화인에 대한 만족을 위한 동기를 말함
② 외적 강화인이란 칭찬이나 벌과 같이 주어진 과제 자체와는 관련이 없는 것들임
③ 외적 강화의 종류는 '음식, 돈, 주목, 칭찬 스티커, 상, 특전, 토큰, 인정, 장학금, 사탕, 트로피, 추가점수, 졸업장, 미소, 인정, 격려, 포상' 등 다양한 방식으로 만들어짐
④ 외재적 동기는 행동을 시작하거나 지속시키기 위해 환경적으로 만들어진 것임
⑤ 외재적 동기는 활동이 향하고 있는 외적 목표들에 집중함

제3절 자극추구동기

■ 대립(반대)과정이론(Opponent Process Theory)

① **개념**
　㉠ 한 자극에 의해서 처음에 만들어지는 반응상태(A)가 끝나고 나면, 이후에 상반되는 다른 반응상태(B)가 나타나게 됨
　㉡ 유쾌한 느낌을 불러일으킨 자극은 이후에 혐오적인 느낌에 이해 대립되고, 처음에 혐오적 느낌의 자극은 이후에 유쾌한 느낌에 의해 대립됨
② **대립과정으로 설명되는 행동**
　약물중독, 스릴을 추구하는 활동, 애착 등

제4절 사회적 동기

■ 동조현상

① **개념**
　집단의 압력이 있을 때 집단이 기대하는 바대로 개인의 생각이나 행동을 바꾸는 것을 의미함
② **동조에 영향을 미치는 요인**
　㉠ 집단이 자신에게 중요할 때
　㉡ 집단의 모든 사람들이 같은 것을 말하거나 믿을 때
　㉢ 개인주의 문화보다 집단주의 문화일 때
　㉣ 자신의 의견을 공개적으로 표현해야 하는 상황일 때

ⓜ 지위가 높은 사람이 의견을 제시할 때

ⓗ 과제가 중요하면서 어려울 때

ⓢ 상대의 판단이 이해가 되지 않고 상황파악이 안 되어 적절한 설명을 찾지 못할 때

■ 복종과 순종

① 복종

ⓖ 자신의 의사와는 상관없이 남의 명령에 따르는 것을 말함

ⓛ 복종은 권위를 가진 사람의 말을 따르는 것에서 나타남

ⓒ 상황이 불확실할 때 정보를 주는 사람이 전문가일 때 영향력을 가짐

ⓔ 어떤 상황이 위급해 생각할 여유가 없다면 복종의 영향은 큼

② 순종

ⓖ 권위나 세력이 없는 경우에 타인의 말을 따르는 것임

ⓛ 자기지각이론에 따르면 우리는 일단 어떤 행동을 하고 나면 그 행동과 일관된 태도를 받아들임

ⓒ 처음에 타인의 작은 요구를 들어주고 나면, 이후에 보다 큰 요구도 들어줄 가능성이 높음

ⓔ 불완전한 정보를 제시하여 동의를 얻은 이후 추가적인 정보를 알려주게 되면 처음 동의를 깨지 못함

ⓜ 상호성 규범을 제시하는 것은 순종을 유발하는 전략이 됨

ⓗ 자신과 유사하고 존경을 받는 다른 사람들에 관한 정보는 특별한 가치를 지님

ⓢ 희소한 것일수록 그것을 가치 있게 여겨 소유하고 싶어 함

■ 집단의 영향

① 사회적 촉진　　　　② 사회적 태만　　　　③ 몰개성화(탈개인화)

④ 책임감 분산　　　　⑤ 이타적 행동

■ 인지적 일관성과 귀인

① 균형이론

사람 사이, 사물 사이, 사람과 사물 사이의 관계에서 균형을 이루려는 경향이 존재함

② 인지부조화이론

우리는 '우리의 믿음, 태도 및 의견'을 우리의 외현적 행동과 일치하도록 유지하기 위해 노력함

③ 귀인이론

ⓖ 개념

우리가 경험하는 사건들과 관련하여 우리가 어떻게 판단을 내리는지 그 과정에 관한 연구를 말함

ⓛ 세 가지 기본가정

• 우리 스스로의 행동 및 타인의 행동의 원인을 결정하려고 노력함

• 우리가 행동의 원인이라고 내리는 결론에 어떻게 도달했는지를 설명할 수 있는 규칙들이 존재함

• 특정 행동의 원인으로 귀인된 것들이 이후의 정서적 및 비정서적 행동에 영향을 줄 것임

제4장 정서의 일반원리

제1절 정서의 구성요소

■ 생리적 요소

① 정서는 변연계, 자율신경계, 대뇌피질에 의해 조절됨
② 일반적으로 긍정적인 정서는 좌반구에서, 부정적인 정서는 우반구에서 유발됨
③ 생리적 흥분은 정서 경험을 강화함

■ 행동적 요소

① 정서는 관찰 가능한 행동적 요소를 지님
② 정서표현은 과거에 적응적이었던 정서가 유산된 것임
③ 행동을 통한 정서 표현은 우리에게 정서 경험을 분명하게 만들고 강화함

■ 인지적 요소

① 평가는 여러 가지 차원에서 이루어짐
② 정서는 우리의 지식과 이해에 의존하며, 상황을 어떻게 보는가, 어떤 견해를 가지고 있는가에 따라 다를 수 있음
③ 긍정정서는 상황을 긍정적으로, 부정정서는 상황을 부정적으로 평가하게 함

제2절 정서의 신경과학

■ 자율신경계와 호르몬

① **교감신경계의 흥분**

㉠ 불안과 같은 부정적 정서는 교감신경계 흥분수준의 상승을 반영함
㉡ 공포는 우리가 위험에 처했을 때 쓸데없는 곳에 대한 흥미를 감소시키는 효과가 있음
㉢ 교감신경계 흥분을 싸움 혹은 도주반응으로 말함
㉣ 교감신경계 흥분의 효과는 우리 몸을 격렬한 근육활동에 적합하게 준비시키는 것임

② **교감신경계 흥분의 효과**

㉠ 근육에 더 많은 혈액을 공급함
㉡ 몸의 온도를 낮추고 호흡을 늘림
㉢ 소화를 억제함
㉣ 에너지 공급을 늘림

③ **부교감신경계의 흥분**

    ㉠ 부교감신경계의 활성화는 교감신경계의 반대효과를 가짐

    ㉡ 맛있고 푸짐한 식사를 막 하고 났을 때 편안한 느낌을 나타냄

    ㉢ 부교감신경계 가지를 휴식과 소화체계라고 부름

④ **부교감신경계 흥분의 효과**

    ㉠ 소화촉진 효과를 가져옴

    ㉡ 심장으로 들어가는 혈관을 수축시킴

    ㉢ 호흡속도를 낮추고 폐포를 수축시킴

    ㉣ 홍채근육을 수축시켜 동공을 작게 만듦

■ 정서와 뇌

① **편도체**

    ㉠ 기능

- 좌우 양쪽에 있는 뇌구조로 뇌의 각 반구에 하나씩 있음
- 시각, 청각, 그 외의 감각과 통증정보를 받아들임
- 놀람반사를 통제하는 뇌교와 다른 영역들로 정보를 보냄
- 전전두피질과 그 외의 다양한 뇌영역들로 정보를 보냄

    ㉡ 편도체손상

클뤼버-부시증후군	대상의 정서적 의미를 인식하지 못함
우르바흐-비테병	못 먹는 것이나 역겨운 것을 입에 넣거나, 누구나 우호적으로 판단함

    ㉢ 편도체와 정서적 기억

- 편도체는 공포 자체에 대해서라기보다 특정 상황이 위험하다는 것을 학습하는 것에 결정적 역할을 함
- 편도체는 정서적 기억을 형성하는 데 중요한 역할을 하는데, 편도체 손상 시 정서적으로 반응하는 능력만을 저해함

② **시상하부**

    ㉠ 기능

- 뇌간의 바로 위, 시상 바로 밑에 위치한 작은 뇌구조임
- 체온, 혈당, 수분 등 신체의 내부환경을 조절하여 항상성을 유지하는 역할을 함
- 신체 외부에서 오는 감각정보와 신체 내부의 감각을 전달하는 신경정보를 수집하여 적절한 행동을 촉진함
- 시상하부는 자율신경계를 비정서적 조절에 활용하여 다가올 활동에 의해 항상성이 무너질 것 같다는 단서를 포착하여 몸을 준비시킴

    ㉡ 시상하부와 정서

- 우리가 강한 정서를 경험할 때 우리 몸이 겪는 변화를 통제하는 중심구조임
- 자율신경계(싸움 혹은 도주) 흥분을 지시하고 스트레스호르몬을 방출함

③ 섬피질(뇌섬엽)

㉠ 뇌도(Insula)라고도 하며, 측두엽과 두정엽 사이 주름의 깊은 곳에 위치한 피질영역임

㉡ 앞섬피질이 혐오표정을 볼 때 특히 활성화됨이 발견되었음

㉢ 섬피질이 피질 중 맛의 감각을 일차적으로 받아들이는 영역이고, 혐오는 맛이 나쁨을 뜻한다고 생각됨

㉣ 섬피질활성화가 혐오스러운 사진을 볼 때뿐만 아니라 무서운 사진을 볼 때에도 증가함

㉤ 섬피질에 회백질이 더 많은 사람은 자신의 심장박동수 변화를 감지하고 추정하는 데 더 능했으며, 일반적으로 아주 강한 정서를 느낀다고 보고했음

④ 전전두피질

㉠ 기능

• 전두엽의 운동영역 및 전운동영역 앞쪽에 위치해 있음

• '계획, 작업기억, 충동통제' 등 진보한 인지기능과 관련되어 있음

• 정서정보를 활용하여 좋은 의사결정을 내릴 수 있음을 보여주는 다수의 연구들이 있음

• 전전두피질에 손상을 입은 환자는 의사결정에 지속적인 문제를 가지고 있음

㉡ 전전두피질의 손상과 정서

• 손상을 입은 사람은 '시각, 기억, 언어, 지능검사'에서 상대적으로 정상을 보였지만, 정서적 반응성은 없었음

• 대부분의 사람이 보여주는 혐오감이나 불쾌감을 전혀 비치지 않았음

• 불행에 빠진 타인에게 평균보다 낮은 공감능력을 보였음

■ 정서와 신경전달물질

① 도파민

㉠ 다른 신경전달물질보다 더 큰 즐거움과 더 큰 문제를 일으키는 원인이 됨

㉡ 도파민은 복측피개영역에서 생산되고, 신경세포가 이 신경전달물질을 활용하여 중격의지핵 및 전전두피질과 소통함

㉢ 도파민 작동성 신경전달은 기대와 보상의 느낌에 있어 핵심적인 것으로 보임

㉣ 도파민은 목표지향적 활동을 동기화하는 기능을 하는 것으로 보임

② 세로토닌

㉠ 세로토닌은 뇌간의 솔기핵에서 생산되며, 중추신경 전반에 분배됨

㉡ 세로토닌 신경전달은 '기억, 식욕통제, 수면' 등 광범위한 심리적 과정에 관여함

㉢ 세로토닌은 공격행동과 관련이 있으며, 분노경험에 대한 역할을 할 것임을 시사함

③ 베타엔도르핀

㉠ 엔도르핀이 분비되면 뇌간의 중심회색질영역이라 불리는 곳에서 고통을 억제하는 것을 도움

㉡ 엔도르핀의 분비는 육체적 고통뿐 아니라 사회적 상실이나 애도의 감정도 감소하게 함

제3절 정서의 진화와 발달

■ 진화의 기본개념

① 유전자
② 돌연변이
③ 자연선택
④ 적응특성

■ 적응특성으로서의 정서

① 평균적으로 정서를 가진 개인은 그렇지 않은 개인보다 더 기능적임
② 정서가 인간본성의 한 부분이라는 것이며, 세계 어느 사람들에 의해서나 공유된다는 것임
③ 정서가 적응특성이라는 제안이 모든 정서가 기능적이라는 것을 뜻하지는 않음

■ 정서발달의 주요개념

① **공감울음**
   다른 신생아의 울음소리에 대한 반응으로 울음을 보이는 것으로, 다른 아기에게 주의 집중되는 것을 방해하는 생물학적 관점으로 볼 수 있음
② **놀람**
   인간의 신경계는 위험할 것 같은 상황에서 놀람반응을 하도록 발달해왔음
③ **사회적 참조**
   다른 사람들의 정서에 근거하여 애매한 상황에 대해 자신의 정서반응을 하는 것을 말함
④ **정서언어**
   아동이 말하기 시작하자마자(1.5세~2세) 정서어휘는 성장하기 시작하며, 2세 아동은 자신의 정서가 타인에게 어떻게 영향을 주는지 잘 알기 때문에 원하는 것을 얻기 위해서 정서를 조작할 수 있음
⑤ **애착**
   영아가 소수의 정규적인 양육자나 특별한 사회적 대상과 형성하는 친밀한 정서적 관계를 말함

■ 청소년기와 성인의 정서발달

① **청소년기의 정서**
   ㉠ 청소년은 주의 깊게 생각할 시간이 있을 때 더 나은 결정을 하지만, 충동적인 경향이 있으며 강한 욕구를 억제하는 것이 어려움
   ㉡ 또래압력 또한 청소년의 충동성과 모험심을 증가시키기 때문에 성인보다 더 자주 모험을 했고, 친구가 지켜볼 때 더욱 그러함

② 성인기의 정서

㉠ 나이가 들수록 일반적으로 정서적인 일들에 대해 더 많은 주의를 기울임

㉡ 중년에 이른다는 것이 남은 시간을 최대한 활용하려는 성인의 동기를 증가시키는 계기가 됨

㉢ 나이가 들면서 자신이 정서적으로 덜 표현적이고 덜 충동적이고 자신의 정서를 더 잘 통제할 수 있다고 평가했음

제4절 정서장애

■ 정서장애의 종류

① 우울장애

불행한 기분이 그와 같은 심각한 반응을 불러일으키기에 충분한 명백한 촉발사건이 없음에도 오랫동안 지속되는 것임

② 양극성장애

기분이 고양되어 들떠있는 상태와 기분이 침체된 상태가 주기적으로 나타나는 일련의 장애로, 조울증이라고도 함

③ 불안장애

과도한 불안과 공포를 주된 증상으로 하는 장애로, 불안은 미래의 위협에 대한 정서적 반응이며, 공포는 현재 일어나고 있는 위협에 대한 정서적 반응을 말함

제5절 정서의 표현과 측정

■ 정서의 얼굴표현

① 태어날 때부터 귀가 먹었거나 장님인 사람들조차 동일한 표현을 함

② 전 세계 대부분의 사람들이 특정 얼굴표정을 유사하게 해석함

③ 자신이 속한 인종집단의 표현을 외부집단의 표현보다 어느 정도 더 잘 인지했음

④ 6가지 일차적 정서(분노, 행복, 놀람, 공포, 혐오, 슬픔)를 읽어내는 능력은 문화와 무관하였음

■ 정서의 측정방법

① 자기보고

② 생리적 측정

③ 행동관찰

제5장　정서이론

제1절 제임스-랑게(James-Lange) 이론

■ 제임스-랑게(James-Lange) 이론의 특징

① 정서란 특정 상황에 대한 신체의 생리적 변화와 행동에 대한 사람들의 지각을 의미함

② 외부 자극 → 신체적 변화(특히 내부 기관)나 흥분이 일어남 → 이런 변화에 대해 지각하거나 느낌 → 감정이 일어남

③ 안면 피드백 가설은 제임스-랑게이론을 지지함

제2절 캐논-바드(Cannon-Bard) 이론

■ 캐논-바드(Cannon-Bard) 이론의 특징

① '정서의 인지·평가, 느낌, 생리적·행동적 측면'은 동시에 일어남

② 정서적 경험과 신체적 지각이 독립적으로 발생함

③ 시상은 감정의 경험을 제어하고, 시상하부는 감정의 표현을 제어함

제3절 샤흐터-싱어(Schachter-Singer) 이론

■ 샤흐터-싱어(Schachter-Singer) 이론의 특징

① 정서를 경험하는 데는 생리적 각성과 인지적 귀인이 모두 필요함

② 우리는 상황을 평가함에 의해서 정서를 알아냄

③ 상황에 의존하여 각성을 다르게 해석한다면, 서로 다른 상황에 배치된 사람들은 비록 동일한 각성을 갖고 있더라도 서로 다른 정서를 경험함

더 알아두기

정서이론의 비교

제임스-랑게 이론	생리적 변화 및 행동이 정서를 결정 (뱀이 보인다 → 심장이 뛴다 → 나는 무서운 것이다)
캐논-바드 이론	정서와 행동은 독립적으로 동시에 발생 (뱀이 보인다 → 무섭다, 호흡도 빨라진다, 도망간다)
샤흐터-싱어 이론	생리적 각성과 인지적 명명(상황에 대한 평가)으로 발생 (심장이 뛴다 왜? 뱀이 보인다 → 나는 무서운 것이다)

제4절 안면 피드백(facial feedback) 가설

■ 안면 피드백(facial feedback) 가설의 특징

① 정서는 안면 근육의 움직임, 안면 온도의 변화, 안면 피부 속 분비선 활동 변화에 의해 발생한 감정으로부터 생겨남

② 안면 피드백은 정서를 활성화하는 역할을 함

③ 얼굴 움직임의 양상들은 개별 정서 표현을 만들어냄

강한 안면 피드백 가설	사람의 안면 근육 조직을 조작하여 정서 표현에 맞게 변환하면 그 정서 경험을 활성화할 것임
약한 안면 피드백 가설	안면 피드백이 정서를 활성화하기보다는 정서의 강도를 변화시킨다는 것임

■ 얼굴표정과 정서

① 얼굴 표정은 타고난 것임

② 인간의 얼굴은 문화적 차이에 관계없이 유사한 표정을 보임

③ 훈련을 통해 타인의 정서적 얼굴 표정을 인식하는 방법을 익힐 수 있음

④ 서양권 사람들은 동양권 사람들에 비해 정서 표현을 잘 구분하는 경향이 있음

제5절 정서의 이중체계 관점

■ 정서의 이중체계 관점의 특징

① 원시적인 생물학적 체계와 현대의 인지적 체계가 결합하여 적응적인 이중체계 정서기제를 만들어냄

② 생물학적 체계는 무의식적이고 반사적으로 반응하는, 타고난 체계임

③ 인지적 체계는 정서적 자극의 의미나 개인적 중요성을 평가해 이에 반응하는 체계임

④ 두 체계는 병렬적으로 독립적인 체계로 존재하기보다는, 서로에게 영향을 주고 보완하며 서로 도움

제6장　개별정서

제1절 공포와 불안

■ 공포와 불안의 차이

① 공포와 분노는 특정한 평가, 강렬한 느낌, 강한 생리적 각성, 뚜렷한 행동(도망이나 공격)과 연합되어 있음

② 공포는 자신 혹은 사랑하는 사람의 위험을 지각할 때 나타나는 반응으로, 위협이 사라지면 재빨리 가라앉음

③ 불안은 '무언가 나쁜 일이 일어날 것 같다'와 같은 보다 일반적인 기대를 의미함

④ 공포경험은 불쾌하고 혼란스러운 것과 동시에 유익한 것임

■ 공포와 학습

① 갑작스런 큰 소음은 나이를 막론하고 모든 사람을 놀라게 함

② 사랑하는 사람들과 떨어지는 것은 또 다른 내장된 공포임

③ 대부분의 공포는 학습됨

■ 공포표정의 특징

① 모든 문화의 사람들이 공포의 얼굴표정을 인식한다는 것을 발견했음

② 안쪽과 바깥쪽 눈썹을 치켜 올려 두 눈썹을 끌어 모으는 것, 눈을 크게 뜨는 것, 입술 가장자리의 근육을 아래로 수축하는 것, 아래쪽 턱의 피부를 아래와 옆쪽으로 끌어내리는 것

■ 불안의 영향

① 불안함은 공포증이나 공황장애 등을 보일 가능성에 영향을 미침

② 정서, 특히 공포와 불안은 삶의 모든 측면에서 우리의 사고에 영향을 줌

제2절 분노

■ 분노의 개념과 특징

① 개념

㉠ 분노는 상처받았거나 공격받은 느낌, 자신을 공격한 사람에게 상처를 주거나 그 사람을 몰아내려는 욕구와 관련이 있음

㉡ 화가 난다는 것은 어떤 방식으로도 기분이 상하거나 침해를 당했다고 느꼈을 때임

㉢ 분노는 자율성, 즉 개인의 권리의 침해에 대한 반응임

② 특징

㉠ 다른 정서를 불러일으키지 않으면서 사람들을 확실하게 화나게 만드는 방법을 찾기는 힘듦

㉡ 신랄한 모욕은 대부분의 사람들을 화나게 하지만, 또한 '공포, 슬픔, 당혹감'을 복합적으로 유발하기도 함

㉢ 공포는 특정 상황에 대한 거의 보편적인 반응인 반면, 분노는 개인별로 서로 다른 종류의 사건에 의해 나타남

㉣ 정서를 결정하는 데 있어서 사건의 객관적인 속성보다는 사건에 대한 사람들의 평가 혹은 해석이 더 중요함

㉤ 분노의 전형성에 잘 들어맞지 않는 상황에서 사람들이 분노를 보인다는 것 또한 특징적인 것임

■ **분노의 가설**

① 좌절−공격가설

ㄱ 기대하고 있는 만족을 얻으려는 사람의 능력을 방해하는 것이 공격적인 행동을 낳음

ㄴ 상황에 대한 어떠한 인지적 평가도 없는 공격적 행동과 분노가 존재할 수 있다는 의미를 지님

② 인지−신연합모형(Cognitive−Neoassociationistic Model)

ㄱ 대부분의 정서연구는 정서가 어떤 사건에 대한 평가에 관한 귀인의 결과라고 제안함

ㄴ 이 모형에 따르면 불쾌한 사건이나 감각(좌절, 고통, 역겨운 냄새, 짜증나는 더운 날씨 등이 해당)
이 분노와 공격을 촉진시킴

제3절 슬픔

■ **슬픔의 의미**

① 슬픔은 가장 부정적이고 가장 피하고 싶은 정서임

② 슬픔은 원칙적으로는 분리와 실패의 경험에서 비롯됨

■ **슬픔과 동기**

① 슬픔은 우리의 관심을 내부로 향하게 하며 개인적 반성을 촉진함

② 일시적·부분적 손실에서 발생하는 슬픔은 슬픈 상황 이전의 상태로 환경을 복원하기 위해 필요한
행동을 취하도록 동기화함

제4절 정적 정서

■ **정적 정서의 종류**

① 행복

② 사랑

③ 흥미 등

■ **기능과 특징**

① 부적 정서의 생리적·행동적 영향을 완화하도록 도움

② 우리가 세상에 대해 생각하는 방식을 변화시키고 우리가 미래에 도움이 될 정보와 자원을 모으는 것
을 도움으로써 적합도를 증진할 수 있음

③ 주의가 넓어지도록 촉진하여 환경에서 기회를 포착할 가능성을 높이고, 이 기회를 극대화하기 위해
우리가 행할 수 있는 행위의 유연성을 향상시킴

④ 환경에 의해 제공된 기회를 이용하는 것을 도움

제5절 혐오와 경멸

■ 혐오

① 혐오는 '기분 나쁜 대상이 입에 닿을지도 모르는 순간에 경험하는 극도의 불쾌감'으로 정의할 수 있음
② 어떤 대상을 멀리하고자 하는 욕구, 특히 입 안에 있는 대상을 뱉어내고자 하는 욕구를 수반함
③ 혐오가 정서라는 것에 대해 많은 논쟁이 있음

■ 경멸

① 경멸은 다른 사람보다 도덕적으로 우월하다는 느낌에서 생겨나며, 어떤 측면에서 다른 사람에 대해서 가치가 없다고 판단하는 것 이상을 의미함
② 다른 사람의 행동에 대한 부정적 평가를 포함함
③ 경멸은 오로지 사회적 상호작용에서만 나타나기 때문에 본질적으로 사회적 정서임
④ 경멸은 사회적 위계를 유지함

제6절 자의식적 정서

■ 자의식적 정서의 종류

① 당혹감
② 수치심
③ 죄책감
④ 자부심

■ 자의식적 정서의 특징

① 자의식 정서는 자기에 대한 평가를 반영함
② 자의식 정서의 발달을 위해서 우선적으로 자기의 평가가 이루어져야 함
③ 자의식적 정서는 생후 1년에서 3년 사이에 발달하기 시작함

제7장 정서와 인지

제1절 정서의 정보처리

■ **정서의 정보처리 방법**

① 설득의 중심경로와 주변경로

중심경로	사실과 논리의 제공으로 구성되는 체계적 인지와 관련된 것임
주변경로	반복적인 홍보나 유명인의 추천 같은 피상적 요인들로 구성된 것으로, 휴리스틱인지와 관련된 것임

② 고정관념과 의사결정

고정관념은 신속한 의사결정을 위한 또 다른 방법을 제공하며, 증거를 주의 깊게 분석하지 않는 휴리스틱을 사용하게 함

③ 긍정적 감정과 우울한 현실주의

　㉠ 긍정적 감정은 창의성을 증진시킴

　㉡ 경미한 우울증을 겪고 있는 사람은 행복하고 낙관적인 사람들보다 더 현실적임

제2절 정서지능

■ **정의**

① 정서가 주는 정보를 처리하는 능력임

② 자신의 정서적 경험에 대한 비판적 돌아보기 및 자신의 감정에 대한 능동적 조절이라는 정서지능의 자기조절 기능을 강조했음

■ **구성요소**

① 정서지능의 3영역 10요소 모형(Mayer & Salovey, 1990)

정서지능 구성요소	요소
정서의 인식과 표현	• 자기 정서의 언어적 인식과 표현 • 자기 정서의 비언어적 인식과 표현 • 타인 정서의 비언어적 인식과 표현 • 감정이입
정서의 조절	• 자기의 정서조절 • 타인의 정서조절
정서의 활용	• 융통성 있는 계획 세우기 • 창조적 사고 • 주의집중의 전환 • 동기화

② 정서지능의 4영역 4수준 16요소 모형(Mayer & Salovey, 1997)

영역		수준	요소
영역 I	정서의 인식과 표현	수준1 수준2 수준3 수준4	• 자신의 정서를 파악하기 • 자신의 외부정서를 파악하기 • 정서를 정확하게 표현하기 • 표현된 정서 구별하기
영역 II	정서에 의한 사고촉진	수준1 수준2 수준3 수준4	• 정서정보를 이용하여 사고의 우선순위 정하기 • 정서를 이용하여 판단하고 기억하기 • 정서를 이용하여 다양한 관점 취하기 • 정서를 활용하여 문제해결 촉진하기
영역 III	정서적 지식 활용	수준1 수준2 수준3 수준4	• 미묘한 정서 간의 관계 이해하고 명명하기 • 정서 속에 담긴 의미 해석하기 • 복잡하고 복합적인 감정 이해하기 • 정서 사이의 전환 이해하기
영역 IV	정서의 반영적 조절	수준1 수준2 수준3 수준4	• 정적·부적 정서들을 모두 받아들이기 • 자신의 정서에서 거리를 두거나 반영적으로 바라보기 • 자신과 타인의 관계 속에서 정서를 반영적으로 들여다보기 • 자신과 타인의 정서를 조절하기

③ 정서지능 5요소 모형(Goleman, 1995)

정서지능 구성요소	요소
자기인식	자신이 느끼는 감정을 재빨리 인식하고 알아차리는 능력
자기조절	인식된 자신의 감정을 적절하게 처리하고 변화시킬 수 있는 능력
자기동기화	• 어려움을 참아내어 자신의 성취를 위해 노력할 수 있는 능력 • 동기화, 만족지연 능력
타인과의 감정이입	타인의 감정을 자신의 것처럼 느끼고, 타인의 감정을 읽는 능력
대인관계 기술	인식한 타인의 감정에 적절하게 대처할 수 있는 능력

제3절 스트레스와 정서

■ 스트레스의 정의

개인에게 위협적으로 해석되어 생리적·행동적 반응을 유발하는 단일사건이나 사건들

■ 스트레스 유발요인

① 주요 생활사건

② 일상의 골칫거리

③ 좌절

④ 심리적 탈진

⑤ 대인관계 폭력

■ **스트레스가 인체에 미치는 영향**

① 건강에 대한 위험성의 증가

② **심혈관계에 미치는 영향**

일과성 심근허혈증, 심근경색 등 심장병 위험성 증가

③ **면역체계에 미치는 영향**

㉠ 교감신경계

교감신경계 각성을 높여 스트레스반응의 경고단계로 들어감

㉡ HPA축

지속적인 흥분을 하게 되면 HPA축이 발동됨

㉢ 코르티솔

단기간, 혹은 적당한 수준의 코르티솔 증가는 혈당을 높일 뿐 아니라 면역체계 기능도 자극하여
바이러스에서 종양까지 각종 질병과 싸우는 것을 도움

제4절 정서조절

■ **상황 초점적 전략**

정서를 유발하는 상황을 찾아 이를 피하거나 변화시키는 것임

① 상황선택 전략

② 상황수정 전략

■ **인지 초점적 전략**

스트레스를 일으키는 대상을 보지 않거나 생각하지 않으려고 하는 것임

① 주의집중의 통제

② 인지적 재평가

■ **반응 초점적 전략**

상황 그 자체나 그 정서와 연관된 평가를 바꾸려고 하기보다 정서의 체험이나 표현을 변화시키려는 목적
을 가지고 있음

① **정서표현하기** : 정화, 반추 등

② 운동하기

③ 이완시키기 등

제한시간: 50분 | 시작 ___시 ___분 ~ 종료 ___시 ___분

➜ 정답 및 해설 253p

01 **동기와 정서 심리학에서 '동기'가 의미하는 바는?**

① 개인의 행동을 일으키고, 방향을 제시하며, 지속시키는 내부적 혹은 외부적 요인
② 감정적 반응만을 포함하는 심리적 상태
③ 사회적 상호작용에서 발생하는 의사소통의 형태
④ 학습된 행동의 결과로만 나타나는 심리적 과정

02 **다음 중 동기의 개념과 특성에 대한 설명으로 옳지 않은 것은?**

① 동기는 개인이 특정 목표를 향해 움직이게 하는 내부적인 상태이며, 행동을 유발하고 방향을 제시한다.
② 동기는 상황적 요인에 의해서 발생하며, 개인의 내부적 상태나 선호는 동기에 영향을 주지 않는다.
③ 동기는 개인의 욕구, 목표, 기대감 등과 같은 다양한 내부적 및 외부적 요인에 의해 영향을 받는다.
④ 동기는 행동을 지속하게 하는 역할을 하며, 사람들이 어려움에 직면했을 때 포기하지 않고 노력을 계속하게 한다.

03 **다음 내용에 해당하는 인간의 심리적 욕구는 무엇인가?**

> 내향적인 성격인 영민이는 새 학교로 전학을 왔다. 전에 다니던 학교에서 친구는 1~2명 정도밖에 없었지만, 영민이의 속마음을 터놓을 수 있는 친한 친구였기 때문에 학교생활이 즐거웠다. 그러나 새 학교로 전학 온 영민이는 한 학기가 지나도록 친구를 사귀지 못해 학교를 다니기가 싫어지고 있다.

① 자율성
② 유능성
③ 관계성
④ 존중감

04 다음 중 동기의 측정과 관련하여 옳은 것은 무엇인가?

① 동기는 추상적인 개념이기 때문에 관찰이나 측정이 불가능하다.
② 동기는 마음의 상태를 나타내기 때문에 자신의 마음을 깊이 들여다 본 후 서술하는 방식으로 측정한다.
③ 동기를 측정할 때는 행동관찰, 자기보고 설문지, 자극실험 등의 다양한 방법을 사용할 수 있다.
④ 동기는 내부적 심리 상태가 중요하지 않기 때문에 외부적 행동만으로 측정된다.

05 다음 상황 중 동기의 특징과 관련이 없는 것은?

① 지우는 승진을 위해 야근을 하면서 업무에 더 많은 책임을 맡으려고 한다.
② 헌수는 건강해지기 위해 매일 운동을 한다.
③ 민지는 부모님의 기대에 어긋나지 않으려고 행동한다. 그녀는 자신의 행동이 외부적 요인에 의해 주로 결정된다고 느낀다.
④ 경석이는 성취란 타고난 능력에 의해 결정된다고 믿기 때문에 노력보다는 운을 기다린다.

06 다음 중 본능이론에 관한 설명으로 옳지 않은 것은?

① 본능이론은 동기가 생물학적으로 고정된 패턴에서 비롯된다고 주장한다.
② 본능이론에 따르면, 모든 인간의 행동은 후천적인 학습과 경험에 의해 주로 결정된다.
③ 본능이론은 특정 행동이 모든 개체에게 공통적으로 나타나는 생물학적으로 예정된 경향을 강조한다.
④ 본능이론은 동물과 인간의 행동을 설명할 때 종종 참조되며, 본능적 행동을 자동적이고 고정된 패턴으로 보기도 한다.

07 다음 설명에 해당하는 학자는 누구인가?

> 동기에 대한 설명에서 심적 에너지라는 용어를 처음으로 사용하였으며, 인간의 두 가지 중요한 동력으로 삶의 힘(Life Force)과 죽음의 힘(Death Force)을 주장하였다.

① 제임스(William James)
② 맥두걸(William McDougall)
③ 스키너(Burrhus Frederic Skinner)
④ 프로이트(Sigmund Freud)

08 다음 중 추동감소이론에 관한 설명으로 옳지 않은 것은?

① 추동감소이론은 생물학적 욕구가 충족되지 않을 때 발생하는 심리적 긴장상태인 '추동'을 감소시키려는 경향이 행동을 유발한다고 주장한다.

② 추동감소이론에 따르면, 인간은 불쾌한 추동상태를 감소시키기 위해 행동을 취하며, 이는 생존과 관련된 기본적인 욕구를 충족시키는 데 도움이 된다.

③ 추동감소이론은 인간의 모든 동기가 쾌락을 추구하고 불쾌함을 피하는 것에 근거한다고 강조한다.

④ 추동감소이론은 개인이 경험하는 추동이 감소될 때 보상감을 느끼며, 이는 행동을 반복하도록 동기를 부여한다고 설명한다.

09 다음 중 추동감소이론에 관한 설명으로 옳은 것은?

① 추동감소이론은 동기가 오직 외부적 보상에 의해서만 발생한다고 주장한다.

② 추동감소이론은 인간과 동물의 동기가 주로 사회적 상호작용과 문화적 배경에 의해 형성된다고 강조한다.

③ 헐(Hull)은 강화는 추동이 감소할 때 일어난다고 믿고 학습의 추동감소모형을 주장하였다.

④ 추동감소이론은 동기의 모든 측면이 의식적인 결정에 의해 결정된다고 주장한다.

10 다음 중 각성이론에 관한 설명으로 옳지 않은 것은?

① 각성이론은 개인이 일정 수준의 각성을 유지하기 위해 행동한다고 주장하며, 이는 너무 낮거나 높은 각성 상태를 피하려는 경향을 포함한다.

② 각성이론에 따르면, 모든 개인은 동일한 각성수준을 선호하며, 이는 행동 선택에 일관되게 영향을 미친다.

③ 각성이론은 개인이 최적의 성능을 발휘할 수 있는 각성수준이 있으며, 이는 과제의 난이도와 관련이 있다고 강조한다.

④ 각성이론은 인간이 활동적이고 경계 상태를 유지하려는 본능적인 욕구를 가지고 있으며, 이는 탐색적 행동과 학습에 영향을 준다고 설명한다.

11 다음 중 행동주의 관점에서 동기에 대한 설명으로 옳지 <u>않은</u> 것은?

① 행동주의 이론에서는 동기가 주로 강화와 처벌에 의해 조절되는 학습된 반응이라고 본다.

② 행동주의자들은 내부적인 상태나 생각을 동기의 주요 결정요인이라고 주장한다.

③ 강화와 처벌은 행동주의에서 동기를 이해하는 데 핵심요소이며, 이러한 요소들은 행동의 빈도와 형태를 변화시킬 수 있다.

④ 조건화 과정은 동기를 설명하는 데 중요한 역할을 하며, 이는 개인이 경험하는 강화와 처벌에 따라 동기가 형성된다고 본다.

12 다음 중 사회학습이론 관점에서 동기에 대한 설명으로 옳은 것은?

① 사회학습이론은 동기가 오로지 내부적 생리적 상태의 변화에 의해서만 유발된다고 주장한다.

② 사회학습이론에 따르면, 동기는 개인이 직접 경험하는 강화와 처벌에 의해서만 형성되며, 타인의 행동은 관련이 없다.

③ 사회학습이론은 모방, 관찰학습, 대리강화와 같은 사회적 요인이 개인의 동기에 영향을 줄 수 있음을 강조하며, 타인의 행동과 결과를 통해 간접적으로 학습된다고 설명한다.

④ 사회학습이론은 개인이 어떤 행동을 할 때 항상 의식적인 결정을 내리고 그 결과를 예측할 수 있다고 보며, 무의식적인 학습은 동기 형성에 영향을 주지 않는다.

13 영철이는 다가오는 중간고사 준비를 하고 있다. 기대가치이론에 따라 영철이의 공부 동기를 가장 잘 설명하는 것은?

① 영철이는 공부하는 것이 즐겁기 때문에 공부한다.

② 영철이는 시험을 잘 볼 것이라는 기대는 별로 없지만, 장학금을 얻고 싶은 마음 때문에 열심히 공부한다.

③ 영철이는 시험을 잘 볼 것이라는 믿음이 높고, 좋은 성적이 미래 진로에 중요하다고 느끼기 때문에 열심히 공부한다.

④ 영철이는 공부에 대한 개인적인 흥미보다는 부모님의 기대에 부흥하기 위해 공부한다.

14 다음 내용에 해당하는 마인드셋과 가장 유사한 상황은?

> 사람의 능력은 변화할 수 있다.

① 동욱이는 시험을 망쳤기 때문에 이번 시험을 준비하느라고 시간만 버렸다고 말한다.
② 진경이는 자신이 어려워하는 과목은 도전하지 않지만 영어과목은 자신이 있어 열심히 공부한다.
③ 재민이가 시험 공부를 하는 목적은 1등을 해서 자신의 능력을 확인하기 위해서이다.
④ 지수는 새로운 언어를 배우는 과정에서의 도전과 실패를 성장의 기회로 본다.

15 다음 내용에 해당하는 내재적 동기로 가장 적절한 상황은?

> 대학생인 민아는 현재 학교에서 디자인을 열심히 공부하고 있다.

① 민아는 부모님을 기쁘게 해드리기 위해 열심히 공부하고 있다.
② 민아는 디자인에 대해 공부할수록 디자인이라는 학문이 매력적이라고 느껴 더 많은 지식을 얻기 위해 열심히 공부한다.
③ 민아는 다른 사람들보다 더 나은 성과를 내는 것을 목표로 열심히 공부한다.
④ 민아는 가정형편이 어려워 장학금을 받아야 하기 때문에 열심히 공부한다.

16 다음 내용에 해당하는 설명으로 가장 적절한 것은?

> A회사의 직원들은 새로운 단기 프로젝트를 맡았다. 그런데 직원들은 성공적으로 프로젝트를 완수하는 것에 관심이 없다. 회사의 사장은 직원들의 동기를 높이기 위해 보너스 제도를 만들었다.

① 직원들은 추가적인 금전적 보상을 얻을 기회에 동기부여를 받기 때문에 새로운 일을 시작하는데 도움이 된다.
② 직원들은 보너스 제도에 크게 영향을 받지 않을 것이기 때문에 사장은 직원들을 믿고 기다려 주는 것이 가장 좋다.
③ 사람들은 내적 동기가 중요하기 때문에 보너스 제도는 직원들의 동기를 높이기 어렵다.
④ 직원들은 외재적 보상에 대한 의존으로 인해 곧 업무에 대한 내재적인 흥미를 잃을 것이며, 결국 프로젝트를 성공시키는데 방해가 될 것이다.

17 다음 내용에 해당하는 선우의 행동을 옳게 설명한 것은?

> 익스트림 스포츠를 즐기는 선우는 점프를 시작할 때 공포감을 느끼고, 낙하 후에 오는 강력한 즐거움이 번지점프의 매력이라고 말한다.

① 선우가 점프 시작 전에 오는 공포감을 반복적으로 느끼게 되면 이 공포감이 쾌락으로 변하고, 공포감이 클수록 쾌락도 함께 커진다.

② 선우는 공포감과 그 후의 즐거움을 반복하여 경험함으로써 즐거움이 점점 강화되며, 이것이 흥분을 추구하는 주된 동기가 된다.

③ 선우는 번지점프의 위험성 때문에 흥분을 느끼며, 이러한 위험은 활동을 반복할수록 줄어들어 공포심이 줄어들면 즐거움도 줄어들기 때문에 결국 동기를 상실하게 된다.

④ 선우의 번지점프에 대한 동기는 보고 있는 사람들에게 인정을 얻기 위한 것이며, 흥분과 안도감은 인정욕구의 대립되는 정서반응이다.

18 다음 내용에서 은우의 행동에 대한 이유로 가장 적절한 것은?

> 은우는 새로운 직장에서 팀원들과 잘 어울리고자 노력하고 있다. 그는 때때로 팀의 의견이 자신과 다르더라도 다수의 의견에 따른다.

① 다수의 의견이 옳다고 믿어, 자신의 의견을 바꿔 다수에 동조하기 때문이다.

② 자신의 의견이 중요하지 않다고 느끼며, 어떤 결정을 내리든 그에게 아무런 차이를 만들지 않는다고 생각하기 때문이다.

③ 사회적 소속감을 느끼고 집단의 일원으로 받아들여지기를 원해, 팀의 의견에 동조하여 그룹과의 관계를 강화하기 때문이다.

④ 자신의 의견이 틀렸다고 생각하며, 다른 사람들이 더 많이 알고 있다고 믿어 자신의 판단을 의심하기 때문이다.

19 다음 내용에 해당하는 미나의 행동에 대한 설명으로 가장 적절한 것은?

> 대학의 연구 프로젝트 팀에서 일하는 미나는 프로젝트의 중요한 부분을 맡았다. 그러나, 그녀는 다른 팀원들이 함께 작업을 하고 있어서 자신은 열심히 하지 않아도 된다고 생각하여 실제로 노력을 많이 하지 않았다.

① 미나는 팀원들이 자신보다 더 뛰어나다고 느껴서, 자신의 기여가 무의미하다고 생각하여 노력을 줄였다.

② 미나는 팀의 목표에 대한 개인적인 동기부여가 부족하기 때문에, 프로젝트에 대한 노력을 줄였다.

③ 미나는 다른 팀원들도 같은 작업을 하고 있기 때문에 개인적인 책임감이 줄어들어 노력을 줄였다.

④ 미나는 팀 프로젝트에 대한 개인적인 흥미가 없으며, 이는 그녀의 노력 감소와 직접적인 관련이 있다.

20 다음 중 집단으로 행동하는 상황에서 집단 개개인의 특성이 사회적 압력으로 인해 희석되거나 사라지는 현상을 가리키는 용어는?

① 몰개성화

② 책임감 분산

③ 사회적 태만

④ 인지부조화

21 다음 내용에 해당하는 영수의 행동을 설명할 수 있는 이론은?

> 평소 건강에 관심이 많은 영수는 운동을 열심히 하고 건강보조제도 잘 챙겨 먹는다. 그런데 정크푸드의 유혹은 참을 수가 없어서 일주일에 3번 이상은 패스트푸드를 먹는다. 영수는 이런 자신의 행동에 대해 자신은 다른 부분에서 건강을 잘 챙기고 있고, 햄버거에는 영양소가 골고루 들어있기 때문에 나쁜 것이 아니라고 생각한다.

① 공변모형이론

② 귀인이론

③ 자기지각이론

④ 인지부조화이론

22 다음 중 귀인이론에 관한 설명으로 옳은 것은?

① 귀인이론은 개인이 특정 상황에서 어떻게 행동할지를 예측하는 이론으로, 주로 상황적 요인보다는 성격적 요인에 초점을 맞추는 이론이다.

② 귀인이론은 사람들이 자신의 행동과 타인의 행동을 어떻게 해석하고, 그 원인을 내부적 요인과 외부적 요인 중 어디에 귀속시키는지에 대한 이해를 제공한다.

③ 귀인이론은 사람들이 자신이나 타인의 행동에 대한 원인을 어떻게 설명하고 이해하는지를 다루며, 이는 주로 내적 요인에 국한된다.

④ 귀인이론은 개인이 물리적 환경에 의해서 행동한다고 주장하며, 사회적 상황이나 심리적 요인은 고려되지 않는다.

23 다음 중 매슬로우의 욕구이론에 대한 설명으로 옳은 것은?

① 인간은 사회적 욕구를 충족시킨 후 생리적 욕구를 충족시키기 시작한다.

② 상위 수준보다는 하위 수준의 욕구를 충족시키는 방법이 더 많다.

③ 개인은 더 높은 단계의 욕구를 추구하기 전에 더 낮은 단계의 기본적인 욕구를 먼저 충족시켜야 한다.

④ 존경욕구와 자아실현욕구를 성장욕구라고 한다.

24 다음 중 정서의 구성요소에 대한 설명으로 가장 적절한 것은?

① 정서는 개인의 내부적인 느낌을 포함하며, 외부 표현이나 생리적 변화는 정서의 구성요소로 간주되지 않는다.

② 정서는 생리적 반응을 포함하며, 개인의 해석이나 행동경향은 정서경험과 관련이 없다.

③ 정서는 환경적 요인에 의해서 발생하며, 개인의 생각이나 믿음은 정서를 형성하는 데 그 역할이 매우 미약하다.

④ 정서는 개인의 주관적인 느낌, 생리적 반응, 그리고 특정한 행동경향을 포함하며, 이들은 종종 외부적 상황에 대한 해석과 연결된다.

25 다음 중 정서적 반응과 관련하여 신경계의 역할에 대한 설명으로 옳지 <u>않은</u> 것은?

① 교감신경계는 감정적으로 고조된 상태 즉 스트레스나 분노를 경험할 때 활성화되며, 심장박동수 증가, 땀 분비 증가와 같은 반응을 유발한다.

② 부교감신경계는 몸을 활동 상태로 만들고 에너지를 소비하는 과정을 촉진하며, 감정적으로 흥분할 때 주로 활성화된다.

③ 교감신경계는 '싸우거나 도망치다' 반응과 관련이 있으며, 위험을 감지하거나 긴장된 상황에서 몸을 빠르게 반응할 수 있게 준비시킨다.

④ 부교감신경계는 몸을 이완시키고, 스트레스 이후 회복을 촉진하며, '휴식하고 소화하다' 반응과 관련이 있다.

26 다음 중 전전두피질의 역할에 대한 설명으로 옳지 <u>않은</u> 것은?

① 체온, 혈당, 수분 등 신체의 내부환경을 조절하고 항상성을 유지하는 역할을 한다.

② 복잡한 인지적 과정과 밀접하게 연관되어 있으며, 의사결정, 문제 해결, 그리고 감정의 인식과 조절에 관여한다.

③ 감정을 조절하고, 특히 부정적인 감정을 억제하고 사회적으로 적절한 반응을 생성하는 데 중요한 역할을 한다.

④ 미래의 결과를 예측하고, 보상과 처벌을 평가하며, 장기적인 계획을 수립하는 데 관여함으로써 감정적 반응을 형성하고 조절하는 데 중요하다.

27 다음 중 정서의 진화적 관점에 대한 설명으로 옳지 <u>않은</u> 것은?

① 정서의 진화적 관점은 감정이 생존과 번식에 유리한 적응적 가치를 가지며, 이는 인간과 다른 동물들에게 공통적으로 나타난다고 주장한다.

② 분노, 두려움, 기쁨과 같은 기본적인 감정은 진화 과정을 통해 발전했으며, 이는 개인이 위협을 감지하고, 동료와 협력하며, 적절한 사회적 행동을 취하도록 도와준다.

③ 모든 감정은 개인의 즉각적인 생존과 직결되어 있어, 사회적 관계로 인한 정서의 발달은 사회가 복잡해진 비교적 최근에 발달한 것이다.

④ 정서의 진화적 관점은 감정이 개인의 사회적 환경과 상호작용하며 발전했다고 보고, 감정 표현이 다른 개체와의 커뮤니케이션과 사회적 결속에 기여한다고 설명한다.

28 우울증에서 나타나는 인지적 측면에 대한 설명으로 옳은 것은?

① 일반적으로 우울증 환자는 자신의 능력을 과대평가하며, 미래에 대해 지나치게 낙관적인 전망을 한다.

② 우울증 환자는 종종 자신, 미래, 그리고 주변 세계에 대한 부정적인 생각을 가진다.

③ 우울증은 주로 정서적 문제로, 환자의 생각이나 신념에 영향을 미치지 않으며, 인지적 측면은 관련이 거의 없다.

④ 우울한 사람은 슬픈 사진과 유쾌한 사진을 볼 때 우울하지 않은 사람과 비슷한 반응을 보인다.

29 다음 상황 중 제임스-랑게 이론을 가장 잘 설명하는 것은?

① 영화를 보고 있는 영선이는 슬픈 장면에서 눈물을 흘리기 시작하고, 그러자 그녀는 자신이 슬프다고 느낀다.

② 규철이는 축구 경기 중 결승골을 넣은 직후 기쁨을 느끼며, 그 결과로 활발하게 뛰어다니고 팀원들과 기쁨을 나눈다.

③ 진아는 공원에서 갑자기 큰 개가 자신에게 짖으며 달려드는 것을 보고 두려움을 느낀 후, 심장이 빠르게 뛰는 것을 느낀다.

④ 동규는 친구들과 장난을 치다가 갑자기 화가 나며, 얼굴이 붉어지고 손이 떨리기 시작한다.

30 다음 상황 중 캐논-바드 이론을 가장 잘 설명하는 것은?

① 선우가 거미를 보고 놀랐을 때, 그의 심장이 빨리 뛰기 시작하고 동시에 공포를 느낀다.

② 여정이는 놀이공원의 롤러코스터를 타고 내려올 때 먼저 스릴을 느낀 후 신체가 흥분 상태에 이른다는 것을 인지한다.

③ 영민이는 친구와 말다툼을 하고 나서 화가 나는 것을 느끼고, 그 다음에 손이 떨리기 시작한다.

④ 선희는 시험 결과를 받고 좋은 점수를 확인한 후 기쁨을 느끼기 시작하고, 이어서 기분이 들뜨고 활발해진다.

31 다음 상황 중 샤흐터-싱어 이론을 가장 잘 설명한 것은?

① 영호는 친구들과 함께 축구 경기를 보며 흥분을 느끼고, 자신의 팀이 이기자 기쁨을 감지한다. 그는 이 기쁨이 자신의 심장 박동 증가와 관련이 있다고 생각하지 않는다.

② 규성이는 길을 걷다가 갑자기 큰 개가 짖으며 달려드는 것을 보고 놀라 심장이 빠르게 뛰기 시작하며, 즉시 두려움을 느낀다.

③ 하나는 친구와 싸운 후 얼굴이 붉어지고 손이 떨리기 시작한다. 그녀는 이러한 신체적 반응이 나타나자 자신이 화가 났다고 생각한다.

④ 순영이는 롤러코스터를 타고 내려오며 심장이 빨리 뛰는 것을 느낀 후, 주변을 둘러보고 다른 사람들이 즐거워하는 것을 보자 자신도 흥분하고 즐거움을 느낀다.

32 다음 상황 중 안면 피드백 가설을 가장 잘 설명한 것은?

① 은희는 친구들과 웃을 때마다 기분이 나아진다고 말하지만, 그녀의 기분 변화가 얼굴 표정 때문인지는 확실하지 않다.

② 창수는 웃음 운동 시간에 박장대소를 하는 연습을 한 후, 자신이 실제로 즐거운 것처럼 느꼈다.

③ 세호는 슬픈 뉴스를 듣고 슬픈 감정을 느끼기 시작했으며, 그 후 자연스럽게 눈물이 흐르기 시작했다.

④ 지민이는 집중해야 하는 일을 할 때마다 진지한 표정을 짓는다고 보고했지만, 그녀의 감정 상태는 이와 관련이 없다고 한다.

33 다음 중 불안과 공포에 대한 설명으로 옳은 것은?

① 불안은 현재지향적이며, 공포는 미래지향적이다.

② 불안과 공포는 동일한 감정으로, 상황에 따라 서로 다른 용어로 사용될 뿐 실제 경험상의 차이는 없다.

③ 불안은 불특정하고 지속적인 걱정이나 불안정성을 의미하며, 공포는 특정한 위협이나 위험에 대한 강렬하고 잘 정의된 순간적인 반응이다.

④ 공포는 오직 외부적인 위험에 의해서만 유발되며, 불안은 오직 내부적인 생각과 관련이 있다.

34 다음 중 분노에 대한 가장 적절한 설명은?

① 분노는 항상 타고난 반응이며, 개인의 경험이나 학습과는 무관하다.
② 분노는 욕구나 기대가 좌절될 때 발생하며, 이러한 좌절이 반복될수록 분노의 강도가 증가한다.
③ 분노는 생리적 반응에 의해 결정되며, 개인의 생각이나 해석은 분노의 경험에 영향을 미치지 않는다.
④ 분노는 개인이 사회적 상황에서 관찰하고 모방하는 행동에 의해 배워지며, 심리적 요인은 고려사항이 아니다.

35 다음 중 자의식적 정서에 대한 설명으로 옳은 것은?

① 자의식적 정서는 부정적인 상황에서만 발생하며, 긍정적인 자기평가나 성취와는 관련이 없다.
② 자의식적 정서는 사회적 상황에서만 발생하기 때문에 3차 정서에 해당한다.
③ 자의식적 정서는 주로 외부적 상황에 의해 유발되며, 개인의 자기평가와는 관련이 적다.
④ 자의식적 정서는 2차 정서라고 하며 자기인식과 관련이 있다.

36 다음 중 혐오, 슬픔, 경멸의 개념을 가장 잘 설명하는 것은?

① 혐오는 일반적으로 불쾌하거나 해로운 자극에 대한 강렬한 거부감과 관련이 있다.
② 슬픔은 자신의 도덕적 기준에 부합하지 않는 행동을 목격했을 때 느끼는 감정이다.
③ 경멸은 유해하거나 부패한 것들로부터 개인을 보호하는 진화적 기능을 가진다.
④ 경멸은 부정적인 상황에 대한 반응으로, 개인의 적응과정의 일부로 볼 수 있다.

37 다음 중 슬픔이 판단에 미치는 영향에 대한 설명으로 옳은 것은?

① 슬픔은 일반적으로 개인의 판단 능력을 향상시키며, 이는 항상 긍정적인 결정을 내릴 수 있게 한다.
② 슬픔은 개인이 더 세심하고 주의 깊게 정보를 처리하도록 만들며, 보다 신중하고 세밀한 판단을 내릴 가능성을 높인다.
③ 슬픔은 개인의 판단에 영향을 미치지 않으며, 정서적 상태와 판단 능력은 완전히 독립적인 요소로 간주된다.
④ 슬픔은 판단과 의사결정에 부정적인 영향을 미친다고 알려져 있으며, 슬픈 사람들은 항상 더 위험하고 불리한 선택을 한다.

38 다음 상황 중 정서지능이 높은 개인의 특징을 가장 잘 반영한 것은?

① 주은이는 동료가 화가 나 있을 때 그 감정을 모른 체 해주고, 동료의 화를 없애기 위해 재미있는 이야기를 계속 한다.

② 민수는 분노가 올라올 때는 이것이 어떤 의미인지 이해하려고 하지 않고 이 감정을 없애는데 집중한다.

③ 화정이는 자신의 감정을 정확하게 표현하지 않고, 주변 사람들과 있을 때 항상 양보한다.

④ 철민이는 부정적 정서가 생길 때 자신의 정서에 거리를 두고 이해하려고 한다.

39 다음 중 정서조절의 상황 초점적 전략에 대한 설명으로 옳지 <u>않은</u> 것은?

① 현주는 스트레스를 받는 모임을 피하기 위해 모임에 나가는 것을 포기하고, 그 대신 친구와 산책을 한다.

② 진욱이는 자신이 겪고 있는 어려운 상황을 다른 관점에서 바라보려고 노력하며, 그것이 장기적으로 자신에게 어떤 긍정적인 영향을 미칠 수 있는지를 생각한다.

③ 세현이는 화가 날 때마다 깊은 숨을 쉬고 자기 자신을 진정시키는 방법을 사용한다.

④ 경미는 스트레스가 발생하는 상황을 미리 예상하고 그때 무엇을 해야 할지 미리 생각해 둔다.

40 운동이 정서조절에 도움이 되는 이유로 적절하지 <u>않은</u> 것은?

① 운동은 코르티솔을 활성화시키는데, 이는 신체에서 방출되는 자연 진통제의 역할을 한다.

② 운동을 하면서 스트레스의 실제 원인을 잊을 수 있다.

③ 신체 건강이 양호한 사람들은 스트레스 상황에 덜 긴장하게 된다.

④ 우리 신체는 스트레스를 받은 후 운동을 하면 몸이 이완된다.

정답 및 해설 | 동기와 정서

01	02	03	04	05	06	07	08	09	10	11	12	13	14	15	16	17	18	19	20
①	②	③	③	④	②	④	③	③	②	②	③	③	④	②	①	②	③	③	①
21	22	23	24	25	26	27	28	29	30	31	32	33	34	35	36	37	38	39	40
④	②	③	④	②	①	③	②	①	①	④	②	③	②	④	①	②	④	③	①

01 정답 ①

② 동기는 단순히 감정적 반응을 넘어서, 개인이 특정한 행동을 하도록 유발하는 내적 및 외적 요인을 포함한다.

③ 동기는 개인이 특정 목표를 향해 움직이게 하는 내적 욕구나 외적 자극을 의미하며, 단순히 사회적 상호작용이나 의사소통의 형태에만 국한되지 않는다.

④ 동기의 원천을 학습된 행동에만 국한시키는 것은 잘못된 설명이다. 동기는 타고난 본능, 개인의 욕구, 목표, 사회적 영향 등과 같은 선천적 요소와 학습, 상호작용 등의 후천적 요소 모두에 의해 형성될 수 있다.

02 정답 ②

동기는 개인의 내부적 상태나 선호뿐만 아니라 외부적 상황, 문화적 영향, 사회적 상호작용 등 다양한 내부적 및 외부적 요인에 의해 영향을 받는다. 예를 들어, 개인의 특정 욕구나 가치, 자아개념, 과거의 경험 등 내부적 요인이 그 사람의 동기를 형성하는 중요한 역할을 한다. 또한, 보상, 인정, 사회적 압력과 같은 외부적 요인도 동기에 영향을 미칠 수 있다. 따라서 동기는 복잡한 내·외부적 요인의 상호작용으로 이해되어야 한다.

03 정답 ③

인간의 심리적 욕구에는 자율성, 관계성, 유능성이 있다. 영민이는 타인과 의미 있는, 지속적인 관계를 맺고자 하는 내재된 욕구를 가지고 있다고 볼 수 있다.

04 정답 ③

동기를 직접적으로 측정하기는 매우 어렵다. 하지만 일어난 행동의 변화로 추론할 수 있고, 설문지를 활용해 자신의 동기를 평가하거나 자극실험을 통해 반응을 측정할 수 있다.

① 비록 동기가 직접적으로 관찰하기 어려운 내부적 상태를 포함하지만, 연구자들은 여러 방법을 통해 간접적으로 동기를 측정한다. 이러한 방법에는 자기보고 설문지, 행동의 관찰, 생리적 반응의 측정 등이 있으며, 이들을 통해 동기의 강도와 방향을 추정할 수 있다.

② 실제로 동기 측정에는 자기보고 설문지 외에도 행동관찰, 실험, 심리학적 테스트 등 다양한 방법이 사용된다. 각각의 방법은 동기의 다른 측면을 포착하고, 보다 포괄적인 이해를 제공하기 위해 함께 사용될 수 있다.

④ 동기는 외부적 행동뿐만 아니라 내부적 심리 상태와도 깊이 연관되어 있다. 실제로 동기를 이해하기 위해서는 개인의 생각, 느낌, 욕구 등 내부적 상태를 고려하는 것이 필수적이다. 따라서 측정 방법도 이러한 내부적 상태를 포함하여 다각적으로 접근해야 한다.

05 **정답** ④

동기는 개인이 목표를 향해 움직이게 하는 내부적 또는 외부적 요인이다. ④의 경석이는 자신의 성취가 우연이나 행운에 의존한다고 느끼는데, 이것은 일반적으로 개인이 자신의 행동을 통제하고, 목표를 달성하기 위해 노력하는 과정(마인드셋)과 관련이 있다. 경석이의 태도는 고정 마인드셋에 해당한다고 볼 수 있으며, 이것은 동기 감소로 이어질 수 있다.

① 지우의 행동은 특정 목표(승진)를 향한 동기부여의 결과이다.

② 헌수의 지속적인 행동은 자신의 건강이라는 내재적 동기에 의한 것으로 볼 수 있다.

③ 민지의 행동은 외부적 요인(부모님)에 의해 주로 결정되며, 이것은 민지의 행동 동기의 원인이 된다.

06 **정답** ②

본능이론은 동기와 행동이 생물학적으로 내재된 본능에 의해 크게 결정된다고 보며, 이는 종의 특정한 생물학적 프로그래밍에 의해 자동적으로 발현되는 행동패턴을 포함한다. 본능이론은 특히 초기 심리학에서 인간과 동물의 많은 행동이 본능적이라고 보았으며, 이는 생물학적 필요와 생존 메커니즘에 기반을 둔 것이다. 후천적인 학습과 경험도 행동에 영향을 미칠 수 있지만, 본능이론 자체는 생물학적 본능에 더 큰 중점을 둔다.

07 **정답** ④

프로이트(Sigmund Freud)는 개체 내부에 있는 힘이 행동을 활성화한다고 생각했고, 동기에 대해 최초로 에너지라는 개념을 사용하였다. 삶의 힘과 죽음의 힘을 인간의 두 가지 동력으로 보았는데, 삶의 힘을 구성하는 에너지는 에로스와 리비도라고 하였고, 죽음의 힘을 구성하는 에너지는 타나토스라고 하였다.

① 제임스(William James)는 미국의 심리학자로, 본능은 반사와 유사하고, 감각자극에 의해 유발된다는 동기에 대한 본능이론을 주장하였다. 또한 정서는 외부자극에 대한 신체적 반응을 지각한 결과라는 제임스-랑게이론을 주장하였다.

② 맥두걸(William McDougall)은 본능에 대해 제임스와 다른 견해를 가졌으며, 본능을 반사와 같은 것으로 생각하지 않았다. 또한 모든 행동이 본능적이라고 주장하였다.

③ 스키너(Burrhus Frederic Skinner)는 조작적 조건형성으로 인간의 행동을 설명한 행동주의 심리학자이다.

08 **정답** ③

추동감소이론은 실제로 생물학적 욕구와 관련된 긴장 상태인 추동을 감소시키려는 경향을 강조하지만, 이는 모든 동기가 쾌락을 추구하고 불쾌함을 피하는 것에 근거한다는 쾌락 원칙과는 다르다. 이 이론은 특히 생존과 관련된 기본적인 욕구(例 음식, 물, 안전)가 충족되지 않을 때 발생하는 추동에 대해 설명한다. 쾌락을 추구하고 불쾌함을 피하려는 것은 동기의 한 측면일 수 있지만, 추동감소이론은 주로 생물학적 욕구 충족과 관련된 긴장 감소에 초점을 맞춘다.

09 **정답** ③

① 추동감소이론은 동기가 내부적인 생리적 상태의 불균형으로 인해 발생하는 '추동'에 의해 주로 유발된다고 보며, 이러한 추동 상태를 감소시키기 위한 행동을 강조한다.

② 추동감소이론은 주로 내부적인 생리적 욕구와 이를 감소시키기 위한 동기에 초점을 맞추며, 사회적 상호작용이나 문화적 배경보다는 생물학적 요소에 더 큰 비중을 둔다.

④ 추동감소이론은 많은 동기적 행동이 의식적인 결정보다는 불쾌한 생리적 상태를 감소시

키려는 무의식적인 경향에 의해 유발된다고 강조한다.

10 정답 ②

각성이론은 개인마다 최적의 각성수준이 다르며, 이는 성격, 경험, 현재 상황 등 다양한 요인에 의해 영향을 받는다고 강조한다. 어떤 사람들은 더 높은 각성수준에서 최적의 성능을 발휘할 수 있으며, 다른 사람들은 더 낮은 각성수준에서 더 잘 수행할 수 있다. 이러한 개인차는 각성이론에서 중요한 요소로, 모든 개인이 동일한 각성수준을 선호한다는 주장과는 다소 거리가 멀다.

11 정답 ②

행동주의 이론은 내부적인 상태나 생각보다는 외부적인 환경요인, 즉 강화(보상)와 처벌이 행동을 유발하고 유지하는 게 더 중요하다고 본다. 행동주의자들은 관찰 가능한 행동에 초점을 맞추고, 이 행동이 어떻게 외부적 강화와 처벌에 의해 형성되고 변화하는지를 연구한다. 내부적인 생각이나 감정은 행동주의 이론에서 중요한 역할을 하지 않으며, 이는 행동주의의 중요한 특징 중 하나이다.

12 정답 ③

① 사회학습이론은 오히려 외부적인 사회적 상황과 타인의 행동이 개인의 학습과 동기에 중요한 영향을 미친다고 강조한다. 이 이론은 관찰학습과 모방을 통해 개인이 사회적 환경으로부터 배운다고 보며, 내부적 생리적 상태의 변화보다는 사회적 상호작용의 역할을 강조한다.

② 실제로 사회학습이론은 타인을 관찰하고 그 결과를 보며 학습하는 과정이 핵심이며, 타인의 행동과 그 결과가 개인의 학습과 동기 형성에 중요하다고 주장한다. 관찰학습은 개

인이 직접 경험하지 않은 행동이나 결과를 통해 동기를 형성하고 학습할 수 있게 한다.

④ 사회학습이론은 개인이 타인의 행동을 관찰하고 모방하는 과정에서 항상 의식적인 결정을 내리는 것은 아니라고 인정한다. 또한, 간접적인 경험(대리강화)도 개인의 동기와 행동에 영향을 줄 수 있음을 강조한다. 학습과 동기 형성은 복잡한 과정이며, 사회학습이론은 이러한 다양한 측면을 포함한다.

13 정답 ③

기대가치이론은 개인이 특정 행동을 할 때 그 행동의 결과를 성공적으로 달성할 것이라는 기대와 그 결과가 가지는 중요성(가치)이 영향을 미친다고 설명한다. 이는 영철이가 시험을 잘 볼 것이라는 믿음이 높다는 것은 자신의 능력과 준비 상태를 긍정적으로 평가하고 있다는 것과 연관된다(기대). 또한, 좋은 성적이 미래 진로에 중요하다고 느끼는 것은 그 성적의 개인적 가치를 반영한다(가치). 이러한 높은 기대와 중요한 가치는 영철이가 열심히 공부하는 동기를 기대가치이론에 따라 설명하는 것이다.

① '즐거움'이라는 내적 보상에 대한 마음으로, 내재적 동기에 대한 설명이다.

② '장학금'이라는 외적 보상에 대한 마음으로, 외재적 동기에 대한 설명이다.

④ '부모님의 기대'라는 외적 보상에 대한 마음으로, 외재적 동기에 대한 설명이다.

14 정답 ④

④의 지수는 새로운 언어를 배우는 과정에서의 도전과 실패를 긍정적으로 받아들이며, 자신의 능력이 시간과 노력에 따라 발전할 수 있다고 믿는 태도를 보여준다. 이는 성장 마인드셋의 전형적인 예로, 개인이 어려움을 극복하고 지속적으로 성장할 수 있는 가능성을 인식하고 있음을 나타낸다.

마인드셋 이론

개인은 고정 마인드셋과 성장 마인드셋의 두 가지 마인드셋을 가질 수 있다. 성장 마인드셋을 가진 사람들은 노력과 학습을 통해 능력을 개발할 수 있다고 믿고 어려운 일에 도전하며, 실패를 하더라도 그 과정에서 얻은 것이 있다고 생각한다. 고정 마인드셋을 가진 사람들은 자신의 능력이 고정되어 있다고 믿으며, 타고난 능력을 변화시키기 어렵고, 어떤 일을 성공하지 않으면 의미가 없다고 생각한다.

15 정답 ②

내재적 동기는 개인이 활동 자체에서 얻는 즐거움, 흥미, 만족감 등으로부터 비롯된다. 이는 외부적 보상이나 압력과는 독립적으로, 개인의 내부적인 요구와 관심에서 발생한다. 해당 제시문 속 민아가 디자인에 대한 자신의 흥미와 열정을 바탕으로 학습에 몰두하고 있는 것이어야 이를 내재적 동기라고 할 수 있다. 내재적 동기가 높은 사람은 개인적인 만족과 성취를 추구하며, 외부적인 보상이나 압력과 무관하게 자신의 관심과 가치에 따라 행동한다.

16 정답 ①

제시된 내용은 외재적 동기가 구체적인 목표를 달성하고 특정 행동을 촉진하는 데 어떻게 유용할 수 있는지를 잘 보여주는 예시에 해당한다. 제시문 속 직원들은 보너스 제도로 인해 더 열심히 일하고 목표를 달성하려는 의지가 강화될 것이다. 외재적 동기는 보상, 인정, 평가 등 외부적 요소에 의해 영향을 받는 동기로, 금전적 보상인 보너스 제도에 의해 동기부여를 받는 것은 외재적 동기의 장점 중 하나이다. 외재적 동기는 특히 어떤 행동을 시작하고, 단기적으로 특정 행동을 촉진하거나 목표 달성을 위한 노력을 강화하는 데 효과적이다.

17 정답 ②

대립과정이론은 감정적 반응이 일단 유발되면 반대되는 감정적 상태가 유발되어 최초의 감정을 중화시키려는 경향을 가진다고 주장하는 이론이다. 이 이론에 따르면, 해당 제시문의 선우가 번지점프를 할 때 경험하는 강렬한 공포(상태 A)는 이후에 대립적인 감정인 즐거움(상태 B)을 유발한다. 반복적인 활동을 통해 상태 B가 강화되어 선우가 활동을 계속하는 주된 이유가 된다. 즉, 두 감정의 상호작용이 선우의 동기를 형성하게 된다.

18 정답 ③

동조는 개인이 집단의 압력이나 기대에 따라 자신의 행동이나 의견을 변경하는 현상이다. 사람들이 동조하는 주된 이유 중 하나는 사회적 소속감과 집단에 대한 인정을 추구하기 때문이다. 해당 제시문의 은우는 새로운 직장에서의 사회적 관계를 중시하고, 팀원들과 좋은 관계를 유지하고자 팀의 의견에 동조한다고 할 수 있다. 이러한 행동은 집단 내에서의 자신의 위치를 강화하고 사회적 거부나 갈등을 피하려는 욕구에서 비롯된다. 은우의 동조는 그가 사회적 소속감을 느끼고 집단의 일원으로 인정받기를 원하는 강한 욕구를 반영하는 것이다.

19 **정답** ③

③은 사회적 태만에 대한 설명으로, 사회적 태만은 개인이 그룹 활동에서 다른 사람들도 기여하고 있다고 느낄 때 자신의 노력을 줄이는 현상을 말한다. 이는 개인이 그룹 내에서의 자신의 상대적인 기여가 덜 중요하다고 느끼거나, 다른 사람들이 노력을 분담하고 있다고 인식할 때 발생한다. 해당 제시문의 미나는 다른 팀원들이 같은 작업을 수행하고 있기 때문에, 자신의 개인적인 책임감이 줄어들어 노력을 줄였다. 이는 그녀가 사회적 태만을 경험하고 있음을 나타내는 예시이다.

20 **정답** ①

몰개성화는 개인의 독특한 특성이나 개성이 사회적·문화적 압력으로 인해 희석되거나 사라지는 현상을 말한다. 이는 개인이 사회적 규범이나 집단의 영향을 받아 자신의 취향, 생각, 스타일 등을 포기하고 다수와 유사하게 행동하려는 경향에서 나타난다. 콘서트, 스포츠 경기, 축제와 같이 많은 사람들이 모이는 이벤트에서, 일부 사람들은 평소에는 하지 않던 소란스럽거나 위험한 행동을 할 수 있다. 또한 인터넷이나 소셜 미디어에서 익명성이 보장될 때 자신의 정체성이 사라지고, 이로 인해 평소에는 하지 않을 공격적이거나 부적절한 행동 또는 혐오 발언 등을 쉽게 할 수 있는데, 이러한 현상을 몰개성화로 설명할 수 있다.

21 **정답** ④

인지부조화는 개인이 서로 모순되거나 일관성이 없는 두 가지 이상의 생각, 신념, 의견, 또는 행동을 동시에 가지고 있을 때 불편함 또는 긴장 상태가 발생하면서 일어나는 부조화이다. 이때 개인은 불편함을 줄이거나 해소하기 위해 자신의 신념, 태도, 행동을 변화시키거나 정당화하는

방식으로 대응한다. 이러한 부조화를 줄이기 위한 노력은 사람들이 자신의 신념체계와 행동을 일관되게 유지하려는 심리적 동기에서 비롯된다. 일반적으로 사람은 자신의 태도를 행동에 맞추기 위해 행동에 대한 합리화를 하는 것으로 태도와 행동의 균형을 유지한다.

22 **정답** ②

귀인이론은 사람들이 특정 행동이나 사건의 원인을 어떻게 결정하고 해석하는지에 대한 이론이다. 이 이론은 사람들이 행동의 원인을 내부적 요인(예 성격, 능력, 의도)과 외부적 요인(예 사회적 압력, 우연, 환경적 요소) 중 어디에 귀속시키는지를 연구한다.

① 상황, 성격 모두에 초점을 맞추어 특정 상황에서 보이는 개인의 행동을 설명하는 이론이다.
③ 내적·외적 요인 모두에서 행동의 원인을 찾는다.
④ 사회적·심리적 상황 요인을 모두 고려한다.

23 **정답** ③

매슬로우의 욕구위계이론은 개인이 보다 높은 수준의 심리적 욕구를 추구하기 전에 더 낮은 수준의 기본적인 욕구를 먼저 충족시키려 한다고 설명한다. 이 이론에 따르면, 가장 기본적인 생리적 욕구(예 음식, 물, 쉼)가 충족되어야만 안전욕구, 사랑과 소속감욕구, 존경욕구를 추구하게 되고, 마지막으로 자아실현을 추구하게 된다.

① 사회적 욕구보다는 생리적 욕구를 먼저 충족시키려 한다.
② 하위수준보다는 상위수준의 욕구를 충족시키는 방법이 더 많다.
④ 자아실현욕구(5단계)를 성장욕구라고 하며, 생리적 욕구(1단계), 안전욕구(2단계), 사랑과 소속감욕구(3단계), 존경욕구(4단계)를 결핍욕구라고 한다.

24 정답 ④

정서(감정)는 복잡하고 다차원적인 심리적 상태이다.

> - 주관적인 느낌(감정) : 각 개인이 경험하는 내부적인 감정 상태로, 행복, 슬픔, 분노와 같은 감정을 포함한다.
> - 생리적 반응(생리적 요소) : 감정이 발생할 때 나타나는 신체적 변화, 예를 들어 심장 박동수 증가, 호흡 변화, 호르몬 변화 등을 포함한다.
> - 행동경향(행동적 요소) : 감정이 유발할 수 있는 행동의 변화나 경향으로, 예를 들어 분노할 때 공격적으로 행동하거나 슬플 때 우는 것 등을 포함한다.
> - 외부적 상황에 대한 해석(인지적 요소) : 개인이 특정 상황을 어떻게 인식하고 해석하는지는 그 사람이 경험하는 감정에 큰 영향을 미친다.

이 구성요소들은 서로 상호작용하며, 감정경험의 복잡성과 개인차를 만들어낸다. 정서는 단순히 하나의 요소가 아니라 여러 요소들의 복합적인 상호작용으로 나타난다.
① 외적으로 나타나는 행동 및 표현, 생리적 변화는 모두 정서반응의 형태이다.
② 어떤 상황에 대한 정서반응에는 개인의 정서적 경험을 기반으로 나타나기 때문에 개인의 해석이나 행동경향은 정서경험과 관련이 많다.
③ 정서는 외부 상황을 어떻게 해석하느냐에 따라 달라진다. 이러한 상황에 대한 해석은 개인이 경험했던 것을 기반으로 하기 때문에 개인이 가진 생각이나 믿음은 정서에 영향을 미치는 요인이다.

25 정답 ②

몸을 활동 상태로 만들고 에너지를 소비하는 과정을 촉진하며, 감정적으로 흥분할 때 주로 활성화하는 것은 교감신경계의 역할이다.
부교감신경계의 주된 역할은 몸을 이완시키고 에너지를 보존하는 것이다. 반면에 활동 상태로 만들고 에너지를 소비하는 과정은 교감신경계의 기능이다. 또한, 부교감신경계는 스트레스가 줄어들고 몸이 평온한 상태로 돌아갈 때 활성화된다. 이는 '휴식, 소화' 반응과 관련이 있으며, 몸을 휴식 상태로 되돌리고 장기적인 에너지 보존과 회복을 촉진하는 데 중요한 역할을 한다.

26 정답 ①

체온, 혈당, 수분 등 신체의 내부환경을 조절하고 항상성을 유지하는 것은 시상하부의 기능에 해당한다.
전전두피질은 정서조절, 의사결정, 사회적 상호작용 및 복잡한 인지적 과정에 깊이 관여하는 뇌의 중요한 부분이다. 실제로는 전전두피질이 감정을 이해하고, 조절하며, 복잡한 사회적 상황에서 적절한 반응을 결정하는 데 중요한 역할을 하는데, 이러한 기능은 인간의 감정적이고 사회적인 행동을 이해하는 데 중요한 기반을 제공한다.

27 정답 ③

③은 감정의 복잡한 사회적 역할과 장기적인 관계 유지에 대한 진화적 가치를 잘못 해석하고 있다. 정서의 진화적 관점은 감정이 단순히 즉각적인 생존에만 유리한 것이 아니라, 복잡한 사회적 상호작용과 장기적인 사회적 관계에도 중요한 역할을 한다고 본다. 감정은 사회적 커뮤니케이션의 수단으로 기능하며, 개인이 사회집단 내에서 효과적으로 상호작용하고 유대를 형성하며 협력하고 경쟁하는 데 도움을 준다.

28 정답 ②

우울증의 인지적 측면은 환자의 사고방식과 신념 체계에서 나타나는 변화를 포함한다. 우울증 환자는 종종 부정적인 사고 패턴을 보이는데, 자신에 대한 부정적인 생각(예 나는 무가치하다),

미래에 대한 비관적인 전망(例 일이 절대 좋아지지 않을 것이다), 그리고 주변 세계에 대한 부정적인 인식(例 세상은 불공평하다)을 포함한다. 이러한 부정적인 인지 패턴은 우울증의 경험을 강화하고 유지하는 데 기여한다. 이는 환자의 감정, 행동, 그리고 일상생활에 광범위한 영향을 미친다.

④ 우울한 사람은 슬픈 사진을 볼 때 우울하지 않은 사람과 비슷한 반응을 보이지만, 유쾌한 사진에서는 반응을 별로 하지 않는다.

29 정답 ①

제임스-랑게 이론은 신체적 반응이 먼저 일어나고, 이러한 반응을 인지한 후에 감정을 경험한다고 한다. ①의 영선이는 먼저 영화의 슬픈 장면에 반응하여 눈물이 나오는 신체적 반응을 보이며, 이 신체적 반응을 인식한 후에 슬프다고 느낀다. 이는 제임스-랑게 이론의 주장과 일치한다.

30 정답 ①

캐논-바드 이론은 신체적 반응과 정서적 경험이 별도의 과정이며 동시에 발생한다고 설명한다. ①의 선우는 거미를 보는 순간 심장이 빠르게 뛰기 시작하고, 거의 동시에 공포를 느낀다. 이는 신체적 반응(심장 박동 증가)과 정서적 반응(공포)이 분리되지 않고 동시에 일어난다는 캐논-바드 이론의 주장을 잘 반영하는 예시이다. 이 이론은 신체 반응이 감정을 유발한다는 제임스-랑게 이론의 주장과 대비되며, 두 반응이 독립적이고 동시에 일어난다고 설명한다.

31 정답 ④

샤흐터-싱어의 이론에 따르면, 정서는 생리적 반응과 그 상황에 대한 인지적 해석의 결합으로

발생한다. ④의 순영이는 롤러코스터를 타며 심장이 빨리 뛰는 생리적 반응을 경험한다. 순영이는 그 상황을 인지적으로 해석하고, 주변 사람들이 즐거워하는 것을 보며 자신도 흥분하고 즐거움을 느낀다. 이는 생리적 반응(심장 박동 증가)과 상황에 대한 인지적 해석(다른 사람들이 즐거워하는 것을 보고 자신도 즐겁다고 판단)이 결합하여 정서적 경험(흥분과 즐거움)을 형성하는 과정을 잘 보여준다. 이는 샤흐터-싱어 이론의 핵심 주장과 일치한다.

32 정답 ②

안면 피드백 가설은 사람들이 자신의 얼굴 표정을 통해 감정을 경험하고 변화시킬 수 있다고 주장하는데, 이는 즉 얼굴 표정이 감정 상태를 유발하거나 강화할 수 있다는 것이다. ②에서 창수는 의도적으로 웃는 표정을 짓고, 이러한 표정을 짓는 과정에서 그는 실제로 기쁜 감정을 경험하기 시작한다. 이는 얼굴 근육을 특정한 방식(웃을 때 표정)으로 움직이게 함으로써 감정을 유발하거나 변화시킬 수 있다는 안면 피드백 가설에서 주장하는 상황에 해당한다.

33 정답 ③

불안과 공포는 비슷해 보일 수 있지만, 그들의 특성과 상황에서는 다른 경험을 나타낸다. 불안은 일반적으로 불확실하고, 미래의 사건에 대한 지속적인 걱정이나 두려움을 나타낸다. 이는 종종 모호하고, 정의하기 어려운 위협에 대한 반응으로 나타난다. 반면, 공포는 특정하고, 즉각적인 위협에 대한 강렬하고 순간적인 반응으로 현재 지향적이다. 이는 보통 명확한 위험 또는 위협에 직면했을 때 발생하며, 심박수 증가, 빠른 호흡, 극도의 경계 등과 같은 신체적 반응을 동반할 수 있다. 두 정서는 생리적 면에서는 유사한 반응을 보일 수 있다는 특징이 있다.

34 정답 ②

분노의 좌절-공격가설은 분노의 발생원인을 욕구와 기대의 좌절과 연결한다. 이 이론에 따르면, 개인이 원하는 것을 얻지 못하거나 기대하는 바를 달성하지 못할 때 좌절감을 느끼고, 이러한 좌절감이 분노로 이어질 수 있다. 반복되는 좌절은 분노의 강도를 증가시킬 수 있으며, 이는 대인관계, 목표 달성, 자기개념 등 다양한 맥락에서 발생할 수 있다. 분노는 개인의 경험이나 학습(관찰, 모방)을 통해서도 만들어지며 상대방의 행동을 어떻게 해석하는가는 분노 발생의 중요한 요인이 된다.

35 정답 ④

자의식적 정서에는 당혹감, 죄책감, 수치심, 자부심, 그리고 자기연민과 같은 감정이 포함되며, 이들은 모두 자기인식과 관련이 있다.

자의식적 정서

자의식적 정서는 개인이 자신의 행동, 특성 또는 능력에 대해 긍정적이거나 부정적으로 생각할 때 발생하며, 1차 정서가 발달한 후 발달되는 2차 정서이다. 자의식적 정서는 자기인식과 긴밀히 연관되어 있으며, 개인이 자신의 행동과 그 행동의 사회적 기준이나 가치와 어떻게 비교되는지를 평가할 때 중요하다. 죄책감과 수치심은 부정적인 자기평가와 관련되어 있으며, 자부심은 긍정적인 자기평가와 관련되어 있다. 이러한 감정은 모두 자기인식과 자기평가의 복잡한 과정에서 발생하며, 개인의 정서적 경험과 사회적 상호작용에 깊은 영향을 미친다.

36 정답 ①

② 경멸에 대한 설명이다. 경멸은 다른 사람이나 그룹에 대한 도덕적 판단과 연결되며, 비하하거나 우월감을 느끼는 감정이다. 이는 다른 사람의 행동이나 성격이 개인의 도덕적・사회적 기준에 부합하지 않을 때 발생할 수 있으며, 강한 사회적 거리두기와 평가적 태도를 포함할 수 있다.

③ 혐오에 대한 설명이다. 혐오는 특정 물질, 물체, 행동, 아이디어 등으로부터 발생하는 강렬한 거부감과 불쾌감을 나타낸다. 이는 종종 신체적 거부 반응(예 구역질)을 동반하며, 유해하거나 부패한 것들로부터 개인을 보호하는 진화적 기능을 가질 수 있다.

④ 슬픔에 대한 설명이다. 슬픔은 상실, 좌절, 실패, 분리와 같은 부정적인 사건이나 상황에 대한 반응으로, 깊은 정서적 고통과 절망감을 포함한다. 슬픔은 개인의 적응과정의 일부로 볼 수 있으며, 상실에 대한 반응과 회복 과정에서 중요한 역할을 한다.

37 정답 ②

슬픔에 관한 연구에 따르면, 슬픔은 사람들이 정보를 더 세심하고 주의 깊게 처리하도록 만들 수 있으며, 이는 종종 더 신중하고 세밀한 판단으로 이어질 수 있다. 슬픈 사람들은 더 체계적이고 분석적인 사고를 할 가능성이 있으며, 이는 복잡하거나 모호한 상황에서 더 깊이 있는 고려를 할 수 있음을 의미한다. 그러나 이것이 항상 긍정적인 결과로 이어지는 것은 아니며, 슬픔이 때때로 너무 신중하게 만들어 결정을 지연시키거나 더 보수적인 선택을 하도록 할 수도 있다.

38 정답 ④

정서지능은 자신의 감정을 인식하고 이해하는 능력, 타인의 감정을 감지하고 적절하게 반응하는 능력, 감정을 통제하고 조절하는 능력을 말한다. 또한 감정을 효과적으로 사용하여 대인관계를 개선하고 문제를 해결하는 능력을 포함한다.

① 주은이가 동료의 감정을 알아차리고, 그 이유를 물어본 뒤 상황을 이해하며 공감을 표현하고, 상황을 진정시키려고 노력하는 것이 정서지능이 높을 때의 반응이라고 할 수 있다.

② 민수는 자신의 정서를 파악하고, 그 정서 속에 담긴 의미를 해석하여 자신의 정서를 조절하는 것이 적절한 반응이라고 볼 수 있다.

③ 화정이는 자신의 정서를 정확하게 표현하고, 정서정보를 이용하여 사고의 우선순위를 정해 이에 따라 행동하며, 타인과의 관계 속에서 정서를 반영적으로 바라보는 것이 적절한 반응이라고 할 수 있다.

39 정답 ③

③의 세현이가 사용하는 깊은 호흡과 자기 진정 방법은 실제로 반응 초점적 전략에 해당하는 예로, 이는 내부적인 생각과 감정을 조절하는 방법에 해당한다.

① 상황 초점적 전략 중에서 상황선택 전략에 해당하며, 주로 스트레스 상황을 피하는 방법을 취하는데 이러한 회피 양식은 자신에게 부정적인 결과를 초래하기도 한다.

②·④ 상황 초점적 전략 중에서 상황수정 전략에 해당하는데, 이는 적극적인 대처 전략에 해당한다.

상황 초점적 전략

상황 초점적 전략은 개인이 자신의 감정적 반응을 조절하기 위해 외부 상황을 변경하거나 원하는 정서상태를 촉진하기 위해 상황을 다르게 변화시키는 방법이다.

40 정답 ①

신체에서 방출되어 자연 진통제의 역할을 하는 것은 엔도르핀이다. 코르티솔은 부신피질에서 생성되는 스트레스 호르몬으로, 외부의 스트레스와 같은 자극에 맞서 대항하기 위해 에너지를 만들어 낼 수 있도록 하는 과정에서 분비된다.

SD에듀와 함께, 합격을 향해 떠나는 여행

독학학위제 2단계 전공기초과정인정시험 답안지(객관식)

★ 수험생은 수험번호와 응시과목 코드번호를 표기(마킹)한 후 일치여부를 반드시 확인할 것.

전공분야

성 명

수 험 번 호

2	-		-		-		

(1)

(2) ① ❷ ③ ④

과목코드	응시과목

교시코드
① ② ③ ④

1	① ② ③ ④	21	① ② ③ ④
2	① ② ③ ④	22	① ② ③ ④
3	① ② ③ ④	23	① ② ③ ④
4	① ② ③ ④	24	① ② ③ ④
5	① ② ③ ④	25	① ② ③ ④
6	① ② ③ ④	26	① ② ③ ④
7	① ② ③ ④	27	① ② ③ ④
8	① ② ③ ④	28	① ② ③ ④
9	① ② ③ ④	29	① ② ③ ④
10	① ② ③ ④	30	① ② ③ ④
11	① ② ③ ④	31	① ② ③ ④
12	① ② ③ ④	32	① ② ③ ④
13	① ② ③ ④	33	① ② ③ ④
14	① ② ③ ④	34	① ② ③ ④
15	① ② ③ ④	35	① ② ③ ④
16	① ② ③ ④	36	① ② ③ ④
17	① ② ③ ④	37	① ② ③ ④
18	① ② ③ ④	38	① ② ③ ④
19	① ② ③ ④	39	① ② ③ ④
20	① ② ③ ④	40	① ② ③ ④

과목코드	응시과목

교시코드
① ② ③ ④

1	① ② ③ ④	21	① ② ③ ④
2	① ② ③ ④	22	① ② ③ ④
3	① ② ③ ④	23	① ② ③ ④
4	① ② ③ ④	24	① ② ③ ④
5	① ② ③ ④	25	① ② ③ ④
6	① ② ③ ④	26	① ② ③ ④
7	① ② ③ ④	27	① ② ③ ④
8	① ② ③ ④	28	① ② ③ ④
9	① ② ③ ④	29	① ② ③ ④
10	① ② ③ ④	30	① ② ③ ④
11	① ② ③ ④	31	① ② ③ ④
12	① ② ③ ④	32	① ② ③ ④
13	① ② ③ ④	33	① ② ③ ④
14	① ② ③ ④	34	① ② ③ ④
15	① ② ③ ④	35	① ② ③ ④
16	① ② ③ ④	36	① ② ③ ④
17	① ② ③ ④	37	① ② ③ ④
18	① ② ③ ④	38	① ② ③ ④
19	① ② ③ ④	39	① ② ③ ④
20	① ② ③ ④	40	① ② ③ ④

답안지 작성시 유의사항

1. 답안지는 반드시 컴퓨터용 사인펜을 사용하여 다음 보기와 같이 표기할 것.
   보기 잘된 표기: ●
   잘못된 표기: ⊘ ⊗ ● ◑ ◐ ○
2. 수험번호 (1)에는 아라비아 숫자로 쓰고, (2)에는 "●"와 같이 표기할 것.
3. 과목코드는 뒷면 "과목코드번호"를 보고 해당과목의 코드번호를 찾아 표기하고,
   응시과목란에는 응시과목명을 한글로 기재할 것.
4. 교시코드는 문제지 전면의 교시를 해당란에 "●"와 같이 표기할 것.
5. 한번 표기한 답은 긁거나 수정액 및 스티커 등 어떠한 방법으로도 고쳐서는
   아니되고, 고친 문항은 "0"점 처리함.

[이 답안지는 마킹연습용 모의답안지입니다.]

※ 감독관 확인란

인

관 리 번 호
(연번)

(응시자수)

절취선

독학학위제 2단계 전공기초과정인정시험 답안지(객관식)

컴퓨터용 사인펜만 사용

전공분야	

성명	

응시과목

과목코드	응시과목

※ 감독관 확인란

[이 답안지는 마킹연습용 모의답안지입니다.]

컴퓨터용 사인펜만 사용

독학학위제 2단계 전공기초과정인정시험 답안지(객관식)

★ 수험생은 수험번호와 응시과목 코드번호를 표기(마킹)한 후 일치여부를 반드시 확인할 것.

전공분야

성명

(1) 2			

(2)
④ ③ ● ① |

수험번호

-	① ② ③ ④ ⑤ ⑥ ⑦ ⑧ ⑨ ⑩	① ② ③ ④ ⑤ ⑥ ⑦ ⑧ ⑨ ⑩
-	① ② ③ ④ ⑤ ⑥ ⑦ ⑧ ⑨ ⑩	① ② ③ ④ ⑤ ⑥ ⑦ ⑧ ⑨ ⑩
-	① ② ③ ④ ⑤ ⑥ ⑦ ⑧ ⑨ ⑩	① ② ③ ④ ⑤ ⑥ ⑦ ⑧ ⑨ ⑩

과목코드

① ② ③ ④ ⑤ ⑥ ⑦ ⑧ ⑨ ⑩	교시코드 ① ② ③ ④

응시과목

1	① ② ③ ④	21	① ② ③ ④
2	① ② ③ ④	22	① ② ③ ④
3	① ② ③ ④	23	① ② ③ ④
4	① ② ③ ④	24	① ② ③ ④
5	① ② ③ ④	25	① ② ③ ④
6	① ② ③ ④	26	① ② ③ ④
7	① ② ③ ④	27	① ② ③ ④
8	① ② ③ ④	28	① ② ③ ④
9	① ② ③ ④	29	① ② ③ ④
10	① ② ③ ④	30	① ② ③ ④
11	① ② ③ ④	31	① ② ③ ④
12	① ② ③ ④	32	① ② ③ ④
13	① ② ③ ④	33	① ② ③ ④
14	① ② ③ ④	34	① ② ③ ④
15	① ② ③ ④	35	① ② ③ ④
16	① ② ③ ④	36	① ② ③ ④
17	① ② ③ ④	37	① ② ③ ④
18	① ② ③ ④	38	① ② ③ ④
19	① ② ③ ④	39	① ② ③ ④
20	① ② ③ ④	40	① ② ③ ④

※ 감독관 확인란

(인)

관리번호

(연번)

(응시자수)

답안지 작성시 유의사항

1. 답안지는 반드시 컴퓨터용 사인펜을 사용하여 다음 [보기]와 같이 표기할 것.
   [보기] 잘된 표기: ● 잘못된 표기: ⊗ ⦸ ① ◑ ◐
2. 수험번호 (1)에는 아라비아 숫자로 쓰고, (2)에는 "●"와 같이 표기할 것.
3. 과목코드는 뒷면 "과목코드번호"를 보고 해당과목의 코드번호를 찾아 표기하고,
   응시과목란에는 응시과목명을 한글로 기재할 것.
4. 교시코드는 문제지 전면의 교시를 해당란에 "●"와 같이 표기할 것.
5. 한번 표기한 답은 긁거나 수정액 및 스티커 등 어떠한 방법으로도 고쳐서는
   아니되고, 고친 문항은 "0"점 처리함.

[이 답안지는 마킹연습용 모의답안지입니다.]

과목코드

① ② ③ ④ ⑤ ⑥ ⑦ ⑧ ⑨ ⑩	교시코드 ① ② ③ ④

응시과목

1	① ② ③ ④	21	① ② ③ ④
2	① ② ③ ④	22	① ② ③ ④
3	① ② ③ ④	23	① ② ③ ④
4	① ② ③ ④	24	① ② ③ ④
5	① ② ③ ④	25	① ② ③ ④
6	① ② ③ ④	26	① ② ③ ④
7	① ② ③ ④	27	① ② ③ ④
8	① ② ③ ④	28	① ② ③ ④
9	① ② ③ ④	29	① ② ③ ④
10	① ② ③ ④	30	① ② ③ ④
11	① ② ③ ④	31	① ② ③ ④
12	① ② ③ ④	32	① ② ③ ④
13	① ② ③ ④	33	① ② ③ ④
14	① ② ③ ④	34	① ② ③ ④
15	① ② ③ ④	35	① ② ③ ④
16	① ② ③ ④	36	① ② ③ ④
17	① ② ③ ④	37	① ② ③ ④
18	① ② ③ ④	38	① ② ③ ④
19	① ② ③ ④	39	① ② ③ ④
20	① ② ③ ④	40	① ② ③ ④

절취선

독학학위제 2단계 전공기초과정인정시험 답안지(객관식)

컴퓨터용 사인펜만 사용

★ 수험생은 수험번호와 응시과목 코드번호를 표기(마킹)한 후 일치여부를 반드시 확인할 것.

전공분야

성명

과목코드	응시과목									
	1	①	②	③	④		21	①	②	③	④

응시과목 1~40번 (①②③④)

교시코드 ①②③④

※ 감독관 확인란

(인)

관 리 번 호
(응시자수)

답안지 작성시 유의사항

1. 답안지는 반드시 컴퓨터용 사인펜을 사용하여 다음 보기와 같이 표기할 것.
   보기 잘 된 표기: ● 잘못된 표기: ⊗ ⊙ ○ ◑ ◐

2. 수험번호 (1)에는 아라비아 숫자로 쓰고, (2)에는 "●"와 같이 표기할 것.

3. 과목코드는 뒷면 "과목코드번호"를 보고 해당과목의 코드번호를 찾아 표기하고,
   응시과목란에는 응시과목명을 한글로 기재할 것.

4. 교시코드는 문제지 전면 의 교시를 해당란에 "●"와 같이 표기할 것.

5. 한번 표기한 답은 긁거나 수정액 및 스티커 등 어떠한 방법으로도 고쳐서는
   아니되고, 고친 문항은 "0"점 처리됨.

[이 답안지는 마킹연습용 모의답안지입니다.]

절취선

독학학위제 2단계 전공기초과정인정시험 답안지(객관식)

★ 수험생은 수험번호와 응시과목 코드번호를 표기(마킹)한 후 일치여부를 반드시 확인할 것.

전공분야

성 명

수 험 번 호

(1)	2										

(2) ① ● ③ ④

과목코드 / 교시코드 / 응시과목

과목코드	응시과목
	1 ① ② ③ ④ 21 ① ② ③ ④
	2 ① ② ③ ④ 22 ① ② ③ ④
	3 ① ② ③ ④ 23 ① ② ③ ④
	4 ① ② ③ ④ 24 ① ② ③ ④
	5 ① ② ③ ④ 25 ① ② ③ ④
	6 ① ② ③ ④ 26 ① ② ③ ④
	7 ① ② ③ ④ 27 ① ② ③ ④
	8 ① ② ③ ④ 28 ① ② ③ ④
교시코드	9 ① ② ③ ④ 29 ① ② ③ ④
① ② ③ ④	10 ① ② ③ ④ 30 ① ② ③ ④
	11 ① ② ③ ④ 31 ① ② ③ ④
	12 ① ② ③ ④ 32 ① ② ③ ④
	13 ① ② ③ ④ 33 ① ② ③ ④
	14 ① ② ③ ④ 34 ① ② ③ ④
	15 ① ② ③ ④ 35 ① ② ③ ④
	16 ① ② ③ ④ 36 ① ② ③ ④
	17 ① ② ③ ④ 37 ① ② ③ ④
	18 ① ② ③ ④ 38 ① ② ③ ④
	19 ① ② ③ ④ 39 ① ② ③ ④
	20 ① ② ③ ④ 40 ① ② ③ ④

(두 번째 동일 구성 반복)

과목코드	응시과목
	1 ① ② ③ ④ 21 ① ② ③ ④
	2 ① ② ③ ④ 22 ① ② ③ ④
	3 ① ② ③ ④ 23 ① ② ③ ④
	4 ① ② ③ ④ 24 ① ② ③ ④
	5 ① ② ③ ④ 25 ① ② ③ ④
	6 ① ② ③ ④ 26 ① ② ③ ④
	7 ① ② ③ ④ 27 ① ② ③ ④
	8 ① ② ③ ④ 28 ① ② ③ ④
교시코드	9 ① ② ③ ④ 29 ① ② ③ ④
① ② ③ ④	10 ① ② ③ ④ 30 ① ② ③ ④
	11 ① ② ③ ④ 31 ① ② ③ ④
	12 ① ② ③ ④ 32 ① ② ③ ④
	13 ① ② ③ ④ 33 ① ② ③ ④
	14 ① ② ③ ④ 34 ① ② ③ ④
	15 ① ② ③ ④ 35 ① ② ③ ④
	16 ① ② ③ ④ 36 ① ② ③ ④
	17 ① ② ③ ④ 37 ① ② ③ ④
	18 ① ② ③ ④ 38 ① ② ③ ④
	19 ① ② ③ ④ 39 ① ② ③ ④
	20 ① ② ③ ④ 40 ① ② ③ ④

답안지 작성시 유의사항

1. 답안지는 반드시 컴퓨터용 사인펜을 사용하여 다음 [보기]와 같이 표기할 것.
   [보기] 잘된표기: ●   잘못된표기: ⊘ ⊗ ◑ ◐ ◒
2. 수험번호 (1)에는 아라비아 숫자로 쓰고, (2)에는 "●"와 같이 표기할 것.
3. 과목코드는 뒷면 "과목코드번호"를 보고 해당과목의 코드번호를 찾아 표기하고,
   응시과목란에는 응시과목명을 한글로 기재할 것.
4. 교시코드는 문제지 전면의 교시를 해당란에 "●"와 같이 표기할 것.
5. 한번 표기한 답은 긁거나 수정액 및 스티커 등 어떠한 방법으로도 고쳐서는
   아니되고, 고친 문항은 "0"점 처리함.

[이 답안지는 마킹연습용 모의답안지입니다.]

※ 감독관 확인란
(인)

관 리 번 호 (연번) (응시자수)

독학학위제 2단계 전공기초과정인정시험 답안지(객관식)

★ 수험생은 수험번호와 응시과목 코드번호를 반드시 확인할 것.

전공분야	
성명	

수 험 번 호

(1)	2	–			–			–		

응시과목

	1	① ② ③ ④	21	① ② ③ ④
	2	① ② ③ ④	22	① ② ③ ④
	3	① ② ③ ④	23	① ② ③ ④
	4	① ② ③ ④	24	① ② ③ ④
	5	① ② ③ ④	25	① ② ③ ④
	6	① ② ③ ④	26	① ② ③ ④
	7	① ② ③ ④	27	① ② ③ ④
	8	① ② ③ ④	28	① ② ③ ④
	9	① ② ③ ④	29	① ② ③ ④
	10	① ② ③ ④	30	① ② ③ ④
	11	① ② ③ ④	31	① ② ③ ④
	12	① ② ③ ④	32	① ② ③ ④
	13	① ② ③ ④	33	① ② ③ ④
	14	① ② ③ ④	34	① ② ③ ④
	15	① ② ③ ④	35	① ② ③ ④
	16	① ② ③ ④	36	① ② ③ ④
	17	① ② ③ ④	37	① ② ③ ④
	18	① ② ③ ④	38	① ② ③ ④
	19	① ② ③ ④	39	① ② ③ ④
	20	① ② ③ ④	40	① ② ③ ④

교시코드: ① ② ③ ④

응시과목

	1	① ② ③ ④	21	① ② ③ ④
	2	① ② ③ ④	22	① ② ③ ④
	3	① ② ③ ④	23	① ② ③ ④
	4	① ② ③ ④	24	① ② ③ ④
	5	① ② ③ ④	25	① ② ③ ④
	6	① ② ③ ④	26	① ② ③ ④
	7	① ② ③ ④	27	① ② ③ ④
	8	① ② ③ ④	28	① ② ③ ④
	9	① ② ③ ④	29	① ② ③ ④
	10	① ② ③ ④	30	① ② ③ ④
	11	① ② ③ ④	31	① ② ③ ④
	12	① ② ③ ④	32	① ② ③ ④
	13	① ② ③ ④	33	① ② ③ ④
	14	① ② ③ ④	34	① ② ③ ④
	15	① ② ③ ④	35	① ② ③ ④
	16	① ② ③ ④	36	① ② ③ ④
	17	① ② ③ ④	37	① ② ③ ④
	18	① ② ③ ④	38	① ② ③ ④
	19	① ② ③ ④	39	① ② ③ ④
	20	① ② ③ ④	40	① ② ③ ④

교시코드: ① ② ③ ④

답안지 작성시 유의사항

1. 답안지는 반드시 컴퓨터용 사인펜을 사용하여 다음 보기와 같이 표기할 것.
   잘 된 표기: ●
   잘못된 표기: ⊗ ⊗ ⊙ ◐ ◑ ●

2. 수험번호 (1)에는 아라비아 숫자로 쓰고, (2)에는 "●"와 같이 표기할 것.

3. 과목코드는 뒷면 "과목코드번호"를 보고 해당과목의 코드번호를 찾아 표기하고, 응시과목란에는 응시과목명을 한글로 기재할 것.

4. 교시코드는 문제지 전면 의 교시를 해당란에 "●"와 같이 표기할 것.

5. 한번 표기한 답은 긁거나 수정액 및 스티커 등 어떠한 방법으로도 고쳐서는 아니되고, 고친 문항은 "0"점 처리함.

※ 감독관 확인란

(인)

관 리 번 호

(연번)

(응시자수)

[이 답안지는 마킹연습용 모의답안지입니다.]

절취선

독학학위제 2단계 전공기초과정인정시험 답안지(객관식)

★ 수험생은 수험번호와 응시과목 코드번호를 표기(마킹)한 후 일치여부를 반드시 확인할 것.

전공분야

성명

(1)	2	—									

(2) 수험번호

④ ③ ● ① — ① ② ③ ④ ⑤ ⑥ ⑦ ⑧ ⑨ ⓪

※ 감독관 확인란

관리번호

과목코드

교시코드 ① ② ③ ④

응시과목				
1	①	②	③	④
2	①	②	③	④
3	①	②	③	④
4	①	②	③	④
5	①	②	③	④
6	①	②	③	④
7	①	②	③	④
8	①	②	③	④
9	①	②	③	④
10	①	②	③	④
11	①	②	③	④
12	①	②	③	④
13	①	②	③	④
14	①	②	③	④
15	①	②	③	④
16	①	②	③	④
17	①	②	③	④
18	①	②	③	④
19	①	②	③	④
20	①	②	③	④
21	①	②	③	④
22	①	②	③	④
23	①	②	③	④
24	①	②	③	④
25	①	②	③	④
26	①	②	③	④
27	①	②	③	④
28	①	②	③	④
29	①	②	③	④
30	①	②	③	④
31	①	②	③	④
32	①	②	③	④
33	①	②	③	④
34	①	②	③	④
35	①	②	③	④
36	①	②	③	④
37	①	②	③	④
38	①	②	③	④
39	①	②	③	④
40	①	②	③	④

답안지 작성시 유의사항

1. 답안지는 반드시 컴퓨터용 사인펜을 사용하여 다음 보기와 같이 표기할 것.
   [보기] 잘 된 표기: ●
   잘못된 표기: ⊗ ⊙ ◐ ○
2. 수험번호 (1)에는 아라비아 숫자로 쓰고, (2)에는 "●"와 같이 표기할 것.
3. 과목코드는 뒷면 "과목코드번호"를 보고 해당과목의 코드번호를 찾아 표기하고,
   응시과목란에는 응시과목명을 한글로 기재할 것.
4. 교시코드는 문제지 전면의 교시를 해당란에 "●"와 같이 표기할 것.
5. 한번 표기한 답은 긁거나 수정액 및 스티커 등 어떠한 방법으로도 고쳐서는
   아니되고, 고친 문항은 "0"점 처리됨.

[이 답안지는 마킹연습용 모의답안지입니다.]

독학학위제 2단계 전공기초과정인정시험 답안지(객관식)

컴퓨터용 사인펜만 사용

★ 수험생은 수험번호와 응시과목 코드번호를 표기(마킹)한 후 일치여부를 반드시 확인할 것.

전공분야

성명

응시과목

	1	① ② ③ ④	21	① ② ③ ④
	2	① ② ③ ④	22	① ② ③ ④
	3	① ② ③ ④	23	① ② ③ ④
	4	① ② ③ ④	24	① ② ③ ④
	5	① ② ③ ④	25	① ② ③ ④
과목코드	6	① ② ③ ④	26	① ② ③ ④
	7	① ② ③ ④	27	① ② ③ ④
	8	① ② ③ ④	28	① ② ③ ④
	9	① ② ③ ④	29	① ② ③ ④
	10	① ② ③ ④	30	① ② ③ ④
	11	① ② ③ ④	31	① ② ③ ④
	12	① ② ③ ④	32	① ② ③ ④
	13	① ② ③ ④	33	① ② ③ ④
	14	① ② ③ ④	34	① ② ③ ④
교시코드	15	① ② ③ ④	35	① ② ③ ④
	16	① ② ③ ④	36	① ② ③ ④
	17	① ② ③ ④	37	① ② ③ ④
① ② ③ ④	18	① ② ③ ④	38	① ② ③ ④
	19	① ② ③ ④	39	① ② ③ ④
	20	① ② ③ ④	40	① ② ③ ④

응시과목

	1	① ② ③ ④	21	① ② ③ ④
	2	① ② ③ ④	22	① ② ③ ④
	3	① ② ③ ④	23	① ② ③ ④
	4	① ② ③ ④	24	① ② ③ ④
	5	① ② ③ ④	25	① ② ③ ④
과목코드	6	① ② ③ ④	26	① ② ③ ④
	7	① ② ③ ④	27	① ② ③ ④
	8	① ② ③ ④	28	① ② ③ ④
	9	① ② ③ ④	29	① ② ③ ④
	10	① ② ③ ④	30	① ② ③ ④
	11	① ② ③ ④	31	① ② ③ ④
	12	① ② ③ ④	32	① ② ③ ④
	13	① ② ③ ④	33	① ② ③ ④
	14	① ② ③ ④	34	① ② ③ ④
교시코드	15	① ② ③ ④	35	① ② ③ ④
	16	① ② ③ ④	36	① ② ③ ④
	17	① ② ③ ④	37	① ② ③ ④
① ② ③ ④	18	① ② ③ ④	38	① ② ③ ④
	19	① ② ③ ④	39	① ② ③ ④
	20	① ② ③ ④	40	① ② ③ ④

수험번호

(1) 2 ─

(2) ① ● ③ ④

답안지 작성시 유의사항

1. 답안지는 반드시 컴퓨터용 사인펜을 사용하여 다음 보기와 같이 표기할 것.
   보기 잘 된 표기: ●
   잘못된 표기: ⊗ ⊗ ◑ ◐ ○●

2. 수험번호 (1)에는 아래바 숫자로 쓰고, (2)에는 ● "와 같이 표기할 것.

3. 과목코드는 "과목코드번호"를 보고 해당과목의 코드번호를 찾아 표기하고,
   응시과목란에는 응시과목명을 한글로 기재할 것.

4. 교시코드는 문제지 전면 의 교시를 해당란에 ● "와 같이 표기할 것.

5. 한번 표기한 답은 긁거나 수정액 및 스티커 등 어떠한 방법으로도 고쳐서는
   아니되고, 고친 문항은 "0"점 처리함.

[이 답안지는 마킹연습용 모의답안지입니다.]

잘라내서

SD에듀 독학사 심리학과 2단계 6과목 벼락치기

(이상심리학 | 감각 및 지각심리학 | 사회심리학 | 발달심리학 | 성격심리학 | 동기와 정서)

초 판 발 행	2024년 03월 06일 (인쇄 2024년 01월 17일)
발 행 인	박영일
책 임 편 집	이해욱
편 저	독학학위연구소
편 집 진 행	송영진 · 양희정 · 김다련
표지디자인	박종우
편집디자인	차성미 · 남수영
발 행 처	(주)시대고시기획
출 판 등 록	제10-1521호
주 소	서울시 마포구 큰우물로 75 [도화동 538 성지 B/D] 9F
전 화	1600-3600
팩 스	02-701-8823
홈 페 이 지	www.sdedu.co.kr
I S B N	979-11-383-6540-6 (13180)
정 가	23,000원

SD에듀 독학사
심리학과

why

왜? 독학사 심리학과인가?

4년제 심리학과 학위를 최소 시간과 비용으로 단 1년 만에 초고속 취득 가능!

1 독학사 11개 학과 중 가장 최근(2014년)에 신설된 학과

2 청소년상담사, 임상심리사 등 심리학 관련 자격증과 연관

3 심리치료사, 심리학 관련 언론사, 연구소, 공공기관 등 다양한 분야로 취업 가능

심리학과 과정별 시험과목(2~4과정)

1~2과정 교양 및 전공기초과정은 객관식 40문제 구성

3~4과정 전공심화 및 학위취득과정은 객관식 24문제+주관식 4문제 구성

※ SD에듀에서 개설된 과목은 굵은 글씨로 표시하였습니다.

2과정(전공기초)	3과정(전공심화)	4과정(학위취득)
감각 및 지각심리학	산업 및 조직심리학	소비자 및 광고심리학
동기와 정서	상담심리학	심리학연구방법론
발달심리학	인지심리학	인지신경과학
사회심리학	학교심리학	임상심리학
성격심리학	학습심리학	
이상심리학	심리검사	
생물심리학	건강심리학	
심리통계	중독심리학	

SD에듀 심리학과 학습 커리큘럼

기본이론부터 실전문제풀이 훈련까지!

SD에듀가 제시하는 각 과정별 최적화된 커리큘럼에 따라 학습해 보세요.

STEP 01
기본이론
핵심이론 분석으로
확실한 개념 이해

STEP 02
문제풀이
실전예상문제를 통해
실전문제에 적용

STEP 03
모의고사
최종모의고사로
실전 감각 키우기

STEP 04
핵심요약
빨리보는 간단한 키워드로
중요 포인트 체크

독학사 심리학과 2~4과정 교재 시리즈

독학학위제 공식 평가영역을 100% 반영한 이론과 문제로 구성된 완벽한 최신 기본서 라인업!

START

2과정

▶ **전공 기본서** [전 6종]
 • 감각 및 지각심리학
 • 동기와 정서
 • 발달심리학
 • 사회심리학
 • 성격심리학
 • 이상심리학

▶ **심리학 벼락치기** [통합본 전 1종]
 이상심리학+감각 및 지각심리학+
 사회심리학+발달심리학+
 성격심리학+동기와 정서

3과정

▶ **전공 기본서** [전 6종]
 • 산업 및 조직심리학
 • 상담심리학
 • 인지심리학
 • 학교심리학
 • 학습심리학
 • 심리검사

4과정

▶ **전공 기본서** [전 4종]
 • 소비자 및 광고심리학
 • 심리학연구방법론
 • 인지신경과학
 • 임상심리학

GOAL!

※ 표지 이미지 및 구성은 변경될 수 있습니다.

➕ **독학사 전문컨설턴트가 개인별 맞춤형 학습플랜을 제공해 드립니다.**

SD에듀 홈페이지 **www.sdedu.co.kr**   상담문의 **1600-3600**   평일 9~18시 / 토요일 · 공휴일 휴무

나는 이렇게 합격했다

여러분의 힘든 노력이 기억될 수 있도록
당신의 합격 스토리를 들려주세요.

합격생 인터뷰
상품권 증정

추첨을 통해
선물 증정

베스트 리뷰자 1등
갤럭시탭 S8 증정

베스트 리뷰자 2등
갤럭시 버즈2 증정

SD에듀 합격생이 전하는 합격 노하우

"기초 없는 저도 합격했어요
여러분도 가능해요."

검정고시 합격생　이*주

"불안하시다고요?
시대에듀와 나 자신을 믿으세요."

소방직 합격생　이*화

"강의를 듣다 보니
자연스럽게 합격했어요."

사회복지직 합격생　곽*수

"선생님 감사합니다.
제 인생의 최고의 선생님입니다."

G-TELP 합격생　김*진

"시험에 꼭 필요한 것만 딱딱!
시대에듀 인강 추천합니다."

물류관리사 합격생　이*환

"시작과 끝은 시대에듀와 함께!
시대에듀를 선택한 건 최고의 선택"

경비지도사 합격생　박*익

합격을 진심으로 축하드립니다!

합격수기 작성 / 인터뷰 신청

QR코드 스캔하고 ▷ ▷ ▷ ▶
이벤트 참여하여 푸짐한 경품받자!

합격의 공식
SD에듀